《동학과 비결》· 예언의 원리 · 2

천지개벽을 말한다

《용담유사, 동학가사 김주희본》

李完敎 / 解讀

천지개벽을 말한다

1쇄 찍음 / 2007년 3월 5일
1쇄 펴냄 / 2007년 3월 10일

해독자 / 李 完 敎
펴낸이 / 金 泰 奉
편　집 / 황은진, 김주영, 정종우
영업팀 / 박상필, 이준혁, 김미란
등　록 / 제5-213호
펴낸곳 / **한솜미디어**

　　　주소 / (우143-200) 서울시 광진구 구의동 243-22
　　　전화 / (02)454-0492(代), 팩시밀리 (02)454-0493
　　　HomePage http://hansom.co.kr

값 15,000원
ISBN 978-89-5959-084-1 03150
*잘못 만들어진 책은 구입하신 서점에서 친절하게 바꿔드립니다.

예언의 원리 동학가사

천지개벽을 말한다?

李完敎 / 解讀

弓弓 "亞" 乙乙

한솜미디어

弓弓 "田乙" 乙乙
하늘이 정한 진인은 과연 누구인가?

이 한 권의 책을 읽지 않고
천지개벽을 논하지 말라?

이제 당신은 예언의 눈을 뜨게 될 것이며,
당신의 운명을 바꾸게 될 것이다.

당신의 종교를 바꿀 각오가 없다면
이 책을 읽지 말고,
후회 없는 종교를 선택하려면
이 책 한 권은 반드시 읽어라?

□ 머리말

"천지개벽"에 대한 말을 들어보지 않은 사람은 없을 것이다. 그러나 천지개벽이 무엇인지 정확하게 설명할 수 있는 사람은 그리 많지 않을 것이다. 사람의 마음 하나를 고치기 위해서도 수십 년, 아니 일평생을 수도하는 사람들이 많으나 마음을 고치기가 쉽지 않다. 그런데 천지를 개벽한다는 것은 얼마나 어려운 일이며, 언제 누가 어떻게 개벽을 하며, 개벽 이후의 세상은 어떻게 변하게 되는지 참으로 알 수 없는 일이다. 그러나 김주희 선생이 발행한 상주목판본 등 동학가사를 통하여 이러한 의문점이 하나하나 풀리게 될 것이다.

하늘은 성인을 낳게 하고 성인을 통하여 하늘의 도를 펴게 된다. 따라서 천지개벽 또한 성인이 하시게 된다. 그 성인을 천자라 하고, 말세의 주인공이라 하며, 이 분이 하늘의 천권을 가지고 천지를 개벽하게 되는 것이다. 천권을 해인, 삼풍, 용천검, 성신검, 흰 돌, 생명수, 철장 등으로 각 종교마다 부르는 호칭은 다르나 천지를 개벽하는 하나님의 권능의 신(神) 임에는 틀림이 없고, 이는 영적인 물질로서 우주만물을 능히 변화시키게 된다. 이와 같은 하늘의 이치를 천지인을 기본으로 만들어진 『하도락서』를 통하여 인간들에게 깨우쳐주고 있으니 이를 풀어내어 나온 책들이 오늘날 비결서 등으로 세상에 널리 알려지게 된 것이다.

　본서 또한 『하도락서』의 원리가 포함된 최제우 선생의 《용담유사》와 김주희 씨가 목판본 등으로 발행한 《상주 본》 중 한국정신문화원에서 1979년 9월 25일 발행한 《동학가사 제1, 2집》 가운데 일부를 풀이하였다.
　본서가 최제우 선생의 기본적 사상 이념의 전부인 것처럼 단정하여서는 안 될 것이다. 어디까지나 상주 목판본 등을 중심으로 비결서와 비교하여 풀이하고 있음을 밝히면서, 최제우 선생과 관련된 분들과 단체 등 이에 대한 오해가 없기를 바란다.
　그동안 상주본 《동학가사》의 보존을 위해서 힘쓰시는 분들과 한국정신문화연구원의 모든 분들에게 감사의 말씀을 전하고, 상주 본 1, 2권을 기꺼이 필자에게 주신 수원에 유정수 선생님께도 깊은 감사의 말씀을 드린다.

　본서를 풀이하는 과정에는 반드시 예언서가 필요할 수밖에 없었음은 원문필자가 『하도락서』를 기본으로 하는 정감비결 등 예언에 상당한 고견을 갖고 집필하였으며, 상당부분 비결서를 인용하였다. 때문에 본 동학가사를 풀어가면서 이와 관련된 것으로 보이는 비결서 등을 인용하여 동시에 풀이함으로서 원문집필자가 추구하는 궁극적인 사상이 무엇인지 좀 더 구체적인 사실관계를 파헤치는데 주력하였다. 그 과정에서 어쩔 수 없이 필자의 저서 『예언의 원리 그 신비를 찾아』의 해문과 중복되는 경우가 있었음도 독자들에게 양해를 구한다.

당시 인용한 『동국참서』는 정감록과 관련된 예언서가 분명하다. 그러나 지금에 와서 정감록 원본을 구할 수가 없으므로 부득이 『격암유록』 등의 비서를 비교하면서 풀이하는 것이 최선의 방법이라 판단되어 인용하기로 하였다. 또한 필요에 따라서는 『성경』 등을 인용하기도 하였다.
　여기서 한 가지 덧붙여 말할 것은 『격암유록』에 대한 위작이나 조작을 하였다는 세간의 논란은 상주 본 동학가사 원문을 통하여 상당 부분 해소될 것으로 판단되고, 본서를 통하여 필자가 제시한 『예언의 원리』에 대한 연구자들의 확실한 이해가 있을 것으로 보인다.

　그렇다면 동학(김주희)이 바라는 사상은 무엇인가? 최제우 선생의 유훈으로 알려진 "수종백토주청림(須從白兎走靑林)"으로 볼 수 있을 것이다. 동방의 나라 한반도에 성인이 출현하여 천상천하의 모든 권세인 용천검을 가지고 우주만물을 회복하는 "삼변구복(三變九復)"의 뜻을 담고 있음이 분명하다.
　하나님은 무극의 존재로 모든 일을 성인을 통하여 하게 되며, 우주만물을 변화시키는 것도 하나님이 직접 하시는 것이 아니라, 성인이 하나님의 권세를 받아 이루게 됨을 자세히 기록하였다.

　따라서 동학은 성인이 출현하여 천지를 개벽하고 선천세계를 회복하여 죽음이 없는 세계를 창건하게 되는 이치를 자세하게 기록한 예언의 성격을 담고 있다. 또한 말세의 주인공이신 성인을 "목덕이왕", "정도령", "청림", "천자"라 하고, 이 분을 찾아 도를 닦아 마지막 재앙인 삼재팔난을 피하고 영원한 영춘절(永春節)의 세계에서 복을 받기를 권고하고 있다.

독자 여러분은 이 한 권의 책을 통하여 동학과 예언에 대한 새로운 인식과 더불어 앞으로 돌아오는 한반도의 운과 하늘의 천도(天道)를 깨달아 영원토록 복을 받을 수 있는 이치를 분명히 깨닫게 될 것으로 확신한다.

법화산 자락에서
解讀者 李完教

豫言의 原理

天(1)＋地(2)＝人(3)
天(子)＋地(丑)＝人(寅)
天(父)＋地(母)＝人(子)
天(水)＋地(火)＝人(木)
天(北)＋地(南)＝人(東)
天(冬)＋地(夏)＝人(春)
天(黑)＋地(赤)＝人(靑)
天(儒)＋地(佛)＝人(仙)
天(日)＋地(月)＝人(明)
天(1,6)＋地(2,7)＝人(3,8)
天(弓)＋地(乙)＝人(弓乙)
天(☰)＋地(☷)＝人(䷊)

天(無極)＋地(太極)＝人(皇極)
天(壬癸)＋地(丙丁)＝人(甲乙)
天(亥子)＋地(巳午)＝人(寅卯)
天(河圖)＋地(洛書)＝人(靈符)
天(先天)＋地(後天)＝人(中天)
天(小男女)＋地(中男女)＝人(長男女)

※弓弓〔天(水, 北, 黑)＋地(火, 南, 赤)＝人(木, 東, 靑)
←(金, 西, 白)＝土, 中央, 黃〕乙乙

차례 —

머리말 / 5

제1장. 용담유사(龍潭遺詞) ——————————— / 13
  1. 용담가(龍潭歌, 1860) / 15
  2. 안심가(安心歌, 1860) / 18
  3. 교훈가(敎訓歌, 1860) / 26
  4. 도수사(道修詞, 1861) / 36
  5. 권학가(勸學歌, 1862) / 37
  6. 몽중노소문답가(夢中老少問答歌, 1861~1862) / 41
  7. 도덕가(道德歌, 1863) / 50
  8. 흥비가(興比歌, 1863) / 51
  9. 검결(劍訣, 1861) / 52

제2장. 궁을가(용호대사 편) ——————————— / 55
  1. 임하유서(林下遺書) / 57
  2. 궁을가(弓乙歌) / 65

제3장. 동학가사(김주희 편) ——————————— / 71
  1. 송구영신가(送舊迎新歌)·A / 73
  2. 송구영신가(送舊迎新歌)·B / 81
  3. 창가(昌歌) / 84
  4. 직분가(職分歌) / 86
  5. 삼경대명가(三警大明歌) / 90

천지개벽을 말한다?

6. 지시안심가(知時安心歌) / 95
7. 지본일신가(知本一身歌) / 99
8. 상작서(上作書) / 104
9. 몽중운동가(夢中運動歌) / 106
10. 태전가사(太田歌辭) / 109
11. 경세가(警世歌) / 113
12. 궁을신화가(弓乙信和歌) / 121
13. 안심치덕가(安心致德歌) / 129
14. 천지부모 도덕가(天地夫婦 道德歌) / 133
15. 해동가(海東歌) / 135
16. 명운가(明運歌) / 140
17. 금강산 운수동 궁을선사 몽중사답칠두가
    (金剛山 雲水洞 弓乙仙師 夢中寺畓七斗歌) / 144
18. 산수완경가(山水玩景歌) / 148
19. 관시가(觀時歌) / 149
20. 신심시경가(信心時景歌) / 152
21. 지본수련가(知本修鍊歌) / 159
22. 몽각명심가(夢覺明心歌) / 166
23. 시절가(時節歌) / 176
24. 심성화류가(心性和流歌) / 181
25. 건도문(健道文) / 187

차례 —

26. 시운가(時運歌) / 195
27. 청운거사문동요시호가(靑雲居士聞童謠時乎歌) / 197
28. 신실시행가(信實施行歌) / 203
29. 지시수덕가(知時修德歌) / 210

제4장. 동학가사(기타) —————————————— / 219
1. 일위선생불도(一位先生佛道) / 221
2. 일지화발만세가(一枝花發萬世歌) / 222
3. 난지역지가(難知易知歌) / 226

부록(원문) / 229

천지개벽을 말한다?

제1장
용담유사
(龍潭遺詞)

▶ 최제우(1824~1864)
수운 최제우는 경북 경주 가정리 출생으로 부친은 최옥이다. 63세에 한씨 부인으로부터 수운을 얻었다. 1860년(37세) 4월 5일 상제로부터 계시를 받고 득도하여 동학을 창시하고 무극대도를 펼치다가 1864년(41세) 3월 사도난정의 죄목으로 대구장터에서 참수 되었다.

최제우 선생의 집필 중 1860년~1863년까지 기록한 《용담유사》를 《격암유록》 등 예언서를 참고하여 비교하면서 「궁을」「무극대도」「춘삼월호시절」「만세선약」「괄목상대」「수종백토주청림」 등 사상(思想)의 본질적 궁금증을 푸는데 역점을 두었다.

본문 중 인용한 《비결서(격암유록)》 등은 지면부족으로 싣지 않았음을 독자 여러분에게 양해를 구하며, 필자의 첫 번째 저서『예언의 원리, 그 신비를 찾아』의 부록에 원문이 실려 있으므로 이를 참고하였으면 한다. 또한 본서에서 인용한 용담유사 원문은 인터넷 등을 통하여 얻은 자료이므로 상주 본 용담유사의 내용과 분량 등 약간의 차이가 있을 수 있음을 밝힌다.

1. 용담가(龍潭歌, 1860)

【원문】 천은(天恩)이 망극(罔極)하여 경신(庚申)사월 초오일에 글로 어찌 기록하며 말로 어찌 형언(形言)할까 만고 없는 무극대도(無極大道) 여몽여각(如夢如覺) 득도(得道)로다.

【풀이】 최제우 선생의 득도는 경신(1860)년 음력 사월 초오일이다. 경신년(庚申年)은 천간(天干)과 지간(支干)에 오행(五行)으로 금(金)이 들어있는 해이다. 이날 하늘로부터 천은에 힘입어 말로 표현할 수 없는 무극대도를 받아 득도를 하였다고 기록하고 있다. 득도의 과정을 꿈만 같다고 기록을 한 것으로 보아 본인도 도저히 믿기지 않았던 모양이다.

무극은 무형이며, 태극은 유형이다. 무극대도가 열린다는 것은 하늘의 세계가 땅위에 임한다는 뜻으로, 천상의 세계가 지상으로 오게 됨을 말한 것이다. 동학가사 중에 청림대도(青林大道) 라는 문구가 있는데, 이 또한 무극대도와 같은 세계를 의미한다.

무극대도는 天(無極) + 地(太極) = 人(皇極)의 세상으로 황극(皇極)세상이라 말하기도 한다. 황극은 천자(天子)가 동방에 출현하여 불로불사의 영원한 영춘절(永春節)의 세상을 열어간다는 뜻으로, 우주만물이 하나님의 세계로 변하게 되는 이치를 담고 있다. 이와 같은 이치를 최제우 선생은 깨닫게 된 것이다.

【원문】 어화세상(御化世上) 사람들아 무극지운(無極之運) 닥친 줄을 너희 어찌 알까보냐

【풀이】 최제우 선생이 득도를 하므로 무극대도가 바로 열린 것이 아니라 앞으로 오게 됨을 역설하고 있는 것이다. 그런고로 선생은 무극대도의 주인공 아니고, 무극세상이 도래하기 전에 수생목(水生木)의 이치에 의해 수운(水雲)으로 오셨다는 기록이 본문 중에 실려 있다.

【원문】 기장하다 기장하다 이내운수 기장하다 구미산수(龜尾山水) 좋은 승지(勝地) 무극대도(無極大道) 닦아내니 오만년지운수(五萬年之運數)로다 만세일지장부(萬世一之丈夫)로서 조을시구(鳥乙矢口) 조을시구(鳥乙矢口) 이내(台乃)신명(神命) 조을시구(鳥乙矢口)

【풀이】 무극대도가 온다는 것은 지금에 세상이 종말이 된다는 뜻으로, 이는 육체를 가지고 살아가는 태극(太極)세상이 없어지고 불로불사하는 신선의 세상이 열리게 됨을 말한다. 이와 같은 운수는 창세 이후에 처음으로 있는 운수이다. 조을시구(鳥乙矢口)는 천지음양이 일체가 되는 것을 말하며, 천지개벽의 뜻과도 같으며, 음과 양이 일체가 되어 궁을십승(弓乙十勝)의 새로운 세상이 온다는 것을 말한다.

【원문】 지지엽엽(枝枝葉葉) 좋은 풍경 군자낙지(君子樂地) 아닐런가 일천지하(一天之下) 명승지로 만학천봉(萬壑千峰) 기암괴석(奇巖怪石) 산마다 이러하며 억조창생(億兆蒼生) 많은 사람 사람마다 이러할까 조을시구(鳥乙矢口) 조을시구(鳥乙矢口) 이내신명(台乃身命) 조을시구(鳥乙矢口) 구미산수(龜尾山水) 좋은 풍경(風景) 아무리 좋다 해도 나아니면 이러하며 나 아니면 이런 산수 아동방(我東方) 있을 소냐.

【풀이】 산천의 아름다움을 볼 때 반도의 강산이 천하에 명당임을 극찬하고 있다. 방향으로는 동방에 위치하고 있어 앞으로 무극대운이 이 나라에 열리게 됨을 기뻐하고 있는 것이다. 天(北, 無極)＋地(南, 太極)＝人(東, 皇極)의 이치에서 알 수 있듯이 황극(皇極) 세상은 동방에서 이루어지게 되어있다. 이와 같은 운수를 선생은 깨닫고 기뻐하고 있음을 알 수 있다.

2. 안심가(安心歌, 1860)

【원문】 사월(四月)이라 초오일(初五日)에 꿈일런가 잠일런가 천지가 아득해서 정신수습 못할 터라. 공중에서 웨는 소리 천지가 진동할 때 집안사람 거동보소 경황실색 하는 말이 애고 애고 내 팔자야 무슨 일로 이러 한고 애고 애고 사람들아 약도 사 못해 볼까 침침칠야(沈沈漆夜) 검은 밤에 누굴 대해 이 말 할고 경황실색 우는 자식 구석마다 끼어있고 댁의 거동 볼작시면 자방머리 행주치마 엎어지며 자빠지며 종종걸음 한참 할 때 공중에서 웨는 소리 물구물공(勿懼勿恐) 하였어라 호천금궐(昊天金闕) 상제(上帝)님을 네가 어찌 알까보냐

【풀이】 선생이 득도하던 날 실제로 일어났던 일을 설명하고 있다. 선생께서는 정신수습이 되지 않을 정도의 육체의 고통이 있었을 것이고, 이에 집안이 온통 난리가 났음을 알 수 있다. 이렇듯 집안 식구들이 요란할 때 하늘에서 두려워 말라. 두려와 말라. 내가 곧 상제라고 말씀을 하시었다. 하늘의 상제와 직접 대화를 나눈 것으로 나타나 있다.

【원문】 그럭저럭 장등달야(長燈達夜) 백지펴라 분부(盼咐) 하네 창황실색(倉惶失色) 할 길 없어 백지 펴고 붓을 드니 생전 못 본 물형부(物形符)가 종이위에 완연(宛然)터라 나 역시(亦是) 정신없어 처자 불러 묻는 말이 이 웬일인고. 저런 부(符) 더러 본고 자식의 하는 말이 아버님 이 웬일꼬 정신수습 하옵소서 백지 펴고 붓을 드니 물형부(物形符) 있단 말씀 그도 또한 혼미로다. 애고 애고 어머님아 우리 신명 이 웬일꼬 아버님 거동보소

저런 말씀 어디 있소. 모자(母子)가 마주앉아 수파통곡(手把痛哭) 한창 할 때

【풀이】 겨우 정신을 차리고 상제님의 분부대로 붓을 들고 물형부를 그리게 된다. 그러나 가족들은 이를 이해하지 못하고 통곡을 하게 된다. 하나님의 신(神)이 임(臨)할 때 육체에 일어나는 현상을 이 글을 통 하여 알 수 있다.

【원문】 한울님 하신말씀 지각없는 인생들아 삼신산(三神山) 불사약(不死藥)을 사람마다 볼까보냐

【풀이】 온 가족이 통곡을 할 때 상제께서 또다시 하신 말씀 삼신산 불사약에 대해 말씀을 하시게 된다. 삼신산과 불사약은 같은 의미를 가지고 있으며, 하늘의 생명수 또는 해인삼풍(海印三豊)이라고도 한다.

【원문】 미련한 이 인생아 네가 다시 그려내서 그릇 안에 살라두고 냉수 일배 떠다가서 일장탄복(一張吞腹) 하였어라 이 말씀 들은 후에 바삐 한 장 그려내어 물에 타서 먹어보니 무성무취(無聲無臭) 다시없고 무자미지(無滋味之) 특심(特心)이라. 그럭저럭 먹은 부(符)가 수백장이 되었더라. 칠팔삭 지내나니 가는 몸이 굵어지고 검던 낯이 희어지니 어화세상(御化世上) 사람들아 선풍도골(仙風道骨) 내 아닌가.

【풀이】 선생은 이때부터 상제의 분부대로 물형부를 그려 불에 살라 물에 타서 먹게 된다. 이후부터는 몸이 변화되는 것을 느꼈던 것으로 보인다. 그러나 이러한 현상은 앞으로 오는 불로불사의 청림세계인 지상선경 시대를 미리 보여주신 것으로 보인다.

【원문】 금을 준들 바꿀 소냐. 은을 준들 바꿀 소냐. 진시황 한무제가 무엇 없어 죽었던고 내가 그때 알았다면 불사약(不死藥)을 손에 들고 조롱만상(嘲弄萬狀) 하올 것을 늦게 낳아 한(恨)이로다 조을시구(鳥乙矢口) 조을시구(鳥乙矢口) 이내신명 좋을시고

【풀이】 몸이 변화되어 젊어지는 체험을 한 다음부터 세상에 어떤 보화와도 바꿀 수 없는 마음의 기쁨을 느꼈던 것으로 보인다. 천하에 진시황도 부럽지 않는 듯 노래를 부르고 있다.

【원문】 그 모르는 세상사람 한 장 다오. 두 장 다오. 빈들빈들 하는 말이 저리되면 신선인가 칙칙한 세상사람 승기자(勝己者) 싫어 할 줄 어찌 그리 알았던고 답답해도 할길 없다. 나도 또한 한울님께 분부(盼咐)받아 그린 부(符)를 금수 같은 너희 몸에 불사약이 미칠 소냐.

【풀이】 이와 같은 일이 있음을 주변 사람들이 알고 찾아와서 물형부를 비웃으며 달라고 하는 것으로 보아 물형부의 효험(效驗)이 선생에게는 있었던 것으로 보인다. 그러나 불사약의 효험이 아무에게나 나타날 수 없음을 말하고 있다.

【원문】 소위 서학(西學)하는 사람 암만 봐도 명인 없데

【풀이】 여기서 서학은 예수를 믿는 사람들을 가리키며 당시 포교를 하는데 상호갈등이 있었던 것으로 볼 수 있다. 선생이 서학을 싫어하였던 것은 상제로부터 서학이 아니라는 계시를 받은바이기 때문일 수도 있을 것이다. 서학이 하나님의 도가 아니며 서방에서 출현한 예수가 구세주가 아니라는 확신을 갖고 있었을 것으로 보인다.

【원문】 한울님께 받은 재주 만병회춘(萬病回春) 되지마는 이내 몸 발천(拔薦)되면 한울님이 주실런가. 주시기만 줄작시면 편작(扁鵲)이 다시와도 이내 선약(仙藥) 당할 소냐. 만세명인(萬世名人) 나뿐이다

【풀이】 앞으로 다가오는 무극대도는 선약을 가지고 불로불사 하게 된다. 최제우 선생은 하나님이 시킨 대로 할 뿐 본인이 선약의 주인공으로서 우주의 생명을 주실 수 있는 분이 아님을 다음의 동학가사 및 격암유록 등 각종 예언을 통하여 알 수 있다.

【원문】 삼신산중화월궁에 요행화초 분명 있어 만세방초 정령하니 불로초가 완연하고 불사약이 성실일세 불로불사 방방초는 만세선약 삼팔괘니 태극영부공부하세 <만세방초가>

【풀이】 삼신산 불로초와 만세선약은 영생약(永生藥)으로 삼팔목운이 갖고 오시게 된다. 삼신(三神)은 삼풍(三豊)과 같은 뜻으로 영원한 생명의 양식이다. 삼팔목운 그 자체가 생명수이기 때문에 우주만물은 목운(木運)이 주시는 생명수로 살게 된다. 수운(水雲)으로 오신 최제우 선생이 말세의 주인공으로서 만세선약을 가지고 오신분이 아니라는 사실은 동학가사를 통하여 분명히 알 수 있다.

【비결】 世人難知兩白之人 天擇之人三豊之穀 善人食料世人不見 俗人不食 <聖山尋路>

【풀이】 양백진인, 삼풍도사, 목운, 청림도사는 동일한 한 분을 뜻한다. 하늘이 택한 선한 자는 삼풍곡을 얻을 수 있으나, 세상 사람들은 생명의 양식인 삼풍곡(선약)을 얻을 수 없다. 이와 같은 삼풍곡

(三豊穀)은 삼팔목운 만이 주실 수 있는 영생약이다.

【비결】先後兩白眞人出 三豊吸者不老不死 <末運論>

【풀이】 삼풍곡(三豊穀)을 마시는 자는 영원히 죽지 않게 된다. 육적인 호흡은 폐(肺)로 하지만 영적 호흡(呼吸)은 심장(心腸)으로 하게 된다. 이와 같은 만세선약은 양백진인 삼풍도사(三豊道師)가 주시게 된다.

【비결】靑鶴福處牛腹洞이 三峰山下半月有로 深藏窟曲囊中世界 靈泉水가 恒流로다<出將論>

【풀이】 청학(靑鶴)이나 우복동(牛腹洞)은 청림도사(靑林道士)를 뜻하고 삼봉산하반월유(三峰山下半月有)는 마음 심자(心字)를 뜻한다. 하나님에 생명의 신(神)은 심장(心腸)으로 임(臨)하게 된다. 최제우 선생이 수종백토주청림을 말한 것으로 보아 본인이 청림도사가 아닌 것이 분명하다.

【원문】 십이제국(十二諸國) 괴질운수(怪疾運數) 다시개벽 아닐런가.

【풀이】 천지개벽이 일어나기 전에 괴질이 일어나서 많은 사람들이 죽게 된다는 사실을 말하고 있다. 이때는 삼풍곡(三豊穀)인 선약(仙藥)이 없이는 살수 없음을 최제우 선생은 알고 있었다. 이와 같은 예언은 비결서에 많이 기록이 되어있다.

【비결】怪氣陰毒重病死로 哭聲相接末世로다 無名急疾天降災
<末中運>

【풀이】 말세에는 알 수없는 괴질로 많은 사람이 죽게 됨을 격암유록 말운론 등에도 예언이 되어있다. 이때의 괴질은 하늘이 준 재앙으로 삼재팔난(三災八難)이라고도 한다. 괴질이 번창하면 이는 말세의 예고인 것이다. 삼재팔난(三災八難)은 말세의 주인공 삼팔목운 출세와 관련이 있음을 알 수 있다.

【원문】 개 같은 왜적 놈을 한울님께 조화받아 일야간(一夜間)에 멸하고서 전지무궁(傳之無窮) 하여놓고 대보단(大報壇)에 맹세하고 한이(漢夷) 원수 갚아보세

【풀이】 왜놈들에 대한 분한 마음을 갖고 있었음을 알 수 있다. 오죽하였으면 그들을 짐승에 비유하였으며, 하늘이 나에게 조화의 힘을 주신다면 하루 밤에 그들을 멸하여 원수를 갚겠다고 하였을까? 아마도 임진왜란 때의 분노가 아닌가 생각된다.

【원문】 한울님이 내 몸 내어 아국운수 보전 하네 그 말 저 말 듣지 말고 거룩한 내 집 부녀 근심 말고 안심 하소.

【풀이】 하나님이 특별히 이 나라를 사랑하사 선생을 낳게 하셨으니 더 이상 걱정을 말라는 말씀으로 민족정신이 강하게 나타나있다. 선생은 동방의 나라 한반도에 천운이 오고 있음을 알고 있었으리라.

춘삼월과 지상선경

【원문】 이 가사(歌詞) 외워내서 춘삼월(春三月) 호시절(好時節)에 태평가(太平歌) 불러보세.

【풀이】 여기서 춘삼월은 사시사철이 있는 봄이 아니고, 사시사철이 없는 영춘절(永春節)을 가리킨다. 영춘절은 삼팔목초(三八木草)의 소생과 더불어 만물이 새로운 세상을 맞이하게 된 때이다. 천지인이 동백(同白)이 되어 하나님의 세계로 변화되고, 과거, 현재, 미래가 없어지게 되는 삼변구복(三變九復)의 때를 말한다.

【비결】 四月天의 오는 聖君 春末夏初分明하다 罪惡打破是非中의 紅桃花를 苦待하네 海島眞人 鄭道人과 紫霞眞主鄭紅桃는 金木合運東西로서 地上仙國創建이라<歌辭總論>

【풀이】 "사월천(四月天)의 오는 성군(聖君)"은 목운의 소생을 말한다. 목운의 소생과 금운의 강림으로 금목합운이 된다는 것은 천지가 하나가 된다는 뜻이다. 금목합운 이후 영원히 죽지 않는 지상선국이 창건된다. 청림도사의 해인삼풍 조화는 미래만 창조하는 것이 아니고 과거도 창조를 하게 된다. 최제우 선생은 이때를 춘삼월 호시절이라 하였다.

【비결】 三人合日春心生<末運論>

【풀이】 춘(春)은 천지인, 즉, 삼라만상(森羅萬象)이 하나님의 세계로 변하는 때를 말하며, 성부, 성모, 성자가 일체되는 때이다. 천

상의 세계가 땅에서 열리게 된다. 춘(春)은 오행으로 목(木)을 뜻하고, 동방을 뜻한 고로 영춘절은 동방목운의 세상을 말한다.

> 【원문】 너희도 이 세상(世上)에 오행(五行)으로 생겨나서 삼강(三綱)을 법(法)을 삼고 오륜(五倫)에 참여해서

【풀이】 하도락서 중앙 백점오점은 오행을 뜻하며, 백은 생명을 뜻한 고로 오행을 생명이라고도 한다. 삼강은 천지인의 뜻을 가지고 있다. <u>따라서 삼재오행이라 함은 삼강오륜, 삼황오제, 십오진주와 같은 뜻을 나타낸다고 볼 수 있다.</u> 이는 하도락서 천오점(天五点), 지오점(地五点), 인오점(人五点)이 합해지는 이치와도 같다.

3. 교훈가(敎訓歌, 1860)

【원문】 유도(儒道)불도(佛道) 누천년에 운이 역시 다했던가.

【풀이】 유교나 불교의 운이 다하게 되는 이치를 알고 있었던 것으로 보인다. 무극과 태극의 운이 가고 황극의 선도 운이 오게 되니 자연히 유불도(儒佛道)의 운은 다하게 된다. 최제우 선생은 유교를 숭상한 분으로 알려져 있지만 머지않아 무극대운이 열리면 유교는 물론 기존의 모든 종교는 그 막을 내리게 될 것을 알고 있었다.

【비결】 儒佛仙州各分派로 相勝相利말하지만 天堂인지 極樂인지 彼此一般다못하고 平生修道十年工夫 南無阿彌陀佛일세 春末夏初四月天을 당코보니다 虛事라<歌辭總論>

【풀이】 위 원문은 일명 해주 오씨본에 포함된 글이다. 유불선의 기존종교가 구원이 없음을 분명히 하고 있다. 최제우 선생의 말씀과도 일치한다. 그러나 기존 종교는 마지막 때인 춘말하초(春末夏初)가 될 때 까지도 깨우치지 못하게 될 수 있음을 암시 하는 예언이다. 춘말하초(春末夏初)가 되어 영춘절(永春節)의 새로운 세상이 열리게 될 때 그때야 자기 종교가 구원이 없음을 알게 된다.

【비결】 平生修身 不免怨無心矣 愼覺之哉 弓弓之道 儒佛仙合一之道<道下止>

【풀이】 평생을 도를 닦는다 하여도 궁궁도(弓弓道)를 찾지 못하

고서는 지옥을 면할 수 없다. 유불선의 모든 종교는 궁궁도를 찾아 생명을 얻어야 한다. 궁궁도는 십승을 뜻하고, 십승은 이긴 자를 뜻하므로 이긴 자를 찾아 십승 생명인 화우로 삼풍을 얻는 자만이 살 수 있게 되는 것이 하늘의 이치인 것이다.

> 【비결】儒佛仙三各人出 末復合一聖一出 <隱秘歌>

【풀이】유불선이 각각, 기다리는 사람이 있지만, 사실은 동일한 한 사람을 기다리고 있음을 알 수 있다. 각, 종교마다 성인이 따로 출현하는 것이 아니라 한 사람을 기다리고 있으며, 성인 한 사람 출현으로 지금의 세상은 종말이 되고 새로운 세상이 창건된다. 우주 만물은 한 사람 성인 출현을 기다리고 있는 것이다. 그런고로 말세의 주인공을 찾지 못하면 평생 수도를 한다하여도 죽음을 면치 못한다 하였다.

> 【비결】儒佛仙異言之說末復合理十勝이라 <十勝歌>

【풀이】유불선이 각기 그 말을 달리하고 있을 지라도 결국은 말세 주인공은 십승지인(十勝之人) 한 사람뿐이다. 십승은 혹이 백으로 변했다는 뜻의 상징성을 갖고 있는 생명의 주인공이다. 백은 하나님을 뜻하고, 하나님은 생명을 뜻하므로, 십승(十勝) 그 자체가 생명이며 우주만물을 변화시키는 하늘의 권세인 것이다. 십승인 이외는 누구도 생명을 줄 수 없는 것이다. 이분이 가지고 오신 해인삼풍은 우주만물의 생명수이고 천지를 개벽하는 무궁조화의 신(神)이다. 그런고로 각, 종교는 이긴 자(十勝) 한 사람을 찾아야 하는 것이다.

【성경】 계 2:26 이기는 자와 끝까지 내 일을 지키는 그에게 만국을 다스리는 권세를 주리니

【풀이】 궁궁인과 십승지인, 이긴 자는 동일한 한 사람이다. 여기서 만국은 영계(靈界)를 포함한 삼라만상을 말하며 "권세"는 해인삼풍(海印三豊)이다. 삼풍(三豊)은 천지인의 삼백(三白)을 뜻하므로 삼풍의 뜻 속에 우주만물을 백(白)으로 변화시키는 권세가 있음을 알 수 있다.

【비결】 石白海印天權으로 天下消蕩降魔世를 世人嘲笑譏弄이나 最後勝利弓弓일세<桃符神人>

【풀이】 "흰돌(石白)"과 "해인"은 같은 영적(靈的) 물질로 마귀를 멸하는 무기이며 생명수이다. 해인은 우주에 마귀를 소탕하여 새로운 세상을 창조케 하는 영적 물질임을 알 수 있다. 세상 사람들은 이와 같은 일을 비웃고 조롱을 하지만 최후에 가서 보면 궁궁인이 우주에 마귀를 멸하게 되는 것을 알 수 있을 것이다.

【비결】 白髮老軀無用者가 仙風道骨更少年에 二八青春 妙한 態度 不老不衰永春化로 極樂長春一夢인가. 病入骨髓不具者가 北邙山川閑臥人도 死者回春甦生하니 不可思議海印일세<桃符神人>.

【풀이】 해인 삼풍은 늙은 사람을 젊게 하고 병들거나 불구자, 죽는 자에게도 소생을 시키는 불로불사의 선약이다. 이는 해인을 가지고 오신 삼풍도사 한 사람만이 줄 수 있는 하늘의 권세인 것이다. 이 때는 어느 때 인가? 최제우 선생이 말하는 춘삼월 호시절인 것이다.

【성경】계 2:17 귀 있는 자는 성령이 교회들에게 하시는 말씀을 들을지어다 이기는 그에게는 내가 감추었던 만나를 주고 또 흰 돌을 줄 터인데 그 돌 위에 새 이름을 기록한 것이 있나니 받는 자 밖에는 그 이름을 알 사람이 없느니라.

【풀이】 사도요한의 계시록에도 이긴 자에 대한 기록이 있다. 한 하늘 밑에 살고 있는데, 각, 종교마다 다른 구세주가 출현할 수는 없는 것이다. 각, 종교가 기다리고 있는 분은 이긴 자 한 사람인 것이다. "흰 돌"과 "백석"은 이긴 자가 나타나기 이전에는 없었고 오직 인간 중에 한 사람 성인 출현으로 생기는 영적인 물질로 마귀를 멸하는 무기이다. 그런고로 우주만물이 이긴 자 한 사람 출현을 고대하고 있는 것이다. 최제우 선생이 말하는 "유도(儒道)불도(佛道) 누천년에 운이 역시 다했던가"의 말씀은 모든 종교가 구원이 없다는 뜻으로 이와 같은 이치를 알고 말씀하신 것으로 볼 수 있을 것이다.

【원문】 耶蘇敎徒는 耶蘇의 再臨을 기다리고 佛敎徒는 彌勒의 出世를 기다리고 東學 信徒는 崔水雲의 更生을 기다리나니 누구든지 한 사람만 오면 각 히 저의 스승이라야 따르리라. <대순전경>

【풀이】 강일순 선생이 하신 말씀으로 꼭 한 사람이 와야 된다는 사실을 알 수 있다. 모든 종교가 기다리는 사람은 분명 동일한 한 사람인 것이다. 그렇다면 왜 한 사람을 기다리는 것일까? 동학가사는 그 한 사람을 청림도사라고 분명히 밝히고 있다.

【원문】 선생님은 웃으시며 가라사대 남조선 배가 떠나오니 어떠하냐? 육정육갑(六丁六甲)을 쓸어들이고 갑을청룡(甲乙靑龍)이 내달리면 살아날 놈 없으리라. <대순전경>

【풀이】 갑(甲), 을(乙), 청(靑)은 오행으로 목(木)을, 방향은 동방을 뜻한다. 용(龍)은 동방을 뜻하므로 "갑을청룡(甲乙靑龍)"은 삼팔 목운 청림도사를 말함을 알 수 있다. 가사 중"하늘님前 명(命)을 받아 동방갑을(東方甲乙) 청룡목(靑龍木)을 빌어다가 대동선(大同船)을 모아 낼제"의 기록으로 볼 때 마지막 남조선의 구원선은 삼팔 목운 청림도사가 틀림이 없는 것이다. 강일순 선생도 갑을청룡이 남조선 구원의 방주라는 사실을 정확하게 말씀하시었다.

【원문】 내가 將次(장차) 열석자의 몸으로 오리라.<대순전경>

【풀이】 열석자로 오신 분은 하도락서 제 72궁 청림도사 목운을 뜻한다. 강일순 선생은 다음에 청림도사가 출현하실 것을 분명히 알고 있었으며, 당시 육신을 입고 오신 강일순 선생이 말세의 주인공이 아니라는 사실을 알 수 있는 것이다. 이로 보건데 동학교들이나 강일순 선생이 말하는 <u>다음에 오실 한 사람은 열석자의 몸으로 오신 청림도사가 분명함</u>을 알 수 있다.

【원문】 윤회(輪回)같이 돌린 운수 내가 어찌 받았으며 억조창생(億兆蒼生) 많은 사람 내가 어찌 높았으며 한세상 없는 사람 내가 어찌 있었던고 아마도 이내일은 잠자다가 얻었던가. 꿈꾸다가 받았던가. 측량치 못할 네라. 사람을 가렸으면 나만 못한 사람이며 재질을 가렸으면 나만 못한 재질이며 만단의아(萬端疑訝) 두지마는 한울님이 정하시니 무가내라 할 길 없네. 사양지심(辭讓之心) 있지마는 어디 가서 사양하며 문의지심(問議之心) 있지마는 어디가서 문의하며

【풀이】 최제우 선생의 심정이 그대로 잘 나타나 있다. 하나님의 도(道)를 펴는데 의심도 있지만 어디 가서 문의 하며 그만 사양하고

도 싶지만 하나님이 정하였으니 어찌 내가 피할 수 있겠는가! 도(道)를 전(傳)하는데 상당한 어려움이 있었음을 알 수 있다. 최제우 선생은 자기의 임의대로 도를 전하는 것이 아니라 오직 하나님의 뜻에 의해서 전(傳)하게 됨을 알 수 있고, "사양지심(辭讓之心) 있지마는"의 말씀으로 비추어 볼 때 무엇인가 알지 못하는 궁금증 또한 있었음을 알 수 있다.

【원문】 한울님께 아뢰오니 한울님 하신말씀 너도 역시 사람이라 무엇을 알았으며 억조창생(億兆蒼生) 많은 사람 동귀일체(同歸一體) 하는 줄을 사십 평생 알았더냐.

【풀이】 선생과 하나님과의 대화 내용이다. 선생이 포교를 하는데 상당한 어려움이 있어 답답함을 상제께 호소하게 되는데, 선생도 상제께서 가르쳐 주시기전에는 몰랐거늘 세상 사람들이 어찌 알겠는가? 아는 사람이 거의 없다는 말씀이다. 그런고로 세인들이 한 마음으로 하나님을 따르기란 쉽지 않을 것을 상제께서 말씀 하신 것이다.

【원문】 우리 복(福)이 이러할까 한울님도 한울님도 이리될 우리 신명 어찌 앞날 지난 고생 그다지 시키신고

【풀이】 당시 상제님의 명(命)에 따라 포교를 하는데도 상당한 어려움과 고난이 있었음을 알 수 있다. 이 말씀으로 보건데 선생은 때로는 하나님에 대한 원망도 하였을 것이다.

【원문】 이내신명(台乃身命) 운수도 믿지마는 감당도 어려우며

【풀이】 선생은 앞으로 무극대도가 열리게 된다는 사실에 대한 확신은 갖고 있었지만, 하나님의 도를 전하는 과정에서 감당(堪當)하기

어려울 정도의 심적(心的) 고통이 있었었던 것으로 보인다.

【원문】 열세자 지극하면 만권시서(萬卷詩書) 무엇하며 심학(心學)이라 하였으니 불망기의(不忘其意) 하였어라

【풀이】 위의 글은 하도락서를 알아야 그 뜻을 이해할 수 있다. "열세자"는 삼건천 십곤지로 하도락서 제 5도, 72궁을 뜻한다. 제 5도, 목운 출현이치를 깨닫게 되면 더 이상 학문이 필요 없게 된다는 뜻이다. 목운은 지천태괘의 운으로 오신 말세의 주인공으로 해인삼풍(海印三豊)의 무궁조화로 천지개벽을 하시게 된다. 선생은 열석자의 성인 출현을 분명하게 알고 있었으며, 김주희 선생의 글에도 열석자로 오신 분을 "목덕이왕(木德以王)" 또는 "청림도사(靑林道士)" 등으로 기록되어 있다.

【원문】 애달(愛㗟)다 너희 사람 어찌 그리 매몰한고 탄식하기 괴롭도다. 요순 같은 성현들도 불초자식 두었으니 한(恨) 할 것이 없다마는 우선의 보는 도리 울울한 이내 회포 금차하니 난감(難堪)이오

【풀이】 요순 같은 성인도 불초자식을 두었거늘 어찌 불초자식을 두지 않으리오. 아마도 무극대도에 관심을 갖지 않는 자식이 있었지 않았을까?

부활

【원문】 서로 만날 그 시절에 괄목상대(刮目相對) 되게 되면 즐겁기는 고사하고 이내집안 큰 운수라

【풀이】 만물이 소생하는 춘삼월이 오게 되면 죽은 자가 잠에서 깨어난 것처럼 다시 살아나 서로 만나 영생을 하게 된다. 즉, 부활을 한다는 뜻이다. 그렇다면 부활과 영생론에 대하여 비결서는 어떻게 기록이 되어있는지 찾아보기로 한다.

【비결】 저의 先瑩父母靈魂다시사라 相逢하를 貧賤困窮無勢者야 精神차려 海印알소 無窮造化限量없네 너의先瑩神命들은 不知일가 歎息이라<格菴歌辭>

【풀이】 죽은 선령들이 다시 살아 서로 만나게 될 것을 간절히 바라고 있다. 자기 후손들이 무궁조화 해인을 깨닫기를 바라면서 혹시나 이를 깨닫지 못할까 탄식을 하고 있다. 해인은 청림도사가 가지고 오신 선약이다.

【성경】 요11:25 예수께서 가라사대 나는 부활이요 생명이니 나를 믿는 자는 죽어도 살겠고 11:26 무릇 살아서 나를 믿는 자는 영원히 죽지 아니하리니 이것을 네가 믿느냐

【풀이】 죽는 자와 살아있는 자가 상호 만나 살아가는 세상이 열리게 됨을 성경에도 기록되어 있다. 그러나 동학은 예수를 구세주로 생각하지 않았고 청림도사가 나타나 무극대도를 펼치게 될 것을 믿고

있다. 서방에서는 구세주가 출현 할 수 없음을 예언의 원리 "天(父, 水, 北)＋地(母, 火, 南)＝人(子, 木, 東)←(金, 西)"와 같은 이치를 이미 알고 있었을 것으로 볼 수 있다.

【비결】 弓乙仙人相逢하여 不死消息 다시 듣고 風浪波濤 빠진 百姓 生命線路 건질 적에 粉骨碎身될지라도 不遠千里 멀다마소 <桃符神人>

【풀이】 궁을선인은 청림도사를 뜻한다. 이분이 재생하여 다시 만나게 되어 생명수로 많은 생명을 구하게 된다. 그러니 아무리 큰 어려움이 있더라도 잘 참고 견디라는 뜻이다. 이렇듯 동학(東學)도 말세주인공 청림도사를 기다리고 있는 것이다.

【비결】 東方甲乙三八木 木兎再生保惠師 <隱秘歌>

【풀이】 동방에 출현하신 목운은 반드시 재생(再生)을 하게 된다. 이분이 생명수를 갖고 오신분이기에 보혜사(保惠師)라 한다. 동학교도들이 기다리는 춘삼월 호시절(好時節)도 이때를 말함이다.

【원문】 이 글 보고 개과하여 날 본 듯이 수도하라 부디부디 이 글 보고 남과 같이 하였어라 너희 역시 그러다가 말래지사(末來之事) 불미(不美)하면 날로 보고 원망할까 내 역시 이 글 전해 효험 없이 되게 되면 네 신세 가련하고 이내 말 헛말 되면 그 역시 수치로다

【풀이】 마음을 고쳐 수도(修道)를 열심히 하라. 수도를 잘 하지 못한 사람은 말세가 되면 불행하게 된다는 뜻이다. 결국은 최제우의 동학은 닥쳐오는 말세(末世)를 준비하는 종교임에 틀림없다.

【원문】 十勝之法은 水火靑雲三仙이 體以用之하나니 <八卦九宮十勝章>

【풀이】 궁궁과 십승은 같은 이긴 자를 뜻한다. 십승 출현 때는 수운, 화운, 목운이 출현하게 됨을 알 수 있다. 세 사람 성인의 도가 같음을 알 수 있다. 그러나 해인 삼풍의 생명수를 주시는 분은 청운으로 청림도사 뿐이다.

【원문】 이제 창생 할 것이니 수운, 화운 분간하야 청림도사 찾아가서 청등임하수도하야 청림도각 하온 후에 청용 야택 깊은 물에 선유발달노라보세 선유 하세 선유하세 용담수에 선유하세 <영대가>

【풀이】 새로운 세상은 청림도사가 하게 됨을 알 수 있다. 용담수는 청림도사가 가지고 오신 생명수를 말한다. 동학가사 내용으로 볼 때 동학은 청림도사를 기다리고 있음을 알 수 있다.

4. 도수사(道修詞, 1861)

> 【원문】 정심수도 하여주면 춘삼월(春三月) 호시절(好時節)에 또 다시 만나볼까

【풀이】 춘삼월은 천지인이 합하여 하나님의 세계로 변화되는 때를 말하며, 이때 "또다시 만나볼까"의 뜻은 갱생(부활)하여 새로운 불로불사의 세상에서 살아보자는 뜻이다. 이는 동학의 기본 이념으로 기독교의 부활론과 같은 의미를 가지고 있다. 동학은 인간의 부활만을 뜻하는 것이 아니고 우주만물이 일시에 변화되는 구변구복의 이치까지 담고 있다. 즉, 한 사람의 부활은 만물이 동시에 소생하여 춘일(春日)을 맞게 된다는 구변구복(九變九復)론이다.

5. 권학가(勸學歌, 1862)

【원문】 무사한 이내 회포 불일 곳 바이없어 말로하며 글을 지어 송구영신(送舊迎新) 하여보세

【풀이】 "송구영신(送舊迎新)"은 옛 세상을 보내고 새로운 세상을 맞이하자는 뜻이다. 한 해(年)의 시작은 음력으로 정월과 이월을 뜻하기도 한다. 이는 정월과 이월이 인묘(寅卯)의 월(月)로서 목(木)으로 시작을 하기 때문이다. 정월 이월은 인묘월로 정한 것도 새로운 목운의 시작을 의미하는 깊은 뜻이 있음을 알 수 있다. 송구영신은 목운의 새로운 세상을 맞이 하여보자는 뜻이다.

【원문】 성운(聖運)이 오지마는 현숙한 모든 군자 동귀일체(同歸一體) 하였던가 어렵도다 어렵도다 만나기도 어렵도다

【풀이】 성인이 출현하여 무극대도를 펴지만, 세상의 모든 사람이 깨우쳐 한 마음으로 복을 받기는 쉽지 않음을 알 수 있다.

【원문】 서양적이 중국을 침범해서 천주당 높이 세워 거 소위 하는 도를 천하(天下)에 편만(遍滿)하니 가소절창(可笑切愴) 아닐런가.

【풀이】 서양의 도(道)를 세상에 전(傳)하니 이는 웃기는 일로 가소절창 아닌가라고 말하고 있다. 당시 서교인 천주교가 참 진리가 될 수 없다는 확신을 갖고 있었음을 알 수 있다. 왜 서방의 종교가 구원

을 줄 수 없는지 논리적으로 설명하지는 않았다.

　그러나 말세는 "서기동래(西氣東來)"의 운으로 반드시 서방의 기운이 동방으로 오게 되어있다. 따라서 종교도 같이 따라오게 된다. 그러나 서방의 종교는 동방의 종교에 흡수되어 소멸하게 된다. 이는 하늘의 하나님(金, 西)이 땅으로 하강하여 동방 목(木, 東)운에 흡수되는 이치와 같다. "아동방 운수"런가, 의 말씀을 하신 것으로 보아 이러한 이치를 알고 있었을 것이다.

【원문】 삼십삼천(三十三天) 옥경대(玉京臺)에 나 죽거든 가게하소 우습다 저 사람은 저의 부모 죽은 후에 신(神)도 없다 이름하고 제사조차 안 지내며

【풀이】 예수를 믿는 사람들이 죽어서 천국 간다는 말을 하면서도 조상 신(神)이 없다 하고 제사를 지내지 않는 것에 대하여 강하게 비판하고 있다.

무극대도

【원문】 만고 없는 무극대도(無極大道) 이 세상에 창건(創建)하니

【풀이】 무극대도는 하늘의 세계를 말한다. 하늘의 세계가 이 땅에 열리게 된다는 뜻이다. 새로운 세상은 중천이라 하고, 도(道)는 선도(仙道)라 하며 주인공은 청림도사가 된다. 이와 같은 내용은 비결서 등에 많이 기록되어 있으므로 선생에 대한 무극대도의 세상을 비결서 등을 찾아 정리하여 보기로 한다.

【원문】 巽震兩木 配合하야 靑林大道 中天일세 <靑林道士 大道歌>

【풀이】 손진양목은 동방을 뜻하므로 동방에 출현하신 목운을 청림도사라 하며, 이 분에 의해서 천상세계가 동방의 나라 한반도에서 이루어지게 된다. 그런고로 중천세계의 주인공은 청림도사가 된다.

【비결】 無後裔之鄭道令은 何姓不知正道來 無極天上雲中王이 太極再來鄭氏王은 四柱八字天受生이 修身齊家한 然後에 遠理 遠理자던잠을 深理奧理끼고난後 <弄弓歌>

【풀이】 무극 정도령과 태극의 정도령이 있다. 무극의 정도령은 하늘의 존재이고, 태극 정도령은 땅의 존재이다. 무극 정도령은 아버지를 뜻하고, 태극 정도령은 땅에 출현하신 영적엄마를 뜻한다. 태극으로 오신 정도령이 깊은 잠에서 깨어나 무극 정도령과 부부가 된다. 천지가 한 가정을 이루게 되니 이를 수신제가(修身齊家)라 하고, 태극으로 오신 정도령이 잠에서 깨어난 것을 재생 또는 재래라 한다.

【비결】 木兎再生鄭姓運 <隱秘歌>, 鄭姓人木兎再生 <三韓山林秘記>, 西氣東來白兎運에 靑林道士나오시고 木兎再生鄭姓 <聖運論>

【풀이】 정도령과 목운은 동일한 분이며, 재생(再生)에 대한 예언이 오래전부터 비기로 내려왔음을 알 수 있다. 재생, 부활, 소생, 갱생은 같은 뜻이다. 동학교도들은 동국참서를 통하여 이와 같은 이치를 알 고 있었던 것으로 보인다.

【비결】 編覽論에 傳햇다네 陽來陰退天來地去 皇極仙道〈十勝論〉

【풀이】 마귀의 세상은 가고 하늘의 세계가 도래함을 양래음퇴(陽來陰退)라 하고, 땅에 마귀가 없어지게 되니 죽음이 없는 하늘의 세계가 이 땅위에 이루어지게 된다. "天(無極, 水, 北) + 地(太極, 火, 南) = 人(皇極, 木, 東)"의 『예언의 원리』를 통하여 동방의 목운이 이루게 됨을 알 수 있다.

【비결】 不死消息반가워라.儒佛仙合皇極仙運〈松家田〉

【풀이】 황극세상은 죽음이 없는 세상이다. 사망은 마귀인고로 마귀가 없어지니 죽음이 없는 세상이 된다. 세상 모든 종교는 사라지고 선도인 황극세상이 존재하게 된다. 이를 동학에서는 무극대도라 한다.

【원문】 無極은 天靈之聖也라. 用其天上之事하고 太極은 地靈之聖也라 用其地下之事하고 皇極은 人靈之聖也라 〈三易大經〉

【풀이】 무극은 하늘의 운으로 오신 성인이요, 태극은 땅에 운으로 오신 성인이며, 황극은 사람의 운으로 오신 성인이다. 천(無極, 父) + 지(太極, 母) = 인(皇極, 天子)의 이치와 같다. 결과적으로 세 사람의 성인이 출현하는 것이 아니라 한 사람의 성인출현이 있을 뿐이다. 천지의 운이 인간에게로 오게 되므로 땅에 출현하신 천자(天子)만이 왕중왕으로 존재 하게 된다. 궁궁을을전전(弓弓乙乙田田)의 뜻과 같음을 알 수 있다.

6. 몽중노소문답가

【원문】 곤륜산(崑崙山) 일지맥(一枝脈)의 조선국(朝鮮國) 금강산에 기암괴석 좋은 경치 일만이천 아닐런가 팔도명산 다 던지고 天下勝地 아닐런가

【풀이】 곤륜산은 중국의 전설적인 산으로 지금의 히말라야 산으로 볼 수 있다. 곤륜산을 중심으로 동으로 뻗은 금강산 줄기는 세계의 명당으로 그 정기로 성인이 출현하게 된다. 금강산에 지상선경이 이루어지게 됨을 많은 예언에 나타나 있다.

【원문】 春末夏初 出世次로 冬至後에 始生하야 子丑運을 마쳐내고 二陽運을 다시 세워 寅卯運을 마쳐내니 青林道師 이 아니며 辰巳運을 기다려서 太陽聖德 오는 대로 度數 따라 運氣마쳐 神通六藝 道通시켜 金剛山을 사아노면 貴岳春回 이 아닌가.<青林道師 大道歌>

【풀이】 춘말하초는 목운과 더불어 만물이 소생하는 영춘절을 뜻한다. 인묘운으로 오신 성인이 다시 오시어 금강산에 지상선경을 건설하여 살게 될 것으로 기록되어 있다. 청림도사가 지상선경의 주인공임을 분명하게 기록하고 있다. 동학가사와 비결서는 똑 같은 불로불사의 청림세계를 기다리고 있는 것이다.

【원문】 十方世界 洞察하니 十洲蓮花더욱 좋다 金剛山은 名山이라 一萬二千높은 峯에 峯峯이도 비쳤으니 玉芙蓉을 깎아낸 듯 十二帝千 금불보살강림(金佛菩薩降臨)하여 내릴 적에 열 석자 굳은 맹서(盟誓) 우리 상제 아니 신가 <채지가 달 노래>

【풀이】 불교에서 말하는 십방연화세계가 금강산에 건설될 것을 암시하고 있다. 열석자는 목운으로 오신 분을 말하며, 이 분이 하늘의 하나님과 일체가 되어 지상낙원을 건설하게 된다. 그러나 세상 사람들은 이를 알지 못하다가 그 때가서야 목운으로 오신분이 상제(하나님)인 것을 알고 깜짝 놀라게 된다. 삼팔목운, 미륵불, 청림도사, 상제는 동일 한 한분임을 알 수 있다.

【비결】 奇岩怪石雲消峯에 峯峯에다 燈燭달고 晤衢 長夜 밝혀주니 日月無光不夜城에 十二神人蓮花坮上 空中樓閣寶玉殿에 <桃符神人>

【풀이】 첫 번째 목운으로 오신 분이 계신 곳을 村(마을)이라 하고, 두 번째 오실 때 계신 곳을 성(城)이라 한다. 금강산에 지상선경이 건설되면 그곳 성(城)은 해와 달이 없는 하나님 영광의 빛에 의해 살게 된다. 이렇듯 한반도에서 성인이 출현하여 지상선경을 건설하게 될 것까지 비결서는 기록하여 놓았던 것이다.

【비결】 蓬萊水溢吉地라고 長沙之谷淸水山下 蓮花坮上千年歲에 穀種三豊알리로다 <末中運>

【풀이】 금강산에 지상선경이 건설되어 천년의 왕국이 세워지면 삼풍곡이 무엇인가를 알게 된다. 삼풍곡은 불, 물, 이슬(甘露)의 3가지

하나님의 신(神)을 말하며, 청림도사 목운이 주시게 되어있다. 목운이 왕중왕으로 144,000명의 왕을 천년동안 훈련하게 된다.

【비결】極樂論에 琉璃世界 蓮花坮上일렀으니〈桃符神人〉

【풀이】불교의 극락유리세계가 금강산에 건설될 것이 이미 기록되어 전하여 내려왔다. 청림도사가 금강산의 주인공이므로 극락세계의 미륵불과 청림도사는 동일한 한 분임을 알 수 있다.

【성경】계 21:2 또 내가 보매 거룩한 성 새 예루살렘이 하나님께로부터 하늘에서 내려오니 그 예비한 것이 신부가 남편을 위하여 단장한 것 같더라

【풀이】금강산에 건설될 극락세계와 새 예루살렘은 천지음양이 일체가 되는 이치를 갖고 있음을 알 수 있다. 하늘에서 신부가 땅의 남편과 합혼 하는 것을 서기동래 금목합운이라 한다. 성경의 낙원과 불교의 극락이 동일한 하나님의 세계임을 알 수 있는 것이다.

※ 사54:5 이는 너를 지으신 자는 네 남편이시라
※ 구궁현녀(九宮玄女) 그 神明은 하나님이 男便故로 그 兩班을 기달이지 아모나 달란다고 함부로 아니 주네.〈동학가사〉

【성경】마 3:16 예수께서 세례를 받으시고 곧 물에서 올라 오실새 하늘이 열리고 하나님의 성령이 비둘기같이 내려 자기 위에 임하심을 보시더니

【풀이】위의 말씀은 금목합운의 이치로서 하도락서를 알지 못하면 그 뜻을 정확하게 풀 수 없는 성경구절이다. 비둘기는 천상의

존재로 하나님을 상징하고 천자는 하나님의 아들로서 땅의 존재이다. 하늘의 존재인 비둘기는 오행으로는 금운(金運)을 뜻하고, 땅의 존재인 천자는 목운(木運)을 뜻한다.

금운(金運)은 하도락서 제 81궁 여자의 운(運)으로 목운(木運)의 신부(新婦)가 된다. 위의 성경말씀대로 하나님의 상징 비둘기가 예수의 머리위에 임하였다면, 그것은 금목합운으로 천자가 혼인하였다는 뜻이다. 천자의 혼인은 천지음양이 합하는 천지개벽을 뜻함으로 예수의 머리위에 하나님의 성령이 비둘기(9× 9=81) 모양으로 임하였다면, 그날이 곧 천지가 개벽 하는 날이 되었어야 한다. 성경의 편집자들이 이와 같은 오묘한 이치를 알지 못하였음이 분명하다.

天(水, 父, 北)＋地(火, 母, 南)＝人(木, 子, 東)＋(金, 西)의 예언의 원리에서 알 수 있듯이, 예수는 서방(西方) 금(金)으로 같은 천상의 금(金)과 혼인을 할 수가 없다. <u>또한 천자는 동방(木)에 해당되므로 천자는 서방(西方, 金)에서 출현 할 수 가 없는 것이다.</u>

【성경】마 22:2 천국은 마치 자기 아들을 위하여 혼인 잔치를 베푼 어떤 임금과 같으니

【풀이】자연계와 영계는 둘이 아닌 하나의 이치로 이루어진다. 아들이 혼인을 하면 곧 그것은 천지개벽을 의미하고 천국의 세계가 지상에 열리게 되는 것이다. 신약성경을 천지음양 오행의 원리로 풀어보면 앞뒤가 맞지 않고 뒤죽박죽 되어있는 구세주 출현원리를 담고 있다. 이는 하도락서와 비슷한 예언의 원리가 당시 존재하고 있었음을 추측할 수 있고 그 예언을 제대로 풀지 못한데서 오는 결과로 보인다. "天(父, 北)＋地(母, 南)＝人(子, 東)＋(子婦, 西)"의 이치로 천자가 혼인을 하게 된다. 이렇게 되면 동서남북, 오행, 사계절, 천상천하가 모두 통일이 된다.

【성경】 계 19:7 우리가 즐거워하고 크게 기뻐하여 그에게 영광을 돌리세 어린 양의 혼인 기약이 이르렀고 그 아내가 예비하였으니

【풀이】 어린양이 혼인을 하면 무엇이 기쁘단 말인가? 어린양의 혼인은 개벽을 뜻하고 지상선경이 건설되어 하나님의 세계가 이루어지기 때문이다. 천지부모 합운은 우주만물이 혼인하여 천지음양이 일체가 되는 이치로서 금목합운과 같음을 알 수 있다.

【성경】 계 19:9 천사가 내게 말하기를 기록하라 어린 양의 혼인 잔치에 청함을 입은 자들이 복이 있도다. 하고 또 내게 말하되 이것은 하나님의 참되신 말씀이라 하기로

【풀이】 어린양의 혼인 잔치는 천상에서 하는 것이 아니라 지상에서 하게 된다. 그런고로 서기동래라 한다. 즉, 하늘의 신부가 천자(어린양)인 동방의 목운과 혼인하러 하강하게 된다는 뜻이다. 혼인 잔치에 참여할 수 있는 사람은 동방 목운으로부터 인침을 받은 십사만사천명을 말한다. 인침을 받은 자는 화우로(火雨露) 해인삼풍(海印三豊)으로 거듭난 자들이다.

【성경】 계 21:2 또 내가 보매 거룩한 성 새 예루살렘이 하나님께로부터 하늘에서 내려오니 그 예비한 것이 신부가 남편을 위하여 단장한 것 같더라

【풀이】 동방목운은 천상에다 천국을 건설하는 것이 아니라 지상에 천국을 건설하게 된다. 삼천극락, 지상천국, 연화세상, 새 예루살렘, 십방세계, 용화세계, 사파세계 등은 동일한 천국으로 금강산에 건설됨을 많은 예언을 통하여 알 수 있다.

【성경】 계 7:17 이는 보좌 가운데 계신 어린 양이 저희의 목자가 되사 생명수 샘으로 인도하시고 하나님께서 저희 눈에서 모든 눈물을 씻어 주실 것임이더라.

【풀이】 어린양이 왕중의 왕으로 하나님의 보좌 가운데 앉게 된다는 것은 어린양이 천상천하의 하나님이라는 뜻이다. 어린양은 동방목운을 뜻하므로 그 분이 왕중의 왕으로 하나님의 가운데 보좌에 앉아 우주만물의 생명수를 영원토록 주시게 된다.

【성경】 계 21:6 또 내게 말씀하시되 이루었도다 나는 알파와 오메가요 처음과 나중이라 내가 생명수 샘물로 목마른 자에게 값없이 주리니

【풀이】 어린양의 혼인 잔치가 끝나면 영원한 영생의 세계가 열리게 되고 어린양이 주시는 생명수로 살게 된다. 그 생명수는 샘물과 같아서 영원히 마르지 않는 영생수이다.

【성경】 계 22:1 또 저가 수정같이 맑은 생명수의 강을 내게 보이니 하나님과 및 어린 양의 보좌로부터 나서

【풀이】 하나님과 어린양은 따로 계시는 것이 아니라 동일한 한 분이다. 하나님의 보좌가 둘이 아닌 것이다.

【원문】 부자등림(父子登臨) 상봉(相逢)허면 만년지상(萬年枝上) 꽃이 되여 일가춘(一家春)이 될 것이오 <청림도사 대도가>

【풀이】 어린양인 천자와 아버지가 상호 만나 한 가정을 이루었다

는 말씀으로, 계 22:1, 의 말씀과 일치한다. "一家春"은 천지음양 부모의 합혼을 뜻한다. 천지 음양 부모의 합혼이 이루어질 때 비로소 영춘절의 세계가 열리게 된다. 그러나 아버지와 아들이 어떻게 합혼이 될 수 있는지에 대한 의문은 필자가 제시한 부록 『천지합운도』를 살펴보면 알 수 있다. 동학, 성경, 비결서 등이 상당 부분 같은 이치를 갖고 있음을 알 수 있다.

【성경】 계 22:3 다시 저주가 없으며 하나님과 그 어린 양의 보좌가 그 가운데 있으리니 그의 종들이 그를 섬기며

【풀이】 어린양이 합혼한 다음 하나님 보좌에 앉게 되면 이때부터 다시는 저주가 없는 하늘의 세계가 열리게 된다.

천자의 탄생

【원문】 인걸(人傑)은 지령(地靈)이라 승지에 살아보세. 명기(明氣)는 필유명산(必有明山)이라 팔도강산 다 던지고 금강산 찾아들어 용세좌향(龍勢坐向) 가려내어 수간초옥(草屋) 일협곡(一峽谷)에 구목위소(構木爲巢) 아닐런가. 그럭저럭 지내나니 윤신포태(潤身胞胎) 되었더라. 십삭(十朔)이 이미 되매 일일(一日)은 집 가운데 운무가 자욱하며 내금강 외금강이 두세 번 진동할 때 홀연히 산기 있어 아들애기 탄생하니 기남자(奇男者) 아닐런가.

【풀이】 천지음양 부모가 천하의 승지 금강산에서 천자(어린양)를 잉태하여 출산하게 됨을 최제우 선생은 정확하게 알고 설명하고 있

다. 천자는 금강산 정기로 태어나 금강산에 지상선경을 건설하게 된다. <u>천자는 목운 청림도사로 세상에서 말하는 정도령과 동일한 사람이다.</u>

> 【비결】 辰巳聖君正道令이 金剛山精運氣바다 北海道에 孕胎하야 <松家田>

【풀이】 정도령은 진사운으로 오신 말세 성인을 말하며, 금강산 정운기를 받아 북쪽에서 태어나 남쪽으로 오시게 된다. 최제우 선생의 말씀과 일치한다. 말세의 주인공 구세주는 한반도에서 출현하게 되는 것은 풍수 지리학으로 보나 예언의 원리로 보건데, 절대 예정으로 되어있음을 알 수 있다.

> 【원문】 괴이한 『동국참서(東國讖書)』 추켜들고 하는 말이 이거 임진 왜란 때는 이재송송(利在松松)하여 있고 가산정주(嘉山定州) 서적 때는 이재가가(利在家家)하였더니 어화 세상 사람들아 이런 일을 본받아서 생활지계(生活之計) 하여보세 우리도 이 세상에 이재궁궁(利在弓弓)하였다네

【풀이】 1860년경 당시에도 상당히 많은 분들이 정감비결(동국참서)등에 심취해 있음을 알 수 있다. 임진왜란과 병자호란이 지났으니 이제 우리가 살 수 있는 피난처는 궁궁에 있다네. 궁궁은 십승 이긴 자 하나님을 뜻한다. 즉, 이긴 자 십승지인을 찾는 것이 곧 피난처를 찾는 것이다.

【원문】 송송가가(松松家家) 알았으되 이재궁궁(利在弓弓) 어찌 알꼬. 천운이 돌렸으니 근심 말고 돌아서서 윤회시운(輪回時運) 구경하소 십이제국(十二諸國) 괴질운수(怪疾運數) 다시 개벽 아닐런가

【풀이】 개벽이 오기 전에 온 세상에 알 수 없는 괴질이 먼저 찾아 와 많은 생명이 죽음을 맞게 되어 있음을 설명하고 있다. 이때 오는 재앙을 삼재팔난(三災八難)이라 기록 되어있다.

【비결】 須從走靑林人 穀出種聖山地 三災八難不入處

【풀이】 삼재팔난이 온 다음에 수도하는 것은 이미 때가 늦어 청림도사가 계신 성지에는 들어갈 수 없다고 기록 되어 있다.

【원문】 호시절(好時節)에 만고(萬古) 없는 무극대도(無極大道) 이 세상에 날 것이니 이 세상 무극대도(無極大道) 영세무궁 아닐런가

【풀이】 호시절 무극대도는 천지음양 부모님의 혼인 잔치가 이루어지고 난 다음 이루어지는 불로불사의 영춘절을 말한다.

7. 도덕가(道德歌, 1863)

【원문】 천지음양 시판후(始判後)에 백천만물(百千萬物) 화해나서 지우자(至愚者) 금수요 최령자(最靈者) 사람이라 전해오는 세상 말이 천의인심(天意人心) 같다하고 대정수(大定數) 주역괘(周易卦)에 난측(難測)자는 귀신이요

【풀이】 새로운 개벽세상은 인간들만 변화되는 것이 아니고, 억천만물이 다 같이 변화된다. 천백(天白), 지백(地白), 인백(人白), 삼백(三白)의 세상이 되는 것이다. 이는 우주 만물이 백(白)의 세상으로 변하게 되는 이치이다. 이것이 해인삼풍(海印三豊) 무궁조화인 것이다. 이와 같은 이치가 담겨져 있는 주역을 귀신도 알지 못하였다.

【원문】 효박한 이 세상을 동귀일체(同歸一體) 하단말가 요순지세(堯舜之世)에도 도척(盜跖)이 있었거든 하믈며 이 세상에 악인음해(惡人陰害) 없단말가

【풀이】 세상 사람들이 세상 끝날 때까지 한 마음으로 하나님을 따를 수는 없을 것이다. 요순시대에도 도적질 하는 사람이 있었거늘 하물며 이 세상에 어찌 그런 사람이 없을 소냐. 악한 사람은 끝까지 악하여 하나님의 뜻을 거스르고 음해하는 일이 일어날 것이다. 선생 당시도 많은 시련이 있었음을 알 수 있다.

8. 흥비가(興比歌, 1863)

【원문】 교사한 저 사람은 좋은 듯이 듣고 앉아 중심에 하는 말이 내복인가 내복인가 열세자가 내복인가 어찌 이리 좋은 운수 그때부터 없었던고

【풀이】 최제우 선생이 바라는 좋은 운수는 열석자로 오신 목운이 출현하여 새로운 영춘절의 불로불사의 세상을 말한다.

【원문】 坤三絶은 十字되고 乾三連은 三字되니 十坤之中三乾天 열석字가 分明하니 兩白三豊이아닌가 十三字의 靈符術은 누구누구 만난는고 死者更生아니되며 貧者復富아니될가 愼覺哉라.<河洛合符歌>

【풀이】 열석자의 몸으로 오신분에 대한 이치가 잘 설명된 글이다. 열석자는 곤삼절(坤三絶) 건삼련(乾三連)으로 지천태괘를 뜻하며, 하도락서 第5圖 72궁 목운으로 오신 성인을 말한다. 이 분이 양백진인이며, 해인삼풍의 불사약을 가지고 오신분인 것이다. 최제우선생의 동학과 강일순 선생이 말하는 열석자로 오신 말세의 주인공은 청림도사 목운을 말함이다.

9. 검결(劍訣, 1861)

용천검

【원문】시호시호(時乎時乎) 이내(台乃)시호(時乎) 부재래지(不在來之) 시호(時乎)로다 만세일지(萬世一之) 장부(丈夫)로서 오만년지(五萬年之) 시호(時乎)로다 용천검(龍泉劍) 드는 칼을 아니 쓰고 무엇하리

【풀이】창세 이후에 처음으로 새로운 세상을 열어갈 장부가 태어나 용천검으로 우주만물을 변화시킨다는 뜻으로, 선생의 최고 높은 경지의 말씀이다. 칼의 크기와 생김생김이 아주 궁금하다. 얼마나 큰 칼이면 우주를 휘두를 수 있단 말인가? 용천검의 용(龍)은 동방에 출현하신 목운을 뜻하고, 천(泉)은 우주만물이 영원히 먹어도 목마르지 않는 생명샘을 뜻한다. 검(劍)은 하나님의 신(神)으로 해인삼풍을 말한다. 장부는 천자를 뜻하며 천자가 출현하여 <u>우주의 마귀를 멸하게 되는 칼을 용천검이라 한다.</u> 용천검은 동방에 출현하신 목운 이외는 누구도 가질 수 없는 하나님의 성령으로 생명수인 것이다. 마귀는 사망의 신(神)인 것이다. 용천검은 마귀를 멸하는 칼이다. 그 칼 자체가 생명수인 것이다.

【성경】계 12:5 여자가 아들을 낳으니 이는 장차 철장으로 만국을 다스릴 남자라

【풀이】"여자가 아들을 낳으니"의 존재는 땅에 존재를 말한다. 이분이 철장으로 마귀를 멸하게 된다. 철장은 용천검으로 마귀를 멸하

는 무기이며, 하늘의 권세인 생명수이다.

> 【성경】 계 2:17 귀 있는 자는 성령이 교회들에게 하시는 말씀을 들을지어다 이기는 그에게는 내가 감추었던 만나를 주고 또 흰 돌을 줄 터인데 그 돌 위에 새 이름을 기록한 것이 있나니 받는 자 밖에는 그 이름을 알 사람이 없느니라.

【풀이】 만나와 흰 돌은 같은 생명수이고 이긴 자 십승지인이 가지고 오시게 되어 있다. 여기서 이긴 자는 예수를 말함이 아닌 것을 알 수 있고, 예언의 원리로 볼 때 동방에 출현하신 목운 청림도사이다. 흰 돌은 철장과 같은 하나님의 성신검으로, 철장을 가지고 오실 새로운 성인 출현이 있음을 알 수 있다.

> 【비결】 口出刃劍奮打滅魔 <弓乙論>

【풀이】 성신검은 성인의 입을 통하여도 나가게 되며 이는 우주의 마귀를 멸하는 영적인 물질이며 생명수이다.

> 【비결】 日出山天井之水　掃之腥塵天神劒<石井水>

【풀이】 성신검, 용천검, 천신검, 천정수는 같은 하나님의 성령으로 해 뜨는 동방에 출현하신 성인을 통하여 나오게 된다. 악한 자에게는 칼이 되고 선한 자에게는 생명수가 된다.

> 【비결】 天符經에 無窮造化出現하니 天井名은 生命水요 天符經은 眞經也며, 聖神劒名掃腥塵에 無戰爭이 天下和라 <松家田>

【풀이】 전쟁을 하지 않고도 천하를 통일 할 수 있는 영적인 물질은 성신검이며, 마귀를 쓸어버리고 새로운 세상을 창조하게 된다. 하늘의 생명수는 성신검인 것을 알 수 있다.

> 【원문】 무수(舞袖)장삼(長衫) 떨쳐입고 이칼 저칼 넌즛 들어 호호망망(浩浩茫茫) 넓은 천지 일신(一身)으로 비껴서서 칼 노래 한 곡조를 시호시호(時乎時乎) 불러내니 용천검(龍泉劍) 날랜 칼은 일월을 희롱하고 게으른 무수장삼 우주에 덮여있네 만고명장 어데있나 장부당전(丈夫當前) 무장사(無壯士)라 조을시구(鳥乙矢口) 조을시구(鳥乙矢口) 이내신명(台乃身命) 조을시구(鳥乙矢口)

【풀이】 조을시구(鳥乙矢口)는 천지음양이 합하여지는 이치를 갖고 있다. 조(鳥:비둘기), 궁(弓), 금(金),은 하늘의 하나님 상징이며, 乙,口,木은 땅의 존재인 목운을 상징한다. 조을(鳥乙), 궁을(弓乙), 청림(靑林),금목(金木),시구(矢口)는 천지음양으로 구성된 낱말들이다. 용천검은 해인삼풍(海印三豊)으로 마귀를 멸하는 무기이다.

천지개벽을 말한다?

제2장
궁을가
(용호대사 편)

▶ 정북창

임하유서와 궁을가는 용호대사(정북창:1506-1549)의 작(作)으로 추측이 된다는 한국정신문화연구원에서 발행한 동학가사 일집에 기록이 되어있다. 이는 김주희 선생의 아들 김덕룡 옹의 말에 일부 근거를 두고 있다.

궁을가는 강일순 선생께서도 언급한 사실이 있고, 격암유록 은비가 에도 기록되어 있다. 그러나 필자의 생각으로는 전승되어온 궁을가에 첨삭 또는 개작되었을 가능성에 무게를 두고 싶다.

1. 임하유서(林下遺書)

> 【원문】 天地陰陽 始判後에 四正四維 있었노라 無智한 世上 사람 靑林道覺하여 보소 이 도(道) 알면 살 것이요 모르는 사람 죽을 터이니 億兆蒼生 많은 사람 깨닫고 깨달을까 東西南北 四色中에 푸를 靑字 으뜸이라

【풀이】 청림의 도(道)를 깨치지 못하면 말세에 살지 못한다. 이는 청림도사를 찾지 못하고는 구원이 없음을 뜻한다. 푸를 청자는 삼수(三數), 동방, 봄, 목운, 천자, 삼풍, 말세, 삼팔, 생명을 뜻함을 예언의 원리를 통하여 알 수 있다. 억조창생 많은 사람 푸를 靑字 으뜸인 것을 몇 사람이나 깨달을 수 있을까?

> 【원문】 春夏秋冬 四時節에 수플 林字 생겨나서 仁義禮智 四德下에 길 道字 얻었으니 東方靑林 修道人을 사람마다 다 알소냐. 天地陰陽 그 가운데 最靈者가 사람이라 사람이라 하는 것은 五行으로 생겨나서 三綱五倫 그 가운데 忠孝二明 밝혀내니 落盤四乳 그 가운데 믿을 信字 第一이라

【풀이】 동방에서 출현한 청림도사가 말세의 주인공이라는 사실을 사람마다 다 알 소냐? 청림은 동방을 뜻하므로 서방에서는 청림도사가 출현 할 수 없다. 따라서 예수가 구세주가 아니라는 사실을 천지음양 오행의 이치를 깨닫게 되면 자연히 알게 된다. 사람은 천지음양 그 가운데 최령자(最靈者)이며, 오행으로 생겨났다. 선천하도의 중앙과 상하의 각, 점 5점이 오행임을 알 수 있다. 삼강오륜(三綱五

倫)은 삼재오행으로 뜻이 이루어졌음을 알 수 있다. 낙반사유(落盤四乳)는 십승 이긴 자를 말한다.

> 【원문】 天地父母 一般이라 誠敬信 主張삼아 元亨利貞 行케 되면 利在弓弓 알 것이요 利在弓弓 알게 되면 靑林道士 만날 터이니 이글보고 入道해서 正心正氣 하여 보소 正心正道 앉을 座字 人口有土이 아닌가.

【풀이】 궁궁의 뜻을 알게 되면 청림의 이치를 알게 된다는 것이다. 궁궁은 천지음양에서는 하늘과 양을 뜻하고, 부모 중 아버지에 해당한다. 그러나 궁궁을 배궁하면 백십의 수(數)가 나오게 된다. 따라서 궁궁은 백십을 뜻하고, 성경에서는 이긴 자라 한다. 청림도사와 궁궁은 동방목운을 뜻하며 그분을 찾아가 정성으로 수도하라는 뜻이다.

> 【원문】 시구시구 좋을시구 矢口二字 뉘 알소냐. 알기로서 다 알소냐. 다 알기로 믿을 소냐. 믿기만 믿을 진데 凶年怪疾 念慮할가

【풀이】 구(口)는 과녁으로 음(陰)을 나타낸다. 따라서 시구(矢口)는 천지음양이 일체가 됨을 뜻하고, 천지음양 부모가 일체가 되어 천자를 잉태하여 세상을 구 한다는 뜻을 가지고 있다. 천자는 청림도사이므로 이분을 찾아가 도를 닦으면 말세에 흉년이나 괴질을 염려할 것이 없다는 뜻이다.

> 【원문】 一心으로 工夫해서 一心工夫 人和하면 牛性在野 알 것이요 合其德 正其心이면 道下止가 이것이요 須從白兎走靑林을 道人外는 뉘 알소냐.

【풀이】 천마지우(天馬地牛)라 하였으니 땅에 출현하신 성인을

우성(牛性)이라 한다. 우성(牛性)은 동방에서 출현하신 청림도사를 말한다. 白은 하늘의 하나님을 뜻하고 兎는 땅의 목운으로 오신 우성을 뜻한다. 수종백토주청림(須從白兎走靑林)은 청림도사가 천상천하의 하나님이 된다는 뜻으로, 도인 이외는 이러한 이치를 아무리 일러주어도 깨닫지 못한다.

【원문】 惡人之事 전혀 말고 一天之下 正心하라 十二諸國 怪疾運數 積惡者가 어찌 살고

【풀이】 악한 일을 하지 말고 바른 마음으로 수도하며 정진하라. 온 세상이 삼재팔난 괴질운수가 닥칠 때 악한 자가 어찌 살수 있단 말인가!

【원문】 富貴貧賤 願치 말소 사람마다 때가 있네. 欺人取物(기인취물) 마라 서라 하나님도 모를 소냐. 天高天卑 무섭더라. 暗室欺心 하다가서 神目如電 되지마는 누라서 分揀할가. 무섭더라 무섭더라 하나님도 무섭더라 可憐하다 世上사람 修道하여 敬天하소 晝夜不忘 하는 뜻은 仁義禮智 更正이라 可憐하다 世上사람 이 글 보고 入敎하소

【풀이】 가난하고 부자 되는 것은 개인마다 다 다르나 각자 때가 있느니라. 남을 속이고 재물을 취하지 말라. 하나님은 다 아시느니라. 남몰래 자기 자신을 속이는 것을 하나님은 신(神)의 눈으로 다 알고 계시니 무섭고 무섭더라. 불쌍한 세상 사람들이여 밤낮으로 하나님을 공경하고 이 글 보고 깨달아서 궁을도(弓乙道)를 찾아가 입교하여 수도하소.

【원문】 修道하면 齊家하고 齊家하면 治天下라 弓弓乙乙 鳥乙矢口 矢口矢口 鳥乙矢口 너도得道 나도得道 慕春三月 好時節에 먹고 보고 뛰고 보자 좋을시구 좋을시구

【풀이】 여기서 제가(齊家)는 가정을 이루 다는 뜻이다. 가정(家庭)은 천지음양부모가 일체가 되는 것을 의미한다. 궁(弓, 鳥)은 하늘의 아버지 이고, 을(乙, 口)은 땅의 어머니이다. 춘삼월이 돌아와 천지부모음양이 일체가 되어 죽음이 없는 세상이 돌아오니 이때를 춘삼월 호시절이라 한다.

【원문】 大丈夫 此世上에 해볼 것이 무엇이냐 乙乙지켜 弓乙하면 이것역시 三綱이라 此道外에 다시없네. 이글보고 글을 읽고 三綱알면 五倫이라 傷人害物 두지 말고 運數따라 修道하면 太平盛代 更來로다

【풀이】 대장부가 이 세상에 태어나서 할 일이 무엇이던가? "을을(乙乙)"은 땅에 출현하신 십승인을 뜻하기도 한다. 궁을 이외는 하나님의 도가 없네. 이글을 읽고 궁을도를 깨달아 수도하면 춘삼월 태평성대 돌아온다네. 궁을은 버금아자(亞)이다. 아자(亞字)는 이긴 자를 뜻하므로 이긴 자 십승인을 찾아 수도하라는 뜻이다.

【원문】 靑傀滿庭 알지만은 白楊無芽 뉘 알소냐. 無極大道 있지마는 無爲而化 뉘 알소냐. 無爲而化 알지만은 天意人心 뉘 알소냐. 天意人心 알았으면 世上萬事 알아보소 道人外에 뉘 알소냐. 사람마다 알게 되면 죽을 사람 전혀 없어 天地開闢 있을 소냐.

【풀이】 청괴만정(靑傀滿庭)은 청림도사가 많은 생명을 구원하신다

는 말씀이다. 이와 같은 하늘의 뜻을 알지 못하고 하늘의 하나님만 믿고 있으니 "백양무아(白楊無芽) 뉘 알소냐." 즉, 하늘의 하나님은 봄에 버드나무와 같아서 꽃을 피울 수 없어 열매를 맺지 못한다는 뜻이다. 도인 이외는 이러한 하늘의 이치를 알지 못할지니 세상 사람들이 다 깨닫는다면 어찌 천지개벽이 있다할 것이며 죽을 사람이 있겠는가?

> 【원문】 飛將勇將 上中下才 器局따라 될 것이요 安心하고 修道하소 나도 또한 神仙이라 때있으면 올 것이니 하나님만 信之하소 天意人心 누가알고 天意人心 깨달으니 人心으로 보게 되면 或不思然 可祥이라 無知한 世上사람 애달하고 애달하다

【풀이】 사람에 따라서 도가 열리는 것이 다 다를 것이다. 그러니 실망하지 말고 안심하고 수도하라. "나도 또한 신선(神仙)이라 때있으면 올 것이니" 춘삼월이 오면 다시 부활하여 서로 만나게 될 것이다. 하나님만 생각하고 수도하라. 하늘의 뜻을 누가 알꼬. 하늘의 뜻을 아는 자는 복을 받을 것이나 그렇지 못한 사람은 불쌍한 사람이 되리라. 청림도사를 찾아가 수도하라는 뜻이다.

> 【원문】 나도 또한 하나님께 運數따라 盼咐 듣고 人間百姓 허다한 사람 或時若干 건지려고 이 글 받아 이 世上에 童謠 같이 傳해주소 善한 사람 살 것이요 惡한 사람 어찌할고 不知者는 死할것이나 有知者는 生할 것이요 傷人害物 두지 말고 修道해서 願誦하소 靑林道士 만날 터이니 至誠으로 願誦하소

【풀이】 나도 또한 하나님의 명을 받아 사람을 구하기 위하여 이 글을 기록하니 많은 사람들에게 이 글로 깨우쳐 주소. 말세에는 선한 사람은 살 것이요, 악한 사람은 죽을 것이다. 남을 해치지 말고 열심히 수도 하면 청림도사를 만날 수 있을 것이다.

【원문】 너의 身勢 可憐하다 利在弓弓 몰랐으니 너의 身勢 可憐하다 利在松松 알았으면 利在弓弓 알기 쉽고 利在松松 몰랐으면 利在弓弓 어찌 알고

【풀이】 아무리 착하게 살고 수도를 열심히 한다 하여도 결국은 궁궁을 모르면 불쌍하고 가련한 신세가 되는 것이다. <u>궁궁은 십승 생명 그 자체이기 때문이다.</u> 궁궁, 십승, 정도령, 이긴 자는 동일한 말세의 주인공 청림도사를 말한다. 이분을 찾아 해인삼풍(海印三豊)을 받지 못하면 생명을 구할 수가 없는 것이다.

【원문】 弓弓仙道 奇壯하다 運數타고 入道한者 奇壯하고 奇壯하다 시구시구 좋을시구 네가 좋지 내가 좋나 男兒此時 好時節에 아니놀고 무엇하리 하나님께 不忠不孝 하는 이 사람을 죽이려고 十二諸國 病亂할 때 火盛水盛 病侵이라 善한 사람 몇몇인고 道人外에 누가알고

【풀이】 궁궁 십승지인 이긴 자가 세우는 도(道)는 선도이다. 궁궁인(弓弓人)을 찾아 입도하여 수도한 사람들은 춘삼월 호시절에 좋은 세상을 만날 것이다. 하나님께 불효한 사람 죽이려고 삼재팔난 병란(病亂)일어날 때 살아 날 사람 몇몇인고. 이러한 이치는 도인 외는 누가 알겠는가?

【원문】 太平聖代 更來하니 聖賢君子 長壽하네 保命한 이 世上에 無爲和氣 弓弓이라 孝悌忠信 禮儀廉恥 堯舜之風 될 것이니 草野空老 英雄兒는 修道해서 成功하소 左旋右旋에 있느니라. 글을 보고 道通하소. 陰陽理致 알게 되면 天地正位 아느니라.

【풀이】 태평성대는 영춘절로 성인이 출현하여 영원히 살 수 있는 불로불사의 세계를 말한다. 이와 같은 영춘절은 "무위화기(無爲和氣) 궁궁(弓弓)이라" 십승성인이 출현하여 춘기(봄바람)로 영원한 세상을 창건하게 됨을 말한 것이며, 모든 사람은 수도를 하고 공부를 열심히 하여 천지음양의 이치를 깨달으면 천지가 변화되는 세상을 알게 되리라.

【원문】 陰陽理致 알게 되면 天地正位 아느니라. 이같이 좋은 道를 人皆爲之 虛言이라 虛言者는 無可奈라 虛言者가 없게 되면 天下之人 다 알기로서 天下之人 다 살리리까.

【풀이】 아무리 좋은 하나님의 도라 할지라도 이 같이 좋은 도를 빈말처럼 생각하고 궁궁도를 찾지 않을 것이니 어찌 세상의 모든 사람을 다 살릴 수가 있겠는가?

【원문】 사람마다 다 살리려면 天地成敗 있을 소냐. 이도역시 天運이라 人力으로 어찌할고 勸道하면 들을소냐 有福者가 절로 든다 父子兄弟 一身이나 運數 역시 各各이라 千金一身 重히말고 至誠으로 修練하소 길을 찾아가는 사람 앞을 座者 알아보소. 앞을 座者 알았으면 定할定字 行해보소 알거든 願誦하소 心和氣和 되느니라 一身和氣 되게 되면 一家春이 되느니라 萬戶和氣 되게 되면 一國春이 되느니라

【풀이】 하늘이 뜻을 이루는데 성공도 있고 실패도 있을 소냐. 모든 것은 하늘이 하는 일이니 사람의 힘으로 어떻게 할 것인가? 도를 전하지만, 복이 있는 사람은 듣지만 그렇지 못한 사람은 듣지 않으니 이 역시 각자의 천운이다. 부모 형제가 한 몸에서 태어났으나 그 운수는 제각각이라. 지성으로 도를 닦아 올바르게 수도하면 마음이 변

화되고, 한 가정이 일심으로 수도를 하면 그 가정은 영춘절의 봄을 맞이할 것이며, 집집마다 일심으로 수도하면 온 나라가 영춘절을 맞게 되느니라.

【원문】 立志靑林 모를네라 山도 不利 水도 不利 어데 가면. 待接할가 수풀이라 하는 것은 처처유지 다 있는데 山수풀이 고이하다. 누가 알고 누가 알고 後不及恨 되느니라 불쌍하고 可憐하다

【풀이】 청림도사 계신 곳을 모를 일이나 산도불리하고 물도 불리하다. 그렇다면 어디 가서 청림을 찾는단 말인가? 수풀이라 하는 것은 가는 곳마다 없는 곳이 없건만 청림이라 하는 도사 찾기가 이토록 어려운고? 청림도사를 찾지를 못하면 나중에 한(限)이 되니 불쌍하고 가련하다.

【비결】 須從白兎靑林走東 西氣東來再生神人 木變爲馬何性不知 <弓乙論>

【풀이】 하늘의 존재는 궁(弓), 백(白), 서(西), 마(馬), 구(鳩), 금(金) 이고, 땅의 존재는 을(乙), 청(靑), 토(兎), 동(東), 목(木), 우(牛) 이다. 목변위마(木變爲馬)라는 뜻은 목운(木運)이 소생(蘇生)하면 말(馬)이 된다. 이러한 이치를 알지 못하니 목운 청림도사가 하나님인 것을 세상 사람들은 깨닫지 못한다.

2. 궁을가(弓乙歌)

> 【원문】乾坤父母 一般이라 億兆蒼生 생겼니라 萬和弓乙 來臨하니 生活之方 뉘 알소냐 人口有土 뉘알소냐 修身正道 앉은 座者 落盤四乳 뉘알소냐

【풀이】 하늘(乾)이 있고 땅(坤)이 있는 것은 곧 부모가 있는 것과 같은 이치로 억조창생이 생기게 되었다. 天(乾, 父, 弓)＋地(坤, 母, 乙)＝人(子, 弓乙, 十勝)의 예언의 원리와 같다. 궁을, 십승, 낙반사유는 이긴 자를 말한다. 이긴 자의 출현으로 우주만물은 하나님의 세계로 변화하게 된다. 그곳을 찾아가 수도를 하게 되면 살게 될 테인데 이를 누가 알소냐.

> 【원문】仁義禮智 積善이라 天地正配 다시 되어 時和年豊이 아닌가 사람마다 안 부르면 年年飢寒 어찌할고 消災免厄 절로되니 太平聖代 이 아닌가 사람마다 늘 부르면 年年登豊 하련마는 晝夜不忘 늘 불러서 天地恩德 갚아보자

【풀이】 천지정배(天地正配)는 천지부모의 합혼을 뜻하고 풍(豊)은 생명수를 뜻한다. 天(父, 弓)＋地(母, 乙)＝人(子, 十勝)의 이치와 같다. 십승(十勝)은 영원한 생명수를 뜻한다. 따라서 천자(天子)는 생명수 그 자체가 되고 우주만물은 그 생명수에 의해서 살게 된다.

【원문】 太平聖代 좋을시구 八皇夫地 생겨날제 一難一治 있느니라. 三才之禍 不犯하니 世上事가 찬란이라 國家忠誠 孝父母면 三才八難 있을 소냐. 가고 가는 저 백성아 一家親戚 어찌 할고 此時九復 不遠하니 天下泰平 절로 된다. 父母妻子 다 버리고 吉地찾는 저 百姓아 自古蒼生 避難하여 幾萬名이 살았던가.

【풀이】 하나님의 나라가 건설되기 전에 반드시 한 번의 큰 재앙 "삼재팔난(三才八難)"이 오게 된다. 만약에 삼재팔난이 없게 되면 세상은 최고의 복이다. 인간들이 하는 행위에 따라 삼재팔난이 없을 수도 있음을 알 수 있다. 일가친척 다 버리고 피난길을 떠나지만 다음에 오는 운은 "차시구복(此時九復)"이라. "차시구복(此時九復)"은 [(천지인)3× (천지인)3] 의 이치를 말한 것으로 우주만물 삼라만상이 하나가되는 뜻을 가지고 있다. "삼재팔난(三才八難)"은 우주만물이 변화하는 과정에서 부득이 발생하는 재앙인고로 천지의 어느 곳도 피난처가 될 수 없다. 속언에 "여지(餘地)없다"라는 말은 이를 두고 하는 말이다.

그렇다면 "삼재팔난(三災八難)"은 무슨 재앙인가? "삼재팔난(三災八難) 괴질악질(怪疾惡疾)"이라 하였으니 이 세상의 어떤 약으로도 고칠 수 없는 병(病)이 지구를 휩쓸어버리는 큰 재앙이 온다는 것을 짐작할 수 있다. 이 때 살아날 수 있는 유일한 방법은 만세 선약인 것이다. "불로불사 방방초는 만세선약 삼팔괘"라 하였다. 삼팔목운으로 오신 청림도사를 찾아가 삼풍선약을 받으라는 뜻이다.

【비결】 三災八亂幷起時에 時를 아노 世人들아 三年之凶二年之疾 流行瘟疫萬國時에 吐瀉之病喘息之疾 黑死枯血無名天疾 朝生暮死十戶餘一 山嵐海瘴萬人多死 <歌辭總論>

【풀이】 삼재팔난은 3년 동안 흉년이 들고 난후 2년 동안 질병이 전 세계를 휩쓸어 수많은 사람들이 비참하게 죽는 큰 재앙이다.

【비결】 須從走靑林人穀出種聖山地 三災八難不入處 <生初之樂>

【풀이】 청림도사 출현 이후에 삼재팔난이 오게 됨을 알 수 있다. 그러나 삼재팔난의 재앙이 찾아온 다음에는 청림도사가 계시는 성지는 아무나 들어갈 수 없게 되고 성지에는 삼팔목운 청림도사가 주시는 만세선약 삼풍곡으로 생명을 보존하게 된다.

【비결】 金運發動混沌世 인묘사(寅卯事)可知人覺 三災八難 竝起時 辰巳聖人出 <隱秘歌>.

【풀이】 금운 하나님과 목운 하나님이 일체가 되는 영춘절을 앞두고 세상은 각종 질병 등, 혼돈 속으로 빠져 들어가게 된다. 인묘사(寅卯事)는 동방목운 삼팔목초가 잠을 자는 기간을 말한다. 인묘운을 마치고 진사성인이 출현하게 되는 시점과 삼재팔난은 직접적인 관련이 있음을 알 수 있다.

【원문】 道路彷徨 저 百姓아 男負女載 가지마소 天恩之德 잊지 말고 輔國安民 잊지 마소 弓乙歌나 불러보소 生活之方 나에게 있네 답답하다 저런 사람 深山窮谷 찾아간다. 避世하여 隱匿하면 天罪者가 살아날까

【풀이】 도로에서 방황하는 백성아 짐 싸들고 피난을 가지마소. 하나님의 은덕을 잊지 말고 궁을가를 불러보면, 살고 죽는 것이 자기에게 있음을 알 텐데, 답답한 사람들아 깊은 산으로 피난하여 숨은 다고 하늘에 지은 죄악을 피하여 살 수 있단 말인가?

【비결】 大亂之中 避亂民들 男負女戴 가지 말고. 一心合力全家族이 弓乙村을 차자보소 <出將論>

【풀이】 큰 난을 당한 사람들아 피난길을 가지 말고 궁을촌을 찾아보소. 위쪽 글과 상당히 비슷한 내용이다. 상호 어떤 관계가 있는 지 연구가 필요하다. 위 글은 말세를 당한 사람들에게 죄악을 범하지 않는 것이 피난처임을 가르쳐 주고 있고, 아래 글은 궁을촌을 찾아보라는 뜻이다.

【원문】 가도 가도 深山窮谷 어찌하여 살잔 말고 從天降 從地出 自古없네 積惡者는 無可奈라 一片修道 아니하고 가고가면 살아날까 一片陰德 전혀없이 生活之方 하는 도다. 우습고 可笑롭다 南天北天 어이말고 分外親戚 가지마소 人義相從 根本이라 一人之和 萬人之福이니 此時聖德 弓乙이라

【풀이】 아무리 깊은 산속으로 피신하여 들어간다고 어찌 살 수 있단 말인가? 천강지출(天降地出) 이 세상에 악한자여 수도는 아니하고 도망을 간다고 살아날까? 덕을 베풀지는 아니하고 살 길만 찾아 헤매는구나. 한 사람의 덕으로 만인이 복을 받게 되니 궁을선인 덕이로다.

【원문】 春秋戰國 일어날 때 天地運數 아니련가 此時甲子 三月天에 太陰太陽 正配로다.

【풀이】 춘(春)은 동방목운을 뜻하고 추(秋)는 서방금으로 하늘의 하나님을 뜻한다. 금목합운의 이치에 의해 하늘의 하나님과 땅의 목운이 일체가 되는 날은 두려운 날이지만 새로운 세상을 창조하는 날

이기도 하다. 이를 춘추전국(春秋戰國)이라 한다. 삼월은 봄으로 동방의 목운이 진사운을 맞이하는 영춘절을 말한다. 목운은 태양이며, 금운은 태음에 속하여 천지음양이 일체가 되는 부부운을 맞이하게 되는 것이다. 따라서 "춘추전국(春秋戰國) 일어날 때"의 뜻과 "태음태양(太陰太陽) 정배(正配)로다." "조을시구(鳥乙矢口)"는 같은 천지 합혼의 뜻을 가지고 있다.

> 【원문】朝鮮江山 名山이라 道通君子 또 났구나. 四明堂이 更生하여 昇平歲月 不遠이라

【풀이】 한반도가 풍수지리학으로 성인군자가 태어 날 수밖에 없음을 노래하고 있다. 갱생은 부활과 같은 뜻을 가지고 있음을 감안 할 때 이와 같은 내용은 종교학적으로 매우 가치가 높다고 할 것이다. 또한 부활이후에 좋은 세상이 돌아온다는 기록은 말세론과 일치한다. 본 궁을가는 정북창 용호대사(1506~1549)의 글로 알려져 있으나 사명당(1544~1610)의 갱생에 대한 언급이 있는 것으로 보아 정북창의 글로만 단정할 수는 없다.

> 【비결】 弓乙山水靑林村에 修道하여立德하세 地上仙國들어가서 金剛山을 구경하소 奇岩怪石높은峯이 一万二千分明하여 上中下層層層臺를살펴내어 峯峯마다 燈燭달세 心火燈燭높이달아 天下江山빛처주면 第一勝地이아닌가 <河洛合符歌>

【풀이】 위 글은 하락합부가(河洛合符歌)의 일부 내용이다. 내용으로 볼 때 전형적인 동학가사가 분명하다. 하락은 하도락서의 준말이며, 하도는 천(天)을 뜻하고 낙서는 지(地)를 뜻한다. 이는 천지의 이치가 담겨져 있는 하도의 도표를 말한다. 동학은 하도락서의 이치를 밝혀 비결서를 풀이하고, 우주의 변화와 성인출현에 대하여 어떤

종교보다 높은 경지에 글들을 남겼음을 부인할 수가 없다.

"궁을산수청림촌(弓乙山水靑林村)에 수도(修道)하여 입덕(立德)하세"의 말씀은 수도하여 지상선경에 들어가는 곳을 분명하게 밝힌 글이다. 청림촌(靑林村)은 동방에 성인이 계신 곳을 찾아가서 수도를 하기를 권하고 있고, 지상선경은 금강산에 건설될 것을 확실하게 일러주고 있다. 금강산 일만 이천봉우리가 그냥 생겨난 것이 아니라 하늘의 철저한 계획아래 만들어졌음을 알 수 있다.

말세의 주인공 청림선생이 금강산 정기로 태어난다는 최제우 선생의 말씀과 그 제자의 수가 금강산 일만 이천봉우리와 직접적인 관련이 있음을 이 글에서 밝히고 있는 것이다. 심화등촉(心火燈燭)이라 하였으니 어린양과 그 제자들의 영광의 빛이 우주에 비추게 된다.

천지개벽을 말한다?

제3장
동학가사
(김주희 편)

▶ 김 주 희

김주희(1860~1944)선생은 경신년 10월 3일 충남 공주군 신상면 달동에서 태어났다. 子는 敬天, 號는 三豊, 尊號는 青林先生이다. 父 允集(1823~1881)이 최제우 문하에 입도하게 되어 김주희 선생도 입도하게 되었다. 이조말 국정이 혼란하고 동학혁명 등으로 세상이 어지러워지자 속리산에 들어가 도를 닦고 수도에 열중하였던 것으로 기록되어있다. 1922년부터 1933년까지 용담유사를 비롯하여 총 40책(冊)에 이르는 가사집을 경북 상주에서 목판본 등으로 발행하였다.

한국정신문화연구원에서 1979년 발행한 동학가사 일집 동학가사 해제를 통해 최원식 선생은 "동학가사는 전래된 가사의 정착, 김주희에 의한 전래가사의 개작, 그리고 김주희의 창작이 섞여 있는 것으로 추정된다. 만약 이 추정이 사실이라면 상주 동학 가사는 최제우에서 시작하여 1920년대까지 걸치는 동학가사의 집대성이라는 점에서 그 의의를 더 할 것이다"라고 적고 있다.

※상주 본 발행자와 발행년도는 아래와 같이 기록되어 있다.
龍潭淵源青林布德七十三年 月 日 定價 六十錢
昭和七年十月二十五日 印刷
昭和七年十月二十五日 發行
版權 所有
著作兼 發行者 金 周 熙
        慶北尚州郡銀尺面于基里七二八番地
登梓主務者 劉載澤, 劉載漢, 金元熙
印刷者 金 洛 世
        慶北尚州郡銀尺面于基里七二八番地
印刷兼 發行所 東學本部
        慶北尚州郡銀尺面于基里七二八番地

1. 송구영신가(送舊迎新歌)·A

【원문】御化世上 사람들아 無事한 台乃 사람 無情한 이 歲月을 無言이 보내다가 仙牒에 비껴 앉아 鶴의 춤을 求景타가 時勢따라 求景次로 世界를 둘러보니 時運時景 可觀일세

【풀이】 세상 사람들아 무정한 이 세월에 신선 세계에 취해 말없이 보내다가 세상을 한번 바라보니 참으로 가관이로구나. 필자는 상당한 기간을 수도에 전념하여 천운을 깨닫고 다시 세상에 나와 속세를 바라보면서 이글을 기록한 것으로 보인다. 아마도 수도 이후에 바라보는 세상과 자연은 많이 달라보였을 것이다. 수도 기간 중 동국참서를 많이 탐독하였고 특히 하도락서를 집중적으로 공부하였을 것으로 보인다.

【원문】靑天에 뜬 기러기는 思鄕曲 부르면서 西北으로 다시 돌아가고 江南의 저 玄鳥는 飛飛于天 날아드니 故情을 說話하니 아마도 生覺건대 春三月이 分明하다

【풀이】 기러기는 겨울에 우리나라에 많이 날아오는 철새이다. 날씨가 따뜻한 봄이 오면 북쪽으로 날아간다. 이와는 달리 제비는 춘삼월이 오면 우리나라 남쪽부터 찾아오는 철새이다. 가을에는 남쪽의 따뜻한 나라로 간다. 기러기가 서북으로 날아가면 봄이 가까이 오고 있음을 알 수 있다.

서북풍은 오행으로 金, 水를 말하며, 지금의 죄악 세상을 비유한

것이며, 제비가 찾아오는 계절풍은 동남풍으로 오행으로는 목(木), 화(火)를 뜻한다. 따라서 동남풍이 불어야 영춘절(永春節)의 봄이 온다는 뜻으로 이는 목운 청림도사가 출현하면 새로운 세상이 온다는 뜻을 비유로 나타낸 글이다. 서북풍을 쫓는 자는 망하게 된다.

【원문】 꽃은 피어 절로지고 잎은 피어 滿發할 때 柯枝柯枝 피는 꽃은 마디마디 열매 맺고 들짐승은 새끼 치고 날짐승은 알을 낳고 天地人間 許多 萬物 皆有以 自樂되야 春興이 陶陶할제 許多 많은 世上 사람 春興의 興을 이뤄 서로서로 時節歌라 일흠하고 童謠같이 읊어낼제 노래 曲調 들어보니 노래 曲調 더욱 좋다.

【풀이】 봄이 되면 가지가지 꽃이 피고 열매를 맺고 모든 동물과 날짐승은 새끼 치고 알을 낳고 봄의 즐거움을 노래하니 참으로 그 노래 소리가 아름답도다. 이렇듯 자연의 소리를 들으면 때를 아나니 이 모든 자연의 소리가 시절가(時節歌)가 아니던가?

【원문】 牛性在野 그때련가. 數多牧童 時乎時乎 불러낼제 해가져서 저문 날에 고삐 없는 소를 잃고 콩가지 꺾어들고 소간 자취 찾아가니 그 곳이 雲霧가 자욱키로 不見其處 이와 같이 읊으면서

【풀이】 목동들이 소를 찾아 노래를 부르도다. 세상의 소는 고삐가 있거늘 고삐 없는 소라고 하는 것으로 보아 세상의 소가 아닌 것이 분명하다. 하늘은 말(馬)이고 땅은 소(牛)인고로 여기에서 "우성(牛性)"은 말세의 주인공 출현에 대한 글이다. 이를 유록십일편(遺錄十一片)에 "우명지중(牛鳴之中) 불견우(不見牛)"라고 기록 되어있다. 이와 관련된 우성에 대한 기록을 비결서를 인용하여 풀어보기로 한다.

【비결】 天道耕田是牛性 牛性在野牛鳴聲 天馬地牛眞牛性 鄭氏鄭氏何鄭氏 滿七加三是鄭氏<南師古豫言書>

【풀이】 "우성(牛性)"은 하늘의 밭을 갈아 생명의 양식을 주시는 분을 말한다. 천마지우라 하였으니 "우성(牛性)"은 땅에 출현하신 정도령과 같은 분이며, 이 분이 십승지인 이긴 자로 "영적 엄마"의 자격을 갖고 오신 분이다.

【비결】 牛性和氣有人處謂也 兩白三豊何乎 一勝三豊三合一處也 不老不死長仙之藥 水昇降之村<鄭晦奄末運論>

【풀이】 우성(牛性)이 있는 곳에 양백삼풍이 있다. "일승(一勝)"은 한 사람의 이긴 자를 말하며 글자로 표현한다면 동학의 기(旗) 중앙의 아(亞)자와 같다. 아자(亞字)는 백십으로 생명을 뜻하고, 한 사람의 성인을 뜻하기도 하며, 불로불사약을 뜻하기도 한다. "일처야(一處也)"라 하였으니 화우로삼풍(火雨露三豊) 생명수는 "우성(牛性)" 한 곳에서만 구할 수 있는 선약이다.

【원문】 또다시 노래 불러 時乎하되 一落西山 해 떨어지고 月出東嶺 달도 뜬다. 서로서로 읊어내니 노랫소리 더욱 좋다. 아마도 살피건데 一落西山 月出東嶺 때를 따라 時節歌를 그 아닌가.

【풀이】 땅에 "우성(牛性)"이 출현하면 천상의 금(西)운은 다하게 되고 동방에 "우성(牛性)"으로 출현하신 분이 천권을 갖게 된다. 이를 "일락서산(一落西山) 해떨어지고 월출동령(月出東嶺) 달도 뜬다"라고 표현하였다. 천리(天理)를 정확하게 알고 기록하였음에 놀라지 않을 수 없다.

【원문】 時節歌를 仔細 듣고 때 運數 살펴보니 冬至 寒食 그 가운데 天一生水 水旺之節 때 應하여 少男運數 氣運받아 떠온 日光 西山에 질 때인가.

【풀이】 그때는 언제인가? "동지한식(冬至寒食) 그 가운데 천일생수(天一生水) 수왕지절(水旺之節) 때 응(應)하여"라 하였으니 그 기간은 정확하게 105일이다. 이때 삼팔목운 십오진주 소남(少男) 운수로 오신 분이 겨울잠을 자며 영춘절의 봄이 오기를 기다리게 된다.

【비결】 西氣東來此運回에 山澤通氣配合하야 陰陽相親하고 보니 十五眞主肇乙矢口 <弄弓歌>

【풀이】 산은 소남을 뜻하고, 택은 소녀를 뜻한다. 천자로 오신 땅의 존재인 목운이 하늘의 존재 금운과 일체가 되어 천지 양백(兩白)이 되어 숫자는 15의 수가 된다. 따라서 삼팔목운을 십오진주라 하며 보름달의 상징성을 갖기도 한다. 이렇듯 천지가 일체가 되는 현상을 천지개벽 또는 조을시구(鳥乙矢口)라 말하는 것이다.

【원문】 御化世上 사람들아 西山에 해진다고 疑訝 歎息 하지마소 東嶺에 달도 솟네 東嶺에 솟는 달은 새벽달이 그 아닌가. 새벽 날 다 밝을 때 甲卯方에 달이 솟아오니 艮寅方에 해가 떠서 올라오네. 달도 솟고 해도 솟아 日月造化 合德되니 밝을 명자 그 아닌가. 浩浩茫茫 넓은 天地 밝을 明字 나셨으니 天地正位 때가 온가. 陰陽平均 좋은 땐가.

【풀이】 여기에서 서산(西山)에 해가진다는 뜻은 하늘 하나님의 운을 다한다고 이상하게 생각하지 말라는 뜻이다. "동령(東嶺)에 달

도 솟네"의 뜻은 목운으로 오신 십오진주 보름달이 다시 솟아오르는 형(形)을 말한다. 다시 밝아오는 달과 태양은 "갑묘방(甲卯方)", "간인방(艮寅方)"으로 동방목운 청림도사를 말한다. 天(日)＋地(月)＝人(明)을 참고 할 수 있을 것이다.

> 【원문】古人의 이른 말씀 須從白兎走青林을 일로 두고 일음인가 때 運數 그렇기로 世上 사람 日月精氣 造化끌려 밝을 明字 時乎할제 開明開明 일컸나니 開明을 하더라도 理致알고 開明하소 冬節인지 春節인지 四時長春 때 모르고 晝夜分別 못 하오면 웃지 웃지 開明하노

【풀이】 "수종백토주청림(須從白兎走青林)"은 최제우의 유훈(遺訓)으로 동학의 기본 이념이라 할 수 있다. 이는 "백목영목쌍사인(白木靈木雙絲人)"의 뜻과 같아서 동방의 목운으로 오신 분이 하늘의 하나님과 동일한 한 분이라는 뜻이다. 동절(冬節)은 오행(五行)으로 수(水)이고, 춘절(春節)은 목(木)을 뜻하므로, 밝아오는 새로운 세상은 "춘절목(春節木)"으로 "사시장춘(四時長春)"이 된다.

> 【원문】黑牛臥畒 때가되니 青牛老人 소를 모네 青牛老人 소를 모니 春末夏初 당했던가. 牛性在野 때가온다 九馬當路 時節인가 其然其然 노래 불러 送舊迎新 하여보세

【풀이】 "청우(青牛)"의 뜻은 목운과 우성(牛性)이 동일한 한 분이란 뜻이다. "청우노인(青牛老人)"이 해인삼풍(海印三豊)을 가지고 천지개벽을 하게 되는데, 그 때를 춘말하초라 한다. "구마(九馬)"는 구천현녀(九天玄女)의 뜻과 같고 이는 하늘의 하나님을 뜻한다. "청우노인(青牛老人)"과 "구천현녀(九天玄女)"는 부부가 되어 합혼이 되는 것을 천지개벽이라 하고 이때 새로운 세상을 맞이하게 되니 "송

구영신(送舊迎新)" 즉, 목운의 세상이 된다는 뜻이다.

> 【원문】送舊迎新 하자하니 西北海 氷雪水에 놀던 고기 그 貌樣 難形해서 惻隱하고 불쌍터니 天理順隨 때 왔으니 氷雪水 苦海中에 놀던 고기 濟濟이 건져다가 福德水에 長養해서 魚變成龍 이뤄볼까

【풀이】"송구영신(送舊迎新)"은 청림의 세계를 뜻하고, "서북해(西北海)"는 어둠의 세계로 지금의 하늘이 움직이는 세상이다. 지금까지 슬픔과 고통속에 살아오던 사람(고기)들을 전부 건져 내여 청림세계 생명수(福德水)로 키워보자는 뜻이다.

> 【원문】運數따라 하자 하니 明明하신 하늘님 前 命을 받아 東方 甲乙 靑龍木을 빌어다가 大同船을 모아 낼제 三綱五倫 바탕삼고 仁義禮智 선두루고 好生之心 돛대 삼고 活人之策 그물매어 龍潭水 淸淸水에 四時長春 띄어놓고 四海八方 넓은 天地 두루 두루 닻을 주고 歸去來辭 글을 지여 覺非是之 읊으면서 活人그물 벼리들러 黑水濁水 苦海中에 놀든 고기 濟濟이 건져 내여 大同船에 실어다가 맑고 맑은 龍潭水에 깃드리세.

【풀이】"청룡목(靑龍木)"으로 구원의 방주를 짓고 그물을 치고 고해 중에 있는 사람을 건져 내여 구원선(救援船)에 싣고 용담수 맑은 물 생명수로 살아보세. "청룡목(靑龍木)"은 동방갑을 삼팔목(三八木) 청림도사(靑林道士)를 뜻한다. 이 분이 구원의 방주임을 알 수 있다.

【원문】苦海에 놀던 고기 龍潭水에 長養하면 幻形脫態 自然되야 魚變成龍 다 될 테니 그런 榮光 또 있는가? 그는 또한 그러하나 水生木運 理致로서 天理節文 때를 따라 木德以王 求景하소 나무나무 旺盛할제 柯枝柯枝 꽃이 피고 마디마디 열매 맺고 눈눈이 잎이 피어 靑林世界 自然되니 上下天光 都一色은 이때 두고 일음인가. 萬世春이 그땔련가

【풀이】고해의 바다에서 살고 있는 인간들을 고기에 비유 하였고, 생명수를 용담수에 비유하였다. "용담수(龍潭水)에 장양(長養)하면"의 뜻은 생명수를 받아 하루 아침에 인간들이 변화 되는 것이 아니라는 뜻이다. "어변성룡(魚變成龍)"의 뜻은 고기가 변하여 용이 된다는 뜻으로, 여기서 용이라 함은 동방목 청룡을 뜻한다. 따라서 영생수를 먹게 되면 죽지 않을 몸으로 변하여 청림세계에서 영원토록 살수 있다는 뜻이다.

"수생목운 이치(水生木運 理致)로서"는 오행으로 물은 나무를 생한다는 뜻도 있겠지만, 지금의 하나님은 북방수이고, 다음 하나님의 운은 동방목이라는 뜻도 담겨져 있다. 그런고로 돌아오는 세계의 주인공 하나님은 "목덕이왕(木德以王)"이 되며, 여기에서 자라나는 가지가 꽃이 피고 열매를 맺어 영원토록 살게 되니 그 세계를 청림의 세계라 한다.

【원문】萬世春이 그땔련가 靑天白日 昭昭한데 송이송이 피는 꽃은 四時盛衰 때를 따라 不息循環 날로 피니 無窮한 이 天地에 無窮花가 그 아닌가. 一身이 皆是花 一家 都是春은 일로 두고 일음인가 때도 좋고 道도 좋은데 矢口矢口 鳥乙矢口 天地自然 理致따라 送舊迎新 이와 같이 하자하니 樂堂堂이 自然일세

【풀이】 "만세춘(萬世春)"은 영춘절을 뜻하며, 이는 영원한 봄날과 같다는 뜻으로 인간뿐만 아니라 초목도 죽음이 없는 영원한 세상을 말한다. 사시사철 꽃이 피는 청림의 세계로다. 이것은 천지자연의 이치로서 누구도 거역할 수 없는 천지조화이며 순리이다.

【원문】 御化世上 사람들아 때 運數 그러하니 黑水 濁水 그만 놀고 聖運聖德 때를 따라 好生之心 벼리삼고 活人之策 그믈 맺어 送舊迎新 하여보세 사람마다 어기지 않고 失數없이 施行하면 繼天入極 自然되야 樂堂堂이 다 될 테니 사람사람 許多사람 사람마도 아니 잊고 施行할까.

【풀이】 세상 사람들아 이런 좋은 운수 돌아오니 세상에 더러운 물 속에서 놀지 말고 성인을 찾아 새로운 세상을 맞이 하여보세. 사람마다 수도하여 하나님의 뜻대로 살게 되면 모두다 극락에 갈수 있으니 성인 말씀 잊지 말고 시행하세. 송구영신가(送舊迎新歌)는 하도락서 원리를 기본으로 하는 정감사상 십승론과 다를 바 없다.

2. 송구영신가(送舊迎新歌)·B

> 【원문】 소상강(瀟湘江)의 떼 기러기 思鄕曲을 자로자로 부르더니 西北으로 돌아가고 江南의 나는 제비 飛飛于天 날아와서 옛 主人 다시 차저 知主歸 知主歸 見身하와 賓主之禮 갖추오니 아마도 生覺헌데 春三月이 的實하다

【풀이】 소상강은 중국 동정호 남쪽에 있는 소수(瀟水)와 상강(湘江)을 말한다. 여기에 놀던 기러기가 봄이 오는 것을 알고 서북으로 날아가고, 강남으로 갔던 제비는 돌아와 주인에게 주지귀(知主歸) 인사를 하니 이제 춘삼월이 오게 되었다는 뜻으로, 여기서 춘(春)의 뜻은 동(東), 목(木)을 뜻하고, 서북은 오행으로 금(金), 수(水)를 뜻하므로, 춘삼월이 온다는 것은 동방 목운의 세상이 오게 된다는 말이다.

> 【원문】 明朗한 長女 달이 三更에 올라 왔네. 長男長女 日月合德 夫婦道理 極盡하사 三皇五帝 聖神之德 陰陽造化 豊厚하와 生生萬物 고루하여 長養成實 日日時時 쉬지 않고 行해가니 無窮한 이 天地에 無窮春이 分明하다

【풀이】 "삼경(三更)"은 자시(子時), 즉, 수(水)이고, "장남장녀(長男長女)"는 주역 팔괘 중 장남장녀를 말하며, 동방을 뜻한 고로 오행(五行)으로 목을 뜻한다. 어둡고 깊은 밤에 동방목(東方木)이 달이 되어 떠오른다는 뜻으로 새로운 무궁춘(無窮春)의 세상이 오게 됨을 나타낸 말이다.

【원문】天尊地卑 때가 와서 乾坤正位 合德하니 萬物自然 定位되네 새 運數 그러키로 尊卑貴賤 그 가운데 上中下 差等있고 老少冠童 분별 있고 男女有別 極盡하와 禮義 廉恥 分明하니 때가 다시 돌아왔네. 鳥乙矢口 鳥乙矢口 春三月 好時節이 天地運數 때를 따라 돌아오니 枯木生花 좋은 땐가

【풀이】하늘은 높고 땅은 낮으나 때가 되면 천지부모 건곤이 일체가 되니 만물이 또한 정위치를 찾게 된다. 늙은 나무도 꽃이 피게 되니 이때를 "춘삼월 호시절(春三月 好時節)"이라 한다.

【원문】寅卯辰巳 좋은 운수 밝을 때가 次次오니 天地人 三皇五帝 밝은 時運 때를 따라 어둔 잠을 밝게 깨서 魑魅魍魎 虛 도깨비 虛氣之數 行하는바 濁亂世界 하는 바를 ——이 살피시고 그와 같이 虛無孟浪 無數한 許多塵埃 ——이 쓸어내고

【풀이】"인묘(寅卯)"는 동방목(東方木)을 또는 정이월을, "진사(辰巳)"는 동방 또는 춘삼월을 뜻한다. "삼황오제(三皇五帝)"는 삼팔목 십오진주를 뜻하므로, "인묘(寅卯)" "진사(辰巳)" "삼황오제(三皇五帝)"는 동방 목운 한 사람을 뜻한다. 이 분이 어둔 잠을 깨고 나타나면 지금의 마귀 세상을 완전히 쓸어버리게 된다.

【원문】許多한 몸쓸 塵埃 —— 掃盡 다 되었네 이와 같이 虛氣邪氣 水火 雨黨 掃除後에 天地人 三皇五帝 계옵서 安位安定 하옵시고

【풀이】마귀의 세상을 완전히 쓸어 청소하고 우주만물을 정 위치로 "삼황오제(三皇五帝)"께서 바로 세우시게 된다.

【원문】 天地人 三世界가 다 天堂 世界를 熙皡세계를 이루었으니 無窮한 此天地에 無窮樂이 그 아닌가. 四海八方 넓다하나 聖神之德 洽足하와 許多한 世上사람 사람마다 하늘이 주옵신바 春風和氣 好生之心 서로서로 굳게 지켜

【풀이】 천부지모에 의해 인간이 생겨났으니 천지인은 한 가족과 같아 그 운(運)을 같이 하게 되어있다. 그런고로 "천지인(天地人) 삼세계(三世界)가 다 천당세계(天堂世界)"로 동시에 변하게 된다. 이를 삼재구복(三才九復) 또는 구변구복(九變九復)이라 한다. 우주 만물이 아무리 넓다하여도 성인이 가지고 오신 춘풍(春風)은 능히 하나님의 세계로 변화 시킬 수 있으니 부족함이 없는 생명수이다. "춘풍화기(春風和氣)"는 동방목운의 바람이란 뜻으로 이는 봄바람과 같은 부드러운 성령의 바람, 즉, 해인삼풍과 같은 영적물질을 말한다. 마음 심자(心字)의 위 3점이 변하는 이치와 같다.

【원문】 春風和氣 好生之心 서로서로 굳게 지켜 서로서로 行해가니 天下萬國 널다하나 都是春이 自然되야 사람 사람 數多사람 一身이 皆是花 自然되네 聖訓에 이른 말씀 一身이 皆是花 一家都是春을 어데 두고 일음인가 사람사람 無窮花 無窮春을 無窮無窮 직혀내여 無窮無窮 行해가니 無窮無窮 내 아닌가.

【풀이】 춘풍(春風)의 생명수를 사람들이 마음속에 잘 간직하여 마귀에게 빼앗기지 말고 지키면서 살게 되면 천하만국이 아무리 넓다하여도 모두다 영춘절의 세계로 자연히 될 것이니 성인들이 하신말씀을 잘 지켜 무궁춘(無窮春)에 살아가면 자기 복이 아닌가.

3. 창가(昌歌)

【원문】 乙四좋네 弓乙이여 左旋右旋 쬅道하여 萬病回春 自然되네 矢口矢口 烏乙矢口 三十六宮 都是春에 四時安樂 太平春이 때를따라 興旺해서 永世無窮 하오리니 無窮無窮 烏乙矢口

【풀이】 을사(乙四)는 乙이 4개라는 뜻이다. 乙이 4개란 뜻으로는 "을사(乙四)", "사을(四乙)" 두 가지로 기록이 되어있으나 뜻은 같다. 乙자(乙字) 4개를 합하면 백십자(白十字)가 된다. 즉, 아자(亞字) 모양의 글자가 나오게 된다. 아자(亞字)는 백십승(白十勝)을 나타낸다. 백십승은 생명을 뜻하기도 하고 십승지인 이긴 자를 뜻하기도 한다. 크게는 우주만물의 회복을 말한다.

궁을(弓乙) 또한 십승을 뜻한다. 乙은 땅의 존재를 뜻하고, 궁은 하늘의 존재를 뜻한다. 천지음양 합덕의 이치에 의해 하늘의 존재인 아버지와 땅의 존재인 어머니가 일체가 되는 이치이다. 따라서 을사(乙四)와 궁을(弓乙)은 같은 뜻을 가지고 있다. "을사(乙四)좋네"는 땅에서 백십승이 출현하면 좋은 세상이 열리게 된다는 뜻을 가지고 있는 것이다.

【원문】 天地造化 時運時變 때를 따라 되는바 明明其德 모르겠나. 自古人間 千萬事 興亡盛衰 天地造化 달려있지 人之所欲 쓸데없네 옛일을 본다 해도 中興天子 漢武帝도 長生不死 뜻을 두고 神仙되기 求하였으되 求하는 뜻을 못 이루고 歸於虛事 되어있고 力拔山의 氣盖世 일컬으든 項籍이도 힘으로써 天下富貴 取하려 하였으되 그 뜻을 못 이루고 歸於虛事 되어있고

【풀이】 이 세상의 모든 일이 천지조화에 의해서 때를 따라 이루어지는 것이다. 인간들이 욕심을 낸다 한들 그것은 부질없는 짓이다. 중국의 한무제(漢武帝)가 불사영생의 뜻을 두고 신선(神仙)되기를 원하였지만, 그 뜻을 이루지 못한 것은 때가 되지 못하였기 때문이다. 다시 풀이하면 불사영생의 때가 분명히 오게 되어 있으나 한무제(漢武帝)가 바라는 불사영생은 때가 되지 않아 그 뜻을 이루지 못하였다는 것이다.

> 【원문】 暴惡無道 秦始皇도 統一天下 했다하고 傳之無窮 計數하여 萬歲遺傳 바라더니 바라는 뜻 歸於虛事 돌아가고 一朝以亡 하였으니 그런 일을 보더라도 人之所欲 쓸데 있나. 自古乃今 世上事가 都是다 그러하니 虛妄之心 人之私慾 다 버리고 古今聖人 本을 받아 順隨天命 修德하세 사람 사람 行할바는 天命所施 받아내여 修心修德 第一일세 自古由來 人事道理 그러하니 一一 施行하여 보세

【풀이】 포악무도한 진시황(秦始皇)도 천하를 통일하고 자기의 무궁한 능력을 만세에 전하려 하였으나 하루아침에 망하였으니 천지조화를 모르고 인간들이 욕심을 낸들 모든 것이 다 허사가 된다는 것을 어찌 모르느냐? 진시황제도 불로불사의 영생을 하기위하여 불로초를 구하려 하였으나 결국은 죽고 말았던 것은 때가 이르지 않았기 때문이다. 우리가 행할 바는 때만을 기다리지 말고 하루하루 쉬지 말고 수도에 힘을 쓰는 것이 제일(第一)일세.

4. 직분가(職分歌)

【원문】御化세상 저 사람들 仔細보고 科度하여 自古比今하여 보소 無事한 台乃사람 無情한 이 歲月을 無言而 보내나니 處士之行 分明하다. 輪回時運 明明下에 때 運數 未及하여 人心風俗 怪異키로 世上富貴 뜻이 없어 세念을 던져두고 瀛洲蓬萊 조흔 景에 天上樂의 뜻을 이뤄 無情歲月 보내나니 地上神仙 分明하다 台乃境處 그러하나

【풀이】세상 사람들아! 내 말을 조금 들어보소. 무정한 이 세월에 돌아오는 운수는 때가 이르지 않아 말없이 보내자니 세상사가 한심하도다. 세상 부귀에 뜻이 없어 세상의 생각을 다 버리고 금강산 좋은 경에 하늘의 락(樂)을 이루어 무정한 세월을 보내자니 내 또한 신선이 분명하나,

【원문】台乃境處 그러하나 나도 또한 이 世上에 天地人 三才之德 神靈之氣 받은 몸이 때 모르고 無情歲月 보낼 손가 以待其時 하지마는 게뉘라 지음할고 지음할者 있지마는 때 前의 말할 손가 그는 또한 그러하나

【풀이】나도 또한 이 세상에 천지인의 덕으로 태어나 하늘의 영(靈)을 받은 몸이 내 할 일을 하지 않고 무정세월을 보낼 손가. 이내 뜻 전하려 하나 때 전에 말할 손가.

【원문】 天時時運 數質하니 輪回時運 可觀일세 御化世上 사람들아 輪回時運 이와 같이 明明하니 仔細보고 깨달으소 나도 亦是 이 世上에 多聞博識 없지만은 至誠敬天 發願타가 하늘님前 造化받아 때 運數 되는 理致 大綱早白 그려내서 이와 같이 傳해주니 仔細보고 生覺할가

【풀이】 하늘의 운이 때가 되어 돌아오는 것이 확실하니 내 말 듣고 깨달으소. 나 또한 이 세상에 지식 없는 사람이지만 정성으로 하나님을 공경하고 기도하여 하나님의 조화(造化)를 받아 새로운 세상이 오는 것을 대강 전해 줄 테니 자세히 듣고 깨달으소. 집필자는 상당기간 산에서 수도하였음이 분명하고, 수도하는 중에 하늘의 이치를 깨달았던 것으로 보인다.

【원문】 天地時運 反覆되야 木德以王 此世上의 때 運數 氣運따라 血氣之勇 쓸데없고 人人之德 主張일세 오는 運數 그러하니 어진마음 닦아 내여 德義之勇 行해보세 無知한 世上사람 그런 理致 모르고서 自行自止 하단 말가.

【풀이】 돌아오는 세상은 "목덕이왕(木德以王)"의 세계임을 분명히 밝히고 있다. 혈기와 용맹으로 사는 세상은 가고 사람에게 덕을 베푸는 세상이 돌아올 것이니 어진마음을 갖고 살아보세. 무지한 세상 사람들아! 그런 이치를 알지 못하고 제 멋대로 한단 말인가?

【원문】때 運數 말한대도 지는 運數 누가 알며 오는 運數 누가알가 春末夏初 不遠하니 心急之心 두지 말고 敎訓대로 施行하라 天地父母 神靈之德 木德以王 하시랴고 太古天皇 좋은 콩 運數 따라 成實次로 두루두루 심엇지만 前歲修德 없는 田地 如干나는 콩대같이 華蟲이나 잘나먹어 고짓 대만 남았으니 그 아니 가련한가.

【풀이】때 운수 말하지만 지는 운수 누가 알며 오는 운수는 누가 알겠는가? 멀지 않아 영춘절이 오게 되니 급한 마음 갖지 말고 수도에 열심 하라. 천지부모 은덕에 목운왕이 출현하게 되느니라. 옛부터 하나님은 성인을 통하여 말씀을 하였으나, 하나님의 뜻을 행하는 자는 없고, 오히려 화충이 되어 잎과 줄기를 다 먹고 쓸데없는 대만 남았으니 가련한 일 아닌가.

【원문】天地五行 明明之理 一時도 떠나지 않고 제 一身에 具備하게 갖춘 바를 求해내여 못 쓰고서 私邪慾心 못 이기여 各言各知 하는 擧動 보고나니 愛㤖 그 웬일고 그 웬일고 愛呾하다 그 웬일고 그 理致가 그 웬일고 다름이 아니오다 不學하면 無識하고 닦지 않으면 光彩또한 안나나니 世上理致 그럼으로 사람마도 五行理致 一般이나 自古以來 生而知之 드믄바요 學而知之 많은 바라

【풀이】천지의 오행성품이 각자 마음속에 있거늘, 그 마음을 찾지 못하고 자기욕심 자기주장만 하고 있으니 참으로 안타까운 일이로다. 그것은 다름이 아니라 배우지 못하여 무식하고 마음을 닦는 수도를 하지 않았기 때문이다. 태어 날 때부터 모든 것을 알고 태어난 자는 그 수가 많지 않고 태어 난후 자기스스로 배워서 깨닫게 되어있기

때문이다.

【원문】順數天理 아니하고 各自爲心 하는 고로 明天이 憎之하사 어진사람 爲하여서 惡한사람 죽이려고 天下兵器 運動시켜 서로 서로 죽게 하니 그도 또한 天定이라 仔細보고 깨달아서 改過遷善 하여서라

【풀이】하늘의 이치를 따르지 않고 자기 마음대로 살게 되니 이를 하늘이 미워 하사 어진 사람을 살리려고 악한 사람을 죽이는 천하의 병기를 만들어 서로 죽게 하나니 이는 하늘이 정한 바라. 이제 이 글을 보고 깨달아서 지난 잘못된 일을 고치고 착한마음으로 살아가라.

【원문】사람 사람 많은 사람 다 各各 마음지어 行한대로 착한 사람 가려내되 착한대로 福을주고 惡한사람 가려내되 惡한대로 지은 罪를 어기지 않고 罪따라 殃禍주네

【풀이】하나님은 사람마다 그가 행한 대로 착한사람은 복을 주고 악한 사람은 그 지은 죄의 대가로 재앙과 화를 주게 된다.

5. 삼경대명가(三警大明歌)

【원문】弓弓太陽 三天道와 乙乙太陰 三地道를 左旋右旋 合하여서 天地兒只 定헸으니 長男兒只 보려거든 三極鏡을 손에 들고 嘲弄하는 그 애기(兒只)를 疑心말고 따라가서 君師父를 믙게 되면 三天鏡 내여들고 如此如此 이를게니 天地人을 배운後에 儒佛仙을 工夫하면 日月星을 알리로다. 弓乙道가 이러하니 精誠대로 배워보소 造化로다 造化로다 造化로다 弓弓乙乙 造化로다. 天上弓弓 地下乙乙 人中弓乙 相合하야 弓弓乙乙 成道하니 百事千事 萬事知네 鳥乙矢口 鳥乙矢口 이내弓乙 鳥乙矢口.

【풀이】 궁궁(弓弓)을 태양(太陽)이라 하고, 을을(乙乙)은 태음(太陰)이라 한다. 궁을(弓乙)은 천지 부모를 말한다. 천지 부모가 장남 아들을 낳으니 그 아기는 천지인을 변화시켜 삼천극락 지상선경을 건설한다고 말하게 될 것이다. 그러니 그 천자를 의심 말고 따라 가라.

『예언의 원리』 "天(父)+地(母)=人(子), 天(水)+地(火)=人(木), 天(北)+地(南)=人(東), 天(冬)+地(夏)=人(春), 天(黑)+地(赤)=人(靑), 天(儒)+地(佛)=人(仙), 天(日)+地(月)=人(明), 天(弓)+地(乙)=人(弓乙)"를 이해하면 천자이신 청림도사를 찾아가라는 뜻임을 알 수 있다.

【원문】 天上地下 살펴보니 萬世明鏡 鳥乙矢口 궁을경이 明鏡일세 萬古없는 萬里鏡을 내가 어찌 받았는가. 造化로다 造化로다 하날님의 造化로다. 兩白精氣 모아다가 天地거을 지어내니 三豊鏡이 宛然토다

【풀이】 궁(弓)은 하늘의 아버지이고, 을(乙)은 땅의 어머니이다. 그런고로 아들은 궁을(弓乙)이 된다. 천상천하를 살펴보니 영원히 밝게 밝혀 주는 것은 궁을뿐이로세. 이것이 천지조화로다. 천지인의 모든 기운을 가지고 오신 궁을선인(弓乙仙人)은 양백(兩白) 정기 모아다가 삼풍 생명을 가지고 오시도다. 천자이신 궁을 선인만이 해인삼풍을 가지고 오시게 된다.

【원문】 眼鏡일세 眼鏡일세 萬古없는 人鏡일세 여보시게 修道人들 前後萬古 料擇해도 사람鏡月 있단 말을 누구누구 들었던고 天鏡地鏡 合한人鏡 玉皇上帝 人鏡일세

【풀이】 인간의 육신을 입은 사람을 "인경(人鏡)"이라 하고, 이 분을 천경지경(天鏡地鏡) 합한 "삼풍경(三豊鏡)"이라고도 한다. 이와 같은 이치를 세상 사람들이 몇이나 알았던가? 하늘과 땅의 모든 운을 가지고 오신 이 분이 옥황상제로다. 이로 보건데 옥황상제는 양백진인으로 삼풍을 가지고 오신 분이 확실하다.

【원문】 三道合德 主人찾어 萬端哀乞 하여보소 三道주인 누구신고 水雲先生 聖靈일세 水雲先生 神聖이면 어데가야 만나볼고 만나보기 어렵잖소 太極弓乙 主人찾어 가는 길을 仔細물고 路程記를 얻어다가 度數대로 가게 되면 가는 里數 分明하야 三七만에 갈 것이니

【풀이】 최제우 선생의 영과 궁을선인의 영이 같다는 뜻으로 집필자는 말하고 있다. 따라서 수운 선생의 신성(神聖)을 찾아가려면 궁을 십승 주인을 찾아가라는 뜻이다. "태극궁을주인(太極弓乙主人)" "삼도합덕주인(三道合德主人)"은 땅에 출현한 청림도사(靑林道士) 십승인을 말한다.

【원문】 敎訓施行 하려거든 龍潭遺訓 爲反마소 龍潭遺書 보는 대는 水雲先生 面對로세 肉身은 가셨으나 靈魂은 제게 있네.

【풀이】 최제우 선생이 비록 육신(肉身)은 가셨으나 그 영혼은 살아있으니 용담교훈을 위반하지 말 것을 당부하고 있다. 최제우 선생에 대한 성심(誠心)과 열정을 짐작할 수 있다.

【원문】 三道大明 三德君은 靑林道師 分明하다 須從白兎 선생에 走從靑林 道師되어 誠心修道 그 사람은 靑林道師 만날게니 靑林道師 地上神仙 人佛仙道 뉘가알꼬 人佛生佛 알고 보면 人生於寅 甲寅이라

【풀이】 기다리는 궁을 십승이 청림도사라는 이치를 확실히 알고 이 글을 기록하였음을 알 수 있다. 정성을 다 하여 수도를 하게 되면 청림도사를 만나게 될 것이다. 청림도사는 지상에 신선으로 오신분이며, 사람부처인 것을 누가 알겠는가? 살아있는 부처를 알고 보면, "인생어인(人生於寅) 갑인(甲寅)이라" 즉, 목운으로 오신 분이 틀림이 없다는 뜻이다.

【비결】 人間超道 鄭彌蘇神馬頭牛角 十五眞主〈弓乙論〉

【풀이】 정도령과 미륵불은 신마(神馬)의 존재이다. 신마(神馬)는

천상의 하나님을 뜻한다. 마두우각(馬頭牛角)은 천상에 말의 존재와 땅에서 성인으로 출현하신 소의 존재가 일체가 된다는 뜻이다. 십오의 수는 천지인의 각5의 수를 합한 수이고, 이는 "天(水) + 地(火) = 人(木)"인고로, 모든 운이 목운(木運)으로 오게 된다. 그런고로 상제, 미륵불, 십오진주는 삼팔목운으로 오신 청림도사를 뜻한다. 동학원문 집필자는 이러한 이치를 알고 "청림도사(靑林道師) 지상신선(地上神仙) 인불선도(人佛仙道) 뉘가 알꼬"라고 기록한 것이다.

【원문】 太陰宮에 太陽와서 乾坤配合 되온 後에 太陽太陰 破字하여 人和世界 更定하니 水雲先生 更生이요 泗溟堂이 復活일세 天下太平 아니 될까.

【풀이】 원문 집필자는 부활(재생, 갱생, 소생)을 확실하게 믿고 있었던 것으로 보인다. 또한 부활의 시점이나 원리도 정확하게 알고 있었다. 부활은 천지음양이 합운이 되는 영춘절이 돌아와야 된다는 사실을 깨닫고 있었음이 분명하다. 그 때가 오면 수운 선생과 사명당 등이 부활을 하게 되고 태평세월이 된다.

【원문】 仙道昌明 좋거니와 仙道닦어 佛道通코 佛道通해 儒道알면 天地人道 가는 길을 子丑寅에 깨칠게니

【풀이】 청림도사로 오신 분이 선도를 창건(創建)하게 된다. 선도(仙道)를 깨닫게 되면 자연히 유교, 불교를 통달하게 될 것이다. 천지인의 삼재덕을 깨달으면 "자축인(子丑寅)", "天(子, 水) + 地(丑, 火) = 人(寅, 木)"의 이치를 깨닫게 될 것이다.

【원문】 乾坤配合 弓乙其形 알 것이니 三鏡明月 靑林下에 萬世仙藥 먹어보자.

【풀이】 천지음양(天地陰陽)이 합하여지는 이치를 궁을(弓乙)이라 하고, 궁을(弓乙)은 십승(十勝)이라 한다. 궁을십승(弓乙十勝)은 이긴 자를 뜻하고, 이긴 자는 생명을 뜻하므로 이긴 자는 천백(天白), 지백(地白) 인백(人白)의 삼풍(三豊)을 가지고 오시게 되어있는 것이다. 화우로삼풍(火雨露三豊)은 만세선약(萬世仙藥)으로 이긴 자이신 궁을십승(弓乙十勝) 청림도사가 가지고 오시게 되어 있다. 원문집필자는 이와 같은 이치를 알고 있었기 때문에 "청림하(靑林下)에 만세선약(萬世仙藥) 먹어보자"라고 기록을 하였던 것이다.

【비결】 春氣長生永遠藥 無疑海印天授得〈末運論〉

【풀이】 춘기(春氣)는 목운이 주시는 선약(仙藥)으로 해인삼풍(海印三豊)과 같은 하늘이 주시는 영생약인 것이다. 의심하지 않고 구하면 하늘의 생명을 얻을 수 있다. 비결서의 말운론의 내용을 비교하면 동학과 일치함을 알 수 있다.

6. 지시안심가(知時安心歌)

> 【원문】東方甲乙 靑龍木에 明明其運 도라오니 三陽 七德 長男得意 光華之德 奇壯하다 春夏秋冬 四時春 三十六宮 都是春 萬世榮樂 泰平 春春외에 更見春을 無知한 世上사람 너의 어찌 때前이야 알가 보냐.

【풀이】 동방(東方), 갑을(甲乙), 청(靑), 룡(龍), 목(木), 춘(春), 삼양(三陽), 장남(長男)은 동방에 출현하신 목운을 뜻한다. 춘하추동(春夏秋冬) 사시춘(四時春)은 사계절이 없는 영춘절(永春節)을 의미하며, 죽음이 없는 불로불사의 새로운 세상을 말한다. 갱견춘(更見春)은 목운의 소생 때를 말하며, 삼십육궁(三十六宮) 도시춘(都是春)은 구변구복(九變九復)과 같은 뜻으로 천지인, 과거, 현재, 미래가 하나가 되는 세상을 말한다. 삼팔목초(三八木草)의 소생은 만물의 소생과 같다. 이와 같은 이치를 그 때가 오기 전에 어찌 인간들이 깨닫겠는가?

> 【원문】靑林道士 어진스승 千變萬化 無窮造化 任意用之 한다 해도 때가있어 깨나니라 여보시오 應君子는 須從白兔走靑林을 失手없이 깨달아서 弓乙體로 되는 運數 一心으로 조심하와 元亨利貞 좋은 길을 부디부디 잊지 마오.

【풀이】 여기서 "깨어난다"라는 뜻은 부활(재생)을 뜻한다. 삼팔목운(三八木運)으로 오신 분이 해인삼풍(海印三豊)으로 무궁조화(無窮造化)를 할 수 있는 분이지만, 때가 되어야 부활을 한다는 것이다.

청림도사가 인묘운(寅卯運)을 마친 후 소생하는 이치이다. 궁을 십승과 청림도사는 동일한 한 분이다. 이러한 이치를 잊지 말고 부디 부디 좋은 길을 찾아가소.

【성경】 계 2:11 귀 있는 자는 성령이 교회들에게 하시는 말씀을 들을지어다 이기는 자는 둘째 사망의 해를 받지 아니하리라.

【풀이】 이기는 자와 궁을 십승지인은 동일한 한 분이다. 이기는 자도 죽을 수 있음을 뜻하는 성경구절이다. 두 번째 사망의 해를 받지 않게 된다는 말씀은 이긴 자가 다시 부활하여 출현하게 된다는 뜻이다. 다시 출현 할 때는 인간의 육신을 입고 탄생하는 것이 아니라 재생신인(再生神人)으로 오시게 된다.

【비결】 初出豫定人間出 火中初産龍蛇時 次出眞人動出世 水中龍蛇天使出 <隱秘歌>.

【풀이】 진인이 처음으로 오실 때는 인간의 육신을 입고 오시지만 두 번째 오실 때는 천사로 오시게 된다. 궁을론(弓乙論)의 "서기동래재생신인(西氣東來再生神人) 목변위마하성부지(木變爲馬何性不知)"의 예언에서 알 수 있듯이 두 번째 오실 때는 신인으로 오시게 되며 이와 같은 이치를 세인들이 어찌 알겠는가?

【비결】 萬人苦待直八人 西方庚辛四九金 聖神降臨金鳩鳥 東方甲乙三八木 木兔再生保惠師<隱秘歌>.

【풀이】 만인고대 진인은 동방갑을 삼팔목운으로 오신 분이며 이 분이 재생하여 서방경신사구금(西方庚辛四九金)운과 일체가 된다. 목토재생보혜사(木兔再生保惠師)의 뜻은 목운으로 오신 분이 재생

하면 생명을 주시는 보혜사가 된다는 뜻이다.

> 【비결】 聖壽何短不幸으로 天火飛落燒人間에 十里一人難不見이라 十室之內無一人에 一境之內亦無一人 二尊士로 得運하니 鄭氏再生알리로다 白馬公子得運으로 白馬場이 이름인고 白馬乘人後從者는 仙官仙女天軍이라 <末中運>

【풀이】 부득이 성인이 세상을 떠나지만 다시 재생을 하게 된다. 정씨재생(鄭氏再生)은 정도령으로 오신 분이 다시 살아난다는 뜻으로 정변박(鄭變朴)이라 하였으니 목운으로 오신 목인성(木人姓)을 가지신분이 신선으로 다시 오시게 된다. 이존사(二尊士)는 금운과 목운의 두 운을 가지고 오신분이라는 뜻으로 다시 오실 때는 금운하나님과 일체가 되어 청림으로 오시게 된다.

> 【비결】 海隅半島天下一氣 再生身 利見機打破滅魔 人生秋收糟米判端風驅飛 飄風之人 弓乙十勝 轉白之死黃腹再生 <賽41章>

【풀이】 한반도 땅 끝 땅 모퉁이에서 궁을(弓乙) 십승지인(十勝之人)이 부활을 하여 마귀를 멸하고, 인생을 심판하게 되는데 쭉정이를 날려 보내고 알곡 인생을 추수하게 된다.

"이견기타파멸마(利見機打破滅魔) 인생추수조미판단풍구비(人生秋收糟米判端風驅飛) 표풍지인(飄風之人)"은, 사 "41:15 보라 내가 너로 이가 날카로운 새 타작 기계를 삼으리니 네가 산들을 쳐서 부스러기를 만들 것이며 작은 산들로 겨 같게 할 것이라. 41:16 네가 그들을 까부른즉 바람이 그것을 날리겠고 회리바람이 그것을 흩어버릴 것이로되" 말씀과 같고,

"해우반도천하일기(海隅半島天下一氣) 재생신(再生身)"은, 사 1:9 "내가 땅 끝에서부터 너를 붙들며 땅 모퉁이에서부터 너를 부르고 네게 이르기를 너는 나의 종이라 내가 너를 택하고 싫어 버리지 아니하였다 하였노라"의 말씀과 같다.

따라서 "청림도사(靑林道士) 어진스승 천변만화(千變萬化) 무궁조화(無窮造化) 임의용지(任意用之) 한다 해도 때가있어 깨나니라"의 동학가사의 말씀과 "해우반도천하일기(海隅半島天下一氣) 재생신(再生身)" 구약성경, 이사야서 41장 9절의 말씀은 일치한다. 재생신, 인생추수는 동방에서 출현하신 청림도사 성인이 하시게 되어 있는 것이다.

【원문】風雨霜雪 紛紛하면 三綱五倫 失節하고 昏濛自然되야 多數人種 難救로다 一劫二字 지난 後에 三八木 좋은 나무 木樑木 鳥乙矢口 玄鳥之 知主슝여 貧赤歸 貧赤歸를 이때 되면 알리로다.

【풀이】 봄이 오려면 음력으로 정월과 이월의 엄동설한을 보내야 하듯이 영춘절인 하나님의 세계가 오기 전에도 많은 인생들이 겨울과 같은 동절기운을 맞아 많이 희생될 것을 암시하고 있다. 그러나 삼팔목운 청림도사가 많은 생명을 구하게 된다. 현조(玄鳥)는 춘삼월이 되어야 돌아오는 제비를 말한다.

7. 지본일신가(知本一身歌)

【원문】이일저일 깨달아서 世上風俗 다 버리고 一心精氣 다시 먹고 修心正氣 更定하면 天地萬物 그 가운데 盛衰之理 알 것이요 世上變復 自古興亡 거울같이 알 것이니 알고 보면 生活之計 거기 있네.

【풀이】세상 풍속을 다 버리고 맑은 기운으로 수도하소. 천지 만물을 보면 성하고 쇠하는 이치를 깨닫게 될 것이며, 만물이 변하고, 흥하고 망하는 것이 거울같이 밝게 보이게 될 것이니, 그 만물이 변화하는 이치를 깨닫고 보면 하늘의 이치를 알게 되어 말세에 사는 방법을 자연히 알게 되리라.

【원문】이보시오 世上 사람 弓弓乙乙 찾덜 마소. 천하강산 다 밟아도 곳곳마다 弓乙일세 天地五行 맑은 氣運 生生之理 받아 내여 及其成物 되게 되면 太極이요 太極이면 弓乙일세 이와 같은 弓乙太極 제 一身에 있건마는 웃지하여 못 깨닫고 저와 같이 不似한고 貸腸弓乙 마음 心字뿐이로다.

【풀이】천궁지을(天弓地乙)인 고로 천지가 곧 궁을이다. 천지부모의 이치에 의해 내가 태어났으니 내가 곧 궁을 이다. 그런고로 "궁을태극(弓乙太極) 제 일신(一身)에 있건마는"이라 한 것이다. 이와 같은 문구는 정감비결 원문에 "구궁팔괘십승대왕(九宮八卦十勝大王) 영신인사진인(靈神人士眞人)으로 궁을해인강마지도(弓乙海印降魔之道) 궁을지간십승지(弓乙之間十勝地)를 제산지중(諸山之中)넘

나들며 불구산중(不求山中)찾지 말고 삼봉산하반월선대(三峯山下 半月船坮) 극구심중(極求心中)차저보소 지리십처불입(地理十處不入)하라 살아자(殺我者)가 십승(十勝)일세"의 기록과 같은 말씀으로 마음속에서 궁을 십승생명을 찾아야 한다.

> 【원문】 弓弓乙乙 알게 되면 生門死門 알 것이요 生門死門 알게 되면 生活之方 모를 손가 알기만 알작시면 天地運數 時運따라 千變萬化 任意用之 못할손가. 順數天理 그 가운데 弓乙理致 미뤄 내여 活人之策 알 것이니 알기만 알작시면 好生之德 베푸러서 廣濟蒼生 하게 되면 敬天順天 아닐련가

【풀이】 궁을의 이치를 알게 되면 죽고 사는 문제를 알게 된다. 하늘이 뜻을 이루는 데도 사계절이 있는 자연의 이치와 같아서 때가 와야 그 뜻을 이루게 된다. 돌아오는 운수는 천지 만물이 새로운 생명으로 새롭게 변하게 되는데 이것이 궁을(弓乙)의 이치이며, 이 뜻을 깨닫고 많은 생명을 구하는 것이 하늘을 공경하고. 하늘을 따르는 길이 아니겠는가?

> 【원문】 利在弓弓 제게 두고 어찌 그리 愛때한고 여보시오 世上 사람 造化二字 말을 마소 胃腸弓乙 修練하면 無窮造化 無窮이요 天地道德 成功 일세 여보시오 應君子 이런 造化 다 버리고 어느 造化 바라시오

【풀이】 궁궁은 자기 마음속에 있거늘 어찌 다른 곳에서 찾는단 말이요? 자기 마음속에 있는 궁궁을 열심히 수도하여 깨닫게 되면, 이것이 궁을 무궁조화이며, 하늘의 도를 알게 되거늘, 이것을 알지 못하고 무슨 조화를 바라시오. 천지무궁 궁을조화는 마음속에서부터 일어나게 됨을 말하고 있다.

【원문】이보시오 台乃사람 仔細보고 安心하소 아모리 살펴봐도 갈 곳이 專혀없네 허허世上 저 사람들 아무리 생각해도 紛紛天下 此時時變 죽을 謀策은 百가지요 살 謀策은 한가지네 그곳은 어데 메뇨 弓腸弓乙 마음 心字 分明하다

【풀이】십승지 등을 찾아 피난을 간다하여도 말세에는 살길이 없다. 그러나 안심할 것은 자기 마음속에 하나님의 신(神) 해인삼풍을 받으면 살게 된다. 궁을은 십승이고, 십승은 생명이기 때문이다. 십승 생명은 화우로 삼풍으로 궁을 십승지인이 가지고 오신 생명의 양식을 말한다.

【원문】不似한고 寒心하다 저 사람덜 十勝之地 찾덜마소 十勝之地 말하자면 天干地支 合하여서 弓弓乙乙 마음 心字 뿐이로다. 이러한 줄 모르고서 어느 곳을 가단말가 어젠날 不測者도 오늘날 改過遷善 하여 내여 修心正氣 更定하면 萬世明賢 이 아니며 道德君子 分明하니 風塵世界 念慮하며 富貴功名 貪할손가

【풀이】불쌍한 저 사람들 십승지지(十勝之地) 찾지 마소. 십승지(十勝地)는 십승생명(十勝生命)의 상징성을 갖고 있을 뿐 피난처가 아님을 분명히 하고 있다. 마음을 고쳐 하나님의 삼풍신(三豊神)을 모시는 것이 영원한 피난처이다. 하나님과 같이 하는 기쁨을 누리게 되니 어찌 세상의 부귀영화가 부러울 손가?

【원문】여보시오 저 사람들 내말 暫間 들으시오 禱山禱水 한다해도 天地亦是 鬼神이요 鬼神亦是 陰陽인줄 웃지고리 모르시오 사람 一身 말하자면 天地人 三才之氣 合했으니 三神理致 거게 있고.

【풀이】 내말을 잠간 들어보시오. 산과 물에 가서 기도하고 빈다고 하여도 천지역시 귀신이고, 귀신역시 음양인줄 모르시오. 사람의 몸을 말하자면 천지인의 기(氣)가 합하여 되었으니, 삼신(三神)의 이치가 자기의 몸속에 있는 바를 어찌 그리 모르시오. 천지인이 하나의 이치로 되어있으므로 천신, 지신, 인신이 자기의 몸 안에 있음을 말하고 있다. 그런고로 사람의 마음 심자(心字) 3개의 점(三點)은 천지인의 3점(三點)으로 되어있다.

> 【원문】 天地人 三才之理 말할진데 天爲五行 之綱이요 地爲五行 之質이요 人爲五行 之氣라 明明이 傳한 敎訓 이제와 깨달아서 一身太極 들러보니 天地亦是 사람이요 사람 亦是天地로다.

【풀이】 천지인(天地人)의 이치를 말 하건데, 하늘의 오행은 강이요, 땅의 오행은 질이며, 사람의 오행은 기(氣)라고 밝게 전하여준 교훈을 이제 와서 깨달아 인간의 육체를 살펴보니 천지가 사람이요, 사람이 천지인 것을 내 이제 알았느니라.

> 【원문】 天地開闢 此時時變 北方水가 漲溢하와 三十六宮 도라드니 그물 形勢 뉘라서 當할소냐 當할수 專혀없어 三八木 좋은 나무 疑心없이 비여내서 大同船을 모와 내여 億兆蒼生 건져보세
> <知本一身歌>

【풀이】 천지가 개벽할 때 구원선(救援船)을 어디에 가서 탈것인가? 억조창생을 구원하게 되는 그 배는 "삼팔목(三八木)"으로 지은 배가 아니던가? 삼팔목운으로 오신 분이 말세에 억조창생의 구원선임을 분명히 하고 있다. "만세선약 삼팔패"의 뜻과 같음을 알 수 있다.

【원문】여보시오 世上사람 精神차려 다시 닦아 修身齊家 하여보세 修身修德 아니하고 利在弓弓 찾을 손가. 이보시오 台乃사람 仔細보고 安心하소 水火星이 서로나니 堯舜之風 돌아오나 吉凶이 相半일세 三災星이 發動하니 八陰星이 運動하여 三災八難 일어난다.

【풀이】바른 마음으로 수도를 하여 궁궁을 찾으라고 말하고 있다. 궁궁은 백십승으로 이는 십승 이긴 자를 뜻하므로 이분을 찾으라 한 것이다. 앞으로 오는 가장 큰 재앙은 "삼재팔난(三災八難)"으로 이때 살아나기가 쉽지 않음을 말하고 있는 것이다. "삼재팔난(三災八難)"은 삼팔목운(三八木運)의 출세 전(前)에 인간들이 마지막으로 받는 큰 재앙이기 때문에 붙여진 이름으로 볼 수 있을 것이다. "삼재팔난(三災八難)"은 천재이다.

8. 상작서(上作書)

【원문】 流水 같이 빠른 光陰 一瞬 같이 지내가니 西山에 雲捲되고 春風三月 또 있도다. 南山北山 그 가운데 東山西山 一體되어 一朝方暢 아니련가 나귀등에 오는 손(客)이 이제야 잠을 깨어서 꽃을 따라 찾아오니 바쁘도다. 바쁘도다.

【풀이】 "남산북산(南山北山) 그 가운데 동산서산(東山西山) 일체(一體)되어"의 뜻은, 天(北, 父)＋地(南, 母)＝人(東, 子)＋西의 이치를 보게 되면 알 수 있고, 천자(天子)의 위치가 동방목운에 있음을 알 수 있다. 천자(天子)는 마자(馬子)인고로 천자를 어린 당나귀 또는 정도령(鄭道令)이라 한다. "잠을 깨어서"의 뜻은 천자의 부활을 뜻하며, "꽃을 따라 찾아오니"의 뜻은 춘삼월을 뜻한다. 천자의 재생으로 영춘절의 봄이 오게 된다. 손(客)은 손님이라는 뜻이며, 나귀는 천상에서 오신 분임을 말한다.

【성경】 슥9:9 시온의 딸아 크게 기뻐할지어다. 예루살렘의 딸아 즐거이 부를 지어다 보라 네 왕이 네게 임하나니 그는 공의로우며 구원을 베풀며 겸손하여서 나귀를 타나니 나귀의 작은 것 곧 나귀새끼니라

【풀이】 천자, 어린나귀, 정도령, 백마는 동일한 한 분을 뜻하며, 동방목운으로 오시게 되어있는 것이다. 슥9:9,의 말씀은 동방에 출현하신 정도령과 같은 한 분으로 볼 수 있다. 따라서 서방에서는 구세주(천자)출현이 없음을 알 수 있고, 이와 같은 이치를 동학교도들은

이미 알고 있었던 것이다.

> 【성경】 요 12:14 예수는 한 어린 나귀를 만나서 타시니, 요 12:15 이는 기록된바, 시온 딸아 두려워 말라. 보라 너의 왕이 나귀새 끼를 타고 오신다 함과 같더라.

　【풀이】 나귀가 천자의 뜻을 가지고 있음을 신약성경 기록당시 이미 구약을 통하여 알고 있었다. 나귀는 정도령과 같은 존재이며, 하늘의 아버지가 말(馬)을 상징하기 때문에 붙여진 이름이다. 서방에서는 이미 천자가 예수로 나타난 것으로 알고 있지만, 동학은 천자인 정도령(鄭道令)을 기다리고 있는 것이다.

9. 몽중운동가(夢中運動歌)

> 【원문】 造化 많은 變化龍은 天一生水 자아다가 三八木에 물어주니 木德이 旺盛하여 靑林世界 自然일세

【풀이】 용(龍)은 동방, 천일생수(天一生水)는 생명수, 삼팔목(三八木)은 동방에 출현하신 청림도사진인을 뜻한다. 이분이 해인삼풍(海印三豊) 생명수를 가지고 천지조화(天地造化)를 하게 되며 불로불사의 영생의 세계를 창건하게 된다. 그런고로 삼천극락 십방세계를 청림세계(靑林世界)라 한다.

> 【원문】 弓乙其形 分明하다 弓弓乙乙 造化따라 時運時變 處卞하면 智士男兒 樂樂時라 天地造化 품어두고 無窮造化 나타내여 須從白兎走靑林을 失數없이 하오리니 廣濟蒼生 念慮하며 輔國安民 근심할가 河圖洛書 알았으니 日月星辰 仔細살펴

【풀이】 궁을(弓乙)을 깨치면 천지조화(天地造化)를 알게 되고 청림(靑林)을 깨치면 광제창생을 알 수 있다. 청림도사는 궁을십승인(弓乙十勝人)과 동일한 한 분으로, 이 분이 천지조화를 하여 새로운 세상을 창건하게 되는데, 그 이치가 하도락서(河圖洛書)에 숨겨져 있는 것을 집필자는 알고 있었다.

【원문】 自古理致 그러하나 아는 君子 몇몇 인고 많기도 많지만 塵土中에 물힌 玉石 世上사람 어이알가 有目不見 되였으니 可笑可歎 이 아닌가. 耳聞不聽 하였으니 問東答西 제 알소냐. 自古由來 傳한 말에 不勞自得 없단 말은 仔細히도 들었으나 웃지 그리 埋沒한고 十年을 工夫하여 道成立德 되게 되면 速成이라 일렀으니 仔細 듣고 生覺하소

【풀이】 하늘의 이치가 이러하나 아는 사람 몇이던고? 아는 사람 있지마는 진토(塵土)중에 묻혀있으니, 세상 사람들은 눈이 있어도 보지 못하고 귀가 있어도 듣지 못하니 한탄할 일이로다. 옛날부터 전하여온 말이 본인의 노력 없이는 알지 못한다는 말은 들었으되 어찌 이런 일이 있을 손가. 십년을 공부를 하여 깨닫는 자가 있다면 이는 빨리 깨닫는 자라 일렀으니 자세히 듣고 생각 하소. 세상 사람들에게 천도(天道)를 아무리 일러주어도 깨닫기가 쉽지 않음을 알 수 있다.

【원문】 西出東流 흐르는 물은 壬子水가 分明하니 三八木에 물이 올라 花開發發 날로 하야 成實하기 쉬우리니 이도 亦是 弓乙일세

【풀이】 서출(西出)은 하늘의 하나님을 뜻하고, 동류(東流)는 동방목운(東方木運)을 뜻한다. 하늘의 생명수(生命水)가 동방에 출현하신 삼팔목운(三八木運)에게 임하여 하늘의 뜻을 이루게 되니 이것이 궁을(弓乙)의 이치이다. 서기동래, 금목합운, 천지양백, 지천태괘, 궁을은 같은 뜻으로 천지음양 합덕의 이치이다.

【원문】震木花開 도와주니 福德星이 造化받어 木德以王 分明토다 巽木이 마주서니 그도 亦是 弓乙이니 無窮造化 없을손가 輪回같이 돌린運數 陰陽迭代 한다 해도 虛虛實實 두 가지니 弓弓乙乙 無窮造化 失數없이 깨달아서 後悔없게 하여보세

【풀이】 손진(巽震)은 팔괘 중 장남 장녀 운으로 동방에서 출현하신 목운을 뜻한다. 손(巽) 장녀와 진(震) 장남이 그 뜻을 같이 하여 혼인(婚姻)을 하게 되니 이 또한 궁을의 이치와 같은 것이다. 궁궁을을(弓弓乙乙) 무궁조화(無窮造化)인 천지가 혼인하는 이치를 깨달아 후회 없는 세상을 살아보세. 장남 장녀 운은 선도(仙道)의 운을 뜻하기도 한다.

10. 태전가사(太田歌辭)

【원문】御化世上 사람들아 많은 百姓 和해보소 弓乙弓乙 造化中에 너도좋고 나도좋네 時境따라 노래 불러 矢口矢口 鳥乙矢口 綠水淸音 좋을시구 松松家家 지낸후에 利在田田 밭을 갈아 안 太田을 많이 갈아 弓乙弓乙 때가 오니 어느 밭을 가잔말가 十勝之地 알았거든 오곡잡곡 많이 심어 쉬지 말고 勤農하소

【풀이】 많은 백성이 새로운 세상이 오게 됨을 깨닫고 복을 받자고 하는 말씀이다. 새로운 세상은 궁을의 조화를 말함이니 이는 천지조화를 뜻하고 천지조화는 궁을 정도령이 출현하여 이루게 된다는 것이다. 궁을인(弓乙人)으로부터 해인의 씨를 받아 마음속에 키우는 농사를 열심히 하여 새로운 세상에 참여하자는 뜻이다. 태전(太田)은 마음의 밭을 뜻한다.

【원문】동풍삼월 을유시에 청괴만정(靑傀滿庭) 오는 때가 백양무아(白楊無芽) 그 시로다 이때 두고 이른 말이 춘풍삼월 돌아오니 녹수청림 좋을 적에 봄 갈기를 재촉한다. 景槪絶勝(경개절승) 鳥乙矢口. 천봉만학(千峯萬壑) 저 두견은 춘일미곤 하지마는 어서어서 깨달아서 농사 때가 바쁘도다. 곤한 잠 깊은 꿈을 쉬지 말고 근농하소 天下大本 농사오니 실지농사 하게 되면 자세보고 글 통하소.

【풀이】 "동풍"은 화기동풍과 같은 뜻으로 청림도사의 무궁조화 해인을 말한다. 청괴만정(靑傀滿庭)은 수많은 생명이 청림도사에 의해

구원을 받게 됨을 뜻하며, 백양무아(白楊無芽)는 하늘에 하나님의 존재는 싹이 트지 않는다는 뜻이며, 꽃이 피지 못하고 열매를 맺을 수 없으므로 생명을 줄 수 없다는 뜻이다. 두 말할 것 없이 동방에서 출현하신 목운을 찾아가 해인삼풍을 받아 영생하라는 뜻이다.

> 【성경】 행1:5 요한은 물로 세례를 베풀었으나 너희는 몇 날이 못되어 성령으로 세례를 받으리라 하셨느니라, 1:6 저희가 모였을 때에 예수께 물자와 가로되 주께서 이스라엘 나라를 회복하심이 이때니이까 하니, 1:7 가라사대 때와 기한은 아버지께서 자기의 권한에 두셨으니 너희의 알 바 아니요

【풀이】 천상천하의 모든 권세는 천자가 출현하면 천자에게 있는 것이 하늘의 이치이다. 그럼에도 불구하고 "아버지께서 자기의 권한에 두셨으니"의 말씀은 이와 같은 천(天)+지(地)=인(人),의 이치를 제대로 알지 못하고 기록한 글이다. 위 성경말씀은 동학가사의 "청괴만정(靑傀滿庭)" "백양무아(白楊無芽)"의 뜻과 상반됨을 알 수 있고, 동학가사의 말씀이 성경말씀보다 높은 수준의 글임을 알 수 있다. 행1:7,의 말씀은 한마디로 말해서 하늘의 이치를 모르고 기록한 글이다.

> 【원문】 다시 할 일 바이없네. 추무소업 없을런가. 애야애야 저 농부들 우성재야(牛性在野) 알았거든 의심 말고 쉬지 말고 천지 또한 때가 있어 평원광야 너른 들에 쉬지 말고 근농하면 雨露之澤 아닐런가

【풀이】 청림도사와 우성인은 같은 영적 어머니의 존재이다. 따라서 청림도사가 생명을 주시는 구세주가 된다. 이분을 찾아가 의심을 하지 말고 열심히 수도를 하게 되면 하늘의 생명수를 받게 될 것이다. 하나님도 뜻을 이루는데 때가있으니 잘 참고 수도하라.

【비결】 坤牛乾馬牛性理 和氣東風眞人出 <南師古豫言書>

【풀이】 "天(乾, 馬, 弓), 地(坤, 牛, 乙)"에서 알 수 있듯이 천지를 우마(牛馬)로 나타낸다. 땅의 존재가 계신곳을 우성촌(牛姓村)이라 한다. 화기동풍(和氣東風)은 땅에 우성(牛性)으로 오신 진인(眞人)이 주시는 성령의 바람을 뜻한다.

【비결】 天牛耕田田田理로 寺畓七斗作農일세 巨彌하다 牛姓村의 一心修道십엇더니 甘露如雨循環裏에 日就月將結實하니 盤石湧出生命水로 天下人民解渴하니 弓乙十勝易經法이 死中救生天恩일세 <出將論>

【풀이】 우성촌을 찾아 변치 말고 수도를 하게 되면 생명수가 하루가 다르게 점점 강하게 임하여 죽음이 없는 세상을 맞이하게 됨을 말하고 있다. 이는 궁을십승의 이치를 깨닫게 되면 자연히 알게 된다. 동학가사 집필자는 결운에 기록된 우성(牛性)에 대하여 잘 알고 있었음이 분명하다.

【원문】 해태(懈怠)한 저 농부들 근농 않고 앉았으니 이런 농사 모르고서 때 가는 줄 모르고서 애달(愛呾)하기 다시없다 세월이 如流하여 지은 농사 없었으니 그 기한을 못 면함에 추수할 때 돌아온들 그 기한을 면할쏘냐 그 貧形 어이하리 이리 저리 깨달아서 쉬지 말고 근농하소 부지덕 없는 바니 자네 신세 생각커든 자고이치 살펴보면 근농 않고 되올 손가 농사 때를 잃지 말고 사월남풍 좋은 바람 자네 살 길 생각커든 부디부디 근농하소 만물화창 하지마는 大小麥 추수시라 큰 농사 바탕 때라

【풀이】 하늘의 새로운 운이 가까이 오거늘 우성촌을 찾아가 생명의 씨앗을 받아 마음속에 기르는 농사를 짓지를 않고 게으름만 피우고 있으니 참으로 슬픈 일이로다. 때가 되어 인생 추수할 때에 마음속의 농사를 짓지 않는 사람은 살아 갈수 없거늘 어찌 그리 허송세월을 보내고 있는가? 부지런히 농사지어 화기동풍 춘삼월에 꽃을 피워야 살게 될 터인데, 그렇지 못하면 보리(麥)신세 되는구나! 보리(麥)는 겨울에 자라 춘말하초 때 시들어 그 운을 마치는 곡식이다.

【원문】 青林시절 좋은 경에 대소맥을 추구하면 얘야얘야 농부들아 梨花桃花 만발하여 완화하는 저 소년들 時運時境 들러보니 가지가지 단장이라 꽃을 따라 놀다가서 춘말하초 때 오거든 시유시유 月下三月 다시 開闢 정벽하니 목단화를 구경하세 太陽太陰 심도하여 만법귀일 다시 되어 時和時豊 돌아온다 근농하던 저 농부들 한포고복 즐겨하네 시구시구 좋을시구 격양가를 부르면서 태고순풍 좋을시구 아니 놀고 무엇하리 놀고놀고 그래보세

【풀이】 동방에 출현하신 목운에 의해서 새로운 세상이 열리게 됨에 따라 새로운 세상을 청림세계라 한다. 춘말하초는 음력으로 3~4월을 뜻하므로 이때가 되어 목운의 소생과 더불어 만물이 소생하는 영춘절을 맞이하여 영원토록 살아보자고 노래하고 있다.

【원문】 弓弓乙乙 山水景 春末夏初 當코보면 靑林世界 될 것이니
　　　　 <靑林道師大道歌>

【풀이】 궁을십승은 목운을 뜻 한고로 춘말하초가 되어 영춘절을 맞이하게 되면, 그 세계의 주인공은 청림도사가 된다. 동방에 출현하신 목운 이외는 누구도 구세주가 될 수 없는 이치인 것이다. <u>동학가사의 주인공은 청림도사가 분명하다.</u>

11. 경셰가(警世歌)

【원문】三道合一 後天道라 苦心苦行 救道적에 三天湖에 釣竿 놓고 十五星霜 釣魚하니 天地運數 입질하네 越尺大魚 낚았구나. 어허둥둥 조을시구 道中道歌 지어보자 走太公아 肖太公아 무슨大魚 낚었을고 天地運氣 兩合中에 浮遊人生 何數濟를 四海大狂 鄭乞方이 歎息하며 노래할 때

【풀이】 삼도(三道)나 십오성상(十五星霜)은 삼재오행을 뜻하고, 주태공(走太公)은 땅의 존재인 우성(牛性)엄마를 뜻하며, 소태공(肖太公)은 하늘에 존재인 아버지를 뜻한다. 때가 되어 천지부모가 혼인을 하여 천자를 잉태하여 세상에 나오게 된다. 천자를 대어(大魚)로 비유하고 있다.

【원문】天下第一 鄭道令은 時期適切 大魚로다 神仙道人 秘訣方法 이거라오 道令이라 命名하여 世上에다 秘傳하니 鬼神들도 몰랐거늘 人間이야 오죽하리 어허둥둥 조을시구 神仙한테 속았구나.

【풀이】 천하제일(天下第一) 정도령(鄭道令)은 한 사람뿐이다. 때가 되어 천지부모는 가장 큰 고기를 얻었으니 그 고기를 정도령(鄭道令)이라 한다. 신선 도인들이 비결을 통하여 천자 정도령(鄭道令) 출현을 알려 주었으나 그 뜻을 귀신도 몰랐다는 것이다. 그러니 사람이야 어찌 그 뜻을 알겠는가? 그러나 깨닫고 보니 신선한테 속았음을 알게 되었다는 것이다. 궁을십승(弓乙十勝), 천자(天子),

정도령(鄭道令)은 한 사람을 뜻한다.

【원문】此時天下 蒼生님들 鄭道令을 曲解마오 애초當初 道人兩班 亂法亂道 憂慮해서 이것 같고 저것같이 混同하게 秘傳하니 道令眞意 錯覺했네 虛想道令 어이할꼬 神仙道人 心術보소 錯覺하기 십상 일세 人物같고 總角같은 수수께끼 내어놓고 一千太歲 長久歲月 知覺者를 기다리니 옛날道人 그 智慧가 無窮無盡 無限일세

【풀이】정도령 출현에 대하여 누구나 쉽게 풀 수 없도록 이것도 같고 저것도 같이 혼란스럽게 기록하여 비결로 전하여 왔다. 그런고로 많은 사람들이 정도령에 대하여 착각(錯覺)을 하게 된 것이다. 그러나 수 천년의 오랜 세월이 지난 후에 정도령에 대하여 풀이를 하는 사람이 나나타나게 될 것을 알고 기록을 하였으니 참으로 그 지혜가 무궁무진하도다. 비결은 비결로 영원히 남아있지 않게 되어있음을 알 수 있다. 때가 되면 누군가에 의해서 풀리게 되어있는 것이 비결이다.

【원문】어허등등 烏乙矢口 眞假道令 하여보세 無知蒙昧 有無間에 如此道令 警戒하오 耳目口鼻 分明하고 움직이면 警戒하오 自稱道令 云云하면 이도 또한 警戒하오 暖衣飽食 하는 道令 이런道令 警戒하고 毛髮있고 鬚髥나면 이런道令 警戒하고 飮食하고 睡眠하면 그도 역시 아니리니 眞道令은 始終如一 不眠不食 하더이다.

【풀이】여기서 조을시구는 말세를 뜻한다. 말세가 되면 많은 가짜 정도령이 출현하게 됨을 말하고 있다. 진가(眞假)를 구분하여 정도령을 찾는 방법을 아주 재미있게 기록한 글이다. 귀, 입, 눈, 코가 있으

면 조심하고, 움직이면 조심하고, 자칭 정도령이라 하면 조심하고, 따뜻하게 옷을 입고 음식을 많이 먹으면 조심하고, 털이 있고 구레나룻 있으면 조심하고, 마시기를 좋아하고 잠자기를 좋아하면 조심하라. 이런 사람은 가짜 정도령이다. 정도령은 잠을 자지 않고 먹지도 않는다.

> 【원문】知識智慧 有無間에 이런 道令 警戒하오 短身體軀 하였거든 그 道令도 警戒하고 九尺長身 하였거든 그 道令도 警戒하고 眞人이라 自處커든 이는 더욱 警戒하고 그림자가 있거들랑 이도 또한 虛像이니 眞道令은 本來부터 手足體軀 없소이다.

【풀이】 키가 작은 사람은 조심하고 구척장신으로 키가 큰 사람은 조심하고 스스로 진인이라 하는 사람 조심하고 그림자가 있는 사람도 조심하라 진짜 정도령은 손과 발이 없다.

> 【원문】 어허둥둥 조을시구 假道令을 分別하고 眞道令은 어떠 할고 細細面面 뜯어보세 百歲長壽 恰似하나 갓난아이 恰似하고 道令이름 뭣 이런고 十三字의 姓名이고 道令모습 어떻든고 無手無足 無首하고 道令나이 몇 이던고 先四十에 後四十을 이 땅 와서 轉轉한들 어느 누가 알았으리 億兆蒼生 어찌하리 假道令에 속는 구나

【풀이】 가짜 정도령을 분별하였으니 진짜 정도령은 어떤 사람인가? 백세 장수하나 어린아이 같고 이름은 "십삼자(十三字)의 성명(姓名)"의 이름으로 오신분이요, 손, 발, 머리가 없으며 그 나이는 "선사십(先四十)에 후사십(後四十)을 이 땅 와서" 살게 되나 어느 누가 알겠는가? 정도령을 찾지 못하니 억조창생이 불쌍하고 세상 사람들은 가짜 정도령에게 속게 되니 참으로 안타까운 일이다. "십삼자

(十三字)의 성명(姓名)"은 십곤지 삼건천으로 궁을 십승지인 청림도사를 뜻한다. 이분 이외는 다 가짜 정도령이다.

> 【원문】 不遠將來 萬出道令 眞道令이 아닐진대 道令이라 確信하고 抑止春香 固執하니 我執固執 其集으로 그대신세 凄凉(처량)할세 道令내다 하는兩班 眞人내다 하는先生 虛言장난 深思하고 惑世誣民 熟考하소 天下第一 재주꾼에 遁甲藏身 한다해도 風塵世上 平定時에 眞假黑白 안 나리까.

【풀이】 머지않아 정도령이 출현하게 된다는 뜻으로 보아 당시 동학교도들은 최제우 선생을 정도령으로 생각하지는 않았음이 분명하다. 정도령은 한 사람뿐인데 많은 사람들이 자기가 정도령이라 주장하고 나타나니 그를 믿고 따르는 사람들은 참으로 처량한 일이로다. 그러나 죄악 세상에 어찌 가짜 정도령 출현이 없으리오.

> 【원문】 어허둥둥 조을시구 眞假分別 지어놓고 天地人前 淸水올려 別訓長님 訓示받고 五方之道 샷바 잡고 한판 씨름 겨뤄볼까 푸른蒼空 화폭삼고 海島그림 그려볼까 無窮造化 一長紙에 海印풀이 하여볼까

【풀이】 "오방지도(五方之道) 샷바 잡고 한판 씨름 겨뤄볼까"의 뜻은 하도락서의 기본원리인 방위, 오행, 천지음양의 이치를 깨닫지 못하면 풀기 어려운 문구이다. 천지음양 오행이 조화로서 상극의 씨름판을 접고 천자(天子)인 아들을 낳게 되니 상극의 시대는 가고 상생의 시대로 돌아서게 된다. 여기서 무한한 에너지가 창출되니 그 에너지는 천자가 가지고 오신 해인삼풍인 것이다. 동학교도들은 해인의 무궁조화를 정확하게 알고 있었음을 알 수 있다.

【비결】 一字縱橫眞鄭氏 海印海印何海印 見不知而火雨露 化字化字何化印 無窮造化是海印 <南師古豫言書>

【풀이】 "일자종횡진정씨(一字縱橫眞鄭氏)"의 일자종횡은 십승인(十勝人)을 뜻하므로 십승인이 정도령이란 뜻이다. 이 분이 화우로 해인삼풍(海印三豊)을 가지고 무궁조화를 하게 된다. 정도령은 무극, 태극, 황극의 존재이며, 달리 표현하면 궁궁을을전전(弓弓乙乙田田)의 존재이다. 또한 정도령을 한 글자로 표현하면 버금 "아(亞)"자(字)가 된다. 즉, 정도령은 십승지인 이긴 자와 동일 인물이라는 뜻이다. 동학의 기(旗) 중앙에 버금아자(亞)로 되어있음을 볼 때 그 분들의 정도령 사상이 얼마나 깊은 경지에 도달했는지 감탄하지 않을 수 없다.

【비결】 三八木人十五眞主 兩人相對馬頭角 榮字之人變化君 乘柿之人弓乙鄭 <末運論>

【풀이】 삼팔목운이 십오진주가 분명하여 이분이 승시지인(乘柿之人)으로서 궁을정(弓乙鄭)이라 하였다. 정도령이 궁을과 같은 존재임을 알 수 있는 것이다. 삼팔목운, 십오진주, 백십승(亞), 감람나무, 이긴 자, 정도령은 동일인으로 한 사람이라는 뜻이다.

【원문】 百頭大幹 베고누어 浮金從金 노래할까 이사저歌 뭐니해도 天殃歌가 急하구나 如此하면 큰일 나네. 億兆蒼生 들어보소 東西南北 人間世라 四方理治 노래하자 子午相沖 卯申이요 東西間에 불놀이라 애고답답 寒心지고 噫噫悲哉 슬프구나.

【풀이】 하늘의 재앙이 가까이오고 있음을 말하고 있다. 東(卯), 南

(午)는 땅(陰)을 뜻하고, 西(申), 北(子)는 하늘(陽)을 뜻한다. 천지음양이 서로 상충하여 불놀이(씨름판)에 인간들이 그 사이에 있어 비참하게 되니 참으로 슬프도다. 천지부모가 화해하고 일심동체가 되기 전에 많은 인간들이 그 사이에 끼어서 희생될 것을 암시하는 글이다.

【원문】 우리 江山 三千里에 씨름판이 벌어졌네 天地씨름 上씨름에 大판씨름 넘어간다. 애기씨름 지난 후에 總角씨름 되는구나 <초당의 봄꿈>.

【풀이】 삼천리 반도의 나라에서 천지음양의 씨름판이 벌어지고 있음은 이는 말세가 가까이 오고 있음을 알 수 있다. 영계에서 일어나는 일이 자연계에서도 똑 같이 일어나게 되는 것이다. 한반도가 남과 북으로 갈라지게 되는 것도 말세의 진인 출현과 무관하지 않다. 영계에서 천지음양이 마지막으로 씨름판을 벌일 때 한반도를 중심으로 강대국도 한판의 전쟁을 벌인 것과 비교 할만하다. 특히 남과 북이 갈라진 육이오 전쟁은 육십갑자중 경인(금목) 신묘(금목)년으로 오행으로는 금목이 상충하는 해로 우연의 일치로 볼 수는 없는 것이다.

【원문】 어허등등 조을시구 亂法亂道 조심하오 惑世誣民 좋아마소 大罪大罪 그거라오 欺人欺天 道士되면 億兆蒼生 吸血하고 亂法亂道 能熟하면 後天眞人 詐稱하고 一止矢口 못깨치면 非道非行 許多하니 自省自覺 빨리하소. 時놓치고 때 놓치오. 此時天下 蒼生님들 正心먹고 正行가소.

【풀이】 말세를 당하여 도(道)가 아닌 도(道)를 가진 자의 미혹이 많게 되어있으니 경계하라는 뜻이다. 사람을 속이고 하늘을 속이는 자들은 억조창생의 피를 빨아먹는 자와 같아서 하나님 전에 가장 큰 죄악을 범한 자이다. 여기에 미혹을 당하여 따르는 사람들도 빨리 자

기 자신을 반성하고 올바른 진리를 찾아가라는 뜻이다.

【원문】天地父母 人天地를 뉘가감히 흉내 낼고 改過自身 마다하고 眞人詐稱 거듭하면 聖君子가 出現해서 條目條目 따질 적에 逆天者는 大號令에 뼛마디가 절로튀고 得罪者는 別號令에 三十六計 急急하고 어진蒼生 殺生者는 목숨保全 難保구나 時節되어 鄭道令이 大發大動 出世하면 保國安民 廣濟令엔 億萬諸神 如律令코 七誠君子 萬呼令엔 惡人惡鬼 大沒하오

【풀이】天(父)+地(母)=人(子)의 이치에 의해 천자가 출현하고 해인삼풍(海印三豊)으로 새로운 세상을 창조하게 되는 것을 누가 감히 흉내를 낼 수 있겠는가? 천자이신 정도령은 한 사람뿐이나 정도령을 사칭하는 사람들은 하늘을 거스른 역천자로 그날에 가서 하나님 앞에 어떻게 서리요. 정도령(하나님)을 사칭하는 무리가 많을 것을 알고 기록한 글이다. 정도령을 사칭하는 자와 그를 따르는 자는 하나님전 죄인으로 멸망을 받을 수밖에 없음을 경고하고 있다.

【원문】얼시구나 절시구나 武陵仙潭 大通運에 祥瑞로다. 慶事로다 大韓國서 大道나고 아리아리 旌善에서 萬國先生 大出하고 어허등등 三天道서 聖君子가 萬出하네 世中師國 大韓에서 聖君子가 萬出하면 天子天孫 諸孫婦는 잔치준비 부산하고 萬國萬民 구경꾼이 앞 다투어 몰려오네.

【풀이】한반도에서 대도(大道)가 나게 되니 이는 만국선생 청림도사 정도령의 대도(大道)에 의해서 성인군자가 많이 출현하게 된다. 천자의 나라 한반도에서 천지합운 혼인잔치가 있으니 세상 사람들이 몰려와서 구경을 하게 된다. "삼천도(三天道)"는 삼천극락 십방세계의 지상선경을 말한다.

【원문】 眞人찾는 世人이여 道令찾는 秘訣家여 이말 저말 比喩해서 道令眞意 傳하오니 眞假分別 바로하고 事理밝게 處身하오 物質文明 好時節에 어영부영 설마하다 不改過에 得罪하면 聖君子가 꾸짖을 때 餘罪追窮 不號令을 어이堪當 하오리까.

【풀이】 진인과 정도령은 동일한 한 분을 말한다. 비결을 연구 하는 사람들아 정도령을 이말 저말 비유 하여 전하였으니 진짜와 가짜를 구분하여 참 진리를 찾으라. 그렇지 못하고 "어영부영 설마하다" 허송세월 지내다가 자기 죄악을 고치지 못하면 진인이 심판할 때 어찌 그 죄를 감당할고. 집필자는 진인이 출현하여 인생추수를 하여 알곡과 쭉정이를 갈라 심판하는 권세를 갖고 계심을 알고 있었던 것이다.

【원문】 어허둥둥 조을시구 鄭道令은 道乙矢口 어허둥둥 속을시구 假道令은 人乙矢口 어허둥둥 슬플시구 億兆蒼生 大沒矢口 어허둥둥 誤導시구 惑世諸人 寒心矢口

【풀이】 시구(矢口)는 호(好)자와 같은 의미로 천지 음양이 일체가 되어 좋은 세상이 된다는 뜻을 가지고 있다. 그러나 모든 세상 사람에게 다 좋은 것이 아니라 "대몰시구(大沒矢口)"도 있다는 것이다. 참으로 불쌍한 사람도 있으니 이는 진짜 정도령을 찾지 못하고 가짜 정도령을 따르는 사람들을 말함이니 그들은 "한심시구(寒心矢口)"라 하였다.

12. 궁을신화가(弓乙信和歌)

【원문】天地反覆 此世上에 武陵桃源 또 있나니 弓弓乙乙 길을 잡아 元亨利貞 가게되면 武陵桃源 自然일세 武陵桃源 찾아들어 熙皞世界 좋은 景槪秋毫一味 어기지 않고 失數없이 깨달아서 仁義禮智 좋은 길로 차츰 차츰 들어가면 道下止가 게아닌가

【풀이】천지의 운이 돌아오는 세상을 무릉도원이라 하고, 무릉도원으로 인도하는 사람은 궁을십승인(弓乙十勝人)이다. 그곳은 해와 달이 필요 없는 밝은 세상이다. 그 이치를 깨달아 좋은 길로 가게 되면 그 곳이 도하지가 분명하다.

【원문】東國讖書 傳한 글에 松松家家 지났으되 그때 時運 어기잖고 맞췄으니 오는 運數 안 맞출가. 只今時節 오는 運數 利在田田 때가또한 돌아오니 道下止가 안 맞출가. 때 運數 道下止로 成功이니 어서바삐 깨달아서 弓乙經에 뜻을 이뤄 弓弓理致 알게 되면 亞字길이 게아닌가 버금 亞字 들러보니 白十字가 分明하다 白十字를 비해보니 田田二字 방불하다 田田二字 알았으니 武陵桃源 찾아들어 道下止를 안 찾을까?

【풀이】비결서에 전한 글, 이재송송(利在松松), 이재가가(利在家家)있었고, 지나보니 다 맞추었다. 오는 운수는 이재전전(利在田田)으로 때가 되면 반드시 돌아오게 되리라. 궁을 이치 깨달으면, 버금아자 분명하고, 버금아자 알고 보니 백십자가 분명하다. 백십자 알고 보니 전전(田田)을 알게 되고, 전전을 알게 되니 무릉도원 도하지가 그곳이로다. 어찌 그곳을 찾지 않을 손가?

【원문】 弓弓乙乙 길 못 찾고 彷徨躊躇 저 사람덜 道下止를 論斷하나 天弓地乙 몰랐으니 어느 길을 찾아갈고 憫惘(망창)한 그 所見에 갈길이 茫然하여 各言各知 論爭타가 一片修心 바이없어 弓弓村도 찾아가며 乙乙村도 차저가고 田田村도 찾아가니 그 아니 可憐한가 弓弓乙乙田田利字 傳한글을 귀로 듣고 눈으로 보았으되 理致二字 몰랐으니 웃지 그리 愛呾한고

【풀이】 궁궁을을 길을 찾지 못하고 방황하는 저 사람들, 도하지를 논하나 "천궁지을(天弓地乙)" 몰랐으니 어느 길을 찾아갈꼬. 망창한 그 좁은 생각에 다툼만 벌이다가 수도는 하지 않고 궁을촌을 찾아다니니 그 아니 가련한가. 궁을전에 찾아가야 이로움이 있다고 말로 듣고 그 뜻을 알지 못하였으니 어찌 그리 애달한고.

【원문】 弓弓乙乙 길을 닦아 桃園 勝地 들어가서 龍潭水 맑은 물로 花開成實 되게 되면 가지가지 茂盛일세 이와 같은 道下止를 웃지그리 못 깨닫고 저와 같이 亂動하노

【풀이】 궁을십승 찾아가 용담수 생명물로 마음을 씻으면, 무릉도원에 들어가 꽃이 피고 열매 맺어 살게 될 터인데, 이와 같은 이치를 깨닫지 못하고 제 맘대로 행하는고?

【원문】 太皇 伏羲 先天運數 지나가고 文王後天 그린 八卦 運이 亦是 다했던가. 도로 先天 回復되어 木德以王 하는 고로 東西南北 四色中에 木靑林이 으뜸이라. 때 運數 그렇기로 靑林道士 出世하사 受命又天 다시하야 先生敎訓 奉命하고 儒道佛道 거울하사 弓乙其理 살피시고 仙道創建 하실 次로 하늘님前 盼咐받아 先天八卦 龍馬河圖 다시뫼시어 사람사람 일깨우니 伏羲時節 다시 온다.

【풀이】 복희씨 선천운수 지나가고, 문왕후천 그린 팔괘의 운수 또한 그 운이 다했다네. 이제 다시 선천의 운이 회복되어 목운으로 오신분이 왕이 되는 고로 사방팔방 오행 중에 목청림 으뜸이라. 그런 고로 오는 운수는 청림도사 출현하사 하늘의 명을 받아 선도창건하게 될 것이니 그 분을 잘 뫼시고 사람마다 이를 다 깨우치게 하라.

【원문】 一年農事 말한대도 春耕夏耘 秋收冬藏 四時節候 때를 따라 當當之事 時中커든 하물며 天地反覆 此世上에 天地時運 때를 따라 堂堂正理 時中之道 아니 날까

【풀이】 일년 농사를 짓는 과정에도 봄에는 소가 밭을 갈고 씨를 뿌리며, 여름에는 잡초를 메고, 가을에는 추수하여 겨울에는 알곡을 곡간에 넣어두는 것이 사시사철의 이치가 아니던가? 이와 같이 하늘의 이치도 때를 따라 뜻을 이루게 된다.

【원문】 이십사절후문(二十四節侯文)이 좋은 글인데 세인(世人)은 다 모르느니라. 이언에 절후(節侯)를 철이라 하고, 어린 아해의 무지몽연(無知夢然)을 철부지라 하고, 소년이라도 지각(知覺)이 있는 자는 철을 안다하고, 노인(老人)이라도 몰지각(沒知覺) 하면 철부지 아해와 같다 하였느니라.<대순전경>

【풀이】 강일순 선생님의 말씀에서도 알 수 있듯이 천운도 사계절의 변화와 같은 이치를 거치게 된다. 하늘도 씨앗을 뿌리고 거두는 시기가 분명히 있고, 삼팔목초가 소생하는 봄이 되어야 영춘절의 세상을 맞이하게 되는 것이다.

【원문】 맑은 氣運 正陰正陽 配合되야 天干地支 應하여서 震木星을 돕는 고로 天地時運 때를 따라 震方聖人 出世하사 天助時應 造化받아 時中之道 行하시니 天皇時節 이맬련가 仔細보고 깨달으소.

【풀이】 천지의 운이 합하여 동방의 목운을 돕는 고로 때가되면 동방에서 청림성인이 출현하여 하늘의 도움을 받아 천도를 이룰 것이니 그 때는 천자이신 천황이 세상을 다스리는 때이니라. "天(無極, 父, 北, 水)＋地(太極, 母, 南, 火)＝人(皇極, 子, 東, 木)" 청림성인과 천황은 동일한 한분을 말한다.

【원문】 次序之理 分明하야 儒道佛道 다 묶어서 오는 運數 때를 따라 木德以王 하는 고로 弓弓乙乙 造化로서 仙道創建 되오리니 道下止가 게아닌가 時中之道 그러하니 仔細보고 깨달으소.

【풀이】 목운이 출현하면 궁궁을을의 조화로서 선도를 창건하게 되고, 유교와 불교의 운이 다하게 된다. 하늘의 이치가 이러하니 자세히 보고 깨달으라.

【원문】 九變九復 次天地에 時運時變 運數따라 修心修德 아닌 사람 제 어찌 살아날까 理致理字 그러하니 天道地理 仔細살펴 道之次序 깨달아서 가는 運數 던져두고 運數따라 오는 道를 昌해보세 오는 道를 昌하오면 天地回復 그 아닌가. 道下止가 的實하다

【풀이】 새로운 세상은 천지인이 다 함께 변하는 운수이다. 그러니 마음을 닦고 수도를 하지 않고서 어찌 살아날 수 있단 말이냐? 하늘

의 이치를 잘 살펴 가는 운수를 버리고 오는 운수를 깨달아 도를 닦으면 그 것이 천지회복이니라. 그러니 도하지를 찾아 수도하라.

【원문】歷歷히 맑은 運數 이와 같이 되는 줄을 깨닫지 못하고서 철가는 줄 몰랐으니 天地之道 旺生休囚 氣運알까 台乃마음 그러키로 꽃이 피면 春節이요 잎이 피면 夏節이요 丹楓들면 秋節이요 北風이 蕭蕭치며 白雪이 휘날리면 冬節인가 하였으니 그 아니 夢中인가 台乃 마음 생각헌데 다른 사람 다를 손가. 사람 사람 많은 사람 스승 문에 受學없어 뫼지안은 그 사람 都是다 그럴게니 그 아니 夢中인가

【풀이】나 또한 하늘의 이치를 깨닫지 못하고 있었기로, 꽃이 피면 봄이고, 잎이나면 여름이요, 단풍들면 가을이고, 북풍이 불고 눈보라 휘날리면 겨울인가 하였으나, 지금 생각하면 이는 꿈속에서 있었음이라. 스승의 말씀을 받들어 공부하고 수도하여 깨닫고 보니 사시사철의 이치가 곧 천리(天理)이니라. 그러니 수도하지 않는 그 사람들 세상 이치를 모르니 꿈속에 있는 것이 아닌가? 가사요(歌辭謠)에 "춘말하초(春末夏初) 심불각(心不覺) 시지부지절부지(時至不知節不知)"의 뜻도 이를 두고 하는 말이다.

【원문】春末夏初 運數따라 甲卯方에 震木星을 ——이 돕는 고로 震木星에 맑은 氣運 날로 漸漸 숙숙하고 和暢하니 그 곳으로 찾아가세

【풀이】춘삼월 호시절의 운수는 사방 팔방운이 동방목을 돕는 고로 그 기운이 점점 자라게 될 터이니 청림도사가 계시는 그곳을 찾아가라. "갑묘방(甲卯方)에 진목(震木)"은 동방에 출현하신 청림도사를 뜻한다.

【원문】東南風에 和한 柯枝 震木星에 得意 하여 春末夏初 그때 되면 花開成實 하련이와 西北風에 和한 柯枝 辰巳虛火 싸잡혀서 안 巽木이 되온 中에 兌金丁巳 劫迫하니 안 巽方이 的實하다 안 巽方을 찾아가서 巽木이 되었으니 己前 瞽瞍 다를손가 瞽瞍같이 어둔 마음 道德二字 제 알소며 오는 運數 알까보냐 愛呾하다 愛呾하다 瞽瞍之行 愛呾하다

【풀이】 "동남풍"은 땅에 출현하신 청림도사를 뜻하고, "서북풍"은 하늘의 하나님을 뜻한다. 천운이 변하는 것을 모르고 예전과 같이 하나님을 따르게 되면 이는 "서북풍"을 쫓는 것과 같다. 서북풍은 가을에 부는 바람으로 초목을 시들게 하는 죽음의 바람이다. 자연의 이치에서도 그렇듯 새로운 천도의 운을 따르려면 동방에 출현하신 청림도사를 따라야 한다는 뜻으로, "동남풍"을 쫓는 가지는 춘삼월이 오면 꽃이 피고 열매를 맺게 된다고 비유로 말한 것이다. 天(父, 北)+地(母, 南)=人(子, 東)+(子婦, 西)의 뜻을 알면 쉽게 이해 할 수 있다. 즉, 천부와 자부는 북서풍으로 하늘을 뜻하고, 지모와 인자는 동남풍으로 땅의 존재를 의미한다.

【원문】春末夏初 때가 와서 聖人出世 하는 날에 그런 사람 있게 되면 또한 亦是 아리로다 台乃사람 닐은 말은 때 前에는 虛荒하나 時乎時乎 때가되면 너와 내가 다 아리라 愚昧한 너의 사람 스승 敎訓 배운다며 무얼보고 배웠는가 무병지란 三年後에 살아나는 人生들 하나님 前 福祿定코 壽命은 내게 빌마 일러있고 다시 만날 그 時節에 刮目相對 하게하라 明明이 일렀으니

【풀이】 춘말하초는 춘일을 뜻한다. 만물이 소생하는 춘(春)은 새로운 세상의 시작을 의미하며 금목합운의 이치에 의해 목운과 금운의

하나님이 일체가 되는 것을 말한다. 원문집필자는 이러한 이치를 알고 있었던 것으로 보인다. "춘말하초(春末夏初) 때가 와서 성인출세(聖人出世) 하는 날에"의 뜻에서도 그 의미를 알 수 있을 것이다. 성인이 출세하기 전에 무병지란이 3년 정도 있게 될 것을 믿고 있었으며, 성인출세와 더불어 최제우 선생을 비롯 죽은 자가 살아서 만나게 될 것을 말하고 있다. 덧붙여 "마 22:2 천국은 마치 자기 아들을 위하여 혼인 잔치를 베푼 어떤 임금과 같으니"의 뜻 또한 천지음양 금목합운의 이치가 있음을 알 수 있다.

【원문】時乎時乎 때가오니 儒道佛道 다 묶어서 仙道創建 때가 온다. 仙道創建 하랴하고 하늘님前 造化받아 좋은 運數 때를 따라 自古聖賢 거을하여 明明其德 하였으니 天上仙官 아니신가 神仙일시 分明하다

【풀이】돌아오는 세상의 운수는 기존의 종교는 더 이상 존재하지 않는다. 더 이상 존재하여야 할 이유가 없게 된 것이다. 궁을외 어떤 종교도 생명수를 줄 수 없는 것이다. 천상의 존재가 출현하여 지상선경인 선도를 창건하게 되는 그때가 오기 전에는 청림이 주시는 화기춘풍 영생수는 어떤 종교도 존재하지 않기 때문이다.

【성경】계 2:17 귀 있는 자는 성령이 교회들에게 하시는 말씀을 들을지어다 이기는 그에게는 내가 감추었던 만나를 주고 또 흰 돌을 줄 터인데 그 돌 위에 새 이름을 기록한 것이 있나니 받는 자 밖에는 그 이름을 알 사람이 없느니라.

【풀이】만나, 흰 돌, 해인, 춘풍은 하나님의 생명수를 뜻한다. 예수가 이기는 자에게 감추었던 만나와 흰 돌은 준다는 말씀은 허풍으로 성경의 오류라고 할 수 있다. 화기춘풍은 동방 목운만이 줄 수 있

는 생명수이기 때문이다. 삼라만상을 변화 시킬 수 있는 만나와 흰 돌은 한 사람만이 가질 수 있는 하늘의 권세이므로 두 사람의 다른 이기는 자가 출현할 이유가 없다.

> 【원문】御化世上 사람덜아 自古 이른 말에 天上仙官 있다하고 말로는 들었으나 어느 누가 구경한가 구경은 못하고서 말로만 들었으니 이제와서 다시 보니 天上仙官 的實하다 天上仙官 降臨하사 仙道創建 하시려고 神仙道德 베푸시니

【풀이】 앞으로 오는 신선 세계는 영생의 세계이다. 이제까지 말로만 듣던 하나님의 세계는 하늘에서 이루는 것이 아니라 동방의 나라 한반도에서 이루어지게 되는 것이다. 동학은 이러한 이치를 알고 있었음에 감탄할 뿐이다.

13. 안심치덕가(安心致德歌)

【원문】 天地始判 磨鍊後로 自古聖人 태어나서 道也德也 말을 하여 사람사람 曉諭치만 修心修德 없는 사람 道之理致 제 알소냐

【풀이】 천지를 창조한 후 옛날부터 지금까지 하늘이 성인을 내사 도와 덕을 가르쳐 마음을 닦고 덕을 쌓게 하였나니 그 이치를 세상 사람들이 알겠느냐? 하나님은 성인을 통하여 일을 하심을 알 수 있다. 이는 말세에도 성인이 출현하여 하늘의 뜻을 이루게 됨을 말하고 있는 것이다.

【원문】 天必命之 聖人내사 道之淵源 바탕삼고 天地度數 旺生之理 明明其德 되는 바를 一一먼저 傳하옵소서 사람사람 敎育하여 時中之道 行하시네 自古及今 道之理致 失數없이 그런고로 首出聖人 먼저내사 受命又天 받은 造化 不失時中 하옵시고 學而時習 날로 하소

【풀이】 하나님은 성인을 통하여 도를 전하고 하늘의 이치를 사람들에게 밝게 깨우치게 하신다. 사람들은 성인의 말씀을 잘 듣고 하루도 빠짐없이 공부를 열심히 하여 하늘의 이치를 알소.

【원문】 時運時變 수질하여 時中之德 살펴보니 春末夏初 거의 된가 天三生木 乘旺時인가 八卦正數 杳然之理 長男得意 鳥乙矢口 天地五行 精氣모아 三八木運 때가되니 三陽之德 光明之理 巽方에 밝어오니 二七火가 極順이라 天地時運 그렇기로 龍馬河圖 五十五數 밝혀내여 四正四維 定해노니 九宮八卦 그 아니며

【풀이】 하늘의 운을 살펴보니 영춘절의 때가 가까이 왔도다. 이는 목운 출현의 때가 아닌가? 팔괘중에 장남운으로 오시게 되니 조을시구(鳥乙矢口)로다. 천지의 모든 정기가 "삼팔목운(三八木運)"으로 오게 되니 동방이 밝아온다. 천지시운이 그렇기로 하도락서 오십오(五十五數)의 수를 밝혀 내여 사방으로 정하여 놓으니 구궁팔괘 십승 또한 그분이로다.

【원문】 天三生木 運數따라 長男이 得意하여 萬物長養 때가오니 그 운수를 比하여서 濟渡衆生 時中次로 奇男子가 없을 손가. 內外金剛 造化로서 奇男子가 출세하야 師門聖德 밝혀두고 人人之德 베플어서 衆生濟渡할 것이니 疑心말고 修德하여 以待其時 기다려라

【풀이】 목운의 운수 따라 장남운이 출세하고 만물이 영원히 사는 때가 오게 된다. 그 운수를 이루려고 하늘은 필히 한 성인을 출현 하게 한다. "내외금강(內外金剛) 조화(造化)로서" 즉, 금강산 정기로 태어나서 중생들을 제도하여 광제창생 할 것이니 의심 말고 따라가서 수도하여 그 때를 기다려라.

【원문】 많고 많은 저 사람들 마음 닦어 避禍하소 그런 理致 모르고서 어리석은 저 사람들 마음 心字 아니 닦고 남을 怨望 嫌疑하니 애달하다 애달하다 그런 사람 애달하다 嫌疑로서 避禍하며 怨望으로 福이될까 怨望해도 쓸데없고 嫌疑해도 相關없네

【풀이】 말세를 당한 사람들아 성인을 찾아 마음을 잘 닦아 화(禍)를 면(免)하소. 그런 이치 모르고서 어리석은 저 사람들 마음은 닦지 않고 남을 원망만 하고 있으니 참으로 안타까운 일이로다. 남을 미워하고 원망해도 복을 받을 수 없는 것은 마찬가지일세.

【원문】 浩浩茫茫 널은 天地많고 많은 世上사람 다 各各 닦은 대로 天必命之 가려내여 善惡分別 判斷할제 積善者를 福을 定코 積惡者를 殃禍定해 盛衰之理 밝혀내니 至公無私 아니신가

【풀이】 세상이 아무리 넓고 많은 사람이라도 다 각각 닦은 대로 하나님은 가려내어 선악을 판단하여 선한 자에게는 복을 주고 악한 자에게는 화를 주네. 하나님은 "지공무사(至公無私)"로 지극히 공평하게 사사로움이 없이 심판을 하신다.

【원문】 남을 怨望 嫌疑해서 陰害之心 두지 말고 安心正氣 修身하소 安心正氣 修身하면 輪回時運 때를 따라 道成德立 다 될테니 그런 榮光 또 있는가 다시 生覺 깨달아서 마음닦고 行實 고쳐 어진 일을 行코보면 怨望嫌疑 怪한맘과 奸巧陰害 不測之心 自然之理 善心따라 春雪같이 사라지고 仁義道德 어진 마음 日月같이 소사나서 至於至聖 되는이라

【풀이】 남을 원망하거나 미워하지 말고 남을 해하려 하지 말고 바

른 마음으로 수도를 하소. 그렇게 되면 돌아오는 운수에 도를 이루어 영광을 얻을 것이니 그런 복이 어디 있나? 다시 마음을 고쳐먹고 행실을 고쳐 어진 일을 행하면 남을 미워하고 원망했던 마음과 남을 해치려는 마음은 봄바람에 눈같이 사라지게 되고 어진 마음이 솟아나서 성인과 같이 되느니라.

14. 천지부부 도덕가(天地夫婦 道德歌)

【원문】 聖人道德 敎訓之道 말하자면 震長男 하날님이 巽長女로 夫婦되야 夫和婦順 하자하고 夫婦간에 和合하여 自古人間 許多 萬物 物件마다 一一制造 總察하사 四時循環 때 應하여 修身齊家 治山道理 하옵시는 그 道德을 說話하사 사람사람 敎育일세

【풀이】 내가 성인으로부터 받은 교훈과 도는 진장남 하늘님이 손장녀와 부부가 되는 이치이다. 진손부부가 서로 화합하여 천하 만물을 살피시고 때가 오면 두 분이 합혼을 하게 되어 모든 것을 다스리게 된다. 이 말씀은 최제우 선생으로부터 받은 교훈인지는 알 수 없으나, 이는 천지의 운을 확실하게 알고 말씀하신 것만은 분명하다.

장남운으로 오신 분이 하나님이라는 말씀은 동방에 목운으로 오신 청림도사가 하나님이라는 뜻이다. 이는 최제우 선생의 사상이며, 김주희 선생의 사상으로 볼 수 있는 것이다. 이와 같은 이치는 하도락서를 통하여서만이 풀 수 있는 하나님의 섭리이며, 천지개벽, 궁궁을을의 이치이며, 진리인 것이다.

【원문】 弓弓乙乙 山水景 春末夏初 當코보면 靑林世界 될 것이니 靑林中에 一道士를 아모 쪼록 찾아가서 靑林道를 닦어 내여 靑林德을 세고보면 靑林道師 될 것이니 靑林二字 잘 깨쳐서 四靑林을 살펴보면 甲乙合도 靑林이요 寅卯合도 靑林이요 巽震合도 靑林이요 三八木도 靑林이니 四靑林을 都合해서 三八卦로 定한 道師 大靑林이 될 것이니 東方靑龍 三陽之氣 日出承德 이아닌가. <靑林道師大道歌>

【풀이】 청림에 대하여 잘 표현한 동학가사이다. 갑을, 삼팔, 손진, 인묘는 청림이라고 분명하게 그 이치를 밝히고 있다. 청림도사 이외 누구도 구세주가 될 수 없고, 구세주는 동방에서 출현하게 됨을 누구도 부정할 수 없을 것이다. 동학의 위대한 우주관이야 말로 최고의 학문이며, 천리(天理)인 것이다.

> 【원문】 西北風 찬바람에 萬里白雪 紛紛한데 東南風에 和한바람 柔能制剛 하여내여 그 風塵을 掃除次로 天地盛運 聖時따라 날로 漸漸和暢하니 그고 또한 疑心이요 洛書之運 四九 金運 다 盡하고 龍馬河圖 壬子爲始 子丑運이 거의 간가.

【풀이】 "서북풍(西北風)"은 우리나라에 가을철에 불어오는 계절풍이다. 서북풍 찬바람이 불면 산천의 초(草)는 그 생을 다하고 시들게 된다. 초목들에게는 죽음의 바람인 것이다. 더구나 온 산천이 눈으로 덮이게 되면 흔적도 없게 되는 것이 자연의 이치이다. 서북은 오행으로 금(金)과 수(水)에 해당된다. 즉, 서북풍은 죽음의 바람인 것이다.

그러나 죽음의 바람 속에서도 살아날 수 있는 생명의 바람은 "동남풍(東南風)"이다. 동남풍은 만물을 소생시키는 생명의 바람인 것이다. 돌아오는 세상은 동남풍으로 "서북풍" 찬바람을 영원히 몰아내는 천지의 시운을 맞게 되는 것이다. "사구금운(四九金運)"인 천상의 운은 완전히 사라지게 된다. 따라서 "자축운(子丑運)"도 가게 되고 목운의 인묘운(寅卯運)이 오게 되는 것이 하늘의 이치이다. 천운을 모르고 하늘의 하나님(金)이 구원을 주실 것을 믿고 있는 사람들이나 서방(金)의 구세주를 믿고 있는 사람들이 알지 못했던 천운을 동학교도들은 하도락서(河圖洛書)를 통하여 정확하게 알고 있었던 것이다.

15. 해동가(海東歌)

【원문】御化世上 사람들아 海東歌를 웃지말고 들어보소 海東에 봄이되니 春消息이 이아니냐 허허世上 사람들아 돌아왔네 돌아왔네 春消息이 돌아오니 青林世界 가깝도다 青林世界 가까이오니 萬物이 運動일세

【풀이】 봄이 와야 만물이 소생 하듯이, 하늘의 뜻이 이루어지는 것도 봄이 와야 되는데, 여기서 봄이라 함은 영춘절을 말하며, 영춘절은 청림도사가 해인 삼풍으로 천지를 개벽하여 이루는 세계를 말한다. 그런고로 영춘절을 청림의 세계라 한다.

【원문】萬物 運動 이 時節에 仔細히 살펴보니 青林世界 그 아닌가. 青林世界 自然되어 花開消息 가깝도다 花開消息 가까이오니 萬花方暢 아니련가 萬花方暢 되게 되면 成實主가 青林일세 青林根本 뉘 실련고 青林根本 말할진데 天地父母 造化로서 運數따라 되지만은 그運數 氣運받아 青林先生 다시 나서

【풀이】 구세주라 함은 인간만 구원하는 것으로 생각 할 수 있으나 그렇지 않다. 구세주는 우주만물을 변화시키는 해인권세를 갖고 오시게 되어있다. 이 분은 청림도사이고 천지부모의 아들로서 낳게 되니 천자의 운을 갖고 오시게 되는 것이다. 따라서 결운에는 청림도사를 천지합운출시목(天地合運出枾木)이라 하였다.

> 【비결】 三豊道師三乾일세 坤三絶과乾三連을 兩白三豊傳했으니 無穀大豊豊年豊字 甘露如雨三豊이라 三旬九食三豊穀을 弓乙之中찾아보세 <三豊論>

【풀이】 삼풍도사와 청림도사는 동방에서 출현하신 목운을 뜻한다. 이 분이 삼건(≡)으로 하나님이 된다. 또한 곤삼절건삼련 지천태괘로 삼라만상을 삼풍생명으로 변하게 하는 권세를 가지고 오신분이다. 삼풍은 천풍, 지풍, 인풍으로 천지인을 극락세계로 변하게 한다는 뜻을 가지고 있기 때문이다. 그런고로 삼풍도사가 이루는 세계를 천극(天極), 지극(地極), 인극(人極)의 삼천극락 세계라 한다.

> 【원문】 스승敎訓 거울하고 大定之數 아신後에 天地時運 道德밝혀 布德天下 날로 하니 靑林道德 아니신가. 靑林道覺 우리스승 道德二字 풀어낼 제 天地父母 恩德으로 雨露같이 풀어내어 靑林世界 이뤄놓고 億兆蒼生 濟渡할제 任意用之 하는 擧動 天地造化 아니신가.

【풀이】 "스승 교훈(敎訓) 거울하고"의 뜻은 최제우 선생을 말한다. 최제우 선생의 말씀을 깨달아 하늘의 이치를 알게 되면 청림을 알게 될 것이다. 청림은, "天(父, 水, 北, 黑)＋地(母, 火, 南, 赤)＝人(子, 木, 東, 靑)"의 천지부모 은덕으로 오게 되며 메마른 초목에 생명수를 주시듯 억조창생을 구하게 되는데, 이 분이 천지조화를 하게 된다.

【원문】 靑林根本 오는世界 그런게니 많고 많은 世上사람 깨달고 깨달아서 靑林道覺하여 보소. 靑林道覺 하게 되면 南風之薰 아느니라. 南風之薰 알게 되면 堯舜때가 그 아닌가. 靑傀滿庭 말은 하되 春末夏初 알았던가. 春末夏初 안다 해도 靑林世界 되는 理致 子乃사람 알았던가.

【풀이】 "남풍지훈(南風之薰)"은 동남풍을 뜻하며, 동남풍은 청림도사의 무궁조화인 해인삼풍으로 하나님의 성령의 바람이다. 이와 같은 이치를 어찌 너희가 알았던가? 본문이 김주희 선생의 집필로 본다면 최제우 선생으로부터 수십년 후에 기록하였을 것이다. 그렇다면 청림사상이 최제우 선생의 유훈에 의한 것인지 아니면 김주희 선생의 독자적인 판단에 의한 것인지에 대한 연구가 필요하다.

【원문】 昌德廣濟 알고 보면 通運造化 無窮其理 任意用之 하는 뜻을 丁寧이 알고 보면 濟世主를 아는 이라 濟世主를 알게 되면 大濟重華 다 알며는 五行에 기등 되여 三道合德 그 가운데 濟世蒼生 되는 理致 거울같이 알 것이니

【풀이】 "제세주(濟世主)"와 구세주는 같은 뜻이며, 청림도사가 "제세주(濟世主)"임을 너희가 알게 되리라, 라고 하신말씀으로, 당시 청림에 대하여 교도들은 확실한 믿음이 없었던 것으로 보인다. 그러나 필자는 "제세창생(濟世蒼生) 되는 이치(理致) 거울같이 알 것이니"의 말씀으로 보아 청림도사 출현에 대한 이치를 거울같이 알고 있었다.

【원문】 허허世上 우습도다. 屢年風波 그 時節을 次次次次 지낸 사람 지낸 年運 깨달으니 歲月이 如流하야 五十土가 거의로다 五十土 깨달으니 地載萬物 바탕되야 하늘님前 造化받아 萬物長養 바탕일세 그 理致를 깨달으니 때運數 氣運따라 聖人消息 모를 손가 聖人消息 아련만은 웃지 그리 못 깨닫노.

【풀이】 세상 일이란 아무리 일러주어도 깨닫지 못하다가 때가 지난 후에야 깨닫게 되는 법이다. 천운을 일러주어도 주변 사람들이 깨닫지 못 한고로 답답하여 기록한 글로 보인다. "오십토(五十土)"의 뜻은 오행으로 토(土)를 뜻하며, 하도 중앙 백오점과 상하 흑오점을 합한 수(數)이기도 하다. 이 수는 천지인에 속한 수이고, 삼풍 생명의 수(數)와도 관련이 있다. 따라서 하늘의 뜻에 따라 때가 이르면 삼풍도사 성인이 출현하게 되는데 이러한 이치를 알려 주어도 당시 사람들은 깨닫지 못 했던 것으로 보인다.

【원문】 震木星에 通運造化 昌運星을 應하여서 昌運道士 낳을 것이니 그 아니 烏乙손가 三道星 和暢之運 日月精氣 모두 받아 中天에 빛난光彩 無私照臨 明明道德 四海洽足 南運道德 萬物長生 할 것이니 布德天下 되리로다.

【풀이】 "진목(震木)"은 팔괘중 장남의 운으로, 동방목운을 뜻한다. 이 분이 반드시 출현하게 될 것이니 "그 아니 조을(烏乙)손가"라고, 하는 것으로 보아 필자는 천문지리를 통달한 것으로 볼 수 있을 것이다. 장남(長男)운으로 오신 성인이 만물의 생명을 주게 되는 이치를 천하가 다 알게 되리라.

【원문】 天地開闢 다시되야 木德以王 此世上에 天地靈氣 맑은氣運 循環之理 運數따라 天文理致 如此하니 我東方 名勝地로 聖賢君子 아니날까 이와 같은 熙皞世界 다시보기 어려울테니 坊坊曲曲 有德君子 時代를 失數말고 一心으로 修道하와 道成德立 하여볼까

【풀이】 천지가 개벽된 이후 목운으로 오신 분이 왕중의 왕이 되리라. 동방의 나라 한반도가 명승지(名勝地)로서 많은 하나님의 아들들이 나오게 될 것이다. 이와 같은 좋은 세상을 다시는 보기 어려울 것이니 일심으로 수도하여 "목덕이왕(木德以王) 차세상(此世上)에" 무궁무궁(無窮無窮) 살아보세.

16. 명운가(明運歌)

> 【원문】御化世上 사람들아 愚昧한 台乃사람 淺見博識 없지만은 若干웃지 아는 걸로 明運歌를 지었으니 明運歌를 들어보소 馬上에 내린 客이 遍踏江山 하다가서 綠水靑林 깊은 곳에 潛心하야 노닐다가 忽然이 잠이 들어 世上事를 잊었더니 枕上一夢怪異하다.

【풀이】"마상(馬上)"은 천상의 하나님을 뜻한다. 이 분이 지상으로 내려와 청림도사와 영적으로 같이 하다가서 잠시 잠이 들어 세상일을 잊게 된다는 뜻이다. 이는 하나님이 동방의 목운으로 오시어 잠시 겨울잠을 자게 된다는 뜻이다. 목운은 불로초와 같아서 자연의 이치에 순응 하듯 잠시 동안 이 세상에 머물지 않게 된다는 뜻으로, 깊은 잠에 들었다가 춘삼월이 오면 소생을 하게 된다.

> 【원문】淸瘦(청침)한 鶴髮仙官 五雲中에 鶴을타고 空中으로 내려와서 堂上에 坐定後의 馬上客을 부여잡고 曉諭하와 하는 말씀 아이야 잠을 깨라 무삼잠을 그리자노 困이든잠 어서 깨여 내말 暫間 들었어라 金鷄가 때를 알고 時乎時乎 자고나니 矢口矢口 하였어라.

【풀이】"아이야"는 천자를 뜻하고, "곤(困)"은 삼팔목운을 뜻하며, 잠에서 깨어난다는 뜻은 재생 또는 부활을 의미한다. 목운의 재생은 금목합운의 이치이며, 하늘의 존재와 땅의 존재가 일체가 되는 것을 말한다. 천지음양이 일체가 되는 것과 같은 이치이다. 시(矢)는 천궁

(天弓)이며, 구(口)는 지을(地乙)이다. 궁을(弓乙)이 일체가 되어 십승생명(十勝生命)을 낳는 고로 자연히 우주만물은 십승생명으로 영춘절을 맞이하게 된다. 춘자(春字)의 삼(三)은 천지인을 가리키기 때문에 우주만물은 영춘절을 맞이하여 같이 변하게 된다.

> 【원문】天回時運 다시 되여 머지않은 그 時節의 東南에 뜨는 해가 靑天에 솟아올라 四海乾坤 널다 해도 明明其德 좋은 光彩 날로 漸漸 밝아오니 文彩 좋은 鳳凰鳥 壁上梧桐 깃들었다 周室에 우지지니 무삼 念慮 있을 소냐 解夢못한 이것들아 어서 바삐 꿈을 깨서 仙遊發達 하게하라 金鷄聲이 자고나니 自然開東 될 것이요

【풀이】 하늘의 운이 머지않아 오게 될 것을 암시하고 있다. "동남(東南)에 뜨는 해가 청천(靑天)에 솟아올라"의 뜻은 동방의 나라에 청림도사로 오신분이 하나님의 자리에 오른다는 뜻이다. "사해건곤(四海乾坤) 널다 해도 명명기덕(明明其德) 좋은 광채(光彩) 날로 점점(漸漸) 밝아오니"는 우주 만물이 아무리 넓다하여도 이분으로부터 발하는 빛과 생명수에 의해 살게 된다는 뜻이다. 봉황조(鳳凰鳥)는 하나님을 뜻하고 금계(金鷄)는 백토(白兎)와 같은 뜻으로 동방의 목운 하나님을 말한다. 금계(金鷄)인 백토가 잠에서 깨어나면 자연히 하나님의 세계가 열리게 됨을 말하고 있다.

> 【원문】御化世上 사람들아 北方水氣 昏濛之運 禽獸之行 그만하고 順隨天理 알았거든 木德以王 氣運따라 元亨利貞 지켜두고 仁義禮智 發達하소 鷄鳴聲이 자로나서 日月消息 次次오니 沈沈漆夜 어둔 밤이 開東때가 되었구나

【풀이】 "북방수기(北方水氣)"와 "목덕이왕(木德以王)"의 시대로

전자는 하늘 하나님을 뜻하고, 후자는 동방목운의 세상을 말한다. "북방수기"의 세상은 어둠의 세계인 동물과 같은 짐승의 세계이며, "목덕이왕"의 세상은 밝은 세상으로 보고 있으며, 캄캄한 밤이 동방 목운에 의해 밝아올 것을 말하고 있다.

> 【원문】때 運數 그러키로 어린아애 낮잠 들고 큰 總角일어나 서 主人公事 施行次로 農器연장 收拾한다 寅卯方에 뜨는 해 가 次次次次 光彩나서 春末夏初 때가오니 草野人民 農夫들 아 失時말고 勤農하소

【풀이】인생 추수를 앞두고 마음속에 하늘 농사를 쉬지 말고 지으라는 뜻으로, 이는 청림(寅卯)도사를 찾아가 열심히 수도 하여 생명의 씨앗을 마음속에 부지런히 키우라는 뜻이다.

> 【원문】北方水氣 남은 氣運 다시 開闢한다 해도 天助時應 造化 따라 草野人民 農夫들아 失時말고 勤農하소 北方水氣 남은 氣運 다시 開闢한다 해도 天助時應 造化따라 木德以王 돕는 運數 南運朝鮮 웃더할까 南運朝鮮 光明되야 天下衆生 많은 사람 道德으로 廣濟하세

【풀이】1930년대 상주 김주희 목판본 발행시에 이미 목운이 출현하여 남조선에 구원의 방주를 짓게 됨을 알고 있었다는데 놀라울 뿐이다. 주역에서 말세는 지천태괘인고로 생명을 주시는 구세주는 한반도 남쪽에 거(居)하게 된다. 한반도는 태극(太極)의 나라로 북쪽은 태궁(太弓)에 해당하며 남쪽은 태을(太乙)에 해당된다. 태을(太乙)은 어머니를 뜻하므로 생명의 젖을 주시는 구세주는 남쪽(南運朝鮮)에서 구원의 방주를 짓게 되는 것이다. 그런고로 우주만물을 회복할 수 있는 구세주는 한반도에서 남과 북이 갈라진 이후에 출현

을 하게 되어있다. 이분에 의해서 광제(廣濟), 즉, 새로운 세상이 열리게 된다.

> 【원문】工夫工字 힘을 써서 나의 教訓 施行하면 사람마도 君子되어 有名萬世 이름 傳하고 不老不死 하련만은 어리석은 世上 사람 웃지그리 못깨닷노 仔細보고 깨달으소 開東때가 되었으니 昏濛世界 노는 마음 私邪慾心 못 이기어 夢境같이 지났으니 그런 마음 다 버리고 다시앉아 正心하야

【풀이】하늘의 이치를 깨닫기 위해서는 무한히 힘을 써 십승 공부에 열중하고 많은 생명을 구하게 되면 만세에 이름도 남기게 되고 영원히 죽지 않는 불로불사의 세상에 살게 되련만, 게으른 저 사람들은 깨닫지도 못하고 새로운 세상이 오는 것을 알지 못하도다. 지금이라도 그런 마음을 버리고 "개동(開東) 때가 되었으니" 바른 마음으로 열심히 수도하라.

> 【원문】御化世上 사람들아 開門納客 모르거든 須從白兔 此世上에 走青林을 하여보소 三災八難 이 運數에 走青林을 아니하고 亞字길을 찾을 손가. 亞字길을 찾게 되면 弓弓乙乙 아는 자라

【풀이】"개동(開東)"의 주인공을 모르거든 동방에 출현하신 목운을 찾아보소. 앞으로 찾아오는 "삼재팔난(三災八難)"의 큰 재앙을 수종백토주청림(須從白兔走青林) 목운을 찾지 못하고 어찌 살아 날 수 있단 말인가? 목운을 찾는 것은 이긴 자(亞)의 십승생명을 찾는 것이요, 궁궁을을(弓弓乙乙)을 아는 자로다.

17. 금강산 운수동 궁을선사 몽중사답칠두가
(金剛山 雲水洞 弓乙仙師 夢中寺畓七斗歌)

【원문】天一生水 알고 보면 天下萬物 되는 理致 물로 되는 그 理致를 어느 누가 모를 손가 이 理致를 알고 보면 북두성 모를 손가 북두성 알고 보면 천지조화 모를 손가 天地造化 알게 되면 때 運數 모를 손가 때 運數 알게 되면 生活之計 알리로다.

【풀이】 생명의 근원은 하나님의 생명물이다. 지금까지 생명을 보존하고 살아가는 것은 천일생수이다. 천일생수는 방향으로는 북쪽을 뜻하기 때문에 북두성이라 한다. 그러나 천지조화로 새로운 세상을 창건하게 되는 때는 天(父, 北)＋地(母, 南)＝人(子, 東)의 변화를 갖게 되는 고로 "人(子, 東)"의 운을 맞이하게 된다. 이와 같은 새로운 운수의 변화를 아는 자는 돌아오는 운수에 살아 날 수 있을 것이다.

【원문】그 理致를 알게 되면 利在石井 모를 손가 利在石井 알게 되면 龍潭水를 안 찾을가. 北斗樞星 모를 손가 北斗樞星 天地造化 모를 손가 天地造化 알게 되면 때 運數 모를 손가 때 運數 알게 되면 生活之計 알리로다 그 理致 알게 되면 利在石井 모를 손가 利在石井 알게 되면 龍潭水를 안 찾을가.

【풀이】 "天(父, 北)＋地(母, 南)＝人(子, 東)"의 이치를 알면 생명을 어디에서 구하게 될 것인지를 알게 된다. "이재석정(利在石井)"은 하나님의 무한한 생명을 뜻한다. "천지조화(天地造化)"란 천지음양이 합하여지는 운수를 말한 것이다. 이에 따라 천백, 지백, 인백으

로 천지인이 白으로 일체되고 삼백(삼풍)의 생명수가 출현하게 되는 것이다. 삼풍은 천지인을 변화 시킬 수 있는 하늘의 권세인 것이다. 삼풍과 용담수는 같은 뜻으로 동방목운으로부터 받을 수 있는 생명의 양식이다.

【비결】 生命水샘물이 出瀧出瀧원 天下萬國에 다通下毒惡 砂氣 運吸受下者라도 此샘에오면 不喪이요 利在石井天井水는 一次 飮之延壽이요 飮之又飮連飮者는 不死永生此泉일세 <石井歌>

【풀이】 동방목운으로부터 받을 수 있는 생명수는 영원히 솟아나는 샘물과 같아서 우주만물을 먹이고 남는 영적인 물질로 마귀를 멸하는 무기이며 불사영생약이다.

【비결】 湧出心泉功德水 一飮延壽石井崑 毒氣除去不懼病 大慈大悲弓弓人 <生初之樂>

【풀이】 불사 영생약은 마음속에서 샘물과 같이 솟아나게 되며 그 생명수는 궁궁인(弓弓人)으로부터 나오게 된다. 궁궁인(弓弓人)은 십승지인(十勝之人)을 말하며 성경에서는 "이긴 자"라 칭하고 한문으로는 버금아자(亞)이다.

【원문】 용담수를 찾아가면 飛龍上天 아니볼까 飛龍上天 보게되면 그 아니 大夢인가 大夢을 깨고 보면 生時에도 맞을 테니 그 아니 榮貴한가 그도 또한 그러하나 龜尾龍潭 말한대도 龍潭도 세 가지네 福德龍 잠긴 龍潭 찾아가면 飛龍上天 보련이와

【풀이】 용담수는 동방목운이 주시는 생명수를 말한다. 이 분이 소생하여 하나님의 자리에 오른 것을 "비룡상천(飛龍上天)"이라 한다.

생시에 이와 같은 일을 보게 되면 최고의 복이라 하였다.

> 【원문】 萬一 龜尾龍潭 말만 듣고 찾아가다 잘못 찾아 가게 되면 福德龍은 거기 없고 이무기가 잠겼나니 이무기를 몰라보고 龍인줄만 알다가는 自身滅亡 할 것이니 그 아니 可憐한가 許多山水 흐르는 물 四海에 들렀으되 福德龍 잠진 龍潭 따로 있고 春三月 好時節에 나무나무 꽃이 피어 열매를 맺는다 일렀으되 헛꽃인들 없을 손가 理致理字 그러하니 仔細살펴 찾아서라

【풀이】 복덕룡(福德龍)은 손진계룡인고로 동방에서 출현하신 성인을 뜻한다. 성인을 찾는다고 하나 잘못 찾게 되면 이무기를 만나게 되어 큰 낭패를 보게 된다. 성인이 동절기 인묘운을 마치고 잠에서 깨어나는 춘삼월이 되면 모든 사람이 아름다운 세상에 다 들어가는 것이 아니고 그 세상에 참여할 수 없는 불행한 사람도 있게 된다.

> 【원문】 金玉이 좋다하되 塵土中에 섞여있고 三神山 不死藥 저 플寶物 없건만은 萬花方暢 茂盛할제 雜플속에 섞였으니 知識없는 眼目으로 精誠없이 차질 손가 精誠대로 찾아서라 精誠없는 그 사람은 不死藥을 찾을손가

【풀이】 삼신산 불사약은 삼팔목초를 말한다. 잡초는 삼팔목초 이외의 풀을 뜻하므로 속세의 인간들이다. 동방에 출현하신 삼팔목운이 속세의 인간들 속에 함께 있으나 어찌 쉽게 그분을 찾을 수 있겠는가? 불사약을 주시는 분은 인간의 육신을 입고 있음이 분명하고 그 분을 찾지 못하고는 불사약을 구 할 수 없다는 뜻이다.

【원문】精誠있어 찾는대도 萬一잘못 찾다가서 이무기를 만나오면 그 아니 危殆한가 그놈 行實 보게 되면 어느 누가 모를 손가 다시앉아 生覺해서 福德龍潭 찾져셔라 福德龍 어진 마음 廣濟蒼生 하시랴고 仁厚大德 베푸시되 無聲無臭 그 가운데 和流四海 造化로다 至誠地極 찾져서라

【풀이】정성으로 찾는데도 가짜 성인이 있다는 뜻이다. 만약에 가짜 성인을 만나게 되면 그는 큰 재앙을 받게 된다. 그러니 정성을 다하여 많은 생명을 구하는 성인을 찾아가 복을 받으라 한 것이다.

【비결】火雨露 三豊海印之山 故兩白三豊侑人處 言必稱一時一時者 眞人之姓名也 靈曰 弓乙人也 世曰鄭氏也 鄭氏者馬也 馬者天馬也 馬持牛性人 曰唵痲 〈遺綠 十片〉

【풀이】화우로 삼풍을 해인이라 하고 또한 양백이라 하며, 양백은 삼풍과 같다. 진인의 성명은 영적으로는 궁을인(弓乙人)이라 하고, 세상에서는 이분을 정씨(鄭氏)라 한다. 정씨란 마(馬)를 뜻하며, 마(馬)는 천마(天馬)인고로 천상의 하나님을 뜻한다. 하늘의 상제가 땅에 출현하였으니 우성인(牛性人)이라하고, 우성인(牛性人)을 "엄마"라 부른다.

18. 산수완경가(山水玩景歌)

【원문】龍潭에 물이흘러 四海에 根源되니 龜嶽에 봄이와서 枯木生花 날로 되네 萬年枝上 花千朶는 일로두고 일음이라 枯木生花 되었으니 어느 나무 꽃 안 필가 柯枝柯枝 피는 꽃이 香氣香臭 자랑할 때

【풀이】 용담은 동방목운이 가지고 오신 생명샘을 뜻한다. 이 생명수는 고목(枯木)도 살아나 꽃이 피게 된다. 그러니 어느 꽃인들 피지 않는 꽃이 있단 말인가?

19. 관시가(觀時歌)

【원문】運數도 좋거니와 堪當인들 없을 손가 紛紛한 이 世上에 人心風俗 그러하니 많고 많은 저 사람들 부디부디 살피고 살피서루 須從白兎走靑林을 疑心없이 품어두고 百花爭爭 그 가운데 隱然히 빛을 감춰 暫時暫間 지내다가 貞節을 나타내어 靑林世界 이뤄보세

【풀이】좋은 운수를 기다리나 괴로운 일이 없을 손가. 마음속에 의심을 품지 말고 참고 기다리면 청림세계가 이루어지게 된다.

【원문】이때로다. 이때로다 白兎時節 이때로다 東西兩白 그 가운데 內有神靈 단속하고 外有氣和 하여내여 與世同歸 失數없이 깨달아서 가는運數 던져두고 오는運數 때를 따라 處下하세 修道修身 바이없어 盛衰之運 모르오면 來頭之事 어리하리

【풀이】백(白)은 서(西)를 말하고, 토(兎)는 동(東)을 뜻한다. 오는 운수는 "토(兎), 동(東)"이다. 그러나 천지양백의 이치에 따라 "백(白), 서(西)"도 동(東)으로 일체가 된다. 결국은 동방의 목운을 따르라는 뜻이다. 이러한 이치를 깨달아서 오는 운수 맞이하세.

【원문】鳥乙矢口 鳥乙矢口 五行水氣 저 鳳鳥는 飛飛上天 날아드니 君子時節 이찔련가 鬱鬱靑林 깊은 곳에 勇猛좋은 저 猛虎는 때를 따라 出林하니 故從風이 그 아니며 龍潭水 맑은 물에 運數 좋은 福德龍은 昇天할 때 어느 때인고

【풀이】 청림도사를 맹호라 하는 것은 우주의 마귀를 용천검으로 멸하시는 분이기 때문이다. 이분이 "복덕룡(福德龍)"으로 승천하게 되는 데 그때는 언제인고? 이는 두 말할 것도 없이 인묘운을 마친 후 춘삼월이다.

> 【원문】 용담수중(龍潭水中) 잠긴용(龍)은 때를 맞춰 승천(昇天)하면 세상(世上)사람 다볼게니 입에 물은 태극주(太極珠)를 궁을체(弓乙體)로 놀릴적에 뇌성벽력(雷聲霹靂) 내리면서 천천만만변화(千千萬萬變化)하니 좌시우시(左施右施) 순역법(順逆法)이 만고이후(萬古以後) 처음이로다. 상제행차(上帝行次) 아닐런가 <弓乙田田歌>

【풀이】 잠긴용은 "동방갑을(東方甲乙) 청룡목(靑龍木)"을 뜻하므로 "용담수중(龍潭水中) 잠긴용(龍)은 때를 맞춰 승천(昇天)하면"은 동방목운의 재생을 말한다. 구세주 한 사람의 부활은 만물이 소생하는 춘일을 뜻하므로 천지인이 같이 변화하게 되는 것이다. 춘자(春字)의 삼(三)의 수(數)는 성부, 성자, 성령이 일체가 되는 뜻만을 가지고 있는 것이 아니라 천지인의 삼재가 일체가 되는 뜻도 같이 포함하고 있다.

따라서 한 사람의 부활은 우주만물의 소생을 의미하므로 "천천만만변화(千千萬萬變化)"를 하게 되는 것이다. 천지인이 일체가 될 때 천상의 존재인 상제강림이 이루어지게 되는 것이다. 이는 금목합운(金木合運)의 이치인 것이다. 고로 "상제행차(上帝行次) 아닐런가"라고 기록을 한 것이다. 천지음양의 이치를 정확하게 원저자는 깨닫고 있었던 것이다.

【성경】마 27:51 이에 성소 휘장이 위로부터 아래까지 찢어져 둘이 되고 땅이 진동하며 바위가 터지고, 27:52 무덤들이 열리며 자던 성도의 몸이 많이 일어나되, 27:53 예수의 부활 후에 저희가 무덤에서 나와서 거룩한 성에 들어가 많은 사람에게 보이니라

【풀이】구세주 한 사람의 부활은 만물이 소생하는 춘일(春日)과 같아서 우주만물이 새롭게 변화를 하게 되어있거늘 예수의 부활 당시 만물은 조금도 변화를 하지 않았던 것이다.

부활은 영춘절(永春節)로 삼변구복(三變九復)이 된다는 이치를 당시 성경을 연구하는 사람들과 편집자들이 정확하게 알지 못하였고, 그 기록은 오늘날까지 바로잡지 못한 상태로 2,000년 동안 흘러왔던 것이다. 부활은 있었는데 세상이 조금도 변하지 않았다면 이는 지나가는 소가 보고 웃을 성경말씀인 것이다.

20. 신심시경가(信心時景歌)

【원문】西北風 찬바람에 白雪이 紛紛키로 때가는 줄 몰랐더니 東南에 부는 바람 픔안으로 돌아드니 아마도 살피건대 이 아니 春節인가 때 運數 이렇기로 瀛洲蓬萊 좋은 景에 世念을 던져두고 流水같은 光陰따라 無事閑情 노니다가 偶然히 잠을 깨여 오는 運數 數質하고 宇宙에 비켜서서 두루두루 살펴보니 때 運數 可觀일세

【풀이】 "서북풍(西北風)"은 죽음 있는 지금의 세상을 뜻하고, "동남풍(東南風)"은 동방의 목운의 성령의 바람을 뜻한다. "춘절(春節)"은 영춘절을 말한다. 천지의 운수도 계절의 변화와 같이 찬바람에 "백설(白雪)"이 지나야 새로운 봄이 오게 되는 것과 같은 이치이다.

【원문】春風三月 好時節에 萬物和暢 한다 해도 닐에 東風 蕭蕭(소소)치면 석자세치 땅이 라네. 많고 많은 그 나무 柯枝柯枝 꽃이 피고 잎이 핀다 일흠하되 冬三朔에 病이들어 陰氣에 삭은 柯枝 꽃이 피며 잎이 날까 無可奈라 할말없네. 狂風에 누운 나무 봄비와도 썩는 이라. 봄 消息은 같건 만은 어떤 나무 和暢하되 어떤 나무 저러하며 한 나무 柯枝련만 어떤 柯枝茂盛하고 어떤 柯枝 삭었는가.

【풀이】 춘풍(春風)은 목운이 주시는 성령의 바람을 말한다. 춘풍, 삼풍, 해인은 같은 의미를 갖고 있으며 무궁조화의 신(神)이다. 목운이 인묘운을 당하여 깊은 겨울잠에 빠져 있을 때 병들어 썩은 가지는

목운이 춘삼월에 소생할 때 꽃을 피울 수 없다는 뜻으로 삼팔목초의 가지가 중도에 많이 병이 들어 꽃을 피울 수 없음을 나타낸 글이다.

【원문】 此時時運 後天運數 다盡하고 도로 先天回復 되야 天皇氏 木德以旺 밝은運數 我東方에 먼저 밝아 堯舜之治 自然되어 太古淳風 되려니와

【풀이】 다음에 돌아오는 천운은 후천운이 가고 다시 선천의 운으로 회복되는 천운이다. 목덕이왕(木德以王)의 뜻은 목운이 왕이 된다는 뜻이고. 황(皇)은 천자에게 붙여진 왕중의 왕이라는 뜻이다. 동방의 나라 한반도에 천자인 목운이 출현하여 해인삼풍을 가지고 천지를 개벽하게 되며, 새로운 세상을 창조하게 되는 것이다.

【원문】 天地時運 그렇기로 世上事도 天地時運 氣運따라 되는 고로 天下各國 搖動일세 天地人 三才之德 一般이라

【풀이】 천지의 운이 바뀌는 고로 세상의 모든 것도 그 운에 따라 다 바뀌게 된다. 이는 천지인의 삼재가 하나의 이치로 되어있기 때문이다. 다시 말해서 천백(天白), 지백(地白), 인백(人白)이 된다는 뜻으로 이는 청림도사가 가지고 오신 해인삼풍(海印三豊)의 무궁조화로 되어진다.

【원문】 天地開闢 氣運따라 世上事도 開闢일네 그런理致 알고 보면 敬天順天 하여내야 順隨天理 못할 손가 順隨天理 하게 되면 君子時中 되었으니 萬世榮華 富貴로다

【풀이】 천지가 개벽이 되면 세상사도 모두 개벽이 된다. 그런고로 천지부모를 공경하고, 하나님의 뜻에 순응하여 그 이치를 따르게 되

면 영원토록 복을 받게 될 것이다.

【원문】 無極大道이 世上의 創建되야 一樹花發 萬世春에 柯枝柯枝 꽃송이라 都是春이 되련이와

【풀이】 하나님의 세상이 창건 되는 것은 "일수화발(一樹花發) 만세춘(萬世春)"이라 한다. "일수(一樹)"는 오행으로 목운을 뜻하고 방향으로는 동방을 의미한다. "화발(花發)"은 출현하다, 피다, 또는 재생하다, 라는 뜻으로 이분이 꽃을 피우면 "만세춘(萬世春)"이 된다. 만세춘은 영춘절을 뜻하므로 불로불사의 영생의 시대를 말한다. "도시춘(都是春)"은 구변구복(九變九復)을 뜻한다. 따라서 한 사람의 성인 출현으로 우주만물은 영원한 불사의 세계를 열어가게 되는 것이다.

【원문】 一先生 한 弟子로 同文受學 한다 해도 信心있어 道德二字 닦은 사람 道德君子 이름 傳코 信心없어 道德二字 닦지 못한 그 사람은 道德二字 말도 없고 姓名까지 쓰러지네

【풀이】 한 선생 밑에서 공부를 하고 수도를 한다 하여도 어떤 사람은 도를 잘 닦아서 도덕군자가 되어 후세에 이름을 전하고 어떤 사람은 도를 닦지 못해 그 이름까지도 남기지 못하게 된다.

【원문】 나도 또한 이 世上에 오는 運數 깨달았네. 鶴髮仙官 笑而不答 하신대도 如此如此 指揮하니 輪回時運 아니련가 矢口矢口 烏乙矢口 盛運盛德 닦아내어 明明其德 하게 되면 無往不復 할 것이니 天佑神助 아니련가 烏乙矢口 烏乙矢口 永世無窮 烏乙矢口 長生不死

【풀이】 나도 또한 이 세상에 오는 운수를 깨달았네. 하나님이 직접 말씀을 하시지 않아도 차근차근 깨닫게 하니 돌아오는 운수 내 이제 깨달았네. 조을시구 조을시구 그 이치 밝게 깨우치니 하나님이 도와주심 아니런가. 조을시구 조을시구 영원무궁 조을시구 죽지 않는 세상 조을시구.

원문 집필자는 하나님의 신이 직접 응답 해주시기를 가다렸으나 응답이 없었음을 본문을 통하여 알 수 있다. 그러나 마음이 맑아지게 되니 자연히 하나님의 섭리를 깨닫게 된다. 자연 속에서 또는 눈으로 보고 듣고, 세상사 중에 진리가 있음을 깨닫게 된 것이다.

> 【원문】 永世無窮 鳥乙矢口 長生不死 또 있으니 丈夫時乎 이때로다 御化世上 사람들아 이런 일을 본다 해도 오는 일을 못 깨칠까 三更明月 밝은 氣運 거울같이 두루비쳐 四海八方 應하나니 때 運數 그러키로 運數 좋은 그 사람은 明月下에 놀거니와 日出消息 消息 물거들랑 笑而不答 할 것이니 笑而不答 疑心말고 一心修鍊 工夫하여 두루두루 살피다가 오는 運數 깨쳐오면 日出消息 아리로다

【풀이】 조을시구 영원무궁 조을시구 죽음이 없는 세상이 돌아오니 조을시구. 그 때가 어느 때 런가? 세상 사람들아 들어보소. 한 밤중(三更, 子時)있으나 밝은 달(십오진주)이 떠올라 우주만물을 비추나니 이런 일을 본다 해도 못 깨칠까? 운수 좋은 사람 그 달(10.5)속에 놀거니와 그렇지 못한 사람들 나에게 물으면 내 말하지 않고 웃으리라. 세상 사람들아 의심 말고 일심으로 수도 공부하여 깨닫고 보면 돌아오는 영춘절의 청림세계를 아리로다.

【원문】달아 달아 밝은 달아 이태백이 놀던 달아 보름달은 온달이오 나흘달은 반달일세 섣달이라 초나흘날 반달보고 절을 하네. 大月이라 삼십일 小月이라 이십구일, 玉兎는 滿月이요, 白兎는 小月이라. 隨從白兎 走靑林은 세상사람 뉘 알쏘냐<달노래>

【풀이】초나흘 반달을 소월이라 하고, 보름달(온달)은 대월(만월)이라는 뜻으로, 하늘의 하나님을 소월이라 하고, 땅의 목운을 만월(보름달. 삼십일)이라 한다. 그렇다면 땅에 목운(옥토)을 왜 대월(大月), 만월(滿月), 삼십일이라 하는가? "궁궁을을전전"을 풀어보면 그 안에 십이 3개가 나오게 되니 삼십일이라 하고, 천지인을 각, 5행의 수(數)로 곱하면 십오가 나오게 되니 십오진주, 또는 보름달이라 한다. 그런고로 궁궁을을전전, 십오진주, 보름달은 십승지인 동방갑을 삼팔목운 청림도사를 두고 하는 말이다.

【원문】御化世上 사람들아 時乎時乎 온다 해도 修德않고 웃지하여 處下없이 되올손가 仔細 듣고 깨달으소 世上萬事 行한대도 尊卑貴賤 그 가운데 職分따라 行하나니 職分따라 行한대도 處下않고 行할손가 이러므로

【풀이】세상 사람들아 좋은 때가 온다하여도 수도 않고 덕을 쌓지 않고 되올 손가? 세상만사가 그 행한 것에 따라 귀하고 천하게 되거늘 자기 노력 없이 되는바 없느니라. 모든 것은 그 행한 대로 되리니 맡은 바 직분 다 하세.

【원문】飄然騎鶴 向仙臺는 神仙行次 아니신가 時乎時乎 그 때 와서 神仙행차 行한대도 處下없이 어이하리 理致理字 그러하니 鏡投萬里 年先覺과 月上三更 意忽開를 疑心말고 깨달아서 시킨 대로 施行하소 我國運數 말한대도 自下達上 되는 理致 貧賤者가 盛運이오

【풀이】돌아오는 운수는 하나님이 오는 운수 아니던가? 하나님 오실 때 자기 행한 대로 복을 받을 것이니 미리 준비하라. 어둔 밤에 밝은 달이 떠오르는 이치를 깨닫고 의심 말고 수도하여 복을 받소. 남조선 구원의 방주는 가난하고 천한 자가 먼저 깨닫는 운수로다.

【원문】御化世上 사람들아 仔細듣고 處下하소 處下없이 앉아 있다가 未來之事 갖지 않으면 後悔莫及 어이하리 다음날 歎息말고 月上三更 알았거든 日出消息 살피어라 나도 또한 이 世上의 無事閑情 온다 해도 때가있어 오게 되면 다시 相逢 할 것이니 疑心말고 기다려라 信心있는 그 사람은 刮目相對 될 것이니 時乎時乎 그 아닌가.

【풀이】갈 길을 찾지 못하고 놀고 있다가 다음에 오는 세상에 후회하고 탄식 말고 밤이 깊었을 때 동방소식 잘 살펴보소. 지금은 캄캄한 밤중 같지만 때가 이르면 반드시 날이 밝아오는 것처럼 동방의 춘 소식을 잘 살피어라. <u>영춘절 때가 되면 우리 부활하여 서로 만날 수 있으니 의심 말고 수도하소.</u>

【원문】 時乎時乎 말하대도 信心자의 시호로다 信心있는 그 사람은 時乎時乎 되련이와 信心없는 그 사람은 時乎時乎 못 될 것이니 많고 많은 저 사람들 아무쪼록 깨달아서 疑心疑字 다 버리고 信心二字 지켜내어 敎訓施行 잘 해셔라.

【풀이】 아무리 좋은 세상이 찾아온다 일러주어도 누구나 다 깨닫지는 못 할 것이니 아무쪼록 깨달아서 의심을 두지 말고 내가 시킨 대로 수도하여 그날에 만나보세.

21. 지본수련가(知本修鍊歌)

【원문】御化世上 사람들아 仔細보고 比해보소 天地始判 磨鍊後에 河圖龍馬 다시 나서 九宮八卦 그린 太極 易卦定數 들러보니. 先天之數 相生之理 靑龍福德 主人이요

【풀이】원문 필자는 주역과 하도락서에 능통하였음을 알 수 있고, 하도락서 주인공은 "청룡복덕(靑龍福德)"인 것을 본문을 통하여 알 수 있다. 청룡은 동방의 목운을 뜻하며, 하도락서에서 제 72궁을 뜻한다. 주인공이 출현하면 하도락서의 존재의 가치는 없어지게 된다. 다시 말해서 주인공이 출현하면 모든 예언은 끝이 나고 그 이후는 주인공에 의해서 결정된다.

【비결】兩白之間十勝일세 河圖洛書理氣靈山 世上四覽몰랐으니 本文之中七十二圖 仔細窮究하여 보소 <兩白論>

【풀이】오씨본 필자와 동학가사 필자가 하도락서의 주인공을 72궁 목운으로 보고 있다. 양백십승(兩白十勝)의 주인공 출현은 천지인이 하나님의 생명, 즉, 흑이 변하여 백이 되는 이치이며, 우주만물이 백으로 변화하니 자연히 하나님의 세계가 열리게 되고 상생의 시대로 접어들게 된다.

【원문】 天道 回復되야 木德以王 하시라고 東斗七星 應하여서 井中水에 聖人내사 水生木運 理致따라 木德以王 다시되네 鳥乙矢口 鳥乙矢口 天道聖運 鳥乙矢口 東斗七星 井中水는 河水根源的實하니 龍潭水가 그 아닌가. 鳥乙矢口 鳥乙矢口 龍潭水 흐른물이 四海에 두루 흘러 宇宙乾坤 主人되여 乾道成男 이룰 테니 無窮無窮 鳥乙矢口 天皇時節 다시 왔네.

【풀이】 천도 회복이 되면 목운으로 오신 성인이 왕중의 왕이 된다. 만물을 회복케 하는 천일생수를 가지고 오시게 되며, 그 생명수를 용담수라 한다. 생명수는 인간에게만 주는 생명의 양식이 아니라 우주만물의 생명수가 된다. 그런고로 목운으로 오신 "목덕이왕(木德以王)"은 "天皇〔天(無極, 水, 父)＋地(太極, 火, 母)＝人(皇極, 木, 子)〕"으로 우주만물의 주인이 되는 것이다.

【원문】 天皇時節 다시오니 다시 開闢 살펴서라 乾坤正位 다시 定코 四正四維 磨鍊하니 天皇地皇 人皇時節 다시 開闢 分明하다 鳥乙矢口 鳥乙矢口

【풀이】 천황의 시절이 오면 하늘과 땅이 정 위치를 찾게 됨에 따라 우주만물도 정 위치를 찾게 된다. 해인 삼풍을 가지고 오신 목운의 조화인 것이다. 천지가 개벽이 되면 23.5도 기우러진 지구가 바로 선다고 한다. 모든 것은 삼풍도사의 해인삼풍 무궁조화 인 것이다.

【원문】相生之理 버려노니 烏乙矢口 烏乙矢口 乾道成男 烏乙矢口 乾道成男 뉘 실련고 震長男이 아니시며 烏乙矢口 烏乙矢口 坤道成女 烏乙矢口 坤道成女 뉘 실련고 巽長女가 아니신가 烏乙矢口 烏乙矢口

【풀이】 상극은 천지음양이 합하여지게 되므로 자연히 상생으로 변하게 된다. 주역팔괘에서 장남장녀가 합혼을 하는 이치와 같다. 이때 남편은 진(震)이 되고 부인은 손(巽)이 된다. 손진은 동방목을 가리키므로 손진이 합하게 되면 양목이 되어 이를 청림이라고도 한다. 천지음양이 만났으니 조을시구 조을시구 새로운 세상이 되도다.

【원문】重乾天 四月卦는 震長男이 得意하여 乾道成男 施行하고 重坤地 十月卦는 巽長女가 得意하여 坤道成女 行하나니 烏乙矢口 烏乙矢口 男女夫婦 乾坤之道 正陰正陽 相助되여 無窮無窮 行해가니 烏乙矢口 烏乙矢口 때 運數 烏乙矢口 天皇氏 어진마음 正陰正陽 밝혀내여 木德以王 하시려고

【풀이】 천지나 부모는 똑 같은 이치를 갖고 있다. 부부가 일체가 되어 합방이 되면 생명이 탄생하듯이 천지부모가 합운이 되면 우주만물은 새로운 생명을 탄생시키게 된다. 천지가 있어서 인간이 있고, 부모가 계시므로 내가 있는 것과 같은 이치인 것이다. 목덕이왕(木德以王)의 출현도 이와 같은 이치에 의해 출현하게 되는 것이다. 그런고로 예언의 원리를 통하여 알 수 있듯이 목덕이왕(木德以王)은 천황(天皇)이 된다.

【원문】 水雲先生 먼저 내고 水生木運 理致 따라 陰陽平均 석류목(石榴木)을 다시가려 木德以王 主人삼고 青林先生 또 나시니 鳥乙矢口 鳥乙矢口 天道聖運 鳥乙矢口 水雲先生 代를 받쳐 青林先生 또 나시니 奇男者가 아니신가<知本修鍊歌>.

【풀이】 "수생목운(水生木運)"이라는 기록은 최제우선생이 오행 중 수운(水雲)으로 출현하였음을 말한 것이다. 수운 출현은 수생목(水生木)으로 목운(木運)을 돕기 위해 출현한 것이며, 목운이 다음 세상의 주인이라는 사실과 최제우 선생이 말씀하신 청림도사가 목운과 동일인이라는 것도 원문필자는 알고 있었다. 조을시구는 천지개벽을 의미하므로 청림도사가 출현, 천지를 개벽하여 천도를 이루게 된다. 수운선생에 이어 목운이 오신다는 뜻으로 오행의 이치로 "수생목(水生木)"이라 한다.

【원문】 靈天靈氣 造化로서 日月精氣 모두모아 陰陽平均 和한 몸이 四時春을 兼했으니 太平春이 그 아닌가 鳥乙矢口 鳥乙矢口 青林先生 좋은 運數 無窮無窮 鳥乙矢口 春末夏初 때가되면 어진 配匹 巽長女로 夫婦되여 治山道理 極盡하되 先王古禮 밝혀내여 至誠敬天 孝行하고 德義之勇 플어내여 世間 萬物 長養하니 萬物父母 아니신가

【풀이】 천지음양의 모든 정기로 화한 몸으로 "사시춘(四時春)을 겸(兼)"한 청림도사가 출현 하였으니 어찌 사계절이 있을 손가? 사계절이 없어진다는 뜻은 천지 음양, 오행, 방위 등도 없어짐을 말한다. 사시사철이 없는 영춘절이 돌아오니 청림선생 좋은 운수 무궁무궁 해인의 조화로다. 춘말하초 춘삼월이 돌아오면 목운이 손장녀(巽長女)와 부부(夫婦)되여 천하 만물의 부모가 된다. 우주만물의 생명이

청림도사로부터 나오게 된다는 사실을 알고 기록한 글이다.

> 【원문】 鳥乙矢口 鳥乙矢口 震男巽女 어진 父母 乾坤父母 鳥乙矢口 乾坤父母 恩德으로 서로서로 和해나서 父母恩德 못 갚으면 近於禽獸 不遠하니 사람마다 이를 쫓아 生覺해서 父母恩德 갚아보세 父母恩德 갚은 사람 自然忠孝 다되나니 御化世上 사람들아 다시 生覺 깨달아서

【풀이】 장남 장녀운으로 오신분이 건곤부모가 된다. 다시 말해서 천지부모가 된다는 뜻이다. 장남녀는 인간 중에 최초로 이겼다는 뜻이며, 동방갑을 삼팔목 청림을 뜻한다. 이 분에 은덕으로 새로운 세상이 창건되는데, 그 은혜를 못 갚으면 짐승과 다를 바 없다. 청림도사는 천지부모인고로 그분을 찾아 은덕에 감사하고 그 은혜를 갚는 것이 사람이 해야 하는 도리다. 세상 사람들아 이 글 읽고 다시 생각(生覺) 깨달아 보소.

> 【원문】 乾坤父母 至恩至德 一一生覺 잊지 마소. 世間萬物 되는바가 乾坤父母 造化로서 되는 바니 父母恩德 잊을 손가. 父母恩德 잊지 말고 敬天順天 하여 내여 繼天入極 하여보세

【풀이】 건곤부모 청림도사를 하루도 잊지 말고 생각하소. 우주만물의 모든 조화는 그 분이 하게 되는 바니 어찌 그 은덕을 잊을 손가. 그분의 은덕을 잊지 말 것이며, 하나님을 공경하고 하늘의 뜻에 순응하여 극락세계 들어가세.

【원문】 一一心學 힘써하며 順隨天理 敬天하소 敬天하기 힘을 써서 마음 心字 닦아 내면 水雲先生 어진 敎訓 明明其德 傳한 말을 一一다시 깨달나니 一一다시 깨달으면 다시 만날 그 時節에 刮目相對 鳥乙矢口 理致理字 그러하니 乾坤父母 생각하여 스승스승 恭敬하세 스승스승 말할진데 乾坤父母 代表되여 많고 많은 世上사람 다시 生覺 일깨워서 孝敬二字 알게 하니 鳥乙矢口 鳥乙矢口

【풀이】 하루도 빠짐없이 마음의 공부를 하고 하늘에 순응하고 하나님을 공경 할 것이며, 수운선생의 가르침을 하나하나 깨달아서 춘삼월 호시절에 우리다시 부활하여 만날 것이니 조을시구 조을시구. 청림도사 건곤부모 스승 중에 스승이니 세상사람 깨닫게 하여 하나님을 공경하세.

【원문】 御化世上 사람들아 自古理致 그러하니 再思心定 다시하여 스승 敎訓 배워보세 스승 敎訓 힘써 배워 天性之稟 乾坤定位 德合되여 三才九復 알 것이니 三才九復 알게 되면 家嚴丈席 알 것이요 家嚴丈席 알게 되면 惟我故鄕 또 아느니 惟我故鄕 알게 되면 天地反覆 時中따라 孝敬二字 못 行할까 孝敬二字 行차하고 敬天順天 힘을 쓰며 物吾同胞 깨달고서 好生之心 벼리삼고 無窮道德 無窮無窮 行해가면 天地血氣 나눈 몸이 도로 體天 그 아닌가.

【풀이】 세상 사람들아, 천지의 이치를 깨달아 천지개벽 춘삼월 호시절에 우리 다같이 만나보자. "삼재구복(三才九復)"은 천지인이 천지개벽으로 변화한다는 뜻이다. 변화를 하게 되면 나의 근본 고향도 알게 되고 내 몸이 "체천(體天)"인 것을 알게 되리라.

【원문】도로 體天 되게 되면 與天地 合其德 與日月 與其明 與四時 合其序 與鬼神 合其吉凶 失數없이 行할테니 繼天入極 그 아니며 도로 聖人 아니신가 聖人門에 受學하여 修鍊其德 하다가서 도로 聖人 되게되면 스승 敎訓 傳한말씀 朋友有信 하자하고 明明히 이른 敎訓 一一거을 施行해서 朋友有信 되는바니 스승스승 즐겨하네 스승스승 즐겨하니 弟子道理 떳떳하다 御化世上 사람들아 道之理致 그러하니 사람사람 많은 사람 스승스승 어진 敎訓 一一다시 生覺해서 至誠無識 닦어내여 後悔없이 行해볼가

【풀이】하나님의 몸으로 변화를 하게 되면 세상의 모든 것을 초월하여 살게 될 것이며, 그곳이 곧 극락일세, 우리 선생 말씀 날마다 거울삼아 지켜내니 스승스승 기뻐할 것이며, 제자 도리 떳떳하지 않겠는가? 다시 한 번 생각하고 생각해서 후회 없이 수도하세.

22. 몽각명심가(夢覺明心歌)

> 【원문】어리석은 台乃사람 때 運數 未及其로 世念을 던져두고 瀛洲蓬萊 좋은 景에 鶴髮仙官 禽綠맺아 七絃琴 줄을 골라 五音聲 고루 내여 送舊迎新 하자하고 換歲次로 曲調曲調 和해내니 白鶴은 우지지고 靑鶴은 춤추는데 文彩좋은 저 鳳鳥는 時乎時乎 때 부른다.

【풀이】아직 때가 이르지 않아 세상의 모든 것을 버리고 금강산 좋은 경에 금강산 주인공 "학발선관(鶴髮仙官)"과 연(緣)을 맺고, "송구영신(送舊迎新)" 청림세상이 오기를 기다리며, 백학, 청학의 세상이 가까이 오고 있음을 노래하고 있다. 청림이 해원의 고통을 마치고 청학이 되어 춤을 추는 모습은 억조창생을 구하는 기쁨의 춤일 것이다.

"오음성(五音聲)"은 다섯 가지의 음성이라는 뜻으로 청림도사의 음성을 말한 것이며, 이는 오행과도 관련이 있음을 알 수 있다. 다음의 성경말씀을 참고 할 수 있을 것이다.

> 【성경】계14:1 또 내가 보니 어린 양이 시온 산에 섰고 그와 함께 십사만사천이 섰는데 그 이마에 어린 양의 이름과 그 아버지의 이름을 쓴 것이 있도다. 14:2 내가 하늘에서 나는 소리를 들으니 많은 물소리도 같고 큰 뇌성도 같은데 내게 들리는 소리는 거문고 타는 자들의 그 거문고 타는 것 같더라.

【풀이】시온산은 금강산으로 볼 수 있고, 그 성안에는 왕중의 왕

과 십사만사천명이 있게 된다. 사도요한은 하늘에서 나는 소리를 오행의 이치를 알았다면 오음성이라 기록을 하였을 텐데 오행을 모르니 "하늘에서 나는 소리를 들으니 많은 물소리도 같고 큰 뇌성도 같은데"라고 기록을 한 것이다.

> 【원문】이 야이야, 저 사람들 庚申찾아 자세 듣소. 庚申없이 듣다가는 사람마도 夢中되네 夢中되고 꿈 깰손가. 꿈을 다시 못 꾸게 될 진데 새는 날이 어디 있나. 이를 쫓아 생각하니 꿈 못 깨는 그런 사람 또한 亦是 可憐하다. 理致理字 그러하니 많고 많은 世上 사람 다시 生覺 깨달아서 庚申찾아 꿈을 깨소

【풀이】경신년(1860) 음력 사월 초오일은 수운 최제우선생 득도의 날이다. 경신(庚申)은 오행으로 경금(庚金), 신금(申金)인고로 금(金)을 뜻한다. 오행에서 금(金)은 하늘을 뜻한다. "경신(庚申)찾아 꿈을 깨소"라고 하는 것은 하나님 나라가 가까이 왔으니 지금의 세상에서 깨어나라는 뜻이다. 이렇게 볼 때 경신(庚申)년에 최제우 선생이 득도를 하게 된 것도 다 하늘의 뜻이 있음을 알 수 있고, 1950년 경인년에 사변이 일어난 것도 우연히 아니라는 생각이 든다. 육십갑자가 갖는 의미는 생각보다 훨씬 더 큰 하늘의 섭리가 숨어있음을 알 수 있다.

> 【원문】최덕겸(崔德兼)이 여쭈어 가로대 천하사는 어떻게 되오리까. 선생 가라사대 자축인묘진사오미신유술해(子丑寅卯辰巳午未申酉戌亥)를 쓰시며 가라사대 이러하리라. 자현이 가로대 알 수 없습니다. 선생이 다시 그 우에 갑을병정무기경신임계(甲乙丙丁戊己庚辛壬癸)를 쓰시고 경석에게 일러 가라사대 네가 알겠느냐? 경석이 대답하기를 알 수 없습니다. 이 두 줄은 베 짜는 바디와 머리 빗는 빗과 같으니라. 하시니라. <대순전경>

【풀이】 육십갑자의 천간은 갑을병정으로 시작하여 10을, 지간은 자축인묘로 시작하여 12가지로 구성되어 있다. 하늘의 천간과 땅에 지간이 상호 조화로서 이루어가게 되며, 한번 돌아오는 때를 육십갑자라 한다. 천간과 지간을 이용하여 오행으로 바꾸어 사주팔자 또는 궁합을 보기도 한다. 이렇듯 미신 신앙처럼 널리 알려진 육십갑자는 한 치의 오차도 없이 하늘과 땅에 이치를 담고 있다는 뜻으로 강일순 선생은 말씀하신 것이다.

【원문】 三角山 漢陽道業 四百年 지난 後에 男女間 자식 없어. 두 늙은이 마주앉아 山祭佛供 하다가서 金剛山 찾아들어 龍勢坐向 가려 내여 構木爲巢 한단말씀 그도 또한 알 것이요 潤身胞胎 自然되야 十朔이 임의 되니 內金剛 外金剛 두 세번 震動할 때 아들아기 誕生하니 奇男者 아니련가.

【풀이】 한양지말 정도령 출현이라는 문구는 여러 비결서에 기록이 있으므로 원문필자도 이와 다를 바 없이 한양에 도읍이 생긴 다음 약 400년 후에 천자가 이 땅에 출현하게 됨을 알고 있었을 것이다. "두 늙은이 마주앉아서"의 두 늙은이는 천지부모이다. 두 분이 금강산 정기로 기남자를 탄생하게 된다는 말씀이다. 두 늙은이는 지금까지 한 번도 자식을 가져 본적이 없이 살아 오신분이다. 예수가 2,000년 전에 하나님의 독생자로 태어났다는 성경과는 상반된 말씀이다. 예언의 원리로 보면 "天(父, 北, 水)＋地(母, 南, 火)＝人(子, 東, 木)" 천자는 반드시 동방에서 목운으로 태어나게 되어있다.

【성경】 3:21 이기는 그에게는 내가 내 보좌에 함께 앉게 하여 주기를 내가 이기고 아버지 보좌에 함께 앉은 것과 같이 하리라

【풀이】 이긴 자와 아들은 동일한 뜻을 가지고 있다. 예수가 아들

로서 이김을 얻고 하나님의 보좌에 앉아있고 또 다른 이긴 자가 출현하여 하나님의 보좌에 앉게 된다는 위 성경말씀은 지혜 있는 사람들은 모순점을 알게 될 것이다. 왕중의 왕은 두 사람이 될 수는 없다. 금강산에 노부부는 초산임을 알아야 한다.

【원문】 可憐한 世上사람 利在弓弓 찾는 말을 웃을 것이 무엇인고 天意人心 네가 알까 歎息말고 돌아가서 輪回時運 求景하라 天運이 들렸으니 너는 또한 年淺하여 太平曲 擊壤歌를 不久에 보리라 하신말씀 그도 또한 알 것이요

【풀이】 "이재궁궁(利在弓弓)"의 뜻은 궁궁은 하늘을 뜻 한고로 천상의 하나님을 뜻하기도 하고, 궁궁은 백십승 이긴 자를 뜻하기도 한다. 세상 사람들은 이러한 이치를 알지 못하기 때문에 이긴 자 출현을 비웃을 수 도 있을 것이다. 천상의 하나님은 백십승 이긴 자와 동일한 한분으로 이 분에 의해서 우주만물이 회복이 된다. 이것이 돌아오는 천운의 이치인 것이다.

【원문】 天地反覆 다시 되여 木德以王 좋은 運數 震長男이 得意하여 乾道成男 이를 줄을 子乃亦是 모를 손가. 理致理字 그러하니 사람사람 많은 사람 어서 庚申 찾아 어둔 꿈을 밝게 깨소

【풀이】 목운은 왕중의 왕으로 반드시 동방에서 출현을 하게 되어 있다. "진장남(震長男)"의 뜻은 최초로 이긴 자가 되었다는 뜻과, 동방이라는 뜻을 동시에 갖고 있다. 천운은 동방에서 목운이 출현하여 이루게 되는 것이다. 이와 같은 이치를 모르는 사람은 꿈속에서 헤매는 사람이라 하고 이치를 아는 사람은 어둔 꿈에서 깨어 난 자라 한다.

【원문】 어둔 꿈을 밝게 깨면 스승스승 傳한 敎訓 明明其德 되는 바를 大綱大綱 아느니라. 大綱二字 알고보면 風塵世上 간곳없고 十二諸國 怪疾之數 다시 開闢 相關없네 烏乙矢口 烏乙矢口 庚申찾아 꿈 깬 사람 大綱二字 알았으니 無窮無窮 烏乙矢口

【풀이】 "풍진세상(風塵世上) 간곳없고"의 뜻은 마귀의 세상은 간곳이 없다는 뜻이다. 마귀를 없애는 것은 용천검이다. 용천검은 해인삼풍으로 성신검을 말한다. 성신검은 생명수이며 만세선약이다. 십이제국 온천하가 삼재팔난(三災八難)을 당하여 흉년과 괴질로 마귀와 더불어 쓸어버리게 될 때, 만세선약을 구한사람은 살아날 수 있는 것이다. 만세선약은 목덕이왕 삼팔목운이 가지고 오신 선약생명수인 것이다. 이분 이외는 누구도 어떤 종교도 줄 수 없는 생명수인 것이다.

【원문】 天上五雲 깊은 곳에 鶴의소리 鳳凰聲은 和答하니 神仙일시 分明하다 烏乙矢口 烏乙矢口 風塵世上 擾亂한데 이런 仙境 다시있나 矢口矢口 烏乙矢口 自古由來 이른 말에 瀛洲蓬萊 좋은 景에 神仙있다 일렀으니 이때 와서 이를 두고 일음인가

【풀이】 학이나 봉황조는 신선을 뜻하고, 신선은 영원불사의 의미를 가지고 있다. 죄악 세상을 풍진세상이라 하고. 이와 같은 세상은 천지개벽을 통하여 지상선경으로 바뀌게 된다. 옛날부터 금강산에 신선이 산다고 하였으나 지금까지는 보지를 못하였다. 그러나 천지개벽 이후 금강산에 지상선경이 건설되고 그곳은 신선들이 사는 영원한 세상이 된다.

【원문】 矢口矢口 鳥乙矢口 三神山 不死藥을 日日時時 지워내니 怪疾惡疾 紛紛세에 濟渡羣生 하랴는가 矢口矢口 鳥乙矢口 大綱 二字 아는 사람 無窮無窮 鳥乙矢口 理致理字 그러하니 子乃사람 뜻있거든 仔細生覺 비해보소

【풀이】 천지인이 일체가 되지 않고는 삼신산 불사약은 존재하지 않는다. 그런고로 천지양백 삼풍이라 하는 것이다. 천지음양 부모가 일체가 되어 새로운 삼풍 생명의 불사약을 만들어 내게 되니 이를 무궁조화 해인삼풍이라 한다. 삼신은 삼풍과 같은 뜻을 가지고 있으므로 삼신산(금강산)에는 해인삼풍을 가지고 계신 삼풍도사가 주인공이 된다. 화우로 삼풍을 가지고 오신 목덕이왕(木德以王) 한 사람 이외는 누구도 천지를 개벽할 수 없고 구세주도 될 수 없는 것이다.

【원문】 台乃말 헛말인가 通古今 넓은 天地 億兆蒼生 많은 사람 사람마도 乾坤父母 血氣나눠 造化中에 다 같이 낳건 만은 어떤 이는 君子되야 萬世無疆 傳해있고 어떤이는 凡夫되야 出世痕迹 바이없노 이를 쫓아 古今事를 生覺하면 一喜一悲 아닐 련가. 可憐하다 世上사람 다시 生覺 깨다르소

【풀이】 天(乾, 父)+地(坤, 母)=人(子)의 이치는 하늘과 땅에서 똑같이 이루는 만고불변의 진리인 것이다. 따라서 하늘과 땅이 변하지 않고 인간만 변하여 천국이 될 수 없고. 반드시 천지인이 같이 변해야 지상선국 불로불사의 세계가 이루어지게 되는 것이다. 아무리 좋은 천도라 할지라도 복을 받는 사람과 받지 못하는 사람이 있기 마련이다. 세상 사람들아 이 글을 보고 깨달아 살 수 있는 길을 찾아보소.

【원문】 네로 쫓아 많고 많은 사람 중에 天性之稟 아니 잃고 聖門 受學 힘써하면 庚申찾아 行한 사람 사람마도 道成德立 君子되여 萬世無疆 傳해있고 庚申찾아 못 行한이 道成德立 姑舍하고 사람마도 凡夫되여 出世 바이없네 이를 쫓아 生覺해서 己前일을 미뤄보면 오는 일을 모를 소며 제맘 修身 못 깨칠까 性稟 제맘 修身 못 깨칠진대 庚申辛酉 石榴木 乾坤父母 으뜸인줄 丁寧이 깨닫고서

【풀이】 하나님이 주시는 성품을 잃지 말고 성인의 도를 배우고 하나님의 뜻대로 사는 사람은 복을 받을 것이요, 그렇지 못하고 자기 마음대로 행하면 깨닫지 못하게 될 것이니 천지부모의 어진마음을 수도를 하지 않고 어찌 알겠는가?

【원문】 塵世他鄕 다 버리고 東都新府 惟我故鄕 다시찾아 行한사람 이 世上에 몇몇인고. 다시 生覺 故鄕찾아 行한 사람 있기만 있을 진대 根本알고 孝敬之心 있을 게요.

【풀이】 "진세타향(塵世他鄕) 다 버리고"의 뜻은 지금 인간들이 살고 있는 세상은 마귀의 세상으로 인간들의 본향이 아닌 타향이라 한 것이다. 인간들이 고향을 떠나 고난과 고통 속에 살고 있지만, 본 고향으로 돌아 가야할 때가왔다. "동도신부(東都新府) 유아고향(惟我故鄕)"의 뜻으로 보건데 목덕이왕(木德以王)이 건설하신 동방의 나라 신선세계 지상선경이 인간들의 본향이 될 진대 알고 찾는 이가 과연 몇이나 될꼬? 인간의 본향으로 돌아간다는 뜻은 선천회복의 뜻과 다를 바 없다. 인간의 영(靈)은 이미 오래전부터 존재하고 있음을 알 수 있다. 인간의 영(靈)은 육체(肉體)속에서 성장을 하게 된다.

세인들은 하나님을 잘 믿고 착하게 사는 사람은 죽어서 천상의 세계 하늘나라로 올라간다고 믿고 있으나, 위의 글에는 전혀 다른 개념의 천상세계를 그리고 있음을 비교할 때 놀라운 일이다. 궁을론은 화살이 음(陰)인 구멍으로 날아오는 조을시구의 뜻을 가지고 있으므로 천상세계가 지상으로 내려오는 본문 주장이 더 올바른 천국론이라 할 수 있을 것이다.

【원문】根本 알고 孝敬之心 있을 게요. 義理알고 忠誠之心 있을 게니 天朝丈席 떠날손가 天朝丈席 안 떠나고 ――奉命 効則해서 三十三天 玉京臺에 天上樂을 이루련만 그런 運數 모르고서 庚申잃고 가는 사람 來頭之事 어이 하리 不詳코 可憐하다

【풀이】천지부모가 일반(一般)이니 하늘을 섬기는 것과 부모를 섬기는 것은 다를 바 없다. 하루도 잊지 말고 천지 부모의 뜻을 받들면 하늘의 락(樂)을 이루련만 그런 운수를 모르고 사는 사람 불쌍하고 가련하다. "삼십삼천(三十三天)"에 대하여 불교에서는 천국을 종(縱)으로 삼십삼천국과 횡(橫)으로 이십팔 천국을 말하고 있다. 불교에서 말하는 "삼십삼천국(三十三天國)"과 본문 "삼십삼천"은 어떤 연관이 있는지 모르나, "삼십삼천"의 뜻을 궁을론으로 풀어보면, "궁궁을을전전"의 세계를 "삼십삼천"으로 볼 수 있다. 구체적으로 풀이하자면 "삼십(三十)"의 뜻은 궁궁, 을을, 전전의 삼십을 뜻하고, "삼천(三天)"의 뜻은 천천, 지천, 인천의 뜻으로 천지인이 일체가 되는 십승세계 또는 십방세계를 의미한다.

【원문】 오는 運數 말할진대 先天後天 그 가운데 도로 先天 回復되야 木德以王 次世上에 庚申辛酉 石榴木 長男長女 主人일세 鳥乙矢口 鳥乙矢口 明天이 循環하사 長男長女 主張세니 陰陽平均 石榴木이 庚申 잃고 살아나며 庚申잃고 道成德立 바랄손가 仔細듣고 忖度하소

【풀이】 동학에서는 선천후천 이후 돌아오는 세계를 선천회복으로 기록을 하고 있지만, 해주 오씨본 등 다른 예언서에서는 선천, 후천, 중천의 세계로 기록되어 있다. 표현 방법만 다르지 같은 세계인 것만은 분명하다. 목덕이왕과 장남장녀(長男長女)의 운은 동방에 출현하신 목운을 뜻한다. 돌아오는 세상에는 목운으로 오신분이 주인공임을 분명하게 말하고 있다. 이분이 개벽장 또는 궁을선인으로 천지인을 삼풍의 세상으로 새롭게 변화시키게 된다. 이것이 조을시구(鳥乙矢口)인 것이다.

【원문】 사람마도 陰陽平均 和한마음 天性之稟 아니련가 天性之稟 分明컨만 어리석은 世上사람 天性을 專혀잃고 곳戀없는 소와같이 方向없이 뛰는 擧動 可笑切憎 아니련가. 네 아무리 그리 뛰나 不知何境 다 될 테니 道成德立 姑舍하고 一身難保 네 아니냐

【풀이】 모든 사람은 하나님의 성품을 가지고 있음이 분명하건만, 하늘의 성품을 잃어버리고 고삐(戀) 풀린 소와 같이 제 멋대로 살고 있으니 참으로 불쌍하고 가련하다. 그들은 하나님의 세상이 돌아오는 것을 깨닫지 못 할 것이며, 마지막 날에 자기 몸 하나 보존하기도 어려울 것이다.

【원문】 愛띠하다 愛띠하다 世上사람 愛띠하다 이런 運數 깨달아서 마음 고뼘 團束하라 天根月窟 平均木에 아니믿고 되는대로 行해가니 어찌아니 愛띠한가 너의 사람 하는 擧動 每每事事 順天않고 日日時時 逆天하니 웃지웃지 한잔 말가.

【풀이】 세상 사람들이여 이러한 운수가 돌아오는 것을 깨닫고 자기 마음에 고삐를 단속하여 평균목(동방갑을 청룡목)을 깨달아서 하나님의 뜻에 순응하라. 그렇지 못하면 이는 곧 하늘을 거역하는 역천의 죄가 되느니라.

【원문】 日月 運行 그 가운데 一寒一暑 때가 있어 乾道成男 하시려고 明明하신 하날님이 掃除毒氣 하여내여 人間世上 맑힐 次로 弓弓乙乙 造化로서 東邑三山 좋은 景에 三十三天 回復시켜 天道生門 열어놓고 水星火星 運動시켜 十二諸國 이 世上에 各自爲心 저 사람들 不孝不悌 힘쓰다가 바람위에 티끌같이 되는구나. 御化世上 사람들아 理致理字 그러하니 이일저일 살펴내여 台乃노래 生覺커든 아니 잊고 施行할까.

【풀이】 해와 달이 있는 가운데 춥고 더운 때가 있듯이 때가 이르면 성신검으로 마귀의 세상을 청소 하게 될 것이다. 이는 궁궁을을 조화로서 되어지는 것이며, 삼십삼 천국을 회복하여 하늘의 문을 열게 될 것이나, 자기 마음대로 고삐 풀린 소처럼 사는 사람들은 마귀를 쓸어버릴 때 같이 쓸어버리게 된다. 세상 사람들아 이러한 이치를 알았거든 세상만사를 잘 살펴 궁을도를 찾아 바른 수도를 하라.

23. 시절가(時節歌)

【원문】御化世上 저 사람들 紛紛天下 次世上에 天地時運 모르고서 若干或是 아는 걸로 各言各知 하덜 말고 愚昧한 台乃사람 淺見博識 없으나마 時節歌를 지었으니 웃지 말고 仔細보아 其然非然 살피셔라

【풀이】"차세상(次世上)에 천지시운(天地時運) 모르고서"의 말씀은 동학교도들이 바라던 천시가 반드시 올 것을 암시하는 글이다. 그러나 이러한 이치를 알지 못한 당시 사람들은 이에 대한 반발도 만만치는 않았음을 알 수 있고, 한낮 웃음거리가 되었을 수 도 있었을 것이다. 도(道)란 세상사람 들에게 아무리 일러주어도 마음의 문을 닫고 있으면 열리지 않는 법이다. 때문에 결운에 "세인심폐영불각(世人心閉永不覺)이라 하였다.

【원문】天開地闢 始判後에 四正四維 磨鍊하여 東西南北 定해노니 春夏秋冬 四時되고 角亢氐房 들너노니 二十四方 方位되야 二十四節 定한 後에 四時盛衰 節侯따라 相生相剋 運數分別 秋收冬藏 自然되야 太極體로 되는 運數 無窮無窮 難言이나 天一生水 먼저 되어 北方水氣 먼저 되니 義氣勇猛 자랑하와 禽獸之運 먼저 되고 木德以王 節次되네

【풀이】천지개벽 후에 동서남북을 정하고 봄, 여름, 가을, 겨울의 사계절이 있으며, 이십사 방과 이십사 계절을 정하였다. 사계절의 변화에 따라 성하고 쇠하는 절기가 생겨났으며, 이를 상생상극으로 분

별하고 추수하는 가을과 겨울잠을 자는 등 자연이 순환된다. 이와 같은 자연의 이치는 무궁무궁하여 말로하기 어려우나, "북방수기(北方水氣)" 지금의 세계는 짐승과 같은 세계로 살게 되어있으나 오는 세계는 "목덕이왕(木德以王) 절차(節次)되네"의 목운의 세계가 열리게 되어 아름다운 낙(樂)을 누리게 된다.

【원문】東方甲乙 青龍木은 仁善之心 主張키로 天下萬物 仁善之心 第次되야 天理循環 돌아가네 順數따라 가는 運數 살피자니 바쁘도다

【풀이】동방(東方), 갑을(甲乙), 청(青), 룡(龍), 목(木)은 동방에 출현하신 목운을 뜻한다. 이분에 의해 제차(第次) 천운이 열리게 되나 이러한 운수를 깨닫자니 바쁘도다.

【원문】萬物草木 저 가지 春氣타서 맺은 열매 風雨大作 또 있으니 完實者가 몇몇 인고 꼭지 또한 完實하면 別로 失數 없지만은 그는 亦是 그러하나 三八木 좋은 나무 天地雨露 造化中에 根底 또한 確實하여 가지가지 茂盛하나 茂盛치 않은 저 柯枝는 또한 亦是 衰運이니 成實하기 難關이로다.

【풀이】만 가지 초목이 봄기운에 꽃이 피어 열매를 맺으나, 강한 비바람에 거둘 수 있는 완전한 열매는 과연 몇인고? 자연의 이치가 이렇거늘 삼팔목초 목운을 따라가는 사람들도 이와 같이 처음에는 그 수가 많으나 비바람 풍파 속에 뿌리가 약한 가지는 열매를 맺지 못하고 떨어지게 된다. 이 또한 자연의 이치와 같으니라.

【원문】御化世上 저 사람들 修心正氣 다시 하여 天地盛衰 안 然後에 心和氣和 나타 내여 時運따라 살펴다가 秋月春風 葉落時에 黃菊丹楓 돌아오거든 成實二字 이뤄보세 이는 亦是 오는 運數 그러하니 오는 대로 하련이와 此時時變 들러보니 바쁘도다 바쁘도다.

【풀이】 천지 자연의 이치도 봄에는 성(盛)하고 가을이 지나면 쇠(衰)하는 것과 같으니, 때를 잘 살펴서 다시 마음을 닦아 돌아오는 인생 추수시에 알곡으로 남아보세. 삼팔목운을 따라가다 중도에 깨닫지 못하여 떨어져나간 사람들에게 전하는 글로 보인다. "추월춘풍(秋月春風)"은 가을 추수 또한 "춘풍(春風)"으로 하게 된다. 이는 목운의 성령의 바람을 말하며 해인삼풍이다. 동방 목운은 봄에 씨앗을 뿌리는 운과 가을에 인생을 추수하는 심판의 운을 동시에 갖고 계신다. 금목합운(金木合運) 서기동래(西氣東來)의 뜻을 풀이 하면 쉽게 이해할 수 있다.

【비결】 東邦 海隅半島天下一氣 再生身 利見機打破滅魔 人生秋 收糟米判端風驅飛 飄風之人 弓乙十勝 <賽41章>

【풀이】 동방에 출현하신 십승(十勝) 이긴 자가 재생신하여 마귀를 멸하고 인생을 추수하게 된다. 목운으로 오실 때는 봄을 뜻 하고로 생명의 씨앗(삼풍)을 주시지만, 재생 이후는 금목합운으로 가을을 뜻하므로 인생을 추수하는 백보좌의 청림도사 목운이 심판을 하게 된다.

【원문】目前之事 바쁘도다 天地太極 造化따라 時運時變 時中次니 弓乙工夫 바쁘도다 元亨利貞 道德으로 仁義禮智 배를 모아 大同船을 높이 띄워 四海에 닻을 주고 그물벼리 둘러 잡아 허다 많은 저 고기 건져내기 바쁘도다.

【풀이】 세상사를 살펴보니 말세가 가까이 오고 있으므로 바쁘도다. 궁을이치 모르니 바쁘고 바쁘도다. 집필자가 당시 아무리 설명을 해도 세인들은 궁을의 이치를 깨닫기가 쉽지 않았던 모양이다. 궁을 십승지인이 구원의 배를 짓고 죄악세상의 인간들을 구하게 되는데, 이 배를 "구원의 방주" 또는 "대동선(大同船＝三八木：좋은 나무 의심(疑心)없이 비여 내서 대동선을 모와 내여 억조창생(億兆蒼生) 건져보세"이라 한다. 인간들을 고기로 비유하였으며, 천지에 그물을 치고 억조창생을 구하기 위해 궁을지인(弓乙之人)이 힘을 쓴다.

【원문】御化世上 사람들아 빌어보세 빌어보세 하날님前 빌어보세 늙은 사람 죽지 않고 젊은 사람 늙지 않게 하늘님前 빌어보세 하늘님前 東南風을 빌어나가 宇宙의 싸인 狂風 許多塵矣 一時에 掃除하고 日月光明 빌어보세 이보시오 世上사람 이 노래를 자로 살펴 仁善之心 알았거든 時代를 놓지 말고 時節따라 잘 살피어 後悔없게 하여보세

【풀이】 동학이 추구하는 궁극적 목적은 불로불사 영생에 있다. 그 불로불사 영생약은 "동남풍(東南風)"인 것을 분명하게 알고 기록한 글이다. 동남풍은 춘풍으로 목운이 주시는 선약이다. 화기춘풍은 인간의 죄악만 씻는 것이 아니고 우주의 마귀를 멸하는 영적 물질이다. 세인들이여 이와 같은 이치를 알았거든 구원선(대동선)을 놓치지 말고 급히 타서 후회 없이 살아보소.

【원문】太公用之成六韜 諸葛用之成八陳 <九宮變數法>

【풀이】삼국지의 제갈공명은 천문지리에 통달한 자로 하도락서 육도의 팔진을 이용하여 적벽대전에서 조조를 물리쳤다. 이때 공명은 천지신명께 기도하여 동남풍을 일으켜 조조 군대를 물리쳤던 것이다. 제갈공명은 천지신명의 운이 동방갑을 삼팔목에 있음을 알고 있었던 것이다. 아마도 그는 동쪽을 보고 천지신명께 빌었을 것이다. 그런고로 세상에 지혜 있는 자는 동쪽을 바라보고 기도를 한다.

24. 심성화류가(心性和流歌)

> 【원문】御化世上 사람들아 台乃노래 들어보소 天地陰陽 始判後에 百千萬物 化해나니 三才之德 합하여서 金木水火土 五行精氣 相生相剋 하여 내여 일렀으니 웃지하여 至愚者며 웃지하여 最靈者인고 그 理致를 말하자면 浩浩難測 難言일세

【풀이】 천지만물의 기본은 천지인의 삼재의 이치와 "금목수화토(金木水火土)" 오행정기의 상생상극 조화로서 살게 된다는 것을 만물 중에 최령자(最靈者)인 사람에게 일러주어도 참으로 깨닫기가 어려운 일일세.

> 【원문】禽獸라 하는 것은 웃지하여 禽獸라고 일렀는고. 御化世上 저 사람들 台乃좁은 所見으로 仔細알지 못하나마 不然其然 그려 내여 大綱皂白 傳해주니 이글보고 웃지말고 其然非然 살펴셔라 禽獸라 하는 것은 天地陰陽 그 가운데 造化中에 생겼으되 아는 것이 다른 것은 바이없고 아는바 陰陽交接 相生之理 食色外에 다시없네.

【풀이】 짐승이라 하는 것은 어찌하여 짐승이라 하는 고하니 천지 음양 조화 중에 생겼으되, 아는 것이라고는 먹는 것과 암수가 서로 만나 새끼를 낳는 것뿐이다.

【원문】 그러기로 禽獸라 하는 것은 用心處事 行實없어 上下分別 尊卑없고 老少分間 次序없고 陰陽分別 廉恥없고 저의 父母 血肉타서 出世한 後 기도날도 못 할 때는 天地日月 雨露中에 저의 父母恩德입어 次次次次 자라나서 날기도 날만하고 기기도 길만하면 제 맘대로 行해가네

【풀이】 그러기로 짐승은 마음에서 일어나는 행위를 한바없고, 상하 존비 분별이 없고, 노소차서 없고, 암수분별 염치없고, 자라나면 자기 멋대로 행하나니 이는 천지부모 은덕을 입었으나 이를 알지 못하니 금수(禽獸)라 하느니라.

【원문】 天地陰陽 그 가운데 父母恩德 至中컨만 恩德은 姑舍하고 父母子孫 分別없고 兄弟親戚 磨鍊없어 서로서로 自主權利 제 심대로 主張하여 제 一身만 전여알고 利慾二字 못 이기어 貪心에 貪心나서 서로서로 陰害之心 主張하니 相求之道 있을 손가

【풀이】 천지음양 그 가운데 부모은덕이 크건만 은덕을 모르고 부모자손 형제를 몰라보고 자기 마음대로 자기 뜻만을 주장하며, 자기 몸 하나밖에 모르고 탐심이 생겨나서 남을 음해하니 어찌 그 마음속에 도가 있을 손가?

【원문】 禽獸之行 其然故로 自古以來 이르기를 至愚者 禽獸라 일렀으니 그는 또한 그러하나 最靈者 사람이라 일렀으니 最靈之人 마음 살펴 用心處事 行實보소 天地神靈 生物之心 하날님 前 받는 마음 잃지 않고 굳게 지켜 根本쫓아 施行할제

【풀이】 짐승과 같이 제멋대로 행하는 사람을 어리석은 짐승과 같다 하였다. 그러나 인간은 만물 중에 최령자(最靈者)로 하나님의 심성(心性)을 가졌으니 이를 잘 지켜 하늘의 뜻이 무엇인가 알고 그 뜻대로 행하라.

> 【원문】 太古天地 始判以後 四時盛衰 不遷不易 그 理致와 春秋迭代 造化之理 日月精氣 光明之德 世世明察 하여내서 不失時中 施行하여 億千萬物 이러하되 生物之心 지켜두고 好生之心 나타내여 濟濟蒼生 하여가니 大德敦化 그 가운데 物之主人 사람일세. 이러므로 예로 쫓아 萬物主人 사람 되야 最靈者라

【풀이】 태고에 천지를 창조한 이후부터 사계절의 순환이 있었고, 이는 누구도 바꿀 수 없는 이치이며, 봄과 가을, 해와 달, 어둠과 밝음이 있어 억 천만물이 조화 중에 살아 왔으나 만물의 주인은 사람으로 "최령자(最靈者)"라.

> 【원문】 天地人 三才 미뤄 三綱을 밝혀두고 金木水火土 相生之理 理致따라 五倫之禮 次序알고 東西南北 理致미뤄 春夏秋冬 四時알아

【풀이】 천지인의 이치에 의해 삼강을 밝혀두고, 금목수화토(金木水火土)의 오행의 상생이치에 의해 오륜을 만들었으며, 동서남북, 봄, 여름, 가을, 겨울의 사계절이 있게 되었다. 삼강오륜(三綱五倫)은 천지인(天地人)과 오행(五行)의 이치에 의해 만들어 졌음을 알수 있다.

【원문】 仁義禮智 나타나서 禮義廉恥 지어두고 天尊地卑 그 理致를 男女夫婦 定한 後에 夫和婦順 法을 알고 生而育之 父子之恩 父慈子孝 밝혀두고 同氣連枝 兄弟之恩 一身같이 行해가되 長幼有序 次序알고 敬長之道 실수 없이 施行하며 男女有別 極盡하여 禮義廉恥 그 가운데 元亨利貞 理致따라 義理二字 안 잃고서 仁義道德 닦아 내여 日日時時 施行하면 最靈한 者 그 아닌가.

【풀이】 삼강은 "天(父) + 地(母) = 人(子)" 천지인의 이치에 의해 부부, 부모와 자식 간의 상호 지켜야 할 사항이 담겨져 있음을 알 수 있고, 오행(五行)의 상극 관계를 극복하기 위하여 오륜을 만들었음을 알 수 있다. 따라서 삼강오륜을 잘 지키고 이해하는 것이 인간으로서 하늘의 뜻을 따르는 길이라 전하고 있다. 유교의 삼강오륜과 십오진주, 삼황오제는 같은 뜻이 있음을 알 수 있고, 이는 하도락서의 기본 이치와도 같다.

【원문】 水生木運 理致있어 木德以王 次次되니 다시 生覺 깨달아서 마음 心字 修鍊하여 人倫之道 行해보세 人倫之道 明明其德 失數 않고 行하오면 어진사람 分明하니 最靈之人 그 아닌가.

【풀이】 목운의 운이 차차 오게 될 것이니 지금의 생각을 차츰 바꾸어 가며 마음의 수련을 하라. 최제우 수운선생 만을 생각하고 있는 사람들에게 수생목운(水生木運)의 시대가 오게 됨을 말하고 있다. 삼강오륜을 실수 없이 지키는 것으로 인간의 도리를 다 하라. 삼강오륜과 십오진주는 같은 뜻을 가지고 있음을 참고 할만하다.

【원문】萬物之中 最靈한者 사람이라 예로 쫓아 傳했는데 사람이라 이름하고 外乳亦如 耳目口鼻 다 같으나 內有神靈 五行精氣 마음 心字 修鍊없어 師門盛德 무엇인지 天理節文 모르고서 禮義 廉恥 다 버리고 自行自止 하는 사람 亂法亂道 그 아닌가.

【풀이】 만물 중에 인간이 최령자라 전하여 왔으나, 사람마다 이목구비는 다 똑 같지만 마음속에 오행정기는 다르다. 수도(修道) 없이는 하늘의 이치를 알지 못할 것이며, 예의염치를 다 버리고 제 멋대로 사는 사람은 하늘의 법도를 어지럽게 하는 사람이니라.

【원문】亂法亂道 하는 사람 形體 비록 사람이나 사람 行實 못 行하고 저와 같이 不似하니 도리어 禽獸만도 못 할시라. 理致理字 그러하니 有德한 諸君子는 아무쪼록 生覺하여 이일저일 깨달고서 스승 敎訓 잊지 말고 五行精氣 마음 비워 自古聖人 明明道德 거울같이 밝혀 내여 사람 行實 行해보세

【풀이】 하늘의 법도를 어지럽게 하는 사람도 비록 그 외형은 다른 사람과 같으나 사람행실을 하지 않는 짐승보다 못한 사람이다. 많은 사람들이여 깊이 생각하여 선생이 전하여준 하늘의 법도를 깨달아 마음을 비우고 성인들이 가르쳐 주신대로 사람행실을 다 하여보세.

【원문】이 世上도 天地反覆 다시 되여 北方水氣 그 가운데 禽獸之運 있다하되 水生木運 理致있어 木德以王 하시랴고 明天이 感應하사 弓乙其理 造化로서 首出聖人 하였으니 聖人敎訓 다시 배워 賢人君子 되어보세.

【풀이】 천지의 운이 바뀌게 되니, 짐승 같이 사는 세상사 또한 바뀌게 된다. 다음에 오는 세상은 수운의 세상이 가고 하늘의 뜻에 따라 목운의 세상이 돌아오니 그 이치는 궁을십승(弓乙十勝) 조화니라. 장남의 운으로 오신 성인이 출현하면, 그 성인으로부터 도를 다시 배워 현인군자가 되어보소. 이 글의 원문 집필자(김주희 추정)는 자기의 글이 목덕이왕 성인 출현할 때까지만 필요하게 될 것이라는 생각을 가지고 있었던 것으로 보인다.

【원문】 不願天命 저 사람들 十二諸國 怪疾運數 다시 開闢 돌아오니 웃지하여 免해볼꼬 愛띠하다 愛띠하다 너의 사람 愛띠하다 꿈결같이 가다가서 石火같이 쓰러지니 그 아니 愛띠한가 時運世變 때를 따라 修心正氣 못한 사람 오는 劫運 그러하니 若干 웃지 아는 걸로 各言各知 하들 말고 나의 敎訓 施行해서 安心正氣 修身하여 오는 惡疾 다 免하려고 어진 君子 되어보세

【풀이】 하늘을 거역하는 사람들아 다가오는 괴질운수에 어찌 살런고. 그 때가서 다 쓰러지게 되니 참으로 안타까운 일이로다. 세상이 변하는 것을 알지 못하고 수도를 하지 않는 사람운수 가련하다. 세상사람들아 약간 아는 지식으로 자기주장만 하지 말고, 열심히 수도하여 어진사람이 되어 삼재팔난 괴질운수 때 좋은 운수 맞이하세.

25. 건도문(健道文)

【원문】御化世上 사람들아 健道文을 仔細듣고 깨달아서 再思心定 하여내여 修心修道하여보소 健道文을 仔細보면 開心憂定 할 것이니 精神차려 살피시오 陰陽理氣 相均하사 百千萬物 化生中에 最靈한者 사람일세.

【풀이】세상 사람들아 다시 한 번 생각하여 수도하소. 이글을 자세히 읽어 보면 마음을 다시 정할 수 있을 것이니 정신을 차려 음양의 이치를 살펴보아 만물 중에 사람이 최령(最靈)한 자(者)인 것을 깨달으소.

【원문】御化世上 사람들아 사람이 되었으니 사람 根本 찾아보세 根本二字 무엇인고. 사람 一身 말하자면 天地五行 分明하다 天地五行 理致따라 身體髮膚 形體되고 五行精氣 마음 되어 順隨天理 行道故로 自古聖人 傳한말에 小天이라 일렀나니 웃지하여 小天인고 仔細살펴 比해보소

【풀이】사람의 몸을 말하자면 천지오행으로 되어있고, 천지오행의 이치에 따라 형체가 되고, 오행 정기가 마음이 되었다. 고로 옛 성인들이 전(傳)한 말에 사람은 소천(小天)이라 하였으니 어찌하여 소천(小天)인가 자세히 살펴보소. 사람의 몸과 마음이 그냥 생겨난 것이 아니라 천지음양과 그 정기에 의해 생겨났으니 자세하게 살펴보소.

【원문】 天圓地方 應하여서 太極體로 되었으니 日月精氣 눈이 되고 聰明之氣 귀가되고 呼吸之氣 코가 되고 造化之氣 입이 되여 七星精氣 應해있고 左臂右臂 春夏秋冬 東西南北 應해있고 左手右手와 左足右足 陽旋陰旋은 二十四方을 應해있고 五臟六腑 맑은 氣運은 中央精氣를 擁衛하여 말하고 웃는 것과 一動一靜 隨時行道 하는 바니 都是天地 渾元하신 氣運 五腸이 모신 바로 太陰太陽 盛衰呼吸 動靜之數를 따라 行하는 바라.

【풀이】 하늘과 땅의 조화에 의해서 사람의 몸이 태극체로 되었으니 눈, 코, 입 등과 육체의 모든 기관과 수족이 천지음양과 그 기운으로 되어 조화 중에 살게 되었느니라.

【원문】 이런 故로 天地氣運이 사람에게 먼저 應하여 때를 쫓아 行道를 하는 바로되 氣運이 主張인고로 天地 맑은 氣運은 곧 사람의 마음 心字라

【풀이】 그런고로 천지의 기운이 사람에게 먼저 응하게 된다. 따라서 천지의 기운이 곧 사람의 마음이니라. 마음심자의 위쪽 3점이 천지인의 3점으로 되어있음도 이와 같은 뜻이 있음을 알 수 있다.

【원문】 이런고로 사람 一身이 都是 마음 心字를 依支하였으되 마음 心字는 肉身을 부리는바 되나 니라. 그런고로 사람의 一身은 마음을 依支하고 마음은 一身을 依支하여 서로 暫時도 떠나지 못 하는 바라. 이런 故로 天地氣運이 사람을 應하여서 暫時 떠나지 아니하고 사람은 天地氣運을 따라 暫時도 옮기지 아니함은 天地自然之理也라.

【풀이】 사람의 몸은 마음을 의지 하고, 마음은 육신을 부리게 되어 몸과 마음은 서로 의지하여 잠시도 서로 떠나서는 살 수 없느니라. 천지의 기운이 사람의 마음에 잠시도 떠나지 아니하고, 천지의 기운을 떠나서는 살 수 없음은 천지자연의 이치니라.

【원문】 이러함으로 天地神靈之氣 三綱五倫 禮義廉恥 盛衰之理를 하날님이 사람을 부려 행하는 바어널 斯世之人兮여 胡無知 胡無知리오 然이나 大人은 與天地로 合其德하야 時中二字 밝혀내고 小人은 中無所主하야 不習時中이니라 然이나

【풀이】 천지신령의 기운이 인간의 마음속에 있고, 삼재오행의 조화로 되어있어 하나님이 사람을 부리는 바 된다. 대인의 성품은 곧 천지의 기운과 같아 하늘의 뜻을 깨달으나 소인은 천품이 부족하여 아무리 가르쳐 주어도 깨닫지 못 하느니라.

【원문】 然이나 其意를 論之컨대 天은 水也오 地는 器也오 人은 魚也라 故로 水無하면 器燥하고 器燥하면 魚無하는 바는 다 아는 바라 故로 고기는 물밖에 나가면 살지 못하고 사람은 三綱五倫과 禮義廉恥에 벗어나면 容納지 못하는 바를 自古以來로 거울같이 傳하는바라

【풀이】 그러나 그 뜻을 다시 말하자면 하늘은 물이요, 땅은 그릇이요, 사람은 그 물그릇 속에 사는 고기와 같아서 그릇과 물이 없으면 고기가 살 수 없는 것과 같다. 따라서 사람은 천지오행(삼강오륜)과 예의염치에 벗어나서는 살 수 없나니, 옛날부터 지금까지 전하여 내려오는 바, 우리가 다 알고 있는 바라.

【성경】 마 4:19 말씀하시되 나를 따라오너라. 내가 너희로 사람을 낚는 어부가 되게 하리라 하시니, 마 13:47 또 천국은 마치 바다에 치고 각종 물고기를 모는 그물과 같으니.

【풀이】 예수도 인간을 고기로 비유하신 적이 있다. 말세에는 하나님이 친 그물에 사람이 걸려야 살게 되는데 인간들은 그 그물을 피해서 고기가 도망을 가듯 도망을 가게 되니 참으로 안타까운 일이다. "천국은 마치 바다에 그물을 치고 각종 물고기를 모으는 것과 같으니"는 말세를 당한 사람들에게 보내는 메시지로 매우 적절한 비유이다.

【원문】 弓乙道라 이름하고 이 世上에 創建되니 그 道 理致 알았는가. 그 道 理致 알고 보니 그 道 理致 奇壯하나 天地氣運 運數따라 心性修鍊 하여 내여 時中二字 밝혀내니 奇壯할사 弓乙道로세

【풀이】 "天(弓, 水, 父, 北)+地(乙, 火, 母, 南)=人(弓乙, 木, 子, 東)"의 예언의 원리를 보면 궁을도의 뜻을 알 수 있다. 궁을은 천지음양을 말하고. 궁을선인은 천지음양의 운으로 오신 성인을 말하며, 궁을선인이 가지고 오신 해인삼풍에 의해서 천지가 개벽이 되어 불로불사의 선도가 창건이 된다. 이분을 동방목운, 천자, 정도령, 청림도사라 한다.

【비결】 世人不知火雨露 無穀大豊是三豊 弓乙弓乙何弓乙 天弓地乙是弓乙 一陽一陰亦弓乙 紫霞仙人眞弓乙 <南師古豫言書>

【풀이】 화우로(火雨露) 삼풍생명은 천지인이 합하여 백으로 일체가 되는 뜻을 가지고 있고, 우주만물을 능히 삼풍생명으로 변화시킬

수 있는 하늘의 권세이기도 하다. 하나님은 인간을 부려 뜻을 이루신다는 말씀과 같이, 해인삼풍 또한 사람이 그 권세를 갖게 되는 것이다. 이분을 궁을선인이라 한다. 위의 말씀은 격암유록에 포함된 예언의 글로서 천지의 이치를 기록한 귀중한 예언의 말씀이다.

【비결】能知三神救世主 牛鳴在人弓乙仙 <末運論>

【풀이】 삼신과 삼풍은 같은 하나님의 성령이다. 우명재인(牛鳴在人)과 궁을선인(弓乙仙人)은 같은 분으로 이분이 삼신산 불사약을 가지고 오신 삼풍도사이다. 우명재인은 땅을 상징한 엄마를 말하고, 궁을선인은 사람의 운으로 오신 천자를 뜻한다. 말세의 주인공은 "엄마"의 자격과 "천자"의 자격을 동시에 갖고 오시게 되어있으니 이는 십승(十勝)의 이치와 같다. 이분을 삼신구세주라 한다.

【원문】 御化世上 僉員님네 弓乙道를 하자하면 一身化生 根本이뤄 理致理字 알고 보면 天德恩思 잊을 손가. 사람 行實 그러하니 運數따라 弓乙道를 배우거든 正心正氣 하여 내여 不義之事 行를 말고 一心으로 닦아보소

【풀이】 세상의 어떤 종교도 궁을도 이외는 구원을 줄 수가 없는 것이다. 이와 같은 하늘의 이치를 원문 필자는 정확하게 알고 있었다. 궁을은 십승이며 십승은 곧 생명이다. 궁을은 이긴 자를 뜻하고 이긴 자는 "亞" 자를 뜻한다. 동학 기(旗)의 중앙에 버금아자(亞)가 있음은 그들이 얼마나 위대한 종교관을 갖고 있었는지 알 수 있다. 이긴 자를 찾았거든 바른 마음을 갖고 나쁜 행실을 하지 말 것이며 일심으로 기도하소.

【원문】 남의 말을 秋毫라도 하지 말고 陰害할맘 두지 말고 物慾之心 두지 말고 말을 다 恭順하게 하와 아무 쪼록 다른 사람을 다 和하게 하고 惡한 말은 입에 언찌도 말고 順한 氣運으로 一心을 修鍊하옵소서

【풀이】 남을 털끝만큼도 흉보지 말고 남을 음해하지 말 것이며, 쓸데없는 욕심을 버리고 말은 공손하게 할 것이며, 모든 사람을 화목하게 하고 악한 말을 하지 말 것이며, 순한 하나님의 기운으로 일심을 수련하옵소서.

【비결】 眞人用事海印法 九變九復變易法 <弄弓歌>

【풀이】 해인을 사용하여 만물을 변화시키는 것은 진인이 하시게 된다. 삼풍의 근원은 천백, 지백, 인백으로, 천지인을 하나님의 생명인 백으로 변화시키는 영적물질이라는 뜻이다. "구변구복(九變九復)"은 천지인(3)×천지인(3)의 수의 개념이다. 천에도 천지인이 있고, 땅에도 천지인이 있고, 인간의 마음속에도 천지인이 있다는 뜻이다. 해인삼풍은 천지인의 모든 것을 시간과 공간을 초월하여 새롭게 변화시키는 능력이 있으므로 무궁조화 해인이라 한다. 이것이 구변구복(九變九復)인 것이다.

【비결】 風紀紊亂雜樣世上 十勝大道알아보소. 易理乾坤循環之中 三變九復돌아오네. <松家田>

【풀이】 해인의 무궁조화는 십승지인 이긴 자가 하게 된다. 마귀의 세상을 해인삼풍으로 새롭게 변화시키게 된다. 삼재에 의해 선천, 후천, 중천의 운이 오게 되었으므로 과거, 현재, 미래, 시간과 공간의

개념이 초월되어 일체가 되니 이를 "삼변구복(三變九復)"이라 한다.

【원문】 어느 누가 時勢 따라 廣濟羣生 奉命할고 奉命使者 있지 마는 때 前에야 제 뉘가 알까 아는 사람 없지만은 奉命使者 없을 손가 奉命使者 뉘 실런고. 天必命之 聖人이라 聖人外에 다시 있나<推本修德歌>

【풀이】 과연 어떤 사람이 나타나서 하늘의 뜻을 받들어 새로운 세상을 열어갈고? 하늘의 뜻을 받들어 천지조화를 하는 성인이 있으련만 때가 되지 않았으니 그 성인을 누가알 것인가? 최제우 선생이 화천하신 다음 동학교도 들은 성인이 나타나 새로운 세상을 열어가게 될 것을 믿고, 성인 출현을 기다리고 있는 것이다. 그 성인은 오행으로 목운 청림도사이며 이분을 기다리고 있는 것이다. 천지개벽은 성인이 하게 된다. 하늘 하나님만 처다 보고 있는 타 종교에 비해 상당히 높은 차원의 올바른 신앙관을 가지고 있음은 분명하다.

【비결】 海印用使是眞人 眞木化生變化人<南師古豫言書>

【풀이】 무궁조화는 해인삼풍이다. 해인삼풍은 진인이 출현하여 가지고 오신 무궁조화의 신(神)으로 하늘의 권세인 것이다. 진인은 동방에 출현하신 목운 청림도사이며, 동학교도들은 이 분을 애타게 기다리고 있었던 것으로 보인다.

【성경】 계 2:27 그가 철장(鐵杖)을 가지고 저희를 다스려 질그릇 깨뜨리는 것과 같이 하리라 나도 내 아버지께 받은 것이 그러하니라.

【풀이】 "철장(鐵杖)"은 앞으로 이긴 자가 출현하여 가지고 오실

성신검을 말한다. 철장을 가지고 오실 이긴 자는 예수가 아니라는 뜻이다. 따라서 예수가 구세주로서 다시 재림하여 세상을 새롭게 하는 것이 아니고 앞으로 이긴 자가 출현하여 "철장(鐵杖)"으로 마귀를 멸하고 영생의 세계를 열어가게 됨을 사도요한은 계시록을 통하여 기록을 하였다. 여기서 또 다른 이긴 자 출현은 동학이 말하는 청림도사와 동일한 인물인가에 대해서는 독자들의 판단에 맡긴다.

26. 시운가(時運歌)

> 【원문】風雨霜雪 그 가운데 東西南北 更定해서 角亢氏房 指揮하고 二十四方 造化부쳐 太極道로 둘러노니 變化難測 그 가운데 天地萬物 脫劫되야 開明世界 此世上에 堯舜之風 更定하와 泰平世界 되려니와

【풀이】 "풍우상설(風雨霜雪)"은 지금의 초목이 동절기를 만나 고생하는 것을 비유한 것이며, 이는 만물이 고통을 받고 살고 있음을 말 한 것이다. 사계절이 있는 것과 같은 이치로 동서남북이 있게 되었으나, 이제 천지만물이 새롭게 변화하게 되니 이 모든 것은 다 변하게 된다. 이때를 개명세계 또는 태평세계라 한다.

> 【원문】人心風俗 들러보니 方病大腫 저 사람은 어찌 그리 不似한고 一身重病 안고치고 千萬年 살가해서 富貴虛慾 物慾交蔽 妖惡雜類 各色病이 一身骨肉 漲溢 하되 고칠 마음 專혀없고 五腸經絡 相衝되야 腹中亂雜 일어나서 霜雪風雨 大作하니 怪疾病이 솟아난다 御化世上 사람들아 때 運數 깨달아서 어진 醫員 求하여서 一身重病 다고치고 天下重病 고쳐보세

【풀이】 세상 사람들을 살펴보니 큰 병에 걸린 사람들이 어찌 저리 많은고? 자기 몸에 걸린 중병을 고치지 않고 천년만년 살까 해서 부귀욕심 등 각양각색의 병에 걸려 있도다. 몸 뼛속까지 병이 퍼져있으나 고칠 마음 하지 않네. 그러나 때가 이르게 되면 그 몸 중에 있는 중병 고치기 어려울 것이다. 세상 사람들아 빨리 정신을 차려 그 병

고치는 의원을 구해보소. 이는 세상에 욕심과 갖가지 죄악에서 물든 사람들에게 보내는 경고의 메시지이며 빨리 말세의 진인을 찾아 선약으로 그 마음의 병을 고치라는 뜻이다.

> 【원문】聖賢敎訓 修鍊하와 改過遷善 되게 되면 山水不利 모를손가 山水不利 杳然之氣 알기만 알게 되면 天地造化 無窮이요 萬化道通 自然일세 風雨霜雪 苦海中에 造化없이 어찌하며 勇猛없이 變化할가 馬上寒食 非故地는 이때두고 일음이라 欲歸吾家 게뉘알고 아는 사람 있지마는 塵土中에 묻혔으니 어느 누가 알아볼까 自然때가 되게되면 天下萬國 다 알시라 靑林道士 動出시는 暮春三月 花開時라

【풀이】 선생이 가르쳐준 대로 수도를 하여 지난 과오를 뉘우치게 되면 천지의 무궁조화의 이치를 자연히 깨닫게 될 것이다. 맹장인 진인이 출현하여 조화를 하게 될 것이나 그러한 이치를 아는 사람이 과연 몇이나 될 것인가? 혹시 아는 사람이 있을지라도 세상사람 속에 있으니 어느 누가 알아 볼 것인가? 때가 되면 천하의 사람이 다 알게 될 것이나, 그 때는 청림도사가 출현한 영춘절 춘삼월의 꽃피는 때니라. 그러나 그 때 수도를 하게 되면 이미 때가 늦느니라.

27. 청운거사문동요시호가(靑雲居士聞童謠時乎歌)

【원문】御化世上 저 사람들 無事한 台乃사람 많고 많은 사람 중에 樵童牧竪 時乎時乎 童謠 불러 노래함을 仔細 듣고 數語노래 時乎하니 웃지 말고 比해보소 어리석은 台乃사람 受命于天 받은 마음 天命만 기다리고 때 가는 줄 모르고서 天師聖訓 修鍊하더니 時乎時乎 때가오나 數多牧童 童謠불러 노래 할 때 時乎時乎 불러내어 서로서로 唱和하되 歲月이 如流하여 돌아 간 봄 또 돌아왔네.

【풀이】세상 사람들아 저기 저 어린아이들의 동요소리가 들리지 않는가? 그들의 노래 소리를 비웃지 말고 자세히 들어보소. 어리석은 이 사람 하늘의 명을 받고 천명(天命)만 기다리며 때 가는 줄 모르고 성인의 말씀 따라 수도만하고 있었더니, 아이들이 부르는 저 노래 소리 듣자하니 세월이 흘러 또 봄이 돌아왔음을 알 수 있네.

【원문】이와 같이 時乎하여 四野에 낭자하니 亞磨道 生覺헌데 明明하신 하늘님이 世上사람 때 運數 일깨려고 童謠傳해 時乎時乎 일깨는가. 御化世上 사람들아 이런 童謠 듣더라도 때 運數 모르겠나. 봄이 다시 또 왔으면 木德以王 그 아닌가.

【풀이】이와 같이 아이들의 노래 소리 요란하니 아마도 하늘 님이 세상사람 깨우치려고 노래로서 전해준 것이 아닌가? 세상 사람들아 이런 노래 소리 들어보면 새로운 운수가 오는 것을 모르겠는가? 봄이 또 왔으면 목덕이왕(木德以王) 그 운수 아닌가? 새로운 세상은 목운의 세상임을 말하고 있다. 여기서 봄은 영춘절을 뜻한다.

【원문】木德 旺運 또 왔으니 矢口矢口 烏乙矢口 天皇氏가 降臨한가 伏羲氏가 새로 났나. 하날님이 待臨한가 童謠소리 더욱 좋다. 明明하신 하날님이 時乎時乎 傳하신가 許多牧童 또다시 童謠불러 時乎하되 三角山 第一峰에 鳳鶴이 앉아 춤을 추고 漢江水 깊은 물에 河圖龍馬 또 났다고 서로서로 童謠 불러 唱和하니 生覺하고 生覺한데 노래 소리 말한대도 人力으로 지어내서 못 부르고 明明하신 하날님이 運數대로 때를 따라 時乎時乎 傳해 주면 世上사람 時乎時乎 하는 바라

【풀이】목운 청림도사가 왔으니 좋은 세상이로다. 하나님이 강림하였나! 복희씨가 새로왔나! 기다리는 하나님이 임(臨) 하였나! 노랫소리 더욱 좋다. 이 노랫소리 또한 하나님이 전하여 주었는가? 삼각산 제일봉에 봉학이 춤을 추고 한강수 깊은 물에 "하도용마(河圖龍馬)" 또 났다고 노래 소리 화창하니 아마도 생각한데 사람이 임의로 지어서 부르는 노래가 아니고 하나님이 때를 따라 사람들에게 전해 주면 세상 사람들이 부르게 되는 바라. 용(龍)은 동방목을, 마(馬)는 천상의 하나님을 뜻한다. "용마(龍馬)"는 천지음양 합덕의 이치에 따라 두 분이 아니고 동방청림도사 한 사람을 뜻한다.

【원문】御化世上 사람들아 童謠소리 자주 듣고 生覺하고 깨달아서 順隨天理 時中하세 河圖龍馬 또 났다하니 五行相生 理致 따라 聖人君子 時節인가 三皇五帝 또 낳으려고 矢口矢口 烏乙矢口 때도 좋고 道도좋네 조은시절 當했으니 敬天順天 工夫하여 繼天入極 體天하세

【풀이】세상 사람들아 노래 소리 듣거든 하나님의 이치를 깨닫고 따라보세. 동방목운이 또 났다하니, 이제 성인군자 시절이 되도다.

좋은 시절 만났으니 하나님을 공경하고 공부하여 극락세계 들어가세.

【원문】이와 같이 하자하면 배우지 않고 工夫 없이 되올 손가. 工夫해서 배우자 한들 무엇을 배워 工夫할고. 仔細生覺 깨달으소. 河圖龍馬 난다하니 河圖龍馬 찾아가세 天理馬 온져 그림 天父之形 分明하니 分明한 天父之形 찾아가세

【풀이】이와 같이 하나님을 따르자 하면 공부 없이 되올 손가? 공부해서 무엇을 배울 손가? 자세생각 깨달아서 하도락서 공부하여 "하도용마(河圖龍馬) 찾아가세," 즉, 동방에 출현하신 목운 청림도사를 찾아가는 것이 공부중에 최고의 공부이고, 그분을 찾아 도를 닦는 것이 곧 하나님아버지를 따르는 길이다.

【원문】父母의 높은 形體 높은 뜻을 힘써 배워 하날 父母 好生之心 人間萬物 制造하사 長養成實 하시는 뜻 一一違其 하지 말고 四時循環 때를 따라 至誠地極 받들어서 失數없이 施行하면 하늘 父母 마음 편코 子孫道理 分明하니 사람사람 그리 알고 어서어서 天理馬 져온그림 父母形體 河圖보고 父母뜻을 工夫하세

【풀이】육신의 부모와 같이 하늘부모 또한 만물을 살리려 하니 하루도 잊지 말고 받들어서 하늘부모 마음 편하게 하는 것이 자손도리 다하는 것이다. 하늘부모 뜻을 알려거든 하도(河圖)보고 공부하세.

【원문】하늘 父母 뜻을 나눠 이 世上에 나온 몸이 父母 뜻을 받아 내여 一一施行 아니하면 子孫道理 될 수 있나. 理致理字 그러하니 浩浩茫茫 넓은 天地 많고 많은 世上사람 사람마다 다 각각 저의 父母 하늘님을 生覺하고 다 各各 저의 身勢 生覺커든 부질없이 空老歲月 하지 말고 童謠소리 들었거든 두룩두룩 살펴보소.

【풀이】 부모가 있어 내가 있음과 같이 천지의 이치 또한 부모와 같은 이치이다. 하늘 부모의 은덕으로 태어난 몸이 부모 뜻을 날마다 따르지 않으면 자손의 도리를 다 하지 못함이라. 육신의 부모를 생각하는 것과 같이 하늘 부모를 생각하고 허송세월 보내지 말고, 목덕이 왕 출현에 대한 소리에 귀를 기우리라.

【원문】 九馬當路 時節인가 河圖龍馬 새로 나서 四海八方 넓은 天地 두루두루 往來하며 時乎時乎 일깨우네. 때 運數 그러해도 時運時變 모르겠나? 사람마다 時運時變 알았거든 하늘이 주신 性品 好生之心 至誠無息 修鍊하여 河圖理致 父母 뜻을 一一違其 하지 말고 不失時中 施行하세.

【풀이】 "구마(九馬)" 하늘의 하나님을 뜻한다. "구마당로(九馬當路) 시절(時節)인가"의 뜻은 하늘에 하나님이 인간세상으로 오게 된다는 뜻이다. 이와 같은 이치는 하도락서를 통하여 알 수 있다는 것이다. 그런고로 하도락서를 모르고는 하늘의 이치를 깨닫기가 쉽지 않음을 알 수 있다. 하늘의 이치를 알았거든 하늘이 주신성품을 정성을 다하여 쉬지 말고 잘 닦고, 천지부모의 뜻을 하루도 잊지 말고 행하라.

【원문】 사람사람 이와 같이 違其 않고 施行하면 賢人君子 다 될테니 그리 알고 台乃敎訓 다시 生覺 깨달아서 世上童謠 자주 듣고 때를 따라 天理로서 工夫해서 道成德立 하여보소.

【풀이】 정성을 다하여 수도하고 하나님의 말씀을 잘 지키면 모든 사람이 하나님의 백성이 다될 것이다. 그러니 내가 하는 말을 다시 생각하여 깨닫고 하늘의 이치를 공부하고 때가오는 것을 놓치지 말라.

【원문】 三角山 第一峰에 鳳鶴이 앉아 춤을 춘다하니 노래듣고 理致理字 알았는가? 三角山 말하자면 天地人 三才之德 誠敬信이 그 아니며 鳳鶴이 춤을 춘다하니 賢人君子 興旺時인가 鳳이 날면 君子 되고 鶴이 날면 聖人나서 道와 德을 나타 내여 布德天下 한다하고 自古由來 傳했는데 鳳과 鶴이 같이 나서 춤을 춘다하니 時乎時乎 때 아닌가?

【풀이】 삼각산은 천지인을, 학(鶴)은 성인을 뜻하며, 봉(鳳)은 하나님의 백성인 군자를 뜻함을 알 수 있다. 봉학이 춤을 춘다는 뜻은 우주만물이 하나님의 세계로 변하게 됨을 말한다.

【원문】 時乎時乎 때 왔으니 때를 따라 工夫해서 順隨天理 時中하세 그런 理致 모르고서 金龜洛書 五行相剋 逆數之理 行하던 맘 안 버리고 行하다가는 거의 거의 不知何境 다 될 터이니 子乃 사람 生覺커든 어서어서 때를 따라 어서어서 改過遷善 어서하소.

【풀이】 열심히 공부하여 하나님의 이치를 깨닫고 마음을 잘 닦아 하나님을 거역하는 마음을 갖지 말 것이며, 지난 잘못을 다 뉘우치고 새로운 마음으로 수도하라.

【원문】台乃 말 헛말인가 自古聖人 傳한 말씀 順天者는 興旺하고 逆天者는 亡한다고 ――曉諭 傳했으니 聖人敎訓 傳한바, 부디부디 違其 말고 至誠地極 받들어서 失數 않고 施行해보세 이와 같이 失數 않고 行하자면 河圖龍馬 다시 모셔 사람사람 曉諭하는 師門受學 아니하고 안 될 테니 사람마다 어서 生覺 깨달아서 河圖理致 말씀하고 河圖모셔 傳해주는 師門受學 어서하야 쉬지 말고 工夫해서 繼天入極 體天하여 限量없는 無窮道德 無窮無窮 傳하여서 泰平萬世 하여보세

【풀이】 지금까지 내가 이른 말을 헛말로 듣지 말라. 옛 날부터 내려오는 성인의 말씀 중에 하늘을 거역하는 자는 망한다 하였으니 성인의 말을 잊지 말고 지극정성으로 받들어서 실수(失數) 없이 행하라. 그렇게 되면 목덕이왕(龍馬)을 모실 수 있을 것이다. 그렇더라도 쉬지 말고 공부하여 하도락서의 이치를 깨달아 세상 사람들에게 무궁조화의 도를 전하고, 극락세계 들어가서 영원토록 살아보자.

28. 신실시행가(信實施行歌)

【원문】自古及今 널은 天地 많고 많은 世上사람 서로서로 일컬어서 말을 하지만은 가을이 當해오면 좋다하여 기다리고 바라오되 明明하신 하늘님이 傳해주는 節侯理致 때를 따라 春節이고 夏節이고 秋毫一釐 失時않고 寒暑風雨 相關없이 勸告其力 生覺지 않고 順隨天理 하와서루 折草糞土 많이 해서 深耕易耨 하온 農夫만 가을이 좋을 게지 그리 施行 않은 農夫 가을이 온다한들 좋을 것이 무엇이며

【풀이】봄에 씨앗을 뿌려 잘 가꾼 농부가 가을에 많은 곡식을 추수하여 얻는 것을 세상 사람들이 다 아는 바라. 하나님의 말씀을 하루라도 잊지 말고 잘 지켜, 농부가 퇴비를 많이 주고, 김매기를 잘하여 가을에 많은 곡식을 얻는 것과 같이 하라. 그렇지 않는 사람은 아무리 좋은 가을이 온다 한들 기대할 것이 무엇이 있겠는가? 이는 하나님으로부터 받은 말씀과 생명의 씨앗을 마음속에 잘 가꾸어 인생 추수 가을에 좋은 알곡이 되라는 뜻이다.

【원문】堯舜之世 좋다하고 至今까지 傳해오되 堯舜敎訓 極히배워 堯舜之心 爲心해서 民皆爲 堯舜된이 樂當當을 일렀으니 그런 사람 堯舜之世 좋을 게지 그리 施行 아니하고 제 맘대로 行한사람 좋을 것이 무엇이며

【풀이】요순시대가 좋다 하고 지금까지 전하여 왔으되, 이는 요순의 말씀을 잘 지켜 요순과 같은 마음으로 살게 될 때 좋은 세상이 되

는 것이다. 요순의 말을 듣지 않고 자기마음대로 사는 사람은 요순시대라 하더라도 좋을 것이 없지 않겠는가? 오직 하나님의 말씀대로 사는 자만이 하늘의 세상에서 살게 된다는 것을 가르쳐 주고 있다. 그런고로 속언에 하나님이 인간을 불쌍이 여겨 천국에 데려다 놓고 도망을 가지 못하도록 쇠고랑을 채워도 죄인은 스스로 지옥으로 도망간다는 말이 있는 모양이다.

【원문】自古及今 널은 天下 많고 많은 저 學士들 日日時時 먹는 마음 勸告其力 힘쓰기는 天上龍門 뛰어올라 立身揚名 할 마음으로 서로서로 뜻을 두고 萬科日을 기다리고 바라오되 많고 많은 그 선비가 선비마다 參榜되야 樂當當이 다 될 손가. 허다한 사람 中에 修道修身 極히하여 積善積功 많은 선비 自然之理 天數로서 參榜되야 長樂院 大풍류로 學而時習 勸告其德 있었으니 樂當當을 이룰 것이지 修德修身 없는 선비 學而時習 바이없고 勸告其德 없었으니 萬科日이 돌아온들 좋을 것이 무엇이며

【풀이】옛날부터 지금까지 많은 선비들이 하루도 쉬지 않고 공부하여 과거에 급제하여 출세를 하고자 하나, 그 많고 많은 선비가 다 과거에 급제하여 출세를 할 수는 없는 것이고, 그 중에서 정성지극으로 공부하는 사람은 출세를 하여 즐거움에 살게 된다. 수도 않고 공부 않는 사람은 과거시험의 날이 온다 한들 좋을 것이 무엇이겠는가? 이 말씀은 좋은 세상이 온다 한들 미리준비를 하지 않는 사람은 불쌍하게 된다는 말씀이다.

> 【원문】 夢中같은 저 사람들 제 所謂 推理라고 東國讖書 추켜들고 橫說竪說 하는 말에 己前壬辰 倭亂 때는 利在松松 하여있고 嘉山定州 西賊때는 利在家家 하여있고 至今時節 때 運數 利在弓弓 乙乙之間 말을 하며 寅卯에 事可知니 辰巳에 聖人 出이니 午未에 樂當當이니 重言復言 말을 하나 工夫없는 너의 사람 聖門受學 바이없어 이일저일 많다하되 한 가지도 모르면서 天藏地秘 하온 글 뜻 그 理致를 웃지 알꼬.

【풀이】 꿈속에서 깨어나지 못한 사람들아! 동국참서(비결서)들고 다니며, 임진왜란 이재송송, 가산정주 서적 이재가가, 지금시절 이재궁궁을을이라 하며 중언부언 말을 하나, 성인의 말씀을 배우지 않고 어찌 하늘이 감추어놓은 비밀의 뜻과 그 이치를 알 수 있단 말인가?

"寅卯에 事可知니 辰巳에 聖人出이니 午未에 樂當當이니"의 말씀은 격암유록 末運論에 "寅卯事可知 辰巳聖人出 午未樂當當"의 기록과 한 글자도 틀리지 않는다. 이는 예언을 연구하는 사람들에게는 귀중한 역사적 자료가 될 수 있다고 본다. 말운론에 포함된 위 글 내용이 이미 상당히 오래전부터 전하여 내려왔다는 역사적 가치가 있기 때문이다. 물론 이와 같은 비슷한 내용은 隱秘歌에 "寅卯事可知人覺 三災八難並起時 辰巳聖人出 三時 火中錄水産出降 午未樂當當運世"라고 기록되어있다.

비결서를 연구하는 사람들에게 한 가지 더 흥미로운 것은 "嘉山定州 西賊때는 利在家家 하여 있고"의 말씀이다. 정감비결 삼수비 중 이재가가를 "嘉山定州 西賊 때"로 보고 있다는 점이다. "嘉山定州 西賊 때"는 1811년 12월 18일 홍경래(洪景來)가 평안도에서 일으킨 반란이다. 그러나 격암유록 歌辭總論에는 "赤鼠丙子中運으로

家家之生마쳐있고"라고 적고 있다. "赤鼠丙子中運"은 1636년 12월 8일 청나라가 침략한 병자호란을 말한다. "利在家家"의 때를 두고 위 두 글에서는 다르게 규정하고 있다.

그렇다면 "때 運數 利在弓弓 乙乙之間 말을 하며 寅卯에 事可知니 辰巳에 聖人출이니 午未에 樂當當이니"의 뜻은 무엇인가? "弓弓乙乙"은 하늘과 땅을 뜻하기도 하고, 궁을십승(弓乙十勝)이라 하였으니, 십승 이긴 자 한사람 성인을 뜻하기도 한다. 인묘와 진사는 동방에서 출현하신 성인을 뜻하며, 오행으로는 이분을 목운으로 오신 청림도사라 한다.

따라서 궁궁을을(弓弓乙乙)은 동방에서 출현하신 십승인 목운 성인을 뜻하며, 이분이 출현하면 말세가 된다. 이러한 이치를 하늘이 아무나 알지 못하도록 감추어 놓았으니 이를 "천장지비(天藏地秘)"라 한다.

【원문】 사람사람 弓弓乙乙 論斷하나 그 理致를 알았는가? 아지 못한 노래나마 大綱大綱 들어보소. 先天之數 日精之道 行하는바 弓弓이요. 先天之數 月精之數 行하는바 乙乙이니 二氣미 뤄 合而論之 말하자면 天地日月 造化之氣 明明其德 陰陽進退 四時循環 次序之別 時中時中 行하는바 거의거의 깨달아서 失數 않고 行해가야 利在弓弓 만날테니 子乃사람 높은 工夫 그와 같이 達理했나

【풀이】 궁궁을을은 오래전부터 우리나라에 전하여 내려 왔으나 그 이치가 심오하여 논란의 대상이 되어왔을 뿐만 아니라 시대에 따라서는 종이에다 궁을(弓乙)이란 글씨를 쓴 다음 불살라 먹는 때고 있었다고 한다. 궁궁을을은 천지를 뜻 하고, 십승인을 뜻하므로, 천상

천하의 주인공이 십승인이라는 뜻을 가지고 있다. 따라서 이분이 출현하여 우주만물을 하나님의 생명으로 변화를 시키게 된다. 결과 적으로 궁궁을을은 말세의 성인을 말한다.

【원문】 나도 또한 仔細알지 못하여서 子乃사람 疑心일세 弓弓乙乙 無窮造化 千變萬化 하는 理致 俗言浩而 難言이니 그 理致를 그만 說話 덮어두고 寅卯에 事可知를 말한대도 寅卯는 東方木이 그 아닌가. 도로 先天 回復되야 木德旺運 行하는바 이를 옳게 다 알아야 寅卯事 可知는 뜻 아는 게니 웃지하야 子乃 사람 事可知 알겠는가?

【풀이】 원문 필자도 궁을이 무궁조화의 이치를 담고 있다는 사실을 알고 있었다. 세상만사가 궁궁을을의 이치로 변하게 되나 세상의 말로는 할 수 없는 어려움이 있다고 하였다. 여기서 세상이 변하는 이치는 삼풍의 이치를 깨닫게 되면 쉽게 알 수 있다. 어찌되었든 원문필자는 궁궁을을 주인공이 동방목운이라는 점을 확실하게 알고 있다. 이 분이 출현하여 선천을 회복하게 되며, 이 분이 "목덕왕(木德旺)"이 된다. 이는 목운으로 오신 분이 천상천하의 주인공으로 왕중의 왕이 된다는 뜻이다.

【원문】 사람사람 事可知 말하자면 다른 道理 바이없네 人間萬事 되는바가 天理로서 되는 바니 天地度數 盈虛之理 一一詳考 比하여서 三才五行 고루 갖춰 四大五常 풀어내여 敬天順天 하자하고 一一敎育 하옵시는 聖人敎訓 施行하여 사람마도 事可知를 이룰 것이니 다른 道理 없는 바요

【풀이】 인간의 모든 일들이 하늘의 이치에 의해 되게 되어있다. 하늘의 이치를 깨닫고 하루도 빠짐없이 삼강오륜을 지키고, 하늘을

공경하고 하늘에 순응하라는 성인의 말씀을 시행하면 이는 하늘의 뜻을 행함이 되느니라.

> 【원문】 辰巳聖人 出한다고 世上사람 서로서로 崩騰하게 말을 하나 天皇時節 다시 와서 靑龍福德 持世되야 木德旺運 施行次로 聖人出世 하시지만 웃지하야 사람마다 좋겠는가? 좋을 바를 사람사람 失時않고 施行하면 聖人敎訓 極히배워 一一違其 아니하고 盼咐대로 施行해서 道德君子 되온 사람 聖人出世 하는 날에 좋은 게지

【풀이】 진사성인이 출현한다고 세상 사람들은 서로서로 비슷한 말을 하지만, 목운으로 오신 청림도사가 진사성인으로 오신다 하더라도 사람마다 다 좋을 손가. 성인의 말씀을 하루도 잊지 않고 잘 지켜 시킨 대로 행하는 사람은 좋을 것이다.

> 【원문】 聖人門에 敎訓배운다 말은 하되 敎訓施行 아니하고 勸苦其德 없는 사람 좋을 것이 무엇이며 午未에 樂當當이 온다한들 뜻 모르고 施行없이 가만히 앉아있어도 사람사람 樂當當이 다 될 손가. 나는 都是 모르겠네. 自古聖人 이른 말씀 不勞自得 없다하고 明明이 일렀건만 愛咄하다 저 사람들 聖人이 傳한말씀 秋毫도 생각 않고 亞務所業 바이없어 때 모르고 앉았으니 辰巳午未 때 오기만 기다리고 바란다 말을 하니 虛築防胡 네 아니냐. 넉넉지 않은 그런 생각 두지 말고 다시 生覺 들어보소.

【풀이】 성인의 도를 배운다 말만 하고 성인의 뜻대로 행하지 않는 사람은 무엇이 좋겠는가? 아무리 좋은 세상이 온다 한들 사람의 행실을 다 하지 못한 사람은 복을 받기가 어려울 것이다. 성인이 하신 말씀은 듣지 않고 행하지 않으면서 진사성인 오시기만 기다리고 있

으니 이는 텅빈 뚝방 쌓는 것이 아니겠는가?

> 【원문】 이런 運數 모르고서 寅卯辰巳 午未뜻을 말한다니 工夫 아직 未及하면 웃지웃지 다 알겠나 그런 生覺 두지 말고 聖經賢傳 많이 읽어 敎訓대로 施行하면 修心正氣 自然되어 敬天順天 되는 바니 至誠地極 生覺해서 잊지 말고 施行하소

【풀이】 자기가 해야 하는 수도는 아니 하고, 인묘, 진사, 오미 운에 대한 뜻을 말한다 하니 그 들은 아직 깊은 공부를 하지 않았는데 어찌 그 뜻을 알겠는가? 성인들이 남겨준 글을 많이 읽어 열심히 수도하는 것이 하늘을 공경하고 순응하는 것이다. 이를 잊지 말고 행하라.

29. 지시수덕가(知時修德歌)

【원문】水星火星 幷侵하니 九變九復 때가 온가 靑傀滿庭之月 돌아오나 白楊無芽之時 거의 된가. 九馬當路 時節인가. 辰未己頭 가까오나 허허 世上 可觀일세 浩浩茫茫 넓은 天下 많고 많은 世上사람 開明開明 좋다하고 서로서로 말하더니 開明은 어디가고 兵器進步 서로 하여 風塵世界 이루어서 昏濛天地 되었으니 그런 開明 어디 있노.

【풀이】 우주의 삼라만상(森羅萬象)이 변화되게 되는 이치를 "구변구복(九變九復)"이라 한다. "구변구복(九變九復)"은 청림도사가 가지고 오신 해인삼풍 무궁조화의 신(神)으로 하게 된다. 따라서 "청괴만정지월(靑傀滿庭之月)"의 뜻도 청림도사를 의미한다. 삼라만상(森羅萬象)의 뜻 또한 천목, 지목, 인목이 합하여 삼(森)자가 되었음을 알 수 있고, 이는 우주만물의 주인공이 목운 임을 뜻한다. 이것이 개명이고 개벽이라 할 수 있는 것이다.

【원문】愛叫하다 世上사람 可憐하다 世上사람 그런 開明 모르고서 남이 뛰니 나도 뛴다. 疑心없이 뛰다가서 昏濛天地 들었으니 웃지웃지 하잔 말인고. 하는 道理 없을 테니 天神이나 믿어볼까.

【풀이】 개명의 뜻도 제대로 알지 못하면서 이리 뛰고 저리 뛰고 꿈속에 헤매고 있으니 이 세상을 어찌 하면 좋단 말인가?

【원문】 至今時節 때 運數 말하자면 先天後天 運이 亦是 다했던 가? 도로 先天 回復되어 四正四維 다시 定코 二十四方 變復시 켜 四時循環 施行次로 一一知委 하는 中에 木靑靑이 으뜸이라 그런 運數 모르고서 開明만 한다하면 開明인가?

【풀이】 지금의 때는 선후천이 다 지나고 새로운 선천운이 회복되어 우주의 모든 이치가 변화하는 시기이이다. 이제 돌아오는 운수는 한 사람에게 맡겨져 있으니 동방목운 삼팔의 운수로 오신 청림도사 인데, 그런 이치를 모르고서 천지개벽의 말을 하니 참으로 한심한 일이로다.

【원문】 어리석은 台乃사람 天師聖訓 받아내어 若干若干 記錄 해서 大綱大綱 傳해주니 四海八方 넓은 땅에 많고 많은 저 사람들 仔細보고 科度하여 失數 말고 施行하소 洛書之運 거의가고 河圖다시 回復되어

【풀이】 어리석고 부족한 이 사람이 하늘의 뜻을 받아 약간 기록하여 전하니 세상 사람들아 자세하게 읽고 실수 없이 따라가소. 낙서지운이 다 가고 다시 하도운이 돌아오는 것을 알아라. 원문필자는 하도락서의 원리를 인용하여 새로운 세상이 오게 됨을 말하고 있다.

【원문】 少男少女 禽獸之行 때를 따라 놀던 子質 저 兒이들 坊坊曲曲 늘어서서 自主權利 爲主하야 開明한다 말을 하며 工夫힘써 한다하고 千字떼고 通鑑 읽다 萬國兵戰 일어났으니 어서 바삐 通鑑떼고 經書읽소. 經書를 힘써 읽어 修心正氣 자연 되면 敬天順天 體天 되어 太古淳風 이룰게니 사람사람 뜻있거든 어서어서 經書힘써 많이 읽어 順隨天理 施行하소.

【풀이】 젊은 남녀들이 천지개벽의 말을 하며, 공부를 하여야 한다고 하면서 천자문, 통감만을 읽다가 세계 병란이 일어났으니 이제부터는 서경을 공부하소. 서경공부 힘쓰고 수도하여 마음 닦기를 하게 되면 이는 하늘을 공경하고 하늘에 순응하는 사람이 되어 돌아오는 좋은 세상을 만나게 될 것이니 뜻있는 사람은 이 사람의 말을 듣고 서경을 읽어 하늘의 이치를 알고 행해보소.

【원문】 明明하신 하늘님이 時中時中 때를 따라 敎而行之 하시는 바, 再次之別 仔細아지 못하고서 工夫하면 成功하기 姑舍하고 殃及其身 되는 바니 仔細生覺 깨달아서 經書 읽어 成功하소 그는 또한 그러하나 經書를 말한대도 때를 쫓아 次序있네 後天之數 火德旺運 佛道經書 때 지나고 先天之數 壬子爲始 水旺之節 西道經書 때 지났네. 天理로서 때 運數 다 한 經書 덮어두고

【풀이】 하늘의 뜻을 따라 공부를 하지 못하면 성공하기는 고사하고 그 몸은 재앙을 받게 되는 바니, 자세하게 생각하여 서경을 읽으소. 경전이 있지만 <u>불도의 경전과 서도의 경전은 이미 때가 다 지난 운수를 만났으니 그런 책은 더 이상 읽지 마소.</u> 석가 부처님의 운과 예수의 운이 이미 다하였으므로 불경과 성경을 읽는 것은 말세에 살아남는데 아무런 보탬이 안 된다는 말씀이다.

【원문】 때 運數 時勢따라 旺해오는 經書읽어 成功하세 至今 世上 때 運數 旺해 오는 經書 뜻을 말하자면 天道天德 分明하나 我東方에 우리스승 受命于天 받은 敎訓 大全歌辭 傳한 文闕 東道經書 的實하다.

【풀이】 이제 돌아오는 운수에 맞는 경서를 읽어서 성공하세. 돌아오는 운수를 말하자면, 우리 스승(최제우 선생을 말함)이 하늘의 명

을 받아 기록한 "동도경서(東道經書)"를 읽어보소.

> 【원문】 웃지하여 그러한고. 仔細보고 斟度하소. 後天之數 洛書之理 다 했던가. 도로 先天 回復되어 天皇時節 다시 와서 二十一年 甲申春에 主星回頭 太陽되어 甲申乙酉 井中水에 水雲先生 먼져내사 龍潭水流 四海源 龜嶽春回 一世花明明 其德 더 밝히어 大全歌詞 傳하시고 天地度數 相生之德 水生木運 理致로서 木德旺運 施行次로 六十甲子 그 가운데

【풀이】 하도락서를 자세하게 읽어보고 판단하면, 다시 돌아오는 천황시절이 오게 됨을 알 수 있고, 수운선생이 먼저 출현한 다음 "수생목운 이치(水生木運 理致)로서 목덕왕운(木德旺運)"이 출현을 하게 된다네. 즉, 청림도사가 천황(天皇)으로 출현을 하게 된다는 말이다.

> 【원문】 陰陽平均 石榴木을 다시가려 庚申木에 靑林先生 또 내시고 不意四月 定해두고 左施右施 陰陽之理 弓弓乙乙 無窮造化 千變萬化 그 가운데 九變九復 다시 되어 三才五行 고루 갖춰 元亨利貞 밝혀두고 仁義禮智 풀어내어 四時循環하는 理致 明明하게 들어내어 傳之又傳 傳하옵서

【풀이】 청림도사가 출현하여 "궁궁을을(弓弓乙乙) 무궁조화(無窮造化) 천변만화(千變萬化)"로 삼라만상이 시간과 공간을 초월하여 새롭게 변화하게 된다. 이와 같은 이치를 전하고 또 전하세.

【원문】大全歌詞 더 傳하니 鳥乙矢口 鳥乙矢口 하늘님 前 分付받아 兩位先生 지은 文閥 木德旺運 東道經書 分明하다. 經書理致 그러하니 經書 읽어 工夫한다 하더라도 때 運數 지난 經書 읽지 말고 때 運數 旺해 오는 經書 읽어 順隨天理 成功하세.

【풀이】 양위선생이 지은 동학가사가 있음을 말해주고 있으며, 그 내용 또한 "목덕왕운(木德旺運)"에 대한 기록이 있었음을 알 수 있다. 원문집필자는 "목덕왕운"의 출현에 대한 기록이 있는 경전을 최고의 경전으로 보고 있음이 분명하다. 경서를 읽어 공부를 한다 하여도 <u>하늘의 운이 지나버린 경전은 읽지 말 것을 당부하고 있다.</u>

【원문】 後天經書 時中時 따로 있고 先天經書 時中時 따로 있네. 晝夜理致 다르니 先後天 가는 理致 웃지한들 안 다를까? 古今理致 그러하니 仔細生覺 깨달으소.

【풀이】 돌아오는 운(運)은 선천, 후천이 가고 새로운 중천세계가 오고 있음을 말한다. 따라서 이와 같이 하늘의 세계가 바뀌는 이치를 깨닫지 못하고 있음을 안타까운 심정으로 기록한 글이다.

【원문】 때 모르고 世上사람 黑服斷髮 開明 조타 말을 하나 좋은 開明 맛존 진국 釋迦如來 부처님이 金龜洛書 時中時에 日日時時 다 짜먹고 如干남은 그 진국 예수와 리마도가 이리 뒤적 저리 뒤적 다 짜먹고 바싹 말라 버렸는걸. 至今世上 허다 사람 진국 參預 하는 것과 좋은 開明 맛존 진국 많다한들 三千年 내내두고 부처님이 짜 잡수시고 그 中에 예수 씨가 二千年 거의토록 내내두고 짜먹는 걸 남을 것이 어디 있나.

【풀이】 금구낙서(金龜洛書)는 4,000년전 우왕이 낙수에서 나온 거북등에서 나온 형상을 도표한 것이다. 여기에 나와 있는 하늘의 이치를 석가모니 부처님이 이미 다 이용을 하였고, 이후에 예수와 리마도가 다 써 먹었다. 그러니 지금 세상에 더 이상 써 먹을 것이 어디 남아있겠나?

성경의 천자 구세주 출현과 하도락서를 인용한 격암유록에 나타난 천자 구세주 출현은 같은 이치를 갖고 있다. 그렇다고 성경을 보고 격암유록에 구세주 출현 이치를 기록하였다고 볼 수 없다. 왜냐하면 성경보다는 격암유록에 포함된 예언의 원리가 더 정확하고 수준이 높다는 판단에 서이다. 예언의 원리로 보건데, 구세주는 동방에서 한 사람으로 출현하게 되어있고, 구세주 출현과 더불어 우주만물이 변화하는 이치를 성경보다 훨씬 더 자세하게 논리적으로 기록하였기 때문이다. 분명히 밝히지만 구세주는 두 명일 수는 없다. 이와 같은 이치를 원문집필자는 알고 있었을 것이다. 리마도? 마테오리치(1552~1610)는 이탈리아 사람이며, 예수회의 선교사로 조선으로 건너와 지상천국을 건설하려 했던 사람으로 알려져 있다. 묘지는 베이징시 행정학원 캠퍼스에 있다.

【원문】 꽃도 피고 잎도 피고 萬花方暢 좋은 時節 木德旺運 때 왔으니 春和日煖 더욱 때 運數 그러하니 때를 따라 工夫해서 順隨天理 施行하세 그리 알고 施行하면 사람사람 樂當當이 되려니와 그리 施行 아니하고 釋迦如來 黑服斷髮 開明時인줄 안다더니 耶蘇氏 黑服斷髮 開明旺인줄 안다던지 하게 되면 開明은 姑舍하고 때 運數 逆天되네. 逆天하고 有福할 수 있겠는가?

【풀이】 꽃도 피고 잎도 피는 세상은 지금의 봄을 뜻하는 것이 아니라, 영춘절의 봄을 뜻한다. 그때는 청림의 세계이다. 이러한 이치를 알고 공부를 하여 하늘의 뜻을 따라가세. 그렇게 되면 청림과 더

불어 지상선경의 즐거움 속에서 살게 될 것이다. 만약에 그렇지 않고 석가 부처나 예수가 개벽의 주인공인 줄 알고 따라가게 되면, 이는 역천하는 자로서 하늘을 거역하는 죄를 범하는 자가 되리라. 하늘을 거역하고 어찌 복을 받을 수 있단 말인가?

【원문】理致理字 그러하니 念念不忘 生覺하소 台乃 말 헛말인가? 옛일을 미뤄보면 어찌한덜 어느 누가 모르겠나. 天地始判 磨鍊後에 天皇氏 木德旺運 伏羲氏가 받아 내사 河圖龍馬 가져온 太極 道와 德을 나타내어 傳之又傳 傳하시니 次次次次 聖人聖人 이어나사 明明其德 行해갈제 元亨利貞 그 가운데 三綱五倫 밝혀두고 仁義禮智 그 가운데 四時循環 理致定코 人性之綱 나타내어 順隨天理 하와서륙

【풀이】천지의 이치가 그러하니 생각과 생각을 거듭하여 이내 말이 헛말인가 잘 판단하소. "천황씨 목덕이왕(天皇氏 木德旺運)"에 대한 하늘의 이치는 천지를 창조할 때 이미 정하여진 것으로 이를 용마하도에 담아서 지금까지 전하여 왔고, 성인들이 밝게 풀어놓아 삼강오륜 등에 담아 밝혀두었으니 자세히 깨닫고 하늘의 뜻을 순응하며 따라가라. 천황(天皇)은 성경(계14:1)의 어린 양과 같은 존재를 말한다.

【원문】釋迦如來 부처님 後天運數 命을 받아 火德旺運 施行할제 地道本形 效則하여 黑服斷髮 開明해서 時中따라 行해 온지 三千年 거의되고 耶蘇氏의 黑服斷髮 工開明도 二千年 거의 되니 戌亥子丑 行하는 運 때가 또한 다 지났네. 其理其然 理致로서 새벽달은 너머 가고 東天朝日 높이 떠서 靑天白日 뵈는 光彩 宇宙乾坤 두루 밝혀 嫌疑틈이 없을 테니 때 運數 그러해도 晝夜分別 못 하겠나.

【풀이】 원문집필자는 선천의 시작을 복희씨로부터 석가부처까지로 보고 있고, 후천을 석가 부처이후 3,000년까지로 보고 있다. 그러나 이제 석가운은 물론이고. 예수의 모든 운(運)이 다 지나고, 동방에 청림의 세계가 열리게 됨을 설하고 있다. 청림도사는 우주를 밝게 비추게 될 것이다. 그런고로 우주의 중심은 지구가 됨을 알 수 있고, 청림도사의 머리위에 하나님의 영광의 빛이 발하게 되고 우주 만물은 그 빛과 그 분이 주신 생명수에 의해 살게 된다.

【원문】 사람마도 春日이 困하지만 어서 바삐 꿈을 깨고 잠을 깨소 分別없이 잠만 자고 꿈만 꾸단 不知何境 다 될 테니 子乃身勢 生覺커든 나의 敎訓 傳하는바 스승 敎訓 받은 바니 一一違其하지 말고 誠之又誠 恭敬해서 失數없이 施行하면 道成德立 君子되어 樂當當이 될 것이니 부디부디 잊지 말고 行해보소

【풀이】 사람마다 봄이 올 때는 곤하지만 어서 바삐 꿈을 깨고 잠에서 깨어나소. 때 오는 줄 모르고서 꿈만 꾸고 있다가는 불쌍한 자가 된다. 내가 전한 글은 스승으로부터 받은 바니 하루도 쉬지 말고 정성 또 정성으로 공경하여 실수 없이 도를 닦게 되면 좋은 세상에서 만날 수 있을 것이니 잊지 말고 행해 보소.

천지개벽을 말한다?

제4장
동학가사
(기타)

1. 일위선생불도법(一位先生佛道法)

【원문】 三皇大道밝혀내면 皇極大道 이 아닌가. 無極大道 天皇氏 와 太極大道 地皇氏가 仙佛性心 配合하여 皇極大道 立德하니

【풀이】 "天(無極, 水, 父)＋地(太極, 火, 母)＝人(皇極, 木, 子)"의 예언의 원리와 같은 이치이다.

【원문】 初天二天 깨달아서 三天大德應照하야 以助聖德至極 하면 日後幸福無窮하네 이런 理致 모르고서 自覺自通 한다 하 니 天이 먼저 定한道를 사람마다 自得할꼬

【풀이】 앞으로 오는 세계는 삼천극락 십방세계이다. "天(無極, 水, 父)＋地(太極, 火, 母)＝人(皇極, 木, 子)"이와 같은 이치는 하늘이 정하였기 때문에 깨닫지 못하고서는 인간들이 모두 알기는 쉽지 않다.

【원문】 送舊迎新하여보니 陰去陽來 그 가운데 人間開闢心性 일세 開闢時國初事를 潛心玩味하고보니 枯木逢春시킬게니

【풀이】 지금까지 주관하여온 마귀의 세상은 가게 되는데, 인간의 마음도 개벽이 된다. 마음심자의 위 3점이 모두 백점으로 변하게 된 다. 그러나 이러한 개벽은 "고목봉춘(枯木逢春)"의 때이다. 즉, 청림 도사가 소생하는 춘일에 이루어진다.

2. 일지화발만세가(一枝花發萬世歌)

> 【원문】 一枝花發萬世

　　【풀이】 삼역대경에 음풍지중(陰風之中)에 양풍(陽風)이 자래(自來)하야 만목(萬木)이 일시지즉(一時之則) 일수화발만세춘야(一樹花發萬世春也) 의 말씀과 같은 뜻이다. 한 사람의 재생신으로 세상 모든 만물이 일시에 소생하는 봄을 맞이하게 된다는 뜻이다.

> 【원문】 一根二枝月桂花가 南北으로 갈라서서 東西山에 덮였으니 白楊綠楊分明하다 天道春風忽然吹로 地道山川花草開라

　　【풀이】 한 나무에 두 가지 월계수 꽃이 피었으니 한 가지는 남으로 뻗고, 또, 한 가지는 북으로 뻗는 가지로다. 동남 방향의 산은 푸른 잎을 자랑하지만 북서 방향 산은 잎이 없도다. 하늘의 춘풍 봄바람이 불어오니 온 산천에 꽃이 피도다.

> 【원문】 春三月이돌아오면 白楊無花自然되어 綠楊東風 또 나서서 三月春을이뤄내니 春末夏初當해오면 靑槐滿庭分明토다 一根一樹一氣枝로 一枝黃葉 一枝靑葉 春秋雨色지어내니 靑玉笛黃玉笛에 雌雄으로陰陽되어 左旋右旋弓乙禮로 順數逆數돌아가니 一盛一衰이아닌가 여보시오 修道人들 一門同胞弟子되어 同同學味一般컨만 明明其運各各인고 一枝西去陰氣받고 一枝東去陽氣받아

　　【풀이】 "春三月이 돌아오면"의 뜻은 목운의 운이 돌아오면이라는

뜻이다. "백양무화자연(白楊無花自然)되어"의 뜻은 하늘에 하나님인 금운은 무화과가 되어 꽃을 피우지 못한다는 뜻이다. 이는 목운에 운이 돌아오면 하늘의 금운은 가게 되고 목운(東風)의 기운으로 춘삼월을 맞이하게 된다. 즉, 동풍은 춘풍인고로 목운의 성령의 바람으로 영춘절(永春節)인 삼월(三月)을 맞이하게 된다는 뜻이다. 그 때가 되면 청림도사 목운의 세상이 되는 것을 알게 되니 "청괴만정분명(青槐滿庭分明)토다"라 하는 것이다.

한 뿌리 한 가지에 한 가지는 가을을 맞이하여 단풍으로 물들여 그 운(運)을 다하게 되고 한 가지는 푸른 잎을 자랑하니 한 가지는 성(盛)하고 한 가지는 쇠(衰)하도다. 똑같이 도를 닦지만 한 가지는 순수되고 한 가지는 역수되어 그 운이 각각이로다. 단풍으로 물들인 가지(柯枝)는 서쪽으로 뻗는 가지요, 청청 푸른 가지는 동쪽으로 뻗는 가지이다. 서는 하늘의 금운(金運)인 하나님을 상징하고 청(青)은 동방에서 출현하신 목운(木運)을 뜻 한고로 하늘의 하나님을 믿고 따라가는 사람은 음기(陰氣) 받아 마귀(魔鬼)가 될 것이요, 땅에 출현하신 목운(木運)을 따라가는 사람은 양기(陽氣) 받아 하나님의 백성이 될 것이다. 땅에서 엄마의 자격으로 목운이 출현하여 생명의 젖을 주게 되면 하늘의 아버지는 생명(生命)의 젖을 줄 수 없게 된다. 이와 같이 천운이 바뀌게 되는 것을 깨닫지 못하니 참으로 슬픈 일이로다.

【원문】 陰風之中에 陽風이 自來하야 萬木이 一時之則一樹花 發萬世春也니 <日月星正鑑章>

【풀이】 음풍(陰風)은 북서풍이고 양풍(陽風)은 봄바람과 같은 춘풍을 말한다. 춘풍은 동방의 목운이 가지고 오신 해인삼풍으로 우주만물을 변화시키는 영적 물질이다. 삼팔목운이 춘일을 맞이하여 소

생하면 만목이 일시에 변화하게 된다. 이는 천지개벽을 뜻하며 우주 만물이 일시에 변화하여 만세춘(萬世春)을 맞이하게 된다.

> 【원문】 一枝向西陰氣받아 無花果가되는故로 不得種子不傳이요 一枝向東陽氣받아 有花果가丁寧키로 大得種子德氏받아 遺傳萬歲天下로다 이런 줄을 잘 깨쳐서 西北陽氣좋다말고 東南陽氣받아내어

【풀이】 한 나무에 두 가지가 있게 된다는 뜻이다. 한 가지는 서쪽의 방향을 가리키는 가지이고 다른 한 가지는 동방을 가리키는 가지(柯枝)이다. 서방으로 뻗는 가지는 음기 받아 무화과(無花果)가 되어 열매를 맺지 못하고 마귀가 될 것이며, 동남으로 뻗는 가지는 유화과로 많은 생명을 구 하게 된다. 서방은 하늘의 하나님을 뜻하기도 하고 서방종교를 뜻하기도 한다. 동방 갑을 삼팔목운을 찾지 못하고는 말세에 살아날 수 없음을 알 수 있다. 이와 같은 뜻을 "青槐滿庭之月이요 白楊無芽之日이라", 한다.〈一枝花發萬世歌〉.

> 【원문】 無窮하온 天地人圖 안 배우고 어찌 알며 모른 다고 안배우면 헛것이라 아니 보니 可笑可嘆 이 아닌가. 보고 배우고 듣는 대도 그 속 알기 어렵거든 배우도 않고 自通하세 生以之知 한다하니 孔夫子가 몇 일런가? 生以之知 모두 하여 聖賢天地 되단 말가. 이런生覺 두지 말고 學以之知 힘을 써서 大綱大定 可量後에 시킨 대로 施行해서 逆天이나 하지 말고 順數天意 하였으라

【풀이】 무궁무진한 하늘의 도를 안 배우고 어찌 깨닫겠는가? 배우지 않고 알지도 못하면서 비웃고 탄식하니 안타까운 일이로다. 배우고 또 배워도 그 깊이를 알기가 쉽지 않거늘 자기 스스로 도통하고

다 안다고 하니 태어 날 때부터 깨닫는 자 과연 그런 사람 몇이런가? 배우지 않고 성현군자 된다 하나 그런 생각 하지 말고 공부하기 힘을 써서 도를 깨달아 하나님을 거역하는 일을 하지 말라. "천지인도(天地人圖)"는 하도락서(河圖洛書)로 볼 수 있다. 공부 않고 깨우치지 못하면 자칫 하나님을 거역하게 된다.

【원문】 天皇弓을 손에 들고 地皇矢를 쏘아내어 人皇所布맞춰 보세 百發百中 맞는 화살 九宮造化分明하다

【풀이】 조을시구(鳥乙矢口)의 뜻이 무엇인지에 대하여 잘 나타낸 글이다. 천지음양이 합하여 천자를 낳게 되니 그분이 인황(人皇)이 된다. 인황은 삼팔목운을 말하며 해인삼풍의 무궁조화로 선도의 영춘절 세계를 창건하게 된다.

【비결】 錦繡江山我東方 天下醉氣運回鮮 太古以後初樂道 始發中原槿花鮮 列邦諸民父母國 萬乘天子王之王 <末運歌>

【풀이】 한반도는 부모국으로 천자 왕중의 왕 출현이 있음을 알 수 있다. 창조 이후 처음으로 금강산에 불로불사의 지상선경이 건설된다.

3. 난지역지가(難知易知歌)

> 【원문】於花世上 道人들아 노래 한 장 들어보소. 無極心靈料量하면 天地事가 玄黃해서 難知할듯 하지마는 無極心靈닦어내여 太極心靈되게되면 易知其理分明하다 이러므로 世上事가 難知而猶易하고 易知而難인즐을 깨닫고 깨달아서 明明運回 이天地에 다 같이 밝혀 내여 聖賢君子 筒筒되면 그 아니 烏乙소냐

【풀이】무극을 천궁(天弓)이라 하고 태극은 지을(地乙)이라 한다. 무극은 형체가 없는 것을 말하며, 태극은 형체가 있음을 뜻한다. 인간의 본성은 무극천성으로 육체인 태극에 잠시 머물러 있으면서 영적인 성장을 하게 된다. 불교에서 모든 사람은 성불하면 부처이다, 라고 말하는 것도 같은 뜻으로 볼 수 있을 것이다. 육체 속에서 심령이 성장하면 어렵게 생각한 하늘의 이치를 자연히 알게 된다.

> 【원문】나도 또한 이 世上에 五運六氣 타고 남은 다같이一般이나 兩儀四像品氣해서 陽明氣運 많이 타고 陰暗濁氣적음으로 才勝其德薄福해서 貧賤孤榮困難터니 天運이 循還하사 明明其運 오는 故로 그 氣運을 相應해서 誠之又誠恭敬하여

【풀이】나도 또한 세상 사람들과 다를 바 없으나 하늘의 밝은 기운을 많이 받아 음 기운이 적음으로 다른 사람보다 조금 더 복을 받아 하늘의 이치를 알게 되어 하나님을 정성으로 공경하게 되었다.

【원문】 乾甲坤乙內外되어 河圖洛書天地鏡을 心性中에 비쳐 주니

【풀이】 건갑(乾甲), 곤을(坤乙)의 이치를 알면 백토(白兎)의 뜻을 알 수 있고, 백토(白兎)를 알면 청림(靑林)을 알 수 있다. 건(乾)은 하늘이고 곤(坤)은 땅을 뜻한다. 갑을은 오행으로 목(木)이므로 하늘과 땅 모두 목이 되는 고로 천지 합운에 의해 양목이 되어 청림이 된다. 이는 동방에 목운으로 출현하신 청림도사가 하나님의 보좌에 앉게 되는 이치와 같다. 하도락서는 이와 같은 이치를 담고 있다.

【원문】 河圖洛書天地鏡을 心性中에 비쳐주니 이내 心性道德 富貴 與天地로 同德故로 浮雲같은 世上富貴 石氏之貨 부러워 말며 日宮月宮兩白神靈 吾心靈坮座定하사 日鏡月鏡明明性을 日新日新傳해 주니 師曠聰明 부러하며

【풀이】 하도락서 천지의 이치를 거울같이 마음속에 비추어주니 내 마음은 부자와 같도다. 뜬 구름 같은 세상 부자 석숭공을 부러워 할 것인가? 하나님의 양백신(兩白神)이 내 마음 속에 계셔 하늘의 이치를 하루하루 새롭게 깨닫게 하여주니 내 어떤 스승을 부러워하랴!

【원문】 自古以來隱隱宿病 靈符藥을 下賜故로 一張呑服하고 보니 扁鵲名醫 부러할까 富聰醫를 三合하고 世界事를 바라보니 金錢來穀富家翁과 慾滿虛空聰明士와 言救蒼生醫術人이 會會敎徒 許多하나 眞見其理實情하면 一無濟藥虛張일세 虛粧盛勢저 道類들 外富內貧뉘가 알고 알고보면 가소롭다

【풀이】 지난 세월동안 남 몰래 앓아 오던 병은 영부약으로 고쳐보

니 세상에 어떤 의원이 부러울까! 부귀총명 불사약을 얻고 세상일을 바라보니 돈 많고 욕심 많은 사람들과 말로 세상을 구한다는 사람 허다하나 그 들은 겉으로는 부자이고 마음으로는 가난한 사람인 것을 누가 알까? 깨닫고 보니 참으로 가소롭도다.

부록 (원문집)

차례 ——

제1장 용담유사(龍潭遺詞) ——————————— 233

1. 용담가(龍潭歌:1860) / 233
2. 안심가(安心歌:1860) / 236
3. 교훈가(敎訓歌:1860) / 241
4. 도수사(道修詞:1861) / 248
5. 권학가(勸學歌:1862) / 251
6. 몽중노소문답가(夢中老少問答歌:1861~1862) / 255
7. 도덕가(道德歌:1863) / 258
8. 흥비가(興比歌:1863) / 261
9. 검결(劍訣:1861) / 264

제2장 궁을가(용호대사 편) ——————————— 265

1. 임하유서(林下遺書) / 265
2. 궁을가(弓乙歌) / 269

제3장 동학가사(김주희 편) ——————————— 273

1. 송구영신가(送舊迎新歌)·A / 273
2. 송구영신가(送舊迎新歌)·B / 276
3. 창가(昌歌) / 280
4. 직분가(職分歌) / 283
5. 삼경대명가(三警大明歌) / 291
6. 지시안심가(知時安心歌) / 295
7. 지본일신가(知本一身歌) / 297

부록 (원문집)

8. 상작서(上作書) / 307
9. 몽중운동가(夢中運動歌) / 310
10. 태전가사(太田歌辭) / 312
11. 경세가(警世歌) / 314
12. 궁을신화가(弓乙信和歌) / 317
13. 안심치덕가(安心致德歌) / 327
14. 천지부부 도덕가(天地夫婦 道德歌) / 336
15. 해동가(海東歌) / 340
16. 명운가(明運歌) / 344
17. 금강산 운수동 궁을선사 몽중사답칠두가
    (金剛山 雲水洞 弓乙仙師 夢中寺畓七斗歌) / 348
18. 산수원경가(山水玩景歌) / 350
19. 관시가(觀時歌) / 353
20. 신심시경가(信心時景歌) / 355
21. 지본수련가(知本修鍊歌) / 366
22. 몽각명심가(夢覺明心歌) / 370
23. 시절가(時節歌) / 373
24. 심성화류가(心性和流歌) / 376
25. 건도문(健道文) / 381
26. 시운가(時運歌) / 383
27. 청운거사문동요시호가(靑雲居士聞童謠時乎歌) / 385
28. 신실시행가(信實施行歌) / 388
29. 지시수덕가(知時修德歌) / 392

차례

    30. 치덕문(致德文) / 396

제4장 동학가사(기타) ─────────────── 399
    1. 일위선생불도법(一位先生佛道法) / 399
    2. 일지화발만세가(一枝花發萬世歌) / 402
    3. 난지역지가(難知易知歌) / 408

기타(특별부록) ─────────────────── 409
    선천하도와 십승 / 410
    삼천극락 십방세계(지상선경) / 411
    팔괘의 상징도와 덕의순서 / 411
    천지합운도표 / 412
    하도락서 / 413

제1장 용담유사

1. 용담가(龍潭歌 : 1860)

제일절(第一節)

　국호(國號)는 조선(朝鮮)이오 읍호(邑號)는 경주(慶州)로다 성호(城號)는 월성(月城)이요 수명(水名)은 문수(文汶)로다 기자(箕子)때 왕도(王都)로서 일천년 아닐런가 동도(東都)는 고국이오 한양(漢陽)은 신부(新府)로다 아동방(我東方) 생긴 후에 이런 왕도 또 있는가. 수세(水勢)도 좋거니와 산기(山氣)도 좋을시고 금오(金鰲)는 남산(南山)이오 구미(龜尾)는 서산(西山)이라 봉황대(鳳凰臺) 높은 봉은 봉거대공(鳳去臺空) 하여있고 첨성대(瞻星臺) 높은탑은 월성을 지켜있고 청옥적(靑玉笛) 황옥적(黃玉笛)은 자웅(雌雄)으로 지켜있고 일천년 신라국은 소리를 지켜 내내 어화세상(御化世上) 사람들아 이런 승지(勝地) 구경하소
　동읍삼산(東邑三山) 볼작시면 신선(神仙)없기 괴이(怪異)하다 서읍주산(西邑主山) 있었으니 추로지풍(鄒魯之風) 없을소냐 어화세상(御化世上) 사람들아 고도강산 구경하소 인걸은 지령(地靈)이라 명현(名賢)달사(達士) 아니날까 하물며 구미산(龜尾山)은 동도지주산(東都之主山) 일세 곤륜산(崑崙山) 일지맥(一枝脈)은 중화(中華)로 벌여있고 아동방(我東方) 구미산(龜尾山)은 소중화(小中華) 생겼구나 어화세상(御化世上) 사람들아 나도 또한 출세 후에 고도(故都) 강산(江山) 지켜내어 세세유전 아닐런가.

제이절(第二節)

　기장(奇壯)하다 기장(奇壯)하다 구미산기(龜尾山氣) 기장하다 거룩한 가암(佳岩) 최씨 복덕산(福德山) 아닐런가 구미산(龜尾山) 생긴후에 우리선조 나셨구나 산음(山陰)인가 수음(水陰) 인가 위국(爲國)충신(忠臣) 기장하다 가련하다 가련하다 우리부친 가련하다 구미용담(龜尾龍潭) 좋은 승지(勝地) 도덕문장 닦아내어 산음(山陰)수음(水陰) 알지마는 입신양명(立身揚名) 못하시고 구미산하(龜尾山下) 일정각(一亭閣)을 용담(龍潭)이라 이름하고 산림(山林)처사(處士) 일포의(一布衣)로 후세에 전탄말가 가련하다 가련하다 이내 가운 가련하다

　나도 또한 출세후로 득죄부모 아닐런가 불효불효 못면하니 적세(積世) 원울(怨鬱) 아닐런가 불우시지남아(不愚時之男兒) 로서 허송세월 하였구나 인간만사 행하다가 거연(居然)사십 되었더라 사십평생 이뿐인가 무가내(無可奈)라 할 길 없다 구미용담(龜尾龍潭) 찾아오니 흐르나니 물소리요 높으나니 산이로세 좌우(左右)산천(山川) 둘러보니 산수는 의구하고 초목은 함정(含情)하니 불효한 이내마음 그 아니 슬플소냐 오작(烏鵲)은 날아들어 조롱을 하는 듯고 송백(松柏)은 울을(鬱鬱)하여 정절(貞節)을 지켜내니 불효한 이내마음 비감(悲感)회심(悔心) 절로난다 가련하다 이내(台乃)부친 여경(餘慶)인들 없을소냐

제삼절(第三節)

　처자불러 효유(曉諭)하고 이러그럭 지내나니 천은(天恩)이 망극(罔極)하여 경신(庚申)사월 초오일에 글로 어찌 기록하며 말로 어찌 형언(形言)할까 만고 없는 무극대도(無極大道) 여몽여각(如夢如覺) 득도(得道)로다 기장(奇壯)하다 기장하다 이내(台乃)운수(運數) 기장하다 한울님 하신말씀 개벽(開闢)후 오만년에 네가 또한 첨이로다.

나도 또한 개벽이후 노이무공(勞而無功) 하다가서 너를 만나 성공하니 나도 성공 너도 득의(得意) 너희집안 운수로다 이말씀 들은 후에 심독희(心獨喜) 자부로다 어화세상(御化世上) 사람들아 무극지운(無極之運) 닥친 줄을 너희 어찌 알까보냐 기장하다 기장하다 이내운수 기장하다

구미산수(龜尾山水) 좋은 승지(勝地) 무극대도(無極大道) 닦아내니 오만년지운수(五萬年之運數) 로다 만세일지장부(萬世一之丈夫) 로서 조을시구(鳥乙矢口) 조을시구(鳥乙矢口) 이내(台乃)신명(神命) 조을시구(鳥乙矢口) 구미산수(龜尾山水) 좋은 풍경(風景) 물형(物形)으로 생겼다가 이내(台乃) 운수(運數) 마쳤도다.

제사절(第四節)

지지엽엽(枝枝葉葉) 좋은 풍경 군자낙지(君子樂地) 아닐런가 일천지하(一天之下) 명승지로 만학천봉(萬壑千峰) 기암괴석(奇巖怪石) 산마다 이러하며 억조창생(億兆蒼生) 많은 사람 사람마다 이러할까 조을시구(鳥乙矢口) 조을시구(鳥乙矢口) 이내신명(台乃身命) 조을시구(鳥乙矢口) 구미산수(龜尾山水) 좋은 풍경(風景) 아무리 좋다 해도 나아니면 이러하며 나 아니면 이런 산수 아동방(我東方) 있을 소냐.

나도 또한 신선(神仙)이라 비상천(飛上天) 한다 해도 이내선경(台乃仙境) 구미용담(龜尾龍潭) 다시보기 어렵도다. 천만년 지내온들 아니 잊자 맹서(盟誓)해도 무심(無心)한 구미용담(龜尾龍潭) 평지(平地)되기 애달(愛呾) 하다.

2. 안심가(安心歌:1860)

제일절(第一節)
　현숙한 내 집 부녀 이 글보고 안심(安心)하소 대저 생령(生靈) 초목군생(草木群生) 사생재천(死生在天) 아닐런가 하물며 만물지중(萬物之中) 유인(唯人)이 최령(崔靈)일세 나도 또한 한울님께 명복(命福)받아 출세하여 자아시(自兒時) 지낸 일을 역력히 헤어보니 첩첩(疊疊)이 험한 일을 당코나니 고생(苦生)일세 이도역시 천정(天定)이라 무가내(無可奈)라 할 길 없네 그 모르는 처자들은 유의유식(有依有食) 귀공자를 흠선(欽羨)해서 하는 말이 신선인가 사람인가 일천지하(一天之下) 생긴 몸이 어찌 저리 갈잖은고 앙천탄식(仰天歎息) 하는 말을 듣고 나니 한숨이요 듣고 나니 눈물이라 내역시 하는 말이 비감회심(悲感懷心) 두지 말고 내말 잠간(暫間) 들었어라
　호천금궐(昊天金闕) 상제(上帝)님도 불택선악(不擇善惡) 하신다네 자조정(自朝廷) 공경이하(公卿以下) 한울님께 명복받아 부귀자는 공경이오 빈천자는 백성이라 우리 역시(亦是) 빈천자로 초야에 자라나서 유의유식(有依有食) 귀공자는 앙망불급(仰望不及) 아닐런가 복록(福祿)은 다 버리고 구설앙화(口舌殃禍) 무섭더라 졸부귀(猝富貴) 불상(不祥)이라 만고유전 아닐런가 공부자 하신 말씀 안빈락도 내아닌가 우리라 무슨 팔자 고진감래(苦盡甘來) 없을소냐 흥진비래(興盡悲來) 무섭더라 한탄(恨歎)말고

제이절(第二節)
　이럭그럭 지내나니 거연(居然)사십 되었더라 사십평생 이뿐인가 무가내(無可奈)라 할 길 없네 가련하다 우리 부친 구미산정(龜尾山

亭) 지을 때에 날 주려고 지었던가 할길 없어 무가내(無可奈)라 천불생(天不生) 무록지인(無祿之人)이라 이 말이 그 말인가 곰곰히 생각하니 이 도 역시(亦是) 천정(天定)일세 한울님이 정했으니 반수기앙(反受其殃) 무섭더라 무정세월 여류파(如流波)라 칠팔삭 지내나니 사월(四月)이라 초오일(初五日)에 꿈일런가 잠일런가

천지가 아득해서 정신수습 못할터라 공중에서 웨는 소리 천지가 진동할 때 집안사람 거동보소 경황실색 하는 말이 애고 애고 내 팔자야 무슨 일로 이러 한고 애고 애고 사람들아 약도 사 못해볼까 침침칠야(沈沈漆夜) 검은 밤에 누굴 대해 이 말 할고 경황실색 우는 자식 구석마다 끼어있고 댁의 거동 볼작시면 자방머리 행주치마 엎어지며 자빠지며 종종걸음 한참 할 때 공중에서 웨는 소리 물구물공(勿懼勿恐) 하였어라 호천금궐(昊天金闕) 상제(上帝)님을 네가 어찌 알까보냐 초야에 묻힌 인생 이리될 줄 알았던가.

개벽시 국초일(國初日)을 만지장서 내리시고 십이제국(十二諸國) 다 버리고 아국운수(我國運數) 먼저 하네 그럭저럭 창황실색(倉惶失色) 정신수습 되었더라.

제삼절(第三節)

그럭저럭 장등달야(長燈達夜) 백지펴라 분부(盼咐) 하네 창황실색(倉惶失色) 할 길 없어 백지펴고 붓을 드니 생전 못 본 물형부(物形符)가 종이위에 완연(宛然)터라 나 역시(亦是) 정신없어 처자 불러 묻는 말이 이 웬일고 저런 부(符) 더러 본고 자식의 하는 말이 아버님 이 웬일꼬 정신수습 하옵소서 백지 펴고 붓을 드니 물형부(物形符) 있단 말씀 그도 또한 혼미로다.

애고애고 어머님아 우리신명 이 웬일꼬 아버님 거동보소 저런 말씀 어디 있소 모자(母子)가 마주앉아 수파통곡(手把痛哭) 한창 할 때 한울님 하신말씀 지각없는 인생들아 삼신산(三神山) 불사약(不死藥)을 사람마다 볼까보냐 미련한 이 인생아 네가 다시 그려내서

그릇 안에 살라두고 냉수 일배 떠다가서 일장탄복(一張吞腹) 하였어라 이 말씀 들은 후에 바삐 한 장 그려내어 물에 타서 먹어보니 무성무취(無聲無臭) 다시없고 무자미지(無滋味之) 특심(特心)이라 그럭저럭 먹은 부(符)가 수 백 장이 되었더라 칠팔삭 지내나니 가는 몸이 굵어지고 검던 낯이 희어지니 어화세상(御化世上) 사람들아 선풍도골(仙風道骨) 내 아닌가. 조을시구(鳥乙矢口) 조을시구(鳥乙矢口) 불로불사 하단말가 만승천자(萬乘天子) 진시황(秦始皇)도 여산하(驪山下)에 누워있고 한무제(漢武帝) 승로반(昇露盤)도 웃음바탕 되었더라

　조을시구(鳥乙矢口) 조을시구(鳥乙矢口) 이내(台乃)신명 조을시구(鳥乙矢口) 영세무궁(永世無窮) 하단말가 조을시구(鳥乙矢口) 조을시구(鳥乙矢口) 금을 준들 바꿀소냐 은을 준들 바꿀소냐 진시황 한무제가 무엇없어 죽었던고 내가그때 알았더면 불사약(不死藥)을 손에 들고 조롱만상(嘲弄萬狀) 하올 것을 늦게 낳아 한(恨)이로다 조을시구(鳥乙矢口) 조을시구(鳥乙矢口) 이내신명 좋을시고

　제사절(第四節)
　그 모르는 세상사람 한 장다오 두장다오 빈들빈들 하는 말이 저리되면 신선인가 칙칙한 세상사람 승기자(勝己者) 싫어 할 줄 어찌 그리 알았던고 답답해도 할 길 없다. 나도 또한 한울님께 분부(盼咐) 받아 그린 부(符)를 금수 같은 너희 몸에 불사약이 미칠소냐 가소롭다 가소롭다 너희 음해(陰害) 가소롭다

　신무소범(身無所犯) 나뿐이다 면무참색(面無慚色) 네가알까 애달하다 애달하다 너희음해 애달하다 우리야 저럴진대 머지않은 저 세월에 괴질바랄 정이없어 뛰고 보고 먹고보세 요악한 그 인물이 할 말이 바이없어 서학(西學)이라 이름하고 온 동네 웨는 말이 사망(邪妄)한 저 인물이 서학에나 싸잡힐까 그 모르는 세상 사람 그것이 말이라고 추켜들고 하는 말이 용담(龍潭)에는 명인 나서 범도 되고

용도 되고 서학에는 용터라고 종종걸음 치는 말을 역력히 못할네라 거룩한 내 집부녀 이 글보고 안심하소

　소위 서학(西學) 하는 사람 암만 봐도 명인 없데 서학이라 이름하고 내 몸 발천(拔薦)하였던가 초야에 묻힌 사람 나도 또한 원이로다 한울님께 받은 재주 만병회춘(萬病回春) 되지마는 이내몸 발천(拔薦)되면 한울님이 주실런가 주시기만 줄작시면 편작(扁鵲)이 다시와도 이내 선약(仙藥) 당할소냐 만세명인(萬世名人) 나뿐이다

　제오절(第五節)
　가련하다 가련하다 아국운수(我國運數) 가련하다 전세임진(前歲壬辰) 몇해런고 二四 아닐런가 십이제국(十二諸國) 괴질운수(怪疾運數) 다시개벽 아닐런가 요순성세(堯舜聖世) 다시와서 국태민안 되지마는 기험(奇險)하다 기험하다 아국운수(我國運數) 기험하다 개 같은 왜적놈아 너희신명 돌아보라

　너희 역시 하륙(下陸)해서 무슨 은덕 있었던고 전세임진(前歲壬辰) 그때라도 오성(鰲城) 한음(漢陰) 없었으면 옥새(玉璽) 보전(保全) 뉘가할까 아국(我國)명현(名賢) 다시없다 나도 또한 한울님께 옥새보전 봉명하네 무병지란(無兵之亂) 지낸 후에 살아나는 인생들은 한울님께 복록정해 수명을랑 내게 비네 내 나라 무슨 운수 그다지 기험하고 거룩한 내집 부녀 자세보고 안심하소

　개 같은 왜적 놈이 전세임진(前歲壬辰) 왔다가서 슬 싼일 못했다고 쇠슬로 안 먹는 줄 세상사람 뉘가 알까 그 역시 원수로다 만고(萬古)충신(忠臣) 김덕령(金德齡)이 그때 벌써 살았으면 이런 일이 왜있을고 소인참소(小仁讒訴) 기험하다 불과 삼삭 마칠 것을 八年 지체(遲滯) 무삼일꼬 나도 또한 신선으로 이런 풍진 무삼일꼬 나도 또한 한울님께 신선이라 봉명해도 이런 고생 다시없다

　세상 음해(陰害) 다 했더라 기장하다 기장하다 내집 부녀 기장하다 내가또한 신선되어 비상천(飛上天) 한다 해도 개 같은 왜적 놈을

한울님께 조화받아 일야간(一夜間)에 멸하고서 전지무궁(傳之無窮) 하여놓고 대보단(大報壇)에 맹세하고 한이(漢夷) 원수 갚아보세 중수한 한이비각(漢夷碑閣) 헐고 나니 초개(草芥)같고 붓고 나니 박산(撲散)일세 이런 걱정 모르고서 요약한 세상사람 늘로 대해 이 말하노.

우리선조 협천(陜川) 땅에 공덕비를 높이 세워 만고유전(萬古遺傳) 하여보세 송백(松柏)같은 이내절개 금석(金石)으로 세울줄을 세상사람 누가알꼬 애달(愛呾)다 저인물이 늘로 대해 음해하노 요악한 저 인물이 늘로 대해 저말 하노 한울님이 내몸 내어 아국운수 보전하네

그말 저말 듣지말고 거룩한 내집 부녀 근심말고 안심하소 이 가사(歌詞) 외워내서 춘삼월(春三月) 호시절(好時節)에 태평가(太平歌) 불러보세

3. 교훈가(敎訓歌, 1860)

제일절(第一節)

왈이자질(曰爾子姪) 아이들아 경수차서(敬受此書) 하였어라 너희도 이 세상(世上)에 오행(五行)으로 생겨나서 삼강(三綱)을 법(法)을 삼고 오륜(五倫)에 참여해서 이십(二十)살 자라나니 성문고족(盛門孤族) 이내집안 병숭(病祟) 없는 너희거동 보고나니 경사로다 소업(所業) 없이 길러내니 일희일비(一喜一悲) 아닐런가

내 역시 이 세상에 자아시(自兒時) 지낸 일을 역력히 생각하니 대저인간 백천만사(百千萬事) 행코나니 그뿐이오 겪고 나니 고생일세 그중에 한가지도 소업(所業) 성공(成功) 바이없어 흉중에 품은회포 일소일파(一笑一罷) 하온후에 이내신명(台乃身命) 돌아보니 나이이미 사십(四十)이오 세상풍속 돌아보니 여차여차 우여차(又如此)라 아서라 이내신명 이밖에 다시없다

구미용담(龜尾龍潭) 찾아들어 중한맹세 다시하고 부처(夫妻)가 마주앉아 탄식하고 하는 말이 대장부 사십(四十)평생 하염없이 지냈나니 이제야 할길없네

자호(字號)이름 다시지어 불출산외(不出山外) 맹세하니 기의심장(其意深長) 아닐런가 슬프다 이내신명 이리될 줄 알았으면 유산은 고사하고 부모님께 받은 세업 근력기중(勤力其中) 하였으면 악의악식(惡衣惡食) 면치마는 경륜(經綸) 이나 있는 듯이 효박한 이 세상에 혼자앉아 탄식하고 그럭저럭 하다가서 탕패(蕩敗) 산업(産業) 되었으니 원망도 쓸데없고 한탄도 쓸데없네.

여필종부 아닐런가 자네 역시 자아시(自兒時)로 호의호식 하던 말을 일시도 아니 말면 부화부순(夫和婦順) 무엇이며 강보(襁褓)의 어린자식 불인지사(不忍之事) 아닐런가 그말저말 다던지고 차차차

차 지내보세 천생(天生)만민(萬民)하였으니 필수기직(必授其職) 할 것이오 명내재천(命乃在天) 하였으니 죽을 염려 왜있으며 한울님이 사람낼 때 녹없이는 아니내네 우리라

무슨 팔자 그다지 기험할고 부하고 귀한사람 이전세상 빈천이오 빈하고 천한사람 오는 시절 부귀로세 천운(天運)이 순환하사 무왕불복(無往不復) 하시나니 그러나 이내 집은 적선(積善)적덕(積德) 하온공은 자전자시(自前自是) 고연(固然)이라 여경(餘慶)인들 없을소냐 세세(世世)유전(遺傳) 착한마음 잃지말고 지켜내어 안빈락도 하온후에 수신제가 하여보세

아무리 세상사람 비방하고 원망말을 청이불문(聽而不聞) 하여두고 불의지사(不意之事) 흉한빛을 시지불견(視之不見) 하여두고 어린자식 효유(曉諭)해서 매매사사 교훈하여 어진일을 본을받아 가정지업(家庭之業) 지켜내면 그 아니 낙일런가

제이절(第二節)
이럭그럭 안심해서 칠팔삭 지내나니 꿈일런가 잠일런가 무극대도(無極大道) 받아내어 정심수신 하온 후에 다시앉아 생각하니 우리 집안 여경(餘慶)인가 순환지리(循環之理) 회복인가 어찌이리 망극한고 전만고(前萬古) 후만고(後萬古)를 역력히 생각해도 글도 없고 말도 없네 대저 생령(生靈) 많은 사람사람 없어 이러한가 유도(儒道)불도(佛道) 누천년에 운이 역시 다 했던가

윤회(輪回)같이 돌린 운수 내가 어찌 받았으며 억조창생(億兆蒼生) 많은 사람 내가 어찌 높았으며 한세상 없는 사람 내가 어찌 있었던고 아마도 이내일은 잠자다가 얻었던가 꿈꾸다가 받았던가 측량치 못할네라 사람을 가렸으면 나만 못한 사람이며 재질을 가렸으면 나만 못한 재질이며 만단의아(萬端疑訝) 두지마는 한울님이 정하시니 무가내라 할길없네

사양지심(辭讓之心) 있지마는 어디가서 사양하며 문의지심(問議

之心) 있지마는 어디가서 문의하며 편언척자(片言隻字) 없는 법을 어디가서 본을볼고 묵묵부답(默默不答) 생각하니 고친 자호(子號) 방불하고 어린 듯이 앉았으니 고친 이름 분명하다 그럭저럭 할 길 없어 없는 정신 가다듬어 한울님께 아뢰오니 한울님 하신말씀 너도 역시 사람이라 무엇을 알았으며 억조창생(億兆蒼生) 많은 사람 동귀일체(同歸一體) 하는 줄을 사십평생 알았더냐

 우습다 자네사람 백천만사 행할 때는 무슨 뜻을 그러하며 입산한 그날부터 자호(子號)이름 고칠 때는 무슨 뜻을 그러한고 소위 입춘(立春) 비는 말은 복록은 아니빌고 무슨 경륜(經綸) 포부(抱負)있어 세간중인(世間衆人) 부동귀(不同歸)라 의심 없이 지어내어 완연히 불여두니 세상사람 구경할때 자네마음 어떻던고 그런 비위(脾胃) 어디두고 만고(萬古) 없는 무극대도(無極大道) 받아놓고 자랑하니 그 아니 개자한가 세상사람 돌아보니 많고 많은 그 사람에 인지재질(人之才質) 가려내어 총명 노둔(魯鈍) 무엇이며 세상사람 저러하여 의아(疑訝)탄식(歎息) 무엇인고 남만 못한 사람인줄 네가 어찌 알았으며 남만 못한 재질인줄 네가 어찌 알잔말고 그런 소리 말아 어라

 낙지이후(落地以後) 첨이로다 착한운수 들러놓고 포태지수(胞胎之數) 정해내어 자아시(自兒時) 자라날 때 어느 일을 내 모르며 격치(格致) 만물(萬物) 하는 법과 백천만사 행하기를 조화중에 시켰으니 출등인물(出等人物) 하는 이는 비비유지(比比有之) 아닐런가 지각없는 세상사람 원한 듯이 하는 말이 아무는 이 세상에 재승박덕(才勝薄德) 아닐런가 세전산업(世傳産業) 탕패(蕩敗)하고 구미용담(龜尾龍潭) 일정각(一亭閣)에 불출산외(不出山外) 하는 뜻은 알다가도 모를네라

 가난한 저 세정에 세상사람 한데 섞여 아유구용(阿諛苟容) 한다해도 처자(妻子)보명(保命) 모르고서 가정지업(家庭之業) 지켜내어 안빈낙도(安貧樂道) 한단말은 가소절장(可笑節腸) 아닐런가 이말저

말 붕등(崩騰)해도 내가알지 네가알까 그런생각 두지말고 정심수도(正心修道) 하였어라 시킨대로 시행(施行)해서 차차차차(次次次次) 가르치면 무궁조화(無窮造化) 다 던지고 포덕천하(布德天下) 할것이니 차제도법(次第道法) 그뿐일세 법을 정(定)코 글을지어 입도한 세상사람 그날부터 군자되어 무위이화(無爲而化) 될것이니 지상신선(地上神仙) 네아니냐

제삼절(第三節)
이 말씀 들은후에 심독희(心獨喜) 자부(自負)로다 그제야 이날부터 부처가 마주앉아 이말 저말 다한 후에 희희낙담 그 뿐일세 이제는 자네듣소 이내몸이 이리되니 자소시(自小時) 하던 장난 여광여취(如狂如醉) 아닐런가 내 역시 하던 말이 헛말이 옳게 되니 남아 역시 출세 후에 장난도 할 것이오 헛말인들 아니할까
자네 마음 어떻던고 노처(老妻)의 거동(擧動)보소 묻는 말은 대답잖고 무릎안고 입 다시며 세상소리 서너마디 근근히 끌어내어 천정만 살피면서 꿈일런가 잠일런가 허허세상 허허세상 다 같은 세상사람 우리 복(福)이 이러할까 한울님도 한울님도 이리 될 우리 신명 어찌 앞날 지난고생 그다지 시키신고 오늘사 참말이지 여광여취(如狂如醉) 저 양반들 간곳마다 따라가서 지질한 그 고생을 늘로 대해 그말하며 그중에도 집에 들면 장담같이 하는 말이 그 사람도 그 사람도 고생이 무엇인지 이내팔자 좋을진대 희락(喜樂)은 벗을 삼고 고생은 희락이라
잔말 말고 따라가세 공로(功勞)할 내아니라 내 역시 얼척없어 얼굴을 뻔히 보며 중심에 한숨지어 이때까지 지낸 일은 다름이 아니로다 인물대접 하는 거동 세상사람 아닌 듯고 처자에게 하는 거동 인애지정 지극하니 천은(天恩)이 있게 되면 좋은 운수(運數) 회복(回復)할 줄 나도 또한 알았읍네 일소일파(一笑一罷) 하온 후에 불승기락(不勝其樂) 되었어라 그럭저럭 지내다가 통개중문(通開中門)

하여두고 오는 사람 가르치니 불승감당(不勝勘當) 되었더라. 현인(賢人)군자(君子) 모여들어 명명기덕(明明其德) 하여내니 성운성덕(盛運盛德) 분명하다

제사절(第四節)
그 모르는 세상사람 승기자(勝己者) 싫어할 줄 무근설화(無根說話) 지어내어 듣지 못한 그 말이며 보지 못한 그 소리를 어찌 그리 지어내서 향인설화(鄕人說話) 분분하다 슬프다 세상사람 내 운수 좋다하니 네 운수 가련한 줄 네가 어찌 알잔 말고 가련하다 경중 향중(鄕中) 무인지경(無人之境) 분명하다

어진사람 있게 되면 이런 말이 왜있으며 향중(鄕中)풍속(風俗) 다 던지고 이내 문운(門運) 가련하다 말도 못한 흉언괴설(凶言怪說) 남보다 배나하며 육친(六親)이 무슨 일로 원수같이 대접하며 살부지수(殺父之讐) 있었던가 어찌 그리 원수런고 은원(恩怨)없이 지낸 사람 그중에 싸잡혀서 또 역시 원수(怨讐)되니 조걸위학(助桀爲虐)이 아닌가 아무리 그러해도 죄 없으면 그뿐일세 아무리 그러하나 나도 세상 사람으로 무단히 사죄 없이 모함(謀陷)중에 들단말가 이 운수 아니려면 무죄한들 면할소냐 하물며 이내 집은 과문지취(科門之聚) 아닐런가

아서라 이내신명(台乃身命) 운수도 믿지마는 감당도 어려우며 남의이목 살펴두고 이같이 아니 말면 세상을 능멸한 듯 관장(官長)을 능멸한 듯 무가내라 할길없네 무극(無極)한 이내 도는 내 아니 가르쳐도 운수 있는 그 사람은 차차차차 받아다가 차차차차 가르치니 나없어도 다행 일세 행장을 차려내어 수천리를 정영하니 수도하는 사람마다 성지우성(誠之又誠) 하지마는 모우미성(毛羽未成) 너희들을 어찌하고 가잔말고 잊을 도리 전혀 없어 만단효유(萬端曉諭) 하지마는 차마 못한 이내회포 역지사지(易地思之) 하였어라 그러나 할 길 없어 일조분리(一朝分離) 되었더라

제오절(第五節)

멀고먼 가는 길에 생각나니 너희로다 객지에 외로 앉아 어떤 때는 생각나서 너희수도 하는 거동 귀에도 쟁쟁하며 눈에도 삼삼하며 어떤 때에 생각나서 일사위법(日事違法) 하는 빛이 눈에도 거슬리며 귀에도 들리는 듯 아마도 너희거동 일사위법 분명하다 명명한 이운수는 원한다고 이러하며 바란다고 이러할까 아서라 너희거동 아니봐도 보는 듯다

부자유친(父子有親) 있지마는 운수조차 유친이며 형제(兄弟)일신(一身) 있지마는 운수조차 일신(一身)인가 너희역시 사람이면 남의 수도 하는 법을 응당히 보지마는 어찌 그리 매몰한고 지각없는 이것들아 남의수도 본을 받아 성지우성(誠之又誠) 공경해서 정심수신(正心修身) 하였어라 아무리 그러해도 이내몸 이리되니 은덕이야 있지마는 도성덕립(道成德立) 하는 법은 한 가지는 정성이요 한 가지는 사람이라 부모의 가르침을 아니 듣고 낭유(浪遊)하면 금수에 가즉하고 자행자지(自行自止) 아닐런가

우습다 너희사람 나는 도시 모를네라 부자형제 그가운데 도성덕립(道成德立) 각각이라 대저 세상 사람중에 정성 있는 그사람은 어진사람 분명하니 작심(作心)으로 본을 보고 정성공경 없단 말가 애달하다 너희들은 출등(出等)한 현인들은 바랄 줄 아니로되 사람의 아래 되고 도덕에 못 미치면 자작지얼(自作之孼) 이라도 나는또한 한(恨)이로다 운수야 좋거니와 닦아야 도덕이라 너희라 무슨 팔자 불로자득(不勞自得) 되단말가 하염없는 이것들아 날로 믿고 그러하냐

나는 도시 믿지 말고 한울님을 믿었어라 네 몸에 모셨으니 사근취원(捨近取遠) 하단말가 나 역시 바라기는 한울님만 전혀 믿고 해몽 못한 너희들은 서책(書冊)은 아주폐코 수도하기 힘쓰기는 그도 또한 도덕이라 문장이고 도덕이고 귀어허사 될까보다 열세자 지극하면 만권시서(萬卷詩書) 무엇하며 심학(心學)이라 하였으니 불망

기의(不忘其意) 하였어라

　현인군자(賢人君子) 될 것이니 도성덕립(道成德立) 못 미칠까 이같이 쉬운 도를 자포자기(自暴自棄) 하단말가 애달(愛㐌)다 너희사람 어찌 그리 매몰한고 탄식하기 괴롭도다 요순같은 성현들도 불초자식 두었으니 한(恨) 할 것이 없다마는 우선의 보는 도리 울울한 이내회포 금차하니 난감(難堪)이오

　두자하니 애달해서 강작(强作)이 지은문자 귀귀자자 살펴내어 방탕지심(放蕩之心) 두지 말고 이내경계 받아내어 서로 만날 그 시절에 괄목상대(刮目相對) 되게 되면 즐겁기는 고사하고 이내집안 큰 운수라 이글보고 개과하여 날 본 듯이 수도하라 부디부디 이글보고 남과같이 하였어라

　너희 역시 그러다가 말래지사(末來之事) 불미(不美)하면 날로 보고 원망할까 내 역시 이글전해 효험 없이 되게 되면 네 신세 가련하고 이내 말 헛말되면 그 역시 수치로다 너희 역시 사람이면 생각고 생각할까

4. 도수사(道修詞, 1861)

제일절(第一節)
광대한 이천지에 정처 없이 발정(發程)하니 울울(鬱鬱)한 이내회포 풀일 곳 바이없다 청려(靑藜)를 벗을 삼아 여창(旅窓)에 몸을 비껴 전전반측(輾轉反側) 하다가서 홀연히 생각하니 나도 또한 이 세상에 천은이 망극하여 만고(萬古) 없는 무극대도(無極大道) 여몽여각(如夢如覺) 받아내어 구미용담(龜尾龍潭) 좋은 풍경 안빈락도(安貧樂道) 하다가서 불과 일년 지낸 후에 원처근처(遠處近處) 어진선비 풍운같이 모여드니 락중우락(樂中又樂) 아닐런가

이내 좁은 소견으로 교법(敎法)교도(敎道) 하다가서 불과 일년 지낸후에 망창(惘悵)한 이내걸음 불일발정(不日發程) 하자하니 각처의 모든 벗은 편언척자(片言隻字) 바이없고 세쇄사정(細瑣事情) 못 미치니 양협(量狹)한 이내소견 수 천리 밖에 앉아 이제야 깨닫고서 말을 하며 글을 지어 천리고향 전해주니 어질고 어진 벗은 매몰한 이내사람 부디부디 같지 말고 성경이자(誠敬二字) 지켜내어 차차차차 닦아내면 무극대도 아닐런가 시호시호(時乎時乎) 그때 오면 도성덕립(道成德立) 아닐런가 어질다

모든 벗은 우매한 이내사람 잊지 말고 생각하소 성경현전(聖經賢傳) 살폈으니 연원도통(淵源道通) 아니지만 사장사장(師長師長) 서로전해 받는 것이 연원(淵源)이오 그중에 가장 높아 신통육예(神通六藝) 도통(道通) 일세 공부자 어진도덕 일관으로 이름해도 삼천제자 그 가운데 신통육예 몇몇인고 칠십이인 도통해서 전천추(前千秋) 후천추(後千秋)에 일관으로 전(傳)차해도 일천년 못 지나서 전자방 단간목이 난법난도(亂法亂道) 하였으니 그 아니 슬플소냐

어질다 이내 벗은 자고급금(自古及今) 본(本)을받아 순리순수(順理順數) 하였어라

제이절(第二節)

　십년을 공부해서 도성덕립(道成德立)하게 되면 속성이라 하지마는 무극한 이내 도는 삼년 불성(不成) 되게 되면 그 아니 헛말인가 급급한 제군들은 인사는 아니 닦고 천명만 바라오니 졸부귀(猝富貴) 불상이라 만고유전(萬古遺傳) 아닐런가 수인사(修人事) 대천명(大天命)은 자세히도 알지마는 어찌 그리 급급한고 인지재질(人之才質) 가려내어 상중하재(上中下才) 있지마는 양협(量狹)한 이내소견 활달(豁達)한 현인군자 세상을 탄식해서 심망의촉(心忙意促) 하는 빛을 의심없이 나타내니 입도한 그 가운데 몰몰한 지각자(知覺者)는 말로 듣고 입도해서 입을배와 주문읽어 도성덕립 무엇인지 나도 득도 너도 득도(得道) 효박(淆薄)한 이 세상에 불사한 저 사람은 어찌 저리 불사(不似)한고 어질다 모든 벗은 자세보고 안심하소 위가 미덥지 못하면 아래가 의심하며 위가 공경치 못하면 아래가 거만하니 이런 일을 본다 해도 책재원수(責在元帥) 아닐런가 이는 역시 그러해도 수신제가(修身齊家) 아니하고 도성덕립(道成德立) 무엇이며 삼강오륜(三綱五倫) 다 버리고 현인군자 무엇이며 가도화순(家道和順) 하는 법은 부인에게 관계하니 가장이 엄숙하면 이런 빛이 왜있으며 부인(婦人)경계(警戒) 다 버리고 저도역시 괴이하다 절통(切痛)코 애달하다 유시부(有是夫) 유시처(有是妻)라 하는 도리 없다마는 현숙한 모든 벗은 차차차차 경계해서 안심 안도(安道) 하여주소 내가역시 수치하면 재방(在傍)한 자네들은 불미지사(不美之事) 아닐런가 관기동정(觀其動靜) 하지 말고 진선(眞善)진미(眞美) 효유(曉諭)해서 이내수치 씻어주면 그 아니 성덕(盛德)인가

제삼절(第三節)

　남의 사장(師丈) 되는 법은 내자불거(來者不拒) 아닐런가 가르치기 위주하니 그밖에 무엇이며 남의제자 되는 법은 백년결의 하온후에 공경히 받은 문자 호말(毫末)인들 변할소냐 출등한 제군자(諸君

子)는 비비유지(比比有之) 한다 해도 작지사(作之師) 작지제(作之弟)라 기문성덕(欺門盛德) 아닐런가

　자고성현(自古聖賢) 문도(門徒)들은 백가시서(百家詩書) 외워내어 연원도통(淵源道通) 지켜내서 공부자 어진도덕 가장더욱 밝혀내어 천추에 전해주니 그 아니 기쁠소냐 내역시 이 세상에 무극대도(無極大道) 닦아내어 오는 사람 효유(曉諭)해서 삼칠자(三七字) 전해주니 무위이화(無爲而化) 아닐런가 우매한 세상사람 자존지심 다 던지고 자시지벽(自侍之癖) 무삼일고 사문에 없는 법을 혼자앉아 지어내니 천추에 없는 법을 어디가서 본을 보며 입도(入道)한 사오삭(四五朔)에 어찌 그리 속성인고 애달다 저 사람은 명명한 이 운수는 다같이 밝지마는 어떤 사람 군자 되고 어떤 사람 저러 한고 인의예지신(仁義禮智信) 인줄을 망창(惘悵)한 저 소견에 무엇을 아잔말고 역력히 기록해서 거울같이 전해주니 자세보고 안심해서 불사한 그런 거동 남의이목 살펴내어 정심수신(正心修身) 하온 후에 남과같이 수도 하소 대저세상 인도중에 믿을 신자(信字) 주장일세 대장부 의기범절(義氣凡節) 신(信) 없으면 어디나며 삼강오륜(三綱五倫) 밝은 법은 예(禮) 없으면 어디나며 대장부 지혜범절(智慧凡節) 염치중(廉恥中)에 있었으니 우습다

　저 사람은 자포자기 모르고서 모몰염치(冒沒廉恥) 장난하니 이는 역시 난도자(亂道者)요 사장(師丈) 못한 차제도법(次第道法) 저 혼자 알았으니 이는 역시 난법자라 난법난도(亂法亂道) 하는 사람 날 볼 낯이 무엇인고. 이같이 아니 말면 제 신수(身數) 가련하고 이내 도(道) 더럽히니 주소간(晝宵間) 하는 걱정 이밖에 다시없다 작심(作心)으로 불변(不變)하면 내성군자(乃成君子) 아닐런가 구구자자 살펴내어 정심수도 하여주면 춘삼월(春三月) 호시절(好時節)에 또다시 만나볼까

5. 권학가(勸學歌, 1862)

제일절(第一節)
　노유한담(路柳閑談) 무사객(無事客)이 팔도강산 다 밟아서 전라도 은적암(隱寂庵)에 환세차(換歲次)로 소일하니 무정한 이 세월에 놀고 보고 먹고 보세 호호망망 넓은 천지 청려(靑藜)를 벗을 삼아 일신(一身)으로 비껴서서 격치만물(格致萬物) 하여보니 무사한 이내 회포 붙일 곳 바이없어 말로하며 글을 지어 송구영신(送舊迎新) 하여보세 무정한 이 세월이 어찌 이리 무정한고 어화세상 사람들아 인간 칠십 고래희(古來稀)는 만고유전(萬古遺傳) 아닐런가
　무정한 이 세월을 역력히 헤어보니 광음 같은 이 세상에 부유(蜉蝣) 같은 저 인생을 칠십 평생 칭찬하여 드물 희자(稀字) 전탄 말가 어화세상 사람들아 만고풍상(萬古風霜) 겪은 손이 노래한장 지어보세 만고풍상 겪은 일을 산수(山水)만나 소창(消暢)하고 어린자식 고향생각 노래지어 소창하니 이글보고 웃지말고 숙독상미(熟讀詳味) 하였어라 억조창생 많은 사람 사람마다 이러하며 허다한 언문가사 노래마다 이러할까
　구구자자 살펴내어 역력히 외와내서 춘삼월 호시절에 놀고보고 먹고 보세 강산구경 다 던지고 인심풍속 살펴보니 부자유친(父子有親) 군신유의(君臣有義) 부부유별(夫婦有別) 장유유서(長幼有序) 붕우유신(朋友有信) 있지마는 인심풍속 괴이하다 세상구경 못한 인생 출생이후 첨이로다 생장한 이내 곳에 인심풍속 한탄해서 불고가산(不顧家産) 발정(發程)하여 방방곡곡 찾아와서 매매사사 살펴보니 허다한 남녀사람 사람마다 낯이 설고 인심풍속 하는 거동 매매사사 눈에 걸려 타도타관(他道他官) 아닐런가
　이내좁은 소견으로 호풍호속(好風好俗) 보려하고 어진친구 좋은

벗을 일조이별(一朝離別) 하단 말가 산수풍경 다 던지고 동지섣달 설한풍(雪寒風)에 촌촌전진(村村轉進) 하다가서 일소일파(一笑一罷) 하여보세 어화세상 사람들아 세상풍속 모르거든 내곳 풍속 살펴보소

이도 역시 시운(時運)이라 무가내라 할길없네 편답강산(遍踏江山) 아니하면 인심풍속 이런줄을 아니보고 어찌알꼬 대저인간 백천만사 보고나니 한이없네

제이절(第二節)

자고급금(自古及今) 촌탁(村度)하니 요순성세(堯舜聖世) 그때라도 일천지하(一天之下) 많은 사람 사람마다 요순 일세 윤회(輪回)같이 돌린운수 수원수구(誰怨誰咎) 아닐런가

아무리 이 세상도 현인군자 있지마는 진토(塵土)중에 묻힌 옥석(玉石) 뉘라서 분간하며 안빈락도(安貧樂道) 하지마는 뉘라서 지도할꼬 시운을 의논해도 일성일쇠(一盛一衰) 아닐런가 쇠운(衰運)이 지극하면 성운(盛運)이 오지마는 현숙한 모든군자 동귀일체(同歸一體) 하였던가 어렵도다 어렵도다 만나기도 어렵도다

방방곡곡 찾아들어 만나기만 만날진대 흉중에 품은회포 다른할말 바이없고 수문수답(隨問隨答) 하온 후에 당당(堂堂)정리(正理) 밝혀내어 한세상 저인물이 도탄(塗炭)중 아닐런가 함지사지(陷地死地) 출생들아 보국안민(輔國安民) 어찌할꼬 대저인간 초목군생(草木群生) 사생재천(死生在天) 아닐런가 불시풍우(不時風雨) 원망해도 임사호천(臨死號天) 아닐런가

삼황오제(三皇五帝) 성현들도 경천순천(敬天順天) 아닐런가 효박(淆薄)한 이 세상에 불고천명(不顧天命) 하단말가 장평갱졸(長平坑卒) 많은 사람 한울님을 우러러서 조화(造化)중에 생겼으니 은덕은 고사하고 근본조차 잊을 소냐 가련한 세상사람 각자위심(各自爲心) 하단말가 경천순천(敬天順天) 하였어라 효박한 이 세상에 불망기본

(不忘其本) 하였어라 임금에게 공경하면 충신열사 아닐런가 부모님께 공경하면 효자효부 아닐런가 슬프다 세상사람 자세보고 공경하소 나도 또한 출세후에 조실부모 아닐런가

정성(精誠) 공경(恭敬) 없었으니 득죄(得罪)부모(父母) 아닐런가 나도 또한 충열손(忠烈孫)이 초야에 자라나서 군신유의(君臣有義) 몰랐으니 득죄군왕(得罪君王) 아닐런가 허송세월 지내나니 거연(居然) 사십 되었더라 사십평생 이뿐인가 무가내라 할 길 없네

제삼절(第三節)

하원갑(下元甲) 경신년에 전해오는 세상 말이 요망한 서양적이 중국을 침범해서 천주당 높이세워 거 소위 하는 도를 천하(天下)에 편만(遍滿)하니 가소절창(可笑切愴) 아닐런가 증전(曾前)에 들은 말을 곰곰히 생각하니 아동방(我東方) 어린사람 예의오륜(禮儀五倫) 다 버리고 남녀노소 아동주졸(兒童走卒) 성군취당(成君聚黨) 극성(極盛)중에 허송세월 한단 말을 보는 듯이 들어오니 무단히 한울님께 주소간(晝宵間) 비는 말이 삼십삼천(三十三天) 옥경대(玉京臺)에 나죽거든 가게하소

우습다 저 사람은 저의부모 죽은 후에 신(神)도 없다 이름하고 제사조차 안 지내며 오륜에 벗어나서 유원속사(惟願速死) 무삼일고 부모없는 혼령(魂靈) 혼백(魂魄) 저는 어찌 유독(惟獨) 있어 상천(上天)하고 무엇할꼬 어린소리 마라서라 그말 저말 다 던지고 한울님을 공경하면 아동방 삼년(三年) 괴질(怪疾) 죽을염려 있을소냐 허무한 너희풍속 듣고 나니 절장(絶腸) 이오 보고나니 개탄 일세 나 역시 사십 평생 하염없이 지내나니 이제야 이 세상에 홀연히 생각하니 시운이 들렸던가

만고 없는 무극대도(無極大道) 이 세상에 창건(創建)하니 이도역시 시운이라 일일시시(日日時時) 먹는 음식 성경이자(誠敬二字) 지켜내어 한울님을 공경하면 자아시(自兒時) 있던 신병 물약자효(勿

藥自效) 아닐런가 가중차제(家中次弟) 우환없이 일년삼백 육십일을 일조(一朝) 같이 지내나니 천우신조(天佑神助) 아닐런가 차차차차 증험(證驗)하니 윤회시운(輪回時運) 분명하다

어화세상 사람들아 이내경계 하는 말씀 세세(細細)명찰(明察) 하온 후에 잊지말고 지켜내어 성지우성(誠之又誠) 공경해서 한울님만 생각하소 처자불러 효유(曉諭)하고 영세불망(永世不忘) 하였어라 아동방(我東方) 년년괴질(年年怪疾) 인물상해(人物傷害) 아닐런가

나도 또한 이 세상에 편답주유(遍踏周流) 하다가서 어진사람 만나거든 시운시변(時運時變) 의논하고 백년신세 말하거든 이글주고 결의(結義)해서 붕우유신(朋友有信) 하여보세

우매한 이내말씀 잊지 말고 생각하소 우자천려(愚者千慮) 그 가운데 필유일득(必有一得) 되게 되면 그 아니 덕일런가 운수관계 하는 일은 고금(古今)에 없는 고로 졸필졸문(拙筆拙文) 지어내어 모몰염치 전해주니 이글보고 웃지말고 흠재훈사(欽哉訓辭) 하였어라

6. 몽중노소문답가(夢中老少問答歌)

제일절(第一節)

곤륜산(崑崙山) 일지맥(一枝脈)의 조선국(朝鮮國) 금강산에 기암괴석 좋은 경치 일만이천 아닐런가 팔도명산 다 던지고 天下勝地 아닐런가 삼각산 한양도읍 사백년 지낸후에 하원갑(下元甲) 이 세상에 남녀간 자식 없어 산제불공(山祭佛供) 하다가서 두 늙은이 마주앉아 탄식하고 하는 말이 우리도 이 세상에 명명한 천지운수 남과같이 타고나서 기구한 이내팔자 일점(一點) 혈육(血肉) 없단 말가 우리 사후 고사하고 득죄부모 아닐런가

아서라 자고급금(自古及今) 공덕으로 자식 빌어 후사를 이은사람 말로 듣고 눈으로 보니 우리도 이 세상에 공덕이나 닦아보세 탕진가산(蕩盡家産) 하여내어 일심정기 다시 먹고 팔도 불전(佛前) 시주하고 지성으로 산제(山祭)해서 백배축원 앙천하며 주소간(晝宵間) 비는 말이 지성감천 아닐런가 공덕이나 닦아보세 그러나 자고급금 전해오는 세상 말이 인걸은 지령(地靈)이라 승지에 살아보세 명기(明氣)는 필유명산(必有明山)이라 팔도강산 다 던지고 금강산 찾아들어 용세좌향(龍勢坐向) 가려내어 수간 초옥(草屋) 일협곡(一峽谷)에 구목위소(構木爲巢) 아닐런가

그럭그럭 지내나니 윤신포태(潤身胞胎) 되었더라 십삭(十朔)이 이미 되매 일일(一日)은 집 가운데 운무가 자욱하며 내금강 외금강이 두 세번 진동할 때 홀연히 산기있어 아들애기 탄생하니 기남자(奇男者) 아닐런가 얼굴은 관옥(冠玉)이오 풍채는 두목지라 그럭그럭 지내나니 오륙세 되었더라 팔세에 입학해서 허다한 만권시서(萬卷詩書) 무불통지(無不通知) 하여내니 생이지지(生而知之) 방불하다 십세를 지내나니 총명은 사광(師曠)이오 재국(材局)이 비범하고

재기(才氣) 과인(過人)하니 평생에 하는 근심 효박한 이 세상에 군불군(君不君) 신불신(臣不臣)과 부불부(父不父) 자불자(子不子)를 주소간 탄식하니 울울한 그 회포는 흉중에 가득하되 아는 사람 전혀 없어 처자산업(妻子産業) 다 버리고 팔도강산 다 밟아서 인심풍속 살펴보니 무가내라 할길 없네.

우습다 세상사람 불고천명(不顧天命) 아닐런가 괴이한 『동국참서(東國讖書)』 추켜들고 하는 말이 이거임진 왜란때는 이재송송(利在松松) 하여있고 가산정주(嘉山定州) 서적 때는 이재가가(利在家家) 하였더니 어화세상 사람들아 이런일을 본받아서 생활지계(生活之計) 하여보세 진나라 녹도서(錄圖書)는 망진자호야(亡秦者胡也)라고 허축방호(虛築訪胡) 하였다가 이세망국(二世亡國) 하온 후에 세상사람 알았으니 우리도 이 세상에 이재궁궁(利在弓弓) 하였다네

매관매직(賣官賣職) 세도자도 일심(一心)은 궁궁(弓弓)이오 전곡 쌓인 부첨지(富僉知)도 일심(一心)은 궁궁(弓弓)이오 유리(遊離)걸식(乞食) 패가(敗家)자도 일심(一心)은 궁궁(弓弓)이라 풍편(風便)에 뜨인 자도 혹은 궁궁촌(弓弓村) 찾아가고 혹은 만첩(萬疊)산중(山中) 들어가고 혹은 서학(西學)에 입도해서 각자위심(各自爲心) 하는 말이 내옳고 내그르지 시비(是非)분분(紛紛) 하는 말이 일일시시(日日時時) 그뿐일세

제이절(第二節)
아사서라 아사서라 팔도구경 다 던지고 고향에나 돌아가서 백가시서 외와보세 내 나이 십사세라 전정이 만리로다 아서라 이세상은 요순지치(堯舜之治)라도 부족(不足)시오

공맹지덕이라도 부족언(不足焉)이라 흉중에 품은회포 일시에 타파하고 허위허위 오다가서 금강산 상상봉에 잠깐앉아 쉬이다가 홀연히 잠이드니 꿈에 우이편천 한 도사(一道士)가 효유(曉諭)해서

하는 말이 만학천봉 첩첩하고 인적이 적적한데 잠자기는 무삼일고 수신제가 아니하고 편답강산(遍踏江山) 하단말가 효박(淆薄)한 세상사람 가볼 것이 무엇이며 가련한 세상사람 이재궁궁(利在弓弓) 찾는 말을 웃을 것이 무엇이며 불우시지(不遇時之) 한탄(恨歎)말고 세상구경 하였어라

송송가가(松松家家) 알았으되 이재궁궁(利在弓弓) 어찌알꼬 천운이 돌렸으니 근심 말고 돌아서서 윤회시운(輪回時運) 구경하소 십이제국(十二諸國) 괴질운수(怪疾運數) 다시개벽 아닐런가 태평성세 다시 정해 국태민안 할 것이니 개탄지심(慨歎之心) 두지 말고 차차차차 지냈어라

하원갑(下元甲) 지내거든 상원갑(上元甲) 호시절(好時節)에 만고(萬古) 없는 무극대도(無極大道) 이 세상에 날것이니 너는 또한 연천(年淺)해서 억조창생(億兆蒼生) 많은 백성 태평곡 격양가를 불구(不久)에 볼 것이니 이 세상 무극대도(無極大道) 영세무궁 아닐런가 천의인심(天意人心) 네가 알까 한울님이 뜻을 두면 금수같은 세상사람 얼풋이 알아내네

나는 또한 신선이라 이제보고 언제 볼꼬. 너는 또한 선분(仙分)있어 아니 잊고 찾아올까 잠을 놀라 살펴보니 불견기처(不見其處) 되었더라

7. 도덕가(道德歌, 1863)

제일절(第一節)

　천지음양 시판후(始判後)에 백천만물(百千萬物) 화해나서 지우자(至愚者) 금수요 최령자(最靈者) 사람이라 전해오는 세상 말이 천의인심(天意人心) 같다하고 대정수(大定數) 주역괘(周易卦)에 난측(難測)자는 귀신이요 대학에 이른 도는 명명기덕(明明其德) 하여내어 지어지선(至於至善) 아닐런가

　중용에 이른 말은 천명지위성(天命之謂性) 이오 솔성지위도(率性之謂道)요 수도지위교(修道之謂敎)라하여 성경이자(誠敬二字) 밝혀두고 아동방(我東方) 현인(賢人)달사(達士) 도덕군자(道德君子) 이름 하나 무지한 세상사람 아는바 천지라도 경외지심(敬畏之心) 없었으니 아는 것이 무엇이며 천상에 상제(上帝)님이 옥경대(玉京臺)에 계신다고 보는 듯이 말을 하니 음양이치 고사하고 허무지설(虛無之設) 아닐런가 한나라 무고사가 아동방에 전해 와서 집집이 위한 것이 명색마다 귀신일세 이런지각 구경하소

　천지 역시 귀신이요 귀신 역시 음양인줄 이같이 몰랐으니 경전(經典)살펴 무엇하며 도와 덕을 몰랐으니 현인군자 어찌알리 금세(今世)는 이러하나 자고성현(自古聖賢) 하신말씀 대인은 여천지합기덕(如天地合其德) 여일월합기명(與日月合其明) 여귀신합기길흉(如鬼神合其吉凶)이라 이같이 밝혀내어 영세무궁(永世無窮) 전했으니 몰몰한 지각자는 옹총망총(壅蔥忙蔥) 하는 말이 지금은 노천(老天)이라

　영험도 없거니와 몹쓸 사람 부귀하고 어진사람 궁박(窮迫)타고 하는 말이 그뿐이오 약간 어찌 수신하면 지벌보고 가세보아 추세(趨勢)해서 하는 말이 아무는 지벌도 좋거니와 문필이 유여(有餘)

하니 도덕군자 분명타고 모몰염치(冒沒廉恥) 추존(推尊)하니 우습다 저 사람은 지벌이 무엇이게 군자를 비유하며 문필이 무엇이게 도덕을 의논하노

제이절(第二節)
아서라 너희사람 보자하니 욕이되고 말하자니 번거(煩擧)하되 나도 또한 이 세상에 양의사상(兩儀四象) 품부(稟賦)해서 신체발부(身體髮膚) 받아내어 근보가성(謹保家聲) 사십평생 포의한사(布衣寒士) 뿐이라도 천리야 모를 소냐

사람의 수족(手足)동정(動靜) 이는 역시 귀신이오 선악간 마음용사(用事) 이는 역시 기운이오 말하고 웃는 것은 이는 역시 조화로세 그러나 한울님은 지공무사(至公無私) 하신마음 불택선악(不擇善惡)하시나니 효박한 이 세상을 동귀일체(同歸一體) 하단말가 요순지세(堯舜之世)에도 도척(盜跖)이 있었거든 하물며 이 세상에 악인음해(惡人陰害) 없단말가

공자지세(公子之世)에도 환퇴(桓魋)가 있었으니 우리 역시 이 세상에 악인지설(惡人之說) 피할소냐 수심정기(修心正氣) 하여내어 인의예지(仁義禮智) 지켜두고 군자말씀 본받아서 성경이자(誠敬二字) 지켜내어 선왕고예(先王古禮) 잃잖으니 그 어찌 혐의(嫌疑)되며 세간(世間)오륜(五倫) 밝은 법은 인성지강(人性之綱)이로세 잃지 말자 맹세하니 그 어찌 흠될고 성인의 가르침이 이불청(耳不聽) 음성(淫聲)하며 목불시(目不視) 악색(惡色)이라 어질다

제군들은 이런 말씀 본을 받아 아니 잊자 맹세해서 일심(一心)으로 지켜내면 도성덕립(道成德立) 되려니와 번복지심(飜覆之心) 두게 되면 이는역시 역리자(逆理者)요

물욕교폐(物慾交蔽) 되게 되면 이는 역시 비루자(卑陋者)요 헛말로 유인하면 이는 역시 혹세자(惑世者)요 안으로 불량하고 겉으로 꾸며내면 이는 역시 기천자(欺天者)라 뉘라서 분간하리

이같이 아니 말면 경외지심(敬畏之心) 고사하고 경천순리(敬天順理) 하단말가 허다한 세상악질 물약자효(勿藥自效) 되었으니 기이코 두려우며 이 세상 인심으로 물욕(物慾)제거(除去) 하여내어 개과천선(改過遷善) 되었으니 성경이자(誠敬二字) 못 지킬까 일일이 못본 사람 상사지회(相思之懷) 없을 소냐

두 어자 언문(諺文)가사(歌詞) 들은 듯이 외어내어 정심수도(正心修道) 하온 후에 잊지 말고 생각하소

8. 흥비가(興比歌, 1863)

제일절(第一節)

시운(詩云) 벌가벌가(伐柯伐柯)하니 기측불원(其測不遠)이라 내 앞에 보는 것을 어길바 없지마는 이는 도시 사람이오 부재어근(不在於近)이로다 목전지사(目前之事) 쉬이 알고 심량(深量)없이 하다가서 말래지사(末來之事) 같잖으면 그 아니 내한인가

이러므로 세상일이 난지이유이(難知而有易)하고 이지이유난(易知而有難)인줄을 깨닫고 깨달을까 명명한 이 운수는 다 같이 밝지마는 어떤 사람 저러하고 어떤 사람 이러한지 이리 촌탁(村度) 저리 촌탁 각각 명운(命運) 분명하다

의아있는 그 사람은 천고청비(天高聽卑) 그 문자를 궁사멱득(窮思覓得) 하여내어 제 소위 추리(推理)하고 생각나니 이뿐이오 그런고로 평생(平生) 소위(所爲) 일변은 교사(巧詐)하고 일변은 가소로다 한울님이 높으시나 청비문자(聽卑文字) 겁을 내서 말은 비록 아니하나 심사(心思)를 속여내어 이운수가 어떠할지 탁명(托命) 이나 하여보자 모든 친구 유인하여 흔연대접 하는듯다

아서라 저 사람은 네가 비록 암사(暗詐)하나 한울님도 모르실까 그중에 몰각(沒覺)자는 조석지우(朝夕之憂) 있지마는 없는 것 구해가며 온포지공 착실하여 소위 통정(通情) 하는 말이 성운성덕(盛運盛德) 우리 도유(道儒) 여사애당(如詐愛黨) 하거니와 심지상통 아니할까 묻지 않는 그 말이며 청취 않은 그 소리를 툭툭털어 다하자니 그 모양 오죽할까

교사한 저 사람은 좋은 듯이 듣고 앉아 중심에 하는 말이 내복인가 내복인가 열세자가 내복인가 어찌 이리 좋은 운수 그때부터 없었던고 영험되고 좋은 말은 귀밖으로 다 버리고 그중에 불미지사

(不美之事) 달게 듣고 모아내어 흉중에 가득하면 마지못해 떠나가니 삼복 염증(炎蒸) 저문 날에 소리하고 오는 짐승 귀에 와서 하는 거동 정분도 있는 듯고 이 세상 풍속됨이 음해(陰害)가 주장이라

통기(通氣)하고 오자하니 의심 없이 앉았다가 말초(末梢)에 해가 미쳐 막지기단(莫知其端) 아닐런가 이 웬일고 이 웬일고 먼저 우는 그 짐승은 해아지심(害我之心) 두게 되면 소리하기 뜻 밖이오 이 웬일고 이 웬일고 아무려나 살펴보자 적은 듯 기다리니 그놈 자취 분명하다 지각없다 지각없다

이내사람 지각없다 저건너 저 배낙에 배가 어찌 떨어져서 만단의아(萬端疑訝) 들 즈음에 까마귀 날아가서 즉시 파혹(破惑) 하였더니 지각없다 지각없다 이내사람 지각없다 백주대적(白晝大賊) 있단 말을 자세히도 들었더니 지각없다 지각없다 이내사람 지각없다 포식양거(飽食讓去) 되었으니 문장군(蚊將軍)이 네 아니냐

제이절(第二節)

그 중에 현인달사(賢人達士) 내말 잠깐 들어 보소 합기덕(合其德) 알았으니 무위이화(無爲而化) 알지마는 그러나 자고급금(自古及今) 사사상수(師師相授) 한다 해도 자재(自在)연원(淵源) 아닐런가 일일이 거울해서 비야흥야(比也興也) 하였으니 범연간과(汎然看過) 하지 말고 숙독상미(熟讀詳味) 하였어라

칠팔세 글을 배워 심장적구(尋章摘句) 하여내어 청운교(靑雲橋) 낙수교(落水橋)에 입신양명 할 마음은 사람마다 있지마는 깊고 깊은 저웅덩에 진심(盡心)갈력(竭力) 지은 글을 넣고 나니 허무하다 천수만 바라다가 많고 많은 그 사람에 몇몇이 참여해서 장악원(掌樂院) 대풍류(大風流)로 삼일유가(三日遊街) 기장(奇壯)하다

이일저일 볼작시면 허무하기 다시없어 아니가자 맹세해도 내운수 내가 몰라 종종히 다니다가 이내마음 마칠진대 그 아니 운수런가 원처(遠處)에 일이 있어 가게 되면 이(利)가있고 아니 가면 해(害)

가되어 불일발정(不日發程) 하다가서 중로(中路)에 생각하니 길은 점점 멀어지고 집은 종종 생각나서 금치 못할 만단의아(萬端疑訝) 배회(徘徊)노상(路上) 생각하니 정령히 알작시면 이 길을 가지마는 어떨런고 어떨런고 도로 회정(回程) 하였더니 저사람 용렬하고 글네 자 밝혀내어 만고(萬古)사적(事蹟) 소연하니 아홉 길 조산(造山)할 때 그 마음 오죽할까

　당초에 먹은 생각 과불급(過不及) 될까 해서 먹고 먹고 다시 먹고 오인육인(五仞六仞) 모을 때는 보고나니 재미되고 하고나니 성공이라 어서하자 바삐하자 그럭그럭 다해 갈때 이번이나 저번이나 차차차차 풀린마음 조조(躁躁)해서 자주보고 지질해서 그쳤더니 다른 날 다시 보니 한소쿠리 더했으면 여한 없이 이룰 공을 어찌이리 불급한고 이런 일을 본다 해도 운수는 길어지고 조갖은 잠시로다 생각고 생각하소

　연포한 좋은 낚끼 두어자 색었은들 양공(良工)은 불기(不棄)라도 그 말이 민망하다 장인(匠人)이 불급하여 아니보면 어찌하리 그말저말 다하자니 말도 많고 글도 많아 약간 약간 기록하니 여차(如此) 여차(如此) 우여차(又如此)라

　이글보고 저글보고 무궁한 그 이치를 불연기연(不然其然) 살펴내어 부야흥야(賦也興也) 비해보면 글도 역시 무궁하고 말도역시 무궁이라 무궁히 살펴내어 무궁히 알았으면 무궁한 이울속에 무궁한 내아닌가

9. 검결(劍訣, 1861)

  시호시호(時乎時乎) 이내(台乃)시호(時乎) 부재래지(不在來之)시호(時乎)로다 만세일지(萬世一之) 장부(丈夫)로서 오만년지(五萬年之) 시호(時乎)로다 용천검(龍泉劍) 드는 칼을 아니 쓰고 무엇 하리 무수(舞袖)장삼(長衫) 떨쳐입고 이칼 저칼 넌즛 들어 호호망망(浩浩茫茫) 넓은 천지 일신(一身)으로 비껴서서 칼 노래 한 곡조를 시호시호(時乎時乎) 불러내니 용천검(龍泉劍) 날랜 칼은 일월을 희롱하고 게으른 무수장삼 우주에 덮여있네
  만고명장 어데있나 장부당전(丈夫當前) 무장사(無壯士)라 조을시구(鳥乙矢口) 조을시구(鳥乙矢口) 이내신명(台乃身命) 조을시구(鳥乙矢口)

제2장 궁을가(용호대사 편)

1. 임하유서(林下遺書)

　天地陰陽 始判後에 四正四維 있었노라 無智한 世上 사람 青林道 覺하여보소 이도 알면 살 것이요 모르는 사람 죽을 터이니 億兆蒼生 많은 사람 깨닫고 깨달을까 東西南北 四色中에 푸를 靑字 으뜸이라 春夏秋冬 四時節에 수풀林字 생겨나서 仁義禮智 四德下에 길 道字 얻었으니 東方靑林 修道人을 사람마다 다알소냐

　天地陰陽 그가운데 最靈者가 사람이라 사람이라 하는 것은 五行으로 생겨나서 三綱五倫 그 가운데 忠孝二明 밝혀내니 落盤四乳 그 가운데 믿을信字 第一이라 아니보면 뉘알소냐 다시 배워 忠孝하소 仁義禮智 法을삼아 恭敬父母 하여보소 恭敬天地 하였으면 父母恩德 갚아보소 父母恩德 갚은 사람 自然忠臣 되느니라 그런故로 孝하면 忠하고 忠하면 孝하느니라 天地父母 一般이라 誠敬信 主張삼아 元亨利貞 行케되면 利在弓弓 알 것이요 利在弓弓 알게 되면 靑林道士 만날 터이니 이글보고 入道해서 正心正氣 하여보소

　正心正道 앉을 座字 人口有土 이아닌가 心和氣和 定할定字 足上加點 아니런가 시구시구 좋을시구 矢口二字 뉘알소냐 알기로서 다 알소냐 다 알기로 믿을소냐 믿기만 믿을진대 凶年怪疾 念慮할가 하나님만 恭敬하면 至誠感天이 아니런가 誠敬信 밝은 法을 一心으로 工夫해서 一心工夫 人和하면 牛性在野 알 것이요 合其德 正其心이면 道下止가 이것이요

　須從白兎走靑林을 道人外는 뉘 알소냐 三分僧俗 안다 해도 不意

事를 뉘알소냐 狗虎巳兎 마치 맞게 中立者가 이대로다 有福者는 入道하고 不入者는 無福이라 疑訝(의아)있는 그사람은 어찌 그리 매몰한고 孝悌忠信 알기로서 陰害하기 무삼일고 靑年桂枝 무섭더라 天望浩浩 小不老라 物欲교폐 되는 사람 害人之心 두지말고 天意人心 살펴보니 活氣古今 亦然이라 順天者는 安在하고 逆天者는 必亡이라 天意蒼蒼 何處在요 都在人心 아니런가 나도 역시 사람이라 充腹之臟 있었거던 다른 사람 意思없어 이러하고 이러할까

逆天者가 어찌할까 우습고 우습도다 疑訝말고 修道하면 改之牛性 아니련가 夜晝願誦 氣化하면 道通淵源 될것이요 富貴榮華 되었으니 靑林龍이 이아닌가 高垢春風 급히 마소 때 있으면 오느니라 이말저말 沸騰(비등)해도 하나님만 恭敬하소

제 父母를 모르느니 제 父母를 不孝하면 三綱五倫 어찌알고 至誠으로 恭敬하면 萬事知가 될것이요 惡人之事 전혀말고 一天之下 正心하라 十二諸國 怪疾運數 積惡者가 어찌 살고 富貴貧賤 願치 말소 사람마다 때가 있네 欺人取物(기인취물) 마라서라 하나님도 모를소냐 天高天卑 무섭더라 暗室欺心 하다가서 神目如電 되지마는 누라서 分揀할가

무섭더라 무섭더라 하나님도 무섭더라 可憐하다 世上사람 修道하여 敬天하소 晝夜不忘 하는 뜻은 仁義禮智 更正이라 可憐하다 世上사람 이 글 보고 入敎하소 修道하면 齊家하고 齊家하면 治天下라 弓弓乙乙 鳥乙矢口 矢口矢口 鳥乙矢口 너도得道 나도得道 暮春三月 好時節에 먹고보고 뛰고보자 좋을시구 좋을시구 大丈夫 此世上에 해볼 것이 무엇이냐

乙乙지켜 弓乙하면 이것역시 三綱이라 此道外에 다시없네 이글보고 글을 읽고 三綱알면 五倫이라 傷人害物 두지 말고 運數따라 修道하면 太平盛代 更來로다 靑傀滿庭 알지만은 白楊無芽 뉘알소냐 無極大道 있지마는 無爲而化 뉘알소냐 無爲而化 알지만은 天意人

심 뉘알소냐 天意人心 알았으면 世上萬事 알아보소 道人外에 뉘알
소냐 사람마다 알게 되면 죽을사람 전혀없어 天地開闢 있을소냐
　人皆爲之 願誦하면 國泰民安 절로된다. 萬壽道人 우리 兒童 神通
六藝 누가누가 有福不遠 뉘알소냐 韓信諸葛 그 가운데 經天緯地 風
雲大水 七縱七擒 할 것이요 飛將勇將 上中下才 器局따라 될 것이요
安心하고 修道하소 나도 또한 神仙이라 때있으면 올 것이니 하나님
만 信之하소 天意人心 누가알고 天意人心 깨달으니 人心으로 보게
되면 或不思然 可祥이라 無知한 世上사람 애달하고 애달하다
　나도 또한 하나님께 運數따라 盼咐 듣고 人間百姓 허다한 사람
或時若干 건지려고 이 글 받아 이 世上에 童謠같이 傳해주소 善한
사람 살 것이요 惡한사람 어찌 할고 不知者는 死할 것이나 能知者
는 生할것이요
　傷人害物 두지 말고 修道해서 願誦 하소 靑林道士 만날 터이니
至誠으로 願誦하소 남을 속여 一身安은 殃及子孫 전연이라 天恩地
德 있으리니 輔國安民 하여 보소 善道者는 難行이요 惡道者는 逆行
이라 陰害하는 저 少年아 빙글빙글 하는 소리 저리하면 道通할까
빙글빙글 하는 소리 可笑切憎 아니런가 아서라 아서라 말하자니 煩
거하고 마자하니 불쌍하네

　너의 身勢 可憐하다 利在弓弓 몰랐으니 너의 身勢 可憐하다 利在
松松 알았으면 利在弓弓 알기 쉽고 利在松松 몰랐으면 利在弓弓 어
찌알고 弓弓仙道 奇壯하다
　運數 타고 入道한者 奇壯하고 奇壯하다 시구시구 좋을시구 네가
좋지 내가 좋냐 男兒此時 好時節에 아니놀고 무엇하리 하나님께 不
忠不孝 하는 이 사람을 죽이려고 十二諸國 病亂할 때 火盛水盛 病
侵이라 善한사람 몇몇인고 道人外에 누가알고 太平聖代 更來하니
聖賢君子 長壽하네 保命한 이 世上에 無爲和氣 弓弓이라 孝悌忠信
禮儀廉恥 堯舜之風 될 것이니 草野空老 英雄兒는 修道해서 成功하

소 左旋右旋에 있느니라 글을 보고 道通하소 陰陽理致 알게 되면 天地正位 아느니라 이같이 좋은 道를 人皆爲之 虛言이라 虛言者는 無可奈라 虛言者가 없게 되면 天下之人 다 알기로서 天下之人 다 살리리까 사람마다 다 살리려면 天地成敗 있을소냐

이도 역시 天運이라 人力으로 어찌할고 勸道하면 들을소냐 有福者가 절로 든다 父子兄弟 一身이나 運數역시 各各이라 千金一身 重히말고 至誠으로 修練하소 길을 찾아 가는 사람 앉을 座者 알아보소 앉을 座者 알았으면 定할 定字 行해보소 알거든 願誦하소 心和氣和 되느니라 一身和氣 되게되면 一家音이 되느니라 萬戶和氣 되게 되면 一國音이 되느니라 이런 일을 보더라도 覇道者가 어찌 살고 有欲이면 불효하고 不孝하면 來惡이라 이도 역시 慾心이라

慾心있고 善할소냐 天心戮之 무섭더라 害人之心 두지 말고 一心으로 人和해서 有福天下 하여보소 立志靑林 모를네라 山도 不利 水도 不利 어데가면 待接할가 수풀이라 하는 것은 처처유지 다 있는데 山수풀이 고이하다. 누가알고 누가 알고 後不及恨 되느니라 불쌍하고 可憐하다

너도 또한 뜻이 있으면 이 말 듣고 修道해서 後悔念定 깨달다가 깨달고 깨달으면 누아니 좋을시구 道도 좋고 道도 좋네 좋을시구 좋을시구 時在時在 좋을시구 芳草芳草 좋을시구 이같이 좋은道를 내 어찌 알았던고 이말 저말 다하자니 말도 無窮 글도 無窮 行해보자 비해보니 이말저말 거울이라 無窮無窮 살펴보니 無窮無窮 알았으면 孝도역시 無窮이요 忠도 역시 無窮이라 無窮한 이 天地에 無窮한 나아닌가 四時四德 日月中에 木靑靑이 靑林이라 아는 사람 짐작하소 須從白兎走靑林을 내 아니면 누가알고

2. 궁을가(弓乙歌)

　大明天地 日月下에 億兆蒼生 생겨날제 三皇五帝 恩德으로 너도나고 나도 나고 父母恩德 입었나니 恩大德重 泰山이라 天地正位 入分後에 乾坤父母 一般이라 우리 兒童 童蒙들아 父母恩德 갚은노래 너와 나와 불러보자 九變九復 此時天地 一土御土 九變九復 一千四百四十萬年 甲子正月 初七月로 後天 九復 十二會라 二十一年 甲申年에 周遊士道 太陽이라 太陰太陽 未定하니 外各國이 紛紛이라 天時地理 尊重하니 不如人和 있었노라
　此時甲子 九復下에 太古之時 更歸로다. 二十四方 誠天地에 二十四回 九復이라 弓乙星辰 照臨하니 萬法歸定 造化로다. 二十四回 九復하니 弓弓乙乙 成道로다. 萬勝道士 嚴命으로 修身修道 道通이라 廣濟蒼生 治德下에 周遊四方 으뜸이라 萬壽道人 饒倖나서 暮春三月 十五日에 平康太乙 神人等을 分野之內 十二國에 非山非野 何處聞고 非天非地 星辰이라 十二回로 成道하니 左旋右旋 爲主로다.

　一天之下 大本威는 平康太乙 노래로다 靑春少年 遊俠들아 매양 風流 좋다말고 十二回로 成道하니 다시 神明 十二回와 神道六體 第一이라 四書三經 많이 읽어 修道修身 正心하여 忠孝二明 얻을때에 남에게 積惡말고 正心하여 免厄하라 天地明明 저 弓乙을 何處蒼生 뉘알소냐 弓乙인들 다알소냐 惡者亡而 善者福이라
　人皆爲之 願誦하면 國泰民安 이때로다 堯舜之風 되련만은 道人外에 뉘 알소냐 發動말고 修道하면 道下止가 이것이라 至誠으로 本心하면 外國病이 不犯이라 利在田田 가지마소 東西南北 四塞이라 道和道人 賢人君子 있기만 있을진데 그 곳엔 疾病없고 五穀이 登豊이

라 弓乙星辰 十進하니 魑魅魍魎 消滅이라 左旋右旋 習道하니 疾病憂患 근심할가 우리 兒童 童蒙들아 弓乙歌나 불러보자 나는左旋 너는右旋 弓乙대로 놀아보자 伏願天地 저弓乙을 何處蒼生 뉘알소냐

乾坤父母 一般이라 億兆蒼生 생겼니라 萬和弓乙 來臨하니 生活之方 뉘 알소냐 人口有土 뉘알소냐 修身正道 앉은 座者 落盤四乳 뉘알소냐 仁義禮智 積善이라 天地正配 다시 되어 時和年豊 이아닌가 사람마다 안부르면 年年飢寒 어찌할고 消災免厄 절로되니 太平聖代 이아닌가 사람마다 늘 부르면 年年登豊 하련마는 晝夜不忘 늘불러서 天地恩德 갚아보자

周遊周遊 萬世周遊 좋을시구 좋을시구 시구시구 저百姓아 간다 말이 어인말고 故國本土 다버리고 어느 江山 가려느냐 扶老携幼 가지말고 太平聖代 좋을시구 八皇夫地 생겨날제 一難一治 있느니라 三才之禍 不犯하니 世上事가 찬란이라 國家忠誠 孝父母면 三才八難 있을소냐 가고가는 저백성아 一家親戚 어찌 할고 此時九復 不遠하니 天下泰平 절로 된다.

父母妻子 다버리고 吉地찾는 저 百姓아 自古蒼生 避難하여 幾萬名이 살았던가 仁義禮智 어진마음 傷人害物 전혀말고 五福이 내 몸이라 吉星照臨 어디있나 生活之方 나에게 있어 父母妻子 안보로다 저기가는 저 少年아 弓乙歌를 웃지마소 四方을 成道 할때 一人之和도 極難이라 貴運之說 노래말고 弓乙노래 불러보자 天地佳和 좋은 노래 어느 누가 안부를까 律呂調陽 좋을시구 落落長松 노래로다 弓乙불러 人和 하면 災殃春消 五福이라 富貴貧賤 願치마소 사람마다 때가있네

欺人取物 爲主하면 그 形勢 몇 날인가 積惡者를 죽이려 此世上이 紛紛이라 男兒世上에 處하여 有現其名 根本이라 남을 속여 安全之樂 子孫까지 滅亡이라 父母恩德 잊지 말고 恭敬父母 하여 보소 道

路彷徨 저 百姓아 男負女載 가지마소 天恩之德 잊지 말고 輔國安民 잊지마소 弓乙歌나 불러보소 生活之方 나에게 있네 답답하다 저런 사람 深山窮谷 찾아간다.

避世하여 隱匿하면 天罪者가 살아날까 가도가도 深山窮谷 어찌하여 살잔 말고 從天降 從地出 自古없네 積惡者 는 無可奈라 一片修道 아니하고 가고가면 살아날까 一片陰德 전혀없이 生活之方 하는도다. 우습고 可笑롭다 南天北天 어이 말고 分外親威 가지마소

人義相從 根本이라 一人之和 萬人之福이니 此時聖德 弓乙이라 修道없이 노래라도 늘 부르면 人和로다 處處蒼生 미련하다 在家不離 避難이라 九變九復 此時天地 人和로서 廣濟이라 不復正位 이러하니 二十餘年 紛紛이라 春秋戰國 일어날 때 天地運數 아니런가 此時甲子 三月天에 太陰太陽 正配로다

얼시구나 불러보자 天時不知 人和로다 國泰民安 절로 되니 亂臣賊子 물러간다. 시호시호 좋을시구 男兒得意 이때로다 얼싸 좋다 左便弓乙 四時萬物 채질한다 不伐自退 절로되니 安頓諸節 이때로다 弓乙歌를 지은 道士 童謠歌에 處世로다 얼시구나 좋을시구 蒼生塗炭 없어진다 三百六十 各邑太守 布德布化 하는도다 우리 太守 두소롭다 願此求官 하였으면 國家太平 各邑太守 이아니 좋을시구 朝鮮江山 名山이라 道通君子 또났구나

四明堂이 更生하여 昇平歲月 不遠이라 飛將勇將 나는도다 四時風塵 쓸어진다 卽今天地 不幸하니 天地運數 無可奈라 天命없이 났을소냐 我待天命 來時로다 修道하여 容身하면 風雲出水 任意로다 天變萬化 弓乙일세 道通者의 造化로다 至誠者는 用和하여 天地運厄 防備로다 草野에 늙은 英雄 弓弓乙乙 用和로다 九變九復 此時天地 弓弓乙乙 用和로다 利在弓弓 잊지 말고 늘 부르면 龍聲이로다 積惡者는 生化로다 善惡者를 分別하니 太極弓乙 神明이라 物慾之心 다 버리고 弓弓乙乙 돌아보자

我待天命 九復時에 弓乙道通 有現이라 大聖之和 돌아온다 어서
바삐 불러보자 楊柳東風 三月天에 다시 泰平 돌아온다 孝悌忠信 禮
儀廉恥 此時聖德 更來로다 弓乙之歌 現發하면 堯舜時節 돌아온다.
自古太守 至今太守 仁義禮智 웃을소냐 八條目이 다시나서 三綱五
常 從事로다 此天地 弓乙歌를 億萬人種 뉘알소냐 人皆爲之 虛言이
라 不信者는 無可奈라 此亦天地 無可奈라 勸道하면 들을소냐 人力
으로 어찌할고 有福者는 神靈이라 父子兄弟 一身이나 一家不信 一
不孝라 千金一身 생각커든 弓乙道通 하여 보소 弓乙인들 다 알소냐
至誠者는 五福이라.

　自古以來 忠義烈士 暖衣飽食 修道던가 世上事를 생각커든 弓乙之
歌 잊지 마소 治天下之 大本義는 道明德化 第一이라 淸寒烈士 貧困
으로 一心正道 하여보소 富貴로서 廣濟할까 道通者의 無限이라 萬
古聖賢 孔夫子로 德化로서 廣濟라 이 노래 한 曲調에 一洞中이 無
故로다. 仁義禮智 등진者는 覇道爲主 누가 살고 가고가는 저 百姓
아 離行南天 어인일고 至誠없이 避難할까 가는 곳이 死地로다 앉아
서 正心正氣하면 弓弓乙乙 家家戶戶 惡德之心 다버리고 弓乙之歌
불러보소.

　南天北天 越彊하니 國家恩德 背叛이라 夫恩背叛누가살고 가도 亦
是 죽으리로다 億兆蒼生 信地없이 避難하러 가지마소 魚龍鳥獸 집
버리면 飛去飛來 죽느니라 童謠듣고 근심하면 一心正道 못할소냐
年呼材帛 糊口之策 萬百姓의 根本이라 吉地찾아 가지 말고 今日부
터 改心하소 天生萬民 名受職業 職業을 힘쓰면서 弓乎之歌 불러보
자 弓弓乙乙 成道로다 春아 春아 太平春아 三十六宮 都是春에 東園
桃李 片時春을 綠陰芳草 勝花時에 아니 놀고 무엇하리 弓乙歌를 부
르면서 길이길이 놀아보자.

　天弓天乙 司天하고 太陰太陽 司地로다 이 노래를 부르면서 弓弓
乙乙 成道로다.

제3장 동학가사(김주희 편)

1. 송구영신가(送舊迎新歌)·A

　御化世上 사람들아 無事한 台乃사람 無情한 이 歲月을 無言이 보내다가 仙愬에 비쳐 앉아 鶴의 춤을 求景타가 時勢따라 求景次로 世界를 들러보니 時運時景 可觀일세 靑天에 뜬 기러기는 思鄕曲 부르면서 西北으로 다시 돌아가고 江南의 저 玄鳥는 飛飛于天 날아드니 故情을 說話하니 아마도 生覺건대 春三月이 分明하다 꽃은 피어 절로지고 잎은 피어 滿發 할 때 柯枝柯枝 피는 꽃은 마디마디 열매 맺고 들짐승은 세끼 치고 날짐승은 알을 낳고 天地人間 許多 萬物 皆有以 自樂되야 春興이 陶陶할제 許多 많은 世上사람 春興의 興을 이뤄 서로서로 時節歌라

　일흠하고 童謠같이 읊어낼제 노래 曲調 들어보니 노래 曲調 더욱 좋다. 牛性在野 그때런가. 數多牧童 時乎時乎 불러낼제 해가져서 저문 날에 고삐 없는 소를 잃고 콩가지 꺾어들고 소간 자취 찾아가니 그 곳이 雲霧가 자욱키로 不見其處 이와 같이 읊으면서 또다시 노래 불러 時乎하되 一落西山 해떨어지고 月出東嶺 달도 뜬다. 서로서로 읊어내니 노래 소리 더욱 좋다. 아마도 살피 건데 一落西山 月出東嶺 때를 따라 時節歌를 그 아닌가.

　時節歌를 仔細 듣고 때 運數 살펴보니 冬至 寒食 그 가운데 天一生水 水旺之節 때 應하여 少男運數 氣運받아 떠온 日光 西山에 질 때인가. 御化世上 사람들아 西山에 해진다고 疑訝 歎息 하지마소 東嶺에 달도 솟네 東嶺에 솟는 달은 새벽달이 그 아닌가. 새벽 날

다 밝을 때 甲卯方에 달이 솟아오니 艮寅方에 해가 떠서 올라오네. 달도 솟고 해도 솟아 日月造化 合德되니 밝을 명자 그 아닌가. 浩浩茫茫 넓은 天地 밝을 明字 나셨으니 天地正位 때가 온가.

　陰陽平均 좋은 땐가. 古人의 이른 말씀 須從白兎走靑林을 일로두고 일음인가 때 運數 그렇기로 世上 사람 日月精氣 造化끌려 밝을 明字 時乎할제 開明開明 일컸나니 開明을 하더라도 理致알고 開明하소 冬節인지 春節인지 四時長春 때 모르고 晝夜分別 못 하오면 웃지웃지 開明하노 黑牛臥畈 때가되니 靑牛老人 소를 모네 靑牛老人 소를 모니 春末夏初 당했던가.

　牛性在野 때가온다 九馬當路 時節인가 其然其然 노래 불러 送舊迎新 하여보세 送舊迎新 하자하니 西北海 氷雪水에 놀던 고기 그 貌樣 難形해서 惻隱하고 불쌍터니 天理順隨 때 왔으니 氷雪水 苦海中에 놀던 고기 濟濟이 건져다가 福德水에 長養해서 魚變成龍 이뤄볼까 運數따라 하자 하니 明明하신 하늘님 前 命을 받아 東方甲乙 靑龍木을 빌어다가 大同船을 모아 낼제 三綱五倫 바탕삼고 仁義禮智 선두루고 好生之心 돛대 삼고 活人之策 그물매어 龍潭水 淸淸水에 四時長春 띄어놓고 四海八方 넓은 天地 두루두루 닻을 주고 歸去來辭 글을 지어 覺非是之 읊으면서 活人 그물 벼리들러 黑水濁水 苦海中에 놀든 고기 濟濟이 건져 내여 大同船에 실어다가 맑고 맑은 龍潭水에 깃드리세.

　苦海에 놀던 고기 龍潭水에 長養하면 幻形脫態 自然되야 魚變成龍 다 될 테니 그런 榮光 또 있는가? 그는 또한 그러하나 水生木運 理致로서 天理節文 때를 따라 木德以王 求景하소 萬年枝上 花千朶 이를 두고 일음인가.

　나무 나무 旺盛할제 柯枝柯枝 꽃이 피고 마디마디 열매 맺고 눈눈이 잎이 피어 靑林世界 自然되니 上下天光 都一色은 이때 두고 일음인가 萬世春이 그땔런가 靑天白日 昭昭한데 송이송이 피는 꽃은 四時盛衰 때를 따라 不息循環 날로 피니 無窮한 이 天地에 無窮花가 그 아닌가.

一身이 皆是花 一家 都是春은 일로 두고 일음인가 때도 좋고 도(道)도 좋은데 矢口矢口 鳥乙矢口 天地自然 理致따라 送舊迎新 이와 같이 하자하니 樂堂堂이 自然일세 御化世上 사람들아 때 運數 그러하니 黑水 濁水 그만 놀고 聖運聖德 때를 따라 好生之心 벼리삼고 活人之策 그물 맺어 送舊迎新 하여보세

사람마다 어기지 않고 失數없이 施行하면 繼天入極 自然되야 樂堂堂이 다 될 테니 사람 사람 許多사람 사람마도 아니 잊고 施行할까.

2. 송구영신가(送舊迎新歌)·B

御化 世上 사람들아 晦朔戌亥 子丑之運 初冬仲冬 嚴冬 三冬之數 終末時에 積雪이 滿空山하여 千山의 鳥飛絶이요 萬遲의 人踵滅이라 싸인 積雪 자랑하며 氣勢조타 依勢키로 그 風俗의 相關없이 世念을 던져두고 無情한 그 歲月을 無言而 보내더니 싸인 積雪 거의 거의 다 녹고서 春三月이 돌아왔나

瀟湘江(소상강)의 떼기러기 思鄕曲을 자로자로 불으더니 西北으로 돌아가고 江南의 나는 제비 飛飛于天 날어와서 옛 主人 다시 차저 知主歸 知主歸 見身하와 賓主之禮 갖추오니 아마도 生覺헌데 春三月이 的實하다 때 運數 그러기로 春夢을 다시 깨어 宇宙에 비껴서서 時局形便 살펴보니 時乎時乎 좋은 때라 天根을 바라보니 靑天白日 높이 떠서 밝아 있고 月窟을 바라보니 明朗한 長女 달이 三更에 올라왔네

長男長女 日月合德 夫婦道理 極盡하사 三皇五帝 聖神之德 陰陽造化 豊厚하와 生生萬物 고루하여 長養成實 日日時時 쉬지않고 行해가니 無窮한 이 天地에 無窮春이 分明하다 天尊地卑 때가 와서 乾坤正位 合德하니 萬物自然 定位되네 새 運數 그러키로 尊卑貴賤 그 가운데 上中下 差等있고 老少冠童 분별있고 男女有別 極盡하와 禮義 廉恥 分明하니 때가 다시 돌아왔네

鳥乙矢口 鳥乙矢口 春三月 好時節이 天地運數 때를 따라 돌아오니 枯木生花 좋은땐가 萬年枝上 色千朶 때가되니 나무나무 꽃도피고 잎도 피며 마디마디 열매 맺어 萬化方暢 그 가운데 樂堂堂을 서로이뤄 無窮無窮 行해가니 無窮한 此天地에 無窮色 無窮春이 無窮

無窮 傳할테니 無窮無窮 내 아닌가 御化世上 사람들아 어리석은 台
乃사람 山中에 無日曆키로 無情한 이 歲月을 無言而 보내느니 積雪
이 다 盡하고 春花日煖 때가왔네

　送舊迎新 하자하고 唱歌一曲 읊어내니 어리석다 웃지마소 河圖洛
書 首尾之數 終末時則 六千年의 비해봐도 可合함이 있는바오 三千
年의 비해봐도 可合함이 있거니와 首尾終末 말하자면 天下地支 十
二時에 밝은 時中 다지나고 어둔 時中 戌亥子丑 맞하나서 定位하와
있는 바라 그도 또한 陰陽造化 迭代之數 어둡고 밝은 바를 다 各各
때를 따라 整齊하와 어기도 못하고 바꾸도 못하고 變化도 못하고
不易之數로 아주 定해논바라 그런고로 首尾終末 時代가 當해오면
天皇氏와 地皇氏와 人皇氏와 五帝氏계셔 그 時中을 因하옵고 暫時
잠자는 때라

　그런고로 列位神將 神兵이 濟濟히 자는 故로 許多萬物이 一切로
다자거니와 明朗한 조흔 時中 때 모르고 首尾終末 戌亥子丑 어둔
밤을 저의 時中 乘時라고 말아있는 虛陰虛陽 邪陰邪陽 乘時받어 誕
生한 그 物件들 저의 時世 좋은 때 만났다고 저희끼리 作黨하여 暗
暗無極 極히심써 暴惡無道 禽獸之行 서로 이뤄 濁亂世界 無所不爲
힘을 쓰나 그도 亦是 저의 時中 乘時라고 말은 바니 其理其然 알고
가거니와 저의 亦是 亂動疾病 無數不知 行하다가 天地陰陽 循環之
理 迭代之數 있는 故로 首尾終末 戌亥子丑 어둔 時中 己盡하고 寅
卯辰巳 좋은 운수 밝을 때가 次次오니 天地人 三皇五帝 밝은 時運
때를 따라 어둔 잠을 밝게 깨서 魑魅魍魎 虛 도깨비 虛氣之數 行하
는바 濁亂世界 하는 바를 一一이 살피시고 그와 같이 虛無孟浪 無
數한 許多塵埃 一一이 쓸어내고 禮와 法을 고루 갖춰 順四時行 하
옵소서

　明朗한 天上世界 이루려고 行令을 나리실제 三皇五帝 會坐하와

長男乘時 때 應하소 人皇氏를 主人定코 宇宙乾坤 넓은 天地 두루두루 令내릴제 北方壬子 黑帝神靈 黑衣黑服 갖추오고 黑馬上의 黑旗를 손에 잡고 一萬六千 諸神將을 指揮하와 다 各各 맡은 神兵 濟濟이 統率하고 北方으로 侍衛하라 하옵시고 東方甲乙 靑帝神靈은 靑衣靑服 갖춰오고 靑馬上의 靑旗를 손에잡고 三萬八千 諸神將을 指揮하와 다 各各 맡은 神兵 濟濟이 統率하고 東方으로 侍衛하라 하옵시고

南方丙丁 赤帝神靈 赤衣赤服 갖춰 입고 赤馬上의 赤旗들고 손에 잡고 二萬七千 諸神將을 指揮하와 다 各各 맡은 神兵 濟濟히 統率하고 南方으로 侍衛하라 하옵시고 西方庚辛 白帝神靈 白衣 白服 갖춰입고 白馬上의 白旗를 손에잡고 四萬九千 諸神將을 指揮하와 다 各各 맡은 神兵 濟濟히 統率하고 西方으로 侍衛하라 하옵시고 中央戊己 皇帝神靈 黃衣黃服 갖춰 입고 黃馬上에 黃旗를 손에 잡고 五十萬 諸神將을 指揮하와 다 各各 맡은 神兵 濟濟히 統率하고 中央의 侍衛라라 하옵시고

天地人 三皇氏 계옵서 자기하와 相議하옵신후 長男時世 主張되옵시는 人皇氏 게옵셔 嚴命을 내리시데 戌亥未 虛氣虛火 저의끼리 作黨을 하와 火黨을 일워가지고 漸漸盛하와 暴旱을 이루어 萬物을 極히 侵害하와 殺戮之行을 힘을쓰니 그와 같은 虛火之氣 火黨暴虐한 旱災도 暫時들수 없는바요

또 子丑未 斯時虛氣 客水가 저의끼리 作黨하와 水黨을 일워가지고 漸漸乘時 하와 이름할 수 없는 無數한 洪水를 이루어 萬物을 侵害하와 殺戮之行을 極히 힘을 쓰니 그와 같은 邪氣客水 水黨으로 暫時두고 볼수 없으니 速速히 虛氣邪氣 水火兩黨을 一時에 秋毫도 남기지 말고 掃除消滅하라 하옵시고 嚴命이 나리시니 五方五帝 神靈계옵서

三皇氏 會議 하신 後人皇氏 嚴命을 받자와 施令하옵실세 東西南北 中央五方 列位神將을 일일이 指揮하와 다 各各 거나리고 있는

神兵을 濟濟統率하와 가지고 五方의 日時中將으로 道路長을 定하와 四海八方 널은 天地 許多한 虛氣邪氣 水火雨 黨을 秋毫一釐 안 남기시고 一一이 몰아다가 六千餘年 永不出世 封錮하와 兌澤水로 몰아제쳐 버리시니 許多한 몹쓸 塵埃 一一 掃盡 다되었네

이와 같이 虛氣邪氣 水火 兩黨 掃除後에 天地人 三皇五帝 계옵서 安位安定 하옵시고 各位神將 神兵을 다 各各 職分을 定하와 本職을 직히도록 하옵시고 三綱五倫으로 法을 밝히시고 仁義禮智信으로 四時를 고루 順케하옵소서

德及於 昆蟲 草木토록 仁政을 배푸사 隨時以應하와 雨順風調 行하옵시니 天位高明 하시고 地位博厚 하시며 日月이 明朗하시고 山川이 淨潔하사 天地人 三世界가 다 天堂 世界를 熙皥세계를 이루었으니 無窮한 此天地에 無窮樂이 그아닌가

四海八方 넓다하나 聖神之德 洽足하와 許多한 世上사람 사람마다 하늘이 주옵신바 春風和氣 好生之心 서로서로 굳게지켜 서로서로 行해가니 天下萬國 널다하나 都是春이 自然되야 사람사람 數多사람 一身이 皆是花 自然되네 聖訓에 이른 말씀 一身이 皆是花 一家 都是春을 어데두고 일음인가 사람사람 無窮花 無窮春을 無窮無窮 직혀내여 無窮無窮 行해가니 無窮無窮 내아닌가

3. 창가(昌歌)

御化世上 사람들아 洋局의 子盡안개 月峰으로 돌았으니 漁張村 개가 짓고 桃都의 닭이 우니 天根의 해가 뜨네 西山의 雲捲되니 月窟의 달이떴네 西北桐枝 미친 冰雪 東南風에 다녹으니 春消息을 알 것이오, 乾海말라 山이되고 積雪이 다녹아서 濁水가 힘없으니 春三月을 알리로다 歸鴻得意 天弓活이요 臥柳生心 水東流는 이때두고 일음인가 이를 쫓아 헤아리면 가는 運數 알것이요 오는 運數 알것이니 送舊迎新 하여보세

御化世上 사람들아 明明하신 하늘임이 布德濟世 하시랴고 修德教人 하옵시네 盛運盛德 때 運數 그러하니 사람사람 仔細生覺 깨달아서 明明其德 至誠地極 닦어내어 오는 運數 받어보세 御化世上 사람들아 至誠感天 때가왔네 至誠感天 때왔으니 至誠感天 빌어내어 天師聖訓 고루밝혀 濟世蒼生 많이하세 濟世蒼生 많이 하여 廣明大濟 하여보세 廣明大濟 빌어내어 天地運數 更定해서 天下泰平 하여보세

御化世上 사람들아 때가 왔네 때가 왔네 暮春三月 때가 왔네 暮春三月 때왔으니 하날님前 받은 品性 好生之心 어서어서 깨달아서 天地父母 至恩至德 萬分之一 갚어보세 乙四좋네 弓乙이여 左旋右旋 習道하여 萬病回春 自然되네 矢口矢口 鳥乙矢口 三十六宮 都是春에 四時安樂 太平春이 때를 따라 興旺해서 永世無窮 하오리니 無窮無窮 鳥乙矢口 曰爾子質 兒이들아 敬受此書 하여서라 너도 또한 三綱을 法을삼고 五倫에 參預해서 이 世上의 化肉하여 무슨 恩德

닦았는가 子乃亦是 天地運數 時運時變 때되는바 仔細알지 못하거든 부질없이 無辜人民 害치말고 어서 바삐 돌아가서 네 職分을 지켜내라 職分잃고 안될테니 職分대로 돌아가라 萬一그리 施行않고 自行自止 行하다는 明哲하신 하날님이 四震雷 霹靂椎로 너의 罪狀 가려내여 一一處罰 하시리니 그리 알고 돌아가서 네 職分을 지켜내라 御化世上 사람들아 一一敎訓 자세듣고 泛然 看過 부디말고 生覺고 生覺해서 깨닫고 깨달르소 弱水上 浮島所生 少男少女 虛陽虛無 蜉蝣世界 좋다하고 닐컷드니 조타하든 그 運數도 때가 또한 다했으니 그 運數의 犯치마소

그 運數에 싸잡히면 不知何境 다될테니 그리알고 施行하쇼 매야 매야 水陣매야 걸은 산 저 華蟲이 太古天皇 좋은 運數 害하려다 天地造化 照臨下의 不知何境 되는 바를 듣고 보고 다했으니 네 運數에 비해보고 生覺하고 깨달아서 어서바삐 돌아가세 네 職分을 지키어라 萬一그리 施行않고 分外之事 뜻을 두고 分外之事 行하다는 天地造化 照臨下에 너도 또한 不知何境 될것이니 그리알고 돌아가서 네 職分을 지키어라

御化世上 사람들아 닐저일 仔細生覺 깨달아서 分外之事 行치말고 하늘이 주신職分 職分을 지켜 施行하세 御化世上 사람들아 虛慾網의 潛心되어 汗慾을 못이겨서 自行自止 뜻을 두고 私慾으로 發心내여 日日時時 行해갈제 없는 造化 있난다시 造化도 자랑하며 없는 工夫 있는 다시 工夫도 자랑하세

자랑할제 小學校니 大學校니 哲學이니 博學이니 文明이니 開明이니 橫說竪說 지어내여 秦言敷言 말을하여 氣勢좋다 자랑하고 依勢로서 行해갈제 人間富貴 貪慾해서 心身奔忙 勞力일세 輔國安民 일컬으며 文明開明 고루밝혀 濟世蒼生 하여내서 統一天下 한다하고

數多人民 몰아다가 戰爭不息 서로일워 日日施行 일삼으니 죽은 者
도 數가많고 傷한 者도 數가많아 不知何境 그 가운데 滅亡地境 거
의되니 그게 또한 文明이고 開明인가 濟世蒼生 하는바와 統一天下
되는 法이 그와 같이 해야되나 子乃사람 하는 所業 成功法을 모르
겠네 成功成功 말을하여 일컬으나 해논바는 무엇이며 讚할바는 무
엇인고 日日時時 힘쓰는바 子乃所業 거의거의 歸於虛事 다되가니
그리해도 天地造化 時運時變 때를따라 되는바 明明其德 몰르겠나
自古人間 千萬事 興亡盛衰 天地造化 달여있지 人之所欲 쓸데없네

　옛일을 본다해도 中興天子 漢武帝도 長生不死 뜻을 두고 神仙되
기 求하였으되 求하는 뜻을 못 이루고 歸於虛事 되어있고 力拔山의
氣盖世 일컬으든 項籍이도 힘으로써 天下富貴 取하려 하였으되 그
뜻을 못 이루고 歸於虛事 되어있고 暴惡無道 秦始皇도 統一天下 했
다하고 傳之無窮 計數하여 萬歲遺傳 바라더니 바라는 뜻 歸於虛事
돌아가고 一朝以亡 하였으니 그런 일을 보더라도 人之所欲 쓸데있
나 自古乃今 世上事가 都是다 그러하니 虛妄之心 人之私慾 다버리
고 古今聖人 本을 받아 順隨天命 修德하세 사람사람 行할바는 天命
所施 받어내여 修心修德 第一일세 自古由來 人事道理 그러하니 一
一施行 하여보세

4. 직분가(職分歌)

　御化世上 저 사람들 仔細보고 料度하여 自古比今 하여보소 無事한 台乃사람 無情한 이 歲月을 無言而 보내나니 處士之行 分明하다 輪回時運 明明下에 때 運數 未及하여 人心風俗 怪異키로 世上富貴 뜻이없어 世念을 던져두고 瀛洲蓬萊 조흔 景에 天上樂의 뜻을 이뤄 無情歲月 보내나니 地上神仙 分明하다 台乃境處 그러하나 나도 또한 이 世上에 天地人 三才之德 神靈之氣 받은 몸이 때 모르고 無情歲月 보낼 손가 以待其時 하지마는 게뉘라 지음할고 지음할者 있지마는 때 前의 말할손가

　그는 또한 그러하나 仙牕의 비겨 앉아 天時時運 數質하니 輪回時運 可觀일세 天干地支 造化로서 六十甲子 變化되고 六十甲子 造化로서 上中下元 變化되고 上中下元 變化로서 天地反覆 다시되어야 甬亢氏房 들러놓고 二十四方 造化붓쳐 四正四維 磨鍊해서 東西南北 更定하니 春夏秋冬 變化되어 四時盛衰 磨鍊일세
　御化世上 사람들아 輪回時運 이와같이 明明하니 仔細보고 깨달으소 나도 亦是 이 世上에 多聞博識 없지만은 至誠敬天 發願타가 하늘님前 造化받아 때 運數 되는 理致 大綱皂白 그려내서 이와같이 傳해주니 仔細보고 生覺할가 天地時運 反覆되야 木德以王 此世上의 때 運數 氣運따라 血氣之勇 쓸데없고 人人之德 主張일세 오는 運數 그러하니 어진마음 닦아내여 德義之勇 行해보세 無知한 世上사람 그런 理致 모르고서 自行自止 하단말가

　나의 敎訓 傳한말을 잊지 않고 施行해서 시킨대로 하는 사람 오

는 運數 盛運이니 生覺고 生覺하소 天地亦是 이 世上에 人人之德 발키려고 元亨利貞 道를내사 사람사람 勸學하나 그런 理致 모른사람 入則心非 아니하며 出則巷議 없을 손가 不似한 그런是非 聽而不聞 하여두고 視之不見 하여두소 제아무리 그러하나 輪回時運 當할손가 時有其時 때가 와서 하늘님이 뜻을 두면 禽獸같은 世上사람 얼푸시 다알테니 疑心말고 修道하소 때 運數 말한대도 지는 運數 게뉘알며 오는 運數 게뉘알가 春末夏初 不遠하니 心急之心 두지말고 敎訓대로 施行하라 天地父母 神靈之德 木德以王 하시랴고 太古天皇 좋은콩 運數따라 成實次로 두루두루 심엇지만 前歲修德 없는 田地 如干나는 콩대같이 華蟲이나 잘나먹어 고짓대만 남앗으니 그 아니 가련한가 고짓대만 남은콩이 데엇지 茂盛하며 成實하기 바랄손가 이위 그는 버려쓰나 곁순이나 거둬볼까

그 田地는 그리되야 버려쓰되 前歲修德 잘한 田地 木花田의 심은 콩은 枝葉도 茂盛하고 成實하니 그콩또한 烏乙矢라 寒食前의 심은 花種 華蟲일내 버렸으나 立夏때를 應하여서 木花田에 심은콩은 아무쪼록 잘 가꾸세 木花田을 잘가꾸면 五穀豊登 自然되고 數多穀食 具備하니 家産饒足 아니될가 어리석은 台乃사람 童謠같이 지은노래 秩序없이 記錄하나 比해보고 웃지마소

그 運數는 그러하나 건너산 저 華蟲은 어찌저리 不似한고 天地運數 造化中에 네 運數 맡은 職業 半夏케기 맡았으니 職業대로 半夏나 캐었으면 져의 職分 옳지마는 어리석은 져 華蟲이 그런 運數 모르고서 太古天皇 좋은 콩은 제아무리 慾心낸들 天地運數 定한 理致 分外之事 되올손가 分外之事 모르고서 네아무리 貪慾해도 헛된 慾心 쓸데없다 네 職分에 지났으니 自作之孼 어이하며 明天이 定限運數 어길生覺 두었으니 以理罰之 免할소냐 너의 罪가 至重키로 明天이 震怒하사 우레 聲이 震動하니 너의 魂魄 飛越되야 謝罪次로 비

는소리 春雄自鳴 네아니냐 無可奈라 할길없다. 지은 罪를 어찌할고 하늘님이 震怒하사 以理罰之 令나리니 무섭고도 두렬시라 뉘 令이라 拒逆할까 令을따라 施行할제 彼洋監司 매 산냥軍 산양개를 몰아오고 우레사냥 하랴든 軍 사냥개를 몰아다가 四面으로 에워싸니 불쌍타 저 華蟲아 可憐하다 져 華蟲아 너의 職分 지켰으면 그런 罪惡 當할 理致 없지마는 犯濫한뜻 두다가서 그런 刑罰 當하오니 誰怨誰咎 恨할곳이 없지마는 불상코 可憐하다 너어디로 가려느냐 날자하니 매가뜨고 기자하니 우뢰 사냥 하랴는군 前後左右 버려있고 사냥개는 華蟲님게 서로막고 사면으로 몰아드니 애달하다 저 華蟲 날도 기도 못하고서 彷徨躊躇 하다가서 그리저리 다 죽는다. 허허世上 우습도다 그런 理致 미리보니 두렵고도 두렬시라 世上萬物 數多하나 많고 많은 그 物件이 天地運數 定限데로 다 各其 맡은 職業 따로 있네 理致理字 그러하니 物件마다 다 各其 맡은 職業 變치말고 分外之事 求틀마쇼

맡은 職業 저버리고 分外之事 求타가는 天이 또한 僧之하사 以理罰之 當할테니 부디 生覺 깨달아서 自作之孼 짓지마소 自作之孼 안 지으면 順數天理 定限職分 職分따라 제 福대로 다되나니 부디부디 生覺해서 아니잊고 施行할가 그는 또한 그러하나 또한 曲調 들어보소 매야 매야 水陣 매야 너더또한 華蟲歌를 仔細보고 네 職分에 譬喩해서 守其職分 施行하지 分外之事 行틀마라 너도 또한 華蟲歌를 너도또한 職分잃고 分外之事 行하다는 華蟲같이 以理罰之 當할테니 그리알고 施行할가 너의 職分 말할진데 濁水世界 그 아닌가 濁水世界 己盡커든 때 運數 氣運따라 順數天理 施行해서 安以行之 하는것이 네 職分에 福이되지 台乃敎訓 어기고서 그리 施行 안타가는 萬疊靑山 보라매 中天의 높이 떳다 風雨같이 내려와서 번개같이 후리면서 霹靂같이 때릴테니 魂魄인들 남을소냐 理致理字 그러하니 아무쪼록 깨달아서 天理順從 하였어라 故人이 말로하며 글로 써서

雌雉歌를 지엇기로 雌雉歌를 譬喩해서 如此如此 數語노래 時乎하여 부르지만 雌雉歌에 일은노래 어리석은 장끼 한 놈 떠딘콩을 먹으려다 위에 치어죽고 약빠른 까투리는 장끼 한 놈 죽은 후의 행상을 하라다가 金剛山 篤修理가 채갓다니 일은노래 그도 또한 有理하니 아무리 生覺해도 노래마다 理致따라 童謠같이 하는게라 世上事가 그렇지만 童謠듣고 깨닫는이 몇몇인고 아는 사람 알 것이오. 모른 사람 모를시라 御化世上 사람들아 淺見薄識 台乃사람 아는바 없지만 台乃사람 지은노래 時乎時乎 불러볼가 그는 또한 그러하나 많고 많은 許多사람 다 各各 맡은대로 職分찾어 行하려면 修身修德 아니하고 職分찾아 行할 손가 職分찾아 行차하자면 先修其心 第一일세

理致理字 그런고로 사람마다 그 理致를 미리알고 先修其心 하자한들 師門없이 되올손가 옛사람도 그렇기로 負笈從師 있었거든 허물며 이 世上에 스승 文을 안찾을가 사람사람 많은 사람 速速師門 찾아들어 어서 바삐 心學하소 職分따라 行하기는 師門受學 아니하고 하는 道理 없느바니 仔細보고 生覺해서 師門受學 心學하소 사람마다 才能勇猛 있다 해도 스승 門에 受學없어 心性修鍊 못 하오면 血氣之勇 못이기여 自行自止 하다가서 제 職分을 다 잃어버리나니 職分잃고 有福할가 그런 理致 없느바니 부디부디 깨달아서 나의 敎訓 施行할가 愛呾하다 愛呾하다 世上사람 愛呾하다 사람마다 明之所致 말한대도 日月같이 밝은바가 제 心中의 있느바니 제 一身의 있는바요

天地大德 밝혀내여 德되는바 말한대도 사람사람 제 一身을 譬喩하여 化生之本 알게되면 德되는바 그 理致도 제 心中에 있느바니 제몸에 있는바요 天命所在 明明其德 말한데도 春夏秋冬 보게되면 自然之理 四時節候 아는바니 이런 理致 미리보면 命한바 아는바도

제 心中에 있는바니 제 一身에 있는바요 道之所在 미루어셔 말한데
도 無形無迹 하거니와 有形有迹 하온바니 欲言活而 難言이나 사람
마다 제 一身이 變치않고 專一하게 가는바를 깨달으면 道로서 가는
바도 제 心中에 아는 바니 제 一身에 있는바요 誠之所致 말한대도
天地萬物 理致따라 科度하여 一以貫之 되는 바를 台乃心中 生覺하
여 나는바니 誠之所致 되는바도 제 一身에 있는 바요 敬之所爲 말
한대도 輪回時運 그 가운데 一一이 失數할가 우러르고 思慕해서 至
誠으로 조심하는 그 맘이니 敬之理致 말한대도 제 心中에 있는바니
제 一身의 있는바요 畏之所爲 있는바도 天이 또한 至公無私 하신바
를 아는바도 마음이니 두려운바 아는바도 제 心中에 있는바니 제몸
의 있는바요 心之得失 말한데도 日用行事 그가운데 公私를 잘 살피
어 善不善을 아는바도 제 心中에 있는바니 心之得失 말한데도 제
一身의 있는바라 그런 理致 깨달으면 밝은바도 제게있고 아는바도
제게있고 道와 德도 제게있고 命한바 그 理致도 제게있고 敬畏誠信
得失有無 一一이 失數없이 제 一身의 足足하게 갖추었건만 어찌그
걸 못깨닫고 저와같이 愛呾 할고

天地五行 明明之理 一時도 떠나지 않고 제 一身에 具備하게 갖춘
바를 求해내여 못씨고서 私邪慾心 못이기여 各言各知 하는 擧動 보
고나니 愛呾 그웬일고 그웬일고 愛呾하다 그웬일고 그 理致가 그웬
일고 다름이 아니오다 不學하면 無識하고 닭지 않으면 光彩또한 안
나나니 世上理致 그럼으로 사람마도 五行理致 一般이나 自古以來
生而知之 드믄바요 學而知之 많은바라 그런 故로 明天이 사람일때
五行之理 一般이나 때 運數 時中하사 首出其人 먼져내여 道德二字
傳해주고 師弟之誼 次第定코 數多人物 내옵시니 어찌아니 그럴손
가 明明한 五行之氣 제 一身의 있지만은 스승 門에 뵈지않고 듣지
않으면 心工없는 그 所見에 어찌아니 그러할가

이런 理致 미루어셔 一一이 깨달으면 스승 文을 찾아들어 心修其德 바쁘도다 心修其德 極盡하여 台乃一心 깨달으면 學而知之 되었어도 生而知之 같을테니 스승 恭敬 極盡하고 順數天理 할거시니 어진사람 아니될가 스승 敎訓 明明之理 어진 道德 풀어내여 사람사람 가르쳐서 어진사람 되게하니 남의스승 되는구나 남의스승 되어보니 도로 聖人 그 아닌가 이런 理致 알고 보면 스승찾기 바쁘도다 其前사람 말한대도 그런 理致 깨달고서 負笈從師(부급종사) 하였구나 自古理致 그렇기로 나도또한 이 世上에 明明하신 天地運數 하늘님前 造化받아 無極大道 닦았나니 元亨利貞 아니련가 元亨利貞 밝혀내여 自古聖神 어진 道德 一一이 비해보니 一理之 所定이요 事理之 常然일세 理致二字 그렇기로 하늘님前 命을받아 때 運數 施行次로 先天後天 그가운데 龍馬河圖 다시밝혀 易卦定數 밝혀놓고 四時盛衰 아는 故로 天命대로 施行해서 至誠事天 하자하고 仁仁之德 베플어서 사람사람 가르침은 이도 亦是 天命이니 仔細보고 깨달으소

나도 亦是 이세상에 限量없는 無極大道 元亨利貞 풀어내여 布德天下 하여놓고 輔世長民 하라하고 하늘님 前 奉命했네 疑心말고 修道해서 仁者無敵 行해보세 仁者無敵 行하오면 道德君子 아니신가 道德君子 되게 되면 그 아니 成功인가 成功하기 바라다가 成功 또한 되게 되면 그런 榮光 다시 있나 一時富貴 부러할가 永世富貴 가졌으니 天地同樂 泰平일세 安心正氣 修道하소 스승 敎訓 거울해서 시킨대로 施行하면 學而知之 다 될테니 그리알고 修道하소

無極한 台乃道는 天地神靈 造化로서 無往不復 自然되야 一一이 밝혀내여 學不厭을 敎不倦을 일을삼소 學不厭 敎不倦을 지성으로 하게되면 때 運數 氣運 따라 道成德立 되오리니 그리 알고 나의 敎順 違棄말고 믿을 信字 主張삼아 잊지말고 믿어볼가 내 亦是 이세상에 하늘님전 分付 받아 一一施行 하자하고 弓弓乙乙 造化中에 元

亨利貞 좋은 道德 誠敬信을 主張삼아 三綱五倫 밝혀두고 仁義禮智 나타내여 學不厭 敎不倦을 주장키로 人無孔子 意與同이라 傳하나니 仔細보고 깨달으세 子乃 亦是 이세상에 스승 門에 受學하여 朋友有信하자고 나의 뜻을 效則해서 시킨대로 施行하면 己前聖人 다를손가 古今聖人 一般이니 그리알고 믿어볼가 믿기만 믿을진데 至於至聖 되오리니 台乃사람 成功되고 子乃사람 得意하니 그아니 기쁠손가 그는 또한 그러하나 宇宙에 비겨서서 世界를 굽어보니 可憐하다 世上사람 愛咤하다 世上사람 어찌그리 埋沒한고 一時富貴 貪心타가 道德二字 못지켜서 永世富貴 일는구나 可憐하다 可憐하다 그런사람 可憐하다 바람위에 티끌같은 一時富貴 貪하다가 永世富貴 일탄말가 스승의 가르침은 많고많은 數多弟子 一一成功 바라건만 바라는뜻 效則않고 제맘대로 主張타가 그리됨도 저의집안 運數련가 그런일로 미뤄보면 恨할바 없지만은 勸學하는 스승이야 數多弟子 사랑하야 成功하기 바라는데 어찌아니 愛咤할가 爲先에 보는 道理 愛咤하나 그도 亦是 天定이니 無可奈라 할길없다.

　　天定之數 뉘어길가 理致二字 그러하니 運數따라 勸學이나 힘써 보세 그일저일 料度하니 天地盛運 反復되야 때 運數 좋다하되 스승 敎訓 받어다가 秋毫一末 안어기고 至誠으로 닦는 사람 좋을게지 一一敎訓 다어기고 안닦는이 할수 없네 自古理致 그러하니 사람사람 많은사람 이일저일 兩事中에 仔細보고 生覺하여 나의 敎訓 施行해서 安心正氣 修道하소 紛紛天下 此世上에 나의 敎訓 안 듣고서 허된 慾心 못이기어 一時富貴 貪하든지 奸巧之心 못이겨서 다른사람 妬忌하여 陰害튼지 物慾에 交蔽되어 남을 怨望 嫌疑 自尊之心 못이기어 다른 사람 없이 알고 凌蔑하게 待接튼지 阿當한맘 못이기여 趨勢者를 붓쏘쳐셔 여러 사람 미우든지 名利功利 取하여서 안으로 不良하고 겉으로 꾸며내서 世上사람 속이든지 才能또한 존체하고 이리저리 離間블여 여러사람 心動시켜 서로서로 疑心두게 磨鍊

든지 이와같이 하는사람 不祥고 愛呾하다 不知何境 되오리다

天地運數 廣明하세 머지않은 好時節에 때 運數 氣運따라 하늘님의 造化로서 어진사람 가려내여 道德대로 讚頌하고 無窮福樂 傳해줄때 착한사람 主張되니 不似하던 그런사람 그때가서 어찌할고 불일곳 바이없고 의지할곳 없을테니 不知何境 그아닌가 世上理致 되는바가 天地時運 때를 따라 되는 바를 어찌 그리 모르고서 어리석은 世上사람 저다지 愛呾한고 一盛一衰 알게되면 그런 理致 없으련만 理沒하다 그런사람 하는 道理 다시없다 此世形便 보는바에 天下紛紛 말한대도 世上風俗 怪異하여 順數天理 아니하고 各自爲心 하는고로 明天이 憎之하사 어진사람 爲하여서 惡한사람 죽이려고 天下兵器 運動시켜 서로서로 죽게 하니 그도또한 天定이라 仔細보고 깨다라서 改過遷善 하여서라 改過遷善 아니하고 나의 敎順 어기다는 하늘님이 너워 罪狀 추려다가 以理罰之 하오리니 그리알고 施行하라 明明하신 하늘님은 至公無私 하신마음 不擇善惡 하시나니 仔細듣고 깨달으소

사람사람 많은사람 다 各各 마음지어 行한대로 착한 사람 가려내되 착한대로 福을 주고 惡한사람 가려내되 惡한대로 지은 罪를 어기지않고 罪따라 殃禍주네 理致二字 그렇기로 至公無私 하신마음 不擇善惡 하신다고 일렀나니 착한사람 제 마음 닦어 지은 德을 或 은어찌 몰라보고 저희논 德 아니주며 惡한 사람 제 맘 지어 行한 積惡 秋毫一末 變해 줄가 저희논바 지은 일을 아니 주고 다른 바를 두루섞여 줄작시면 어느 누가 하늘님을 明明하다 이를 소며 至公無私 하신마음 不擇善惡 하신다고 서로서로 말하여서 自古比今 傳했으나 天地人 三才之理 明明하게 그러하니 많고 많은 世上사람 나의 敎訓 生覺해서 잊지 말고 敬畏之心 主張해서 自作之孼 짓지말고 安心正氣 修德하여 至誠事天 하여볼가

5. 삼경대명가(三警大明歌)

　語話世上 男女사람 三警歌를 仔細듣고　弓弓乙乙 工夫해서 四書三經 밝혀보소. 四時運이 지나가고 三警運이 돌아와서　詩傳書傳 그 가운데 周易卦를 풀어보니, 乾天河圖 天鏡되고 坤地洛書 地鏡되야　天地乾坤 配合中에 人天靈符 새로 나니 萬世人鏡 좋거니와 三警大明 宛然토다.天文經은 周易이요 地道經은 書傳인데　人心經이 詩傳故로 興比歌에 전한말삼 伐柯章을 話頭삼아 陰陽盛衰 善惡事를 細細說論 하셨으니 興比二字 깨달아서 興陽掌校 살펴보고 比仁郡守 깨쳐보소. 比仁南浦 乙乙이요 興陽安東 弓乙일세 弓弓太陽 三天道와 乙乙太陰 三地道를 左旋右旋 合하여서 天地兒只 定했으니 長男兒只 보려거든 三極鏡을 손에들고　嘲弄하는 그애기(兒只)를 疑心말고 따라가서 君師父를 묻게되면 三天鏡 내여들고 如此如此 이를게니 天地人을 배운後에 儒佛仙을 工夫하면 日月星을 알리로다　弓弓道가 이러하니 精誠대로 배워보소 造化로다 造化로다 造化로다 弓弓乙乙 造化로다.天上弓弓 地下乙乙 人中弓乙 相合하야　弓弓乙乙 成道하니 百事千事 萬事知네 鳥乙矢口 鳥乙矢口 이내弓乙 鳥乙矢口. 天上地下 살펴보니 萬世明鏡 鳥乙矢口 궁을경이 明鏡일세 萬古없는 萬里鏡을 내가 어찌 받았는가　造化로다 造化로다 하날님의 造化로다. 雨白精氣 모아다가 天地거을 지어내니　三豊鏡이 宛然토다 眼鏡일세 眼鏡일세 萬古없는 人鏡일세

　여보시게 修道人들　前後萬古 料擇해도 사람鏡月 있단말을 누구누구 들었던고 天鏡地鏡 合한人鏡 玉皇上帝 人鏡일세 人鏡소리 나는날은 天下江山 다들려서 英雄豪傑 모여들여　弓弓乙乙 좋은거울

器局대로 얻어다가 天下萬國 걸어논게 處處마다 거울이요 家家마다 弓乙이라.이와같은 三天鏡을 三神山에 潛기타가 三月好時 當한 故로 此世上에 下送하네 下送하신 照心鏡을 누가能히 받었던고 아마도 生覺컨데 받은者가 主人이니 明鏡主人 찾아가서 精誠대로 哀乞하면 大慈大悲 어진마음 誠心보아 줄것이니 아모쪼록 恭敬하와 眞心으로 施行하라.大道此道 成立法은 心性爲誠 丁寧하니 의심疑字 두지말고 믿을信字 主張하소 大丈夫의 氣凡節이 信없으면 어데할고 믿고서만 施行하면 誠心二字 줄것이니 精誠있는 그사람은 어진사람 分明토다 그런고로 弓乙鏡은 在性在誠 丁寧일세.성지운정 恭敬해서 信心으로 施行하면 이와같이 좋은鏡을 사람마다 얻을게니 얻어놓고 자랑말고 道之主人 찾아가서 模範해다 다시지어 廣中天에 높이걸고 萬鏡打令 하여보세. 萬鏡사오 千鏡사오 萬化百鏡 어서사오 天地人鏡 좋은 보배 萬古없난 無價寶라. 銀으로도 못살게요 金으로도 못살거니 精誠으로 사다가서 恭敬으로 살펴보면 믿음으로 볼 것이니 信敬誠이 이아닌가

　信敬하나 밝혀노면 誠心鏡이 明明일세 三更明月 大道法이 三道中에 들었으니 三道合德 主人찾어 萬端哀乞 하여보소 三道主인 누구신고 水雲先生 聖靈일세 水雲先生 神聖이면 어데가야 만나볼고 만나보기 어렵잖소 太極弓乙 主人찾어 가는길을 仔細물고 路程記를 얻어다가 度數대로 가게되면 가는里數 分明하야 三七만에 갈것이니 靑雲橋 洛水橋로 이리저리 찾아가면 內外水雲 만날게니 外水雲을 가지말고 內水雲을 가게하소.內水雲을 가게되면 新元癸亥 알것이니 癸亥水雲 陰이되고 壬子水雲 陽인故로 陰陽兩水 配合되여 甲子水雲 다시나니 靑林水雲 丁寧해서 壬子水雲 밝혀내어 天一生水 찾아가니 壬甲子가 同德일세. 陽中陰生 깨친後에 陰中陽生 살펴보소 天水雲도 알것이요 地水雲도 알리로다. 陽道水雲 찾아가면 天堂에가 나설게요 陰道水雲 찾아가면 地獄게의 이실게니 陽水雲을

만나랴면 甲子水雲 찾아가서 壬子水雲 만나보고 癸亥水雲 물어보소 陰陽水雲 化法을 分明하게 가르치네 仔細仔細 들어보소 天父前에 陽水얻고 地母前에 陰水얻어 一六水로 化한 氣運 壬子亥子 이아닌가 水雲先生 聖靈根本 이와같이 無窮하니 우리聖師 感化至德 天地陰陽 一六水라 水氣타서 化한人生 水雲之德 못 깨칠가. 水雲先生 聖靈으로 나도 나고 너도 날 때 水氣빌어 다낳았으니 水雲天水 背反말고 敎訓施行 잘해보세 敎訓施行 하려거든 龍潭遺訓 爲反마소

龍潭遺書 보는대는 水雲先生 面對로세 肉身은 가셨으나 靈魂은 제게 있네. 大典歌詞 無窮敎訓 秋毫라도 違反하면 先生弟子 될가보냐 生覺하고 生覺하소 水雲化生 깨쳐보면 靈神父母 水雲이니 萬民父母 水雲先生 聖德君이 丁寧도다 天道聖德 밝혀내여 地道順德 이은후에 人間明德 세워내여 布德天下 하여보세 三道大明 三德君은 靑林道師 分明하다 須從白兎 선생에 走從靑林 道師되어 誠心修道 그사람은 靑林道師 만날게니 靑林道師 地上神仙 人佛仙道 뉘가알꼬 人佛生佛 알고보면 人生於寅 甲寅이라 甲寅靑龍 白龍子로 仙佛仙道 하여내니 三極道主 聖人이라 白陽無芽 誰折하고 靑槐滿庭 運이닥쳐 大道順行 하시도다 道를알고 德을세니 德化萬方 아니할까 天德地德 그가운데 人德하나 밝혀내여 人天極樂 세워놓고 地天大德 布化해서 天地大道 立極하면 天地大法 아니신가 道와德이 이렇기로 三鏡歌를 지었으니 새거울을 아니보고 三才事를 어찌알고 三才天鏡 말하자면 一鏡三鏡 五鏡이니 水木土가 아니면 二鏡四鏡 六鏡水는 火水木가 이아닌가 七九十一 先깨친後에 八十十二 잘깨쳐서 三九三十 數通하세 數通하면 書通하고 書通하면 射御알어 一四於四 九變數와 一千四百 四十數를 丁寧이도 알것이오 二四於四 九復數를 一千四百 四十數를 坤變爲乾 알것이니 二千八百 八十數로 一太極이 更生하니 九變九復 이아니며 九九天地 이아닌가 九宮

에다 九宮지어 十八宮에 마련하고 九九宮에 九九놓아 三十六宮 지어내니 四九金宮 丁寧키로 昊天金闕 이름하야 乾天上帝 모셔노니 三年成道 宛然하고 太陽 仙官 分明토다.疑隋太陽 流照影은 太陰宮에 太陽와서 乾坤配合 되온後에 太陽太陰 破字하여 人和世界 更定하니 水雲先生 更生이요 泗溟堂이 復活일세 天下太平 아니될까

가네가네 모두가네 外國兵馬 모두가네 天運쫓아 모두가네 제인 질병 爲主하니 造化로다 造化로다 하날임의 造化로다 無窮하신 造化法을 일천삼천 못깨치면 구천칠천 어찌알리 인재사를 깨친後에 십지팔구 다시깨쳐 오천육지 中央數를 水土起胞 알고보면 廣中天을 알리로다. 子宮에서 立極하면 辰巳宮이 五六이요 寅宮에서 立極하면 午未宮이 五六이니 子天寅天 깨달아서 天人同德 살펴보소 體天行道 人極運數 仙道昌明 좋거니와 仙道닦어 佛道通코 佛道通해 儒道알면 天地人道 가는길을 子丑寅에 깨칠게니 子寅辰을 살펴내어 辰寅子로 道通하소. 八卦六神 말하자면 无極에서 끝이로다 아는사람 짐작하고 모른사람 답답하나 하날임께 福錄탈때 有無識을 定했으니 無識해서 모르는길 누구보고 限歎할까 無識하다 限歎말고 誠敬信心 가다듬어 귀로들어 깨치면은 儒佛仙을 알것이니 알고와서 入敎하면 有識者를 부러할까 有無識이 相關없어 일꾼되면 그뿐일세 五萬年間 道德일꾼 누구누구 參預할꼬 運數대로 찾아와서 간구한 살림살이 서로상의 하여내여 晝耕夜讀 힘을쓰니 天主께서 사랑하사 五萬年來 無極밭을 疑心없이 내주시며 獻誠畓을 定하시네. 寺畓七斗 일음하고 上帝佛供 힘을쓰니 天地神靈 도와주사 無識하든 살림살이 有識때가 되었구나.큰집살림 벌여내니 三間草屋 적은집이 三十六宮 벌였더라 三十六宮 넓은집에 子孫 奴婢 길러내여 大豊家가 되었으니 천하갑부 이아닌가 대쪽부자 이아닌가 병부하나 새로나니 靈符二字 잘 깨쳐서 太極符를 알게되면 음부양부 乾坤配合 弓乙其形 알것이니 三警明月 靑林下에 萬世仙藥 먹어보자.

6. 지시안심가(知時安心歌)

　　御化世上 有德君子 輪回時運 깨달아서 修心修德 하여내여 明哲保身 하였어라 春夏秋冬 四時節에 一陽生春 한다해고 冬至寒食 百五中에 冬三朔이 남어있고 九十春光 좋다하여도 花發時에 多風雨는 自古遺傳 안일런가 盛衰之運 이렇기로 馬上寒食 非故地요 欲歸吾家 友昔事라 明明히 하신말씀 어찌그리 無窮한고 空山夜月 杜鵑聲은 不如歸를 일삼으되 누구누구 知音할고 知音하리 많건만 世上사람 때 前의야 게뉘알고 아서라 두어서라 아리없다 萬端愁懷 살아보자 春氣回泰 한다해도 蒼松綠竹 君子之節 四時長春 本情으로 修心修德 그 뿐이요

　　東園桃李 片時春에 凡草楊柳 뜻을얻어 一時春을 자랑하나 可笑可歎 이 아닌가 春末夏初 그때 오면 一時春을 자랑타가 그 무얼로 비양할가 아서라 世上사람 一時依勢 조타말고 萬世安過 修德하소 北方壬水 乘時되야 四海八方 넓은 물결 意氣洋洋 그 가운데 於千萬物 水氣타서 水氣二字 그 가운네 暫時景을 비양하니 아서라 아서라 제아무리 그러하나 그 運數가 每樣일까 天時次次 때가 와서 東方甲乙 青龍木에 明明其運 도라오니 三陽 七德 長男得意 光華之德 奇壯하다 春夏秋冬 四時春 三十六宮 都是春 萬世榮樂 泰平 春春외에 更見春을 無知한 世上사람 너의어찌 때前이야 알가보냐 無可奈라 運數運字 그러하니 時代를 急히마소

　　時乎時乎 때가 오면 青雲橋 반간 消息 鶴의소리 鳳凰聲이 자로자로 날꺼시니 明明其德 알리로다 이보시오 諸君子들 心急히 생각하

소 春蘭秋菊 各有時라 自古遺傳 안일런가 纔到當來 節不待 自然來라 하였으니 靑林道士 어진 스승 千變萬化 無窮造化 任意用之 한다해도 때가있어 깨나니라 여보시오 應君子는 須從白兔走靑林을 失手없이 깨달아서 弓乙體로 되는 運數 一心으로 조심하와 元亨利貞 좋은 길을 부디부디 잊지마오

風雨霜雪 紛紛하면 三綱五倫 失節하고 昏濛自然되야 多數人種 難救로다 一劫二字 지난 後에 三八木 좋은나무 木槿木 鳥乙矢口 玄鳥之 知主兮여 貧赤歸 貧赤歸를 이때 되면 알리로다 老鶴生子 布天下 때가되니 鳳巢梧桐 秋月歌라 不知心中 不知運이요 疑隨太陽 杳然間이라

7. 지본일신가(知本一身歌)

御化世上 사람덜아 安心正氣 修身하와 根本二字 살펴내어 一身家를 들으시오 八道江山 다밟아서 人心風俗 살핀 후에 台乃一身 궁어보니 弓乙理致 받았으나 찾아내기 어렬시라 胃腸弓乙 幾十年에 궁을이치 들러보니 正心正氣 그 가운데 一心二字 닦는사람 弓弓理致 알기쉽고 德化萬邦 그 가운데 乙乙理致 알기쉽고 五臟變腹 그 가운데 生門死門 들어있으니 生死門을 가려내여 살 方策을 求하여서 台乃一身 安保하고 父母妻子 求한후에 廣濟蒼生 하여보세

이보시오 世上사람 台乃말을 들어보소 天地五行 相生相剋 變化되어 大定之數 定해두고 萬物死生 그 가운데 至公無私 나타내여 善惡判斷 이때로다 天地運數 이렇기로 人心發動 自然되야 金木水火土 五行중에 十二經絡 亂動되어 一身亂動 먼저나니 世上亂離 三才八難 웃지하여 免할손가 이일저일 깨달아서 世上風俗 다버리고 一心精氣 다시먹고 修心正氣 更定하면 天地萬物 그 가운데 盛衰之理 알 것이요 世上變復 自古興亡 거울같이 알 것이니 알고 보면 生活之計 거기있네 이보시오

世上사람 弓弓乙乙 찾덜마소 천하강산 다 밟아도 곳곳마다 弓乙일세 天地五行 맑은 氣運 生生之理 받아내여 及其成物 되게되면 太極이요 太極이면 弓乙일세 이와같은 弓乙太極 제 一身에 있건마는 웃지하여 못깨닫고 저와같이 不似한고 胃腸弓乙 마음 心字 뿐이로다 이보시오 저사람들 修心正氣 更定하와 五性至理 平均하면 弓弓乙乙 알것이요 弓弓乙乙 알게되면 生門死門 알것이요 生門死門 알

게되면 生活之方 모를손가 알기만 알작시면 天地運數 時運따라 千變萬化 任意用之 못할손가 順數天理 그가운데 弓乙理致 미뤄내여 活人之策 알것이니 알기만 알작시면 好生之德 베푸러서 廣濟蒼生 하게되면 敬天順天 아닐런가 敬天順天 하게 되면 聖賢君子 이아닌 가 聖賢君子 되게되면 遺明萬世 할 것이니 그런 盛德 다시있나 御化世上 저 사람들 어찌그리 愛떨한고 弓弓乙乙 生活之方 사람마다 제 一身에 있건마는 어찌그리 못 깨닫고 저와 같이 不似한고 本心 二字 못 지키어 虛荒孟浪 저 所見에 되는대로 發動하니 그 擧動 볼 작시면 魂不附神 그아니며 一身偶人 分明하나 그중에 하는말이 제 所謂 推理라고 日日時時 하는 擧動 弓弓乙乙 찾아가야 산다고 서로서로 崩騰하니 可笑絶愴 아닐런가

利在弓弓 제게두고 어찌그리 愛떨한고 여보시오 世上사람 造化二字 말을마소 胃腸弓乙 修練하면 無窮造化 無窮이요 天地道德 成功일세 여보시오 應君子 이런 造化 다버리고 어느 造化 바라시오 허허世上 저사람들 一心正道 다버리고 道通二字 말을하니 말은비록 반가우나 道通二字 말한진대 在誠在人 아닐런가 이갈이 쉬운일을 이람저말 하단말가 여보시오 應君子는 他人之說 부디말고 一心精氣 닦어내여 天地父母 造化之氣 一心二字 놋흘말고 日日時時 生覺해서 昏濛中 그간운데 完然히 살아보세 여보시오 世上사람 一身家를 仔細이 들으시오 五行之氣 받은 氣運 變化理致 없단말가

이일저일 하여보니 五色彩雲 雲霧中에 明哲保身 第一일세 明哲保身 法모르면 紛紛한 이세상에 갈곳이 專혀없네 深山窮谷 들어가니 山不近이 거기있고 水勢존재 차저가니 水不近이 거게있고 色中近處 차저가니 色不近이 거게있고 富者近處 차저가니 富不近이 거게있고 路邊가로 차저가니 路不近이 거게있고 田田二字 차저가니 旱不近이 거게있고 國祿之臣 貴公子를 차저가니 權不近이 거게있네

이보시오 台乃사람 仔細보고 安心하소 아모리 살펴봐도 갈곳이 專
혀없네 허허世上 저 사람들 아모리 생각해도 紛紛天下 此時時變 즉
을 謀策은 百가지요 살 謀策은 한가지네 그 곳은 어데메뇨 胃腸弓
乙 마음 心字 分明하다 台乃一身 들러보니 忠不忠도 거게있고 孝不
孝도 거게있고 夫和婦順 거게있고 兄友弟恭 거게있고 朋友有信 거
게있고 紛紛天下 此世上에 善不處卞 거게있고 天地萬物 相對하와
細細히 살펴내여 因其勢而 利導之한다해도 마음 心字 그 가운데 千
變萬化 無窮造化 마음心字 主張일세

血氣之勇 不測之心 妖惡雜類 다버리고 德義之勇 仁義禮智 五倫三
綱 일치말고 一心修練 다시하와 正心正氣 團束하고 六甲六更 六戊
六巳 天干地支 배푸러서 保身法을 들러놓고 抑强 扶弱 하여내여 以
德報人 하오면서 時運따라 가게 되면 泰平聖世 거게있고 遺明 萬世
또있으니 地上神仙 이 아닌가 허허世上 많고 많은 저사람덜 天地本
心 好生之德 사람마도 있건만은 웃지그리 못깨닫고 저와 같이 不似
한고 寒心하다 저사람덜 十勝之地 찾덜마소 十勝之地 말하자면 天
干地支 合하여서 弓弓乙乙 마음 心字 뿐이로다 이러한 줄 모르고서
어느곳을 가단말가

어찐날 不測者도 오늘날 改過遷善 하여내여 修心正氣 更定하면
萬世明賢 이 아니며 道德君子 分明하니 風塵世界 念慮하며 富貴功
名 貪할손가 此時時變 三才八難 無爲而化 물리치니 八不近에 犯할
손가 鳥乙矢口 鳥乙矢口 一心修鍊 하다가서 矢口二字 알고보니 如
此如此 又如此라 여보시오 台乃사람 胸海에 어킨근심 一時에 다버
리고 紛繞한 世上風俗 一一이 擺脫하고 一心二字 修鍊하와 스승 敎
訓 밝혀보세 이보시오 諸君子덜 自古聖賢 道通法과 賢人君子 行實
보면 道統根本 모를손가 알기만 알작시면 無根說話 있을손가 슬프
다 저사람들 陰害之設 지어내어 남의 險談 일을삼고 物慾之心 못이

기어 睡眠之怨 각기 主張 日日時時 힘을쓰니 不詳코 愛때하다 精氣
本心 五行理致 根本지켜 修鍊成道 되거되면 五色風流 和한 曲調 鳳
凰이 춤을 추고 鶴의 소리 自然난다

　여보시오 저 사람들 내말 暫間 들으시오 禱山禱水 한다해도 天
地亦是 鬼神이요 鬼神亦是 陰陽인줄 웃지그리 모르시오 사람 一身
말하자면 天地人 三才之氣 合했으니 三神理致 거게있고 金木水火
土 五行精氣 五臟經絡 君臣佐使 버려있고 五行神道 밝혀있고 天圓
地方 應하여서 六腑八脇 肉身되야 太極成道 이아닌가 이 理致를 깨
달으면 天地合德 거게있고 日月合明 거게있고 與鬼神合 其吉凶 거
게있네 이일저일 안다해도 精氣本心 主張일세 이보시오 台乃사람
남의 心事 말을말고 내맘 工夫 修鍊하여 내앞이나 닦어보소 台乃마
음 못닦아서 萬事知를 못하오면 昏濛 此世上에 웃지하여 살자는고
부디부디 잊이말고 마음 心字 잘닦어서 恭順恭敬 잃치말고 사람 待
接 잘하시오

　여보시오 敎員덜은 開明二字 무엇인고 明明其德 밝혀내여 至於至
善 이 아닌가 天地 같은 널은 弓乙 마음 心字 變化불여 순리순수 하
여보세 여보시오 이세상에 저 사람들 仔細히 들으시오 天地兩儀 그
가운데 五行으로 생겨나서 本身 마음 모르고서 되는대로 뛰놀다가
本身마음 잃게되면 二十四會 亂動되야 죽을 死者 거게있어 다시 回
復 難得일세 寒心하다 世上사람 天主二字 들어보소

　一心精氣 맑은마음 天主二字 分明하다 이 理致를 알고보면 修心
修德 못할손가 이러한줄 모르고서 마음心字 아니닦고 虛慾雜類 邪
氣勇猛 못이기여서 되는대로 뛰놀면서 眼下無人 橫行하니 世上사
람 可畏로다 하물며 이세상에 사람마도 天地五行 理致받어 이세상
에 나온사람 이 理致를 背叛하면 逆天地心 아닐련가 이런 理致 본

다해도 誠敬二字 못지킬가 여보시오 世上사람 뛰지마소 뛰지마소 되는대로 뛰지마소

무섭더라 무섭더라 天必誅之 무섭더라 五行理致 台乃一心 順數天理 하여보세 紛紛世界 저 사람덜 仔細듣고 安心하소 台乃一心 病勢根本 무어신고 喜怒哀樂 그가운데 心腸氣傷 되게 되면 그아니 重病인가 血氣之勇 어린 固執 못 이기여 五臟六腑 秩序없이 뒤누오니 心念眼目 말한손가 一身重病 모르고서 남의 病을 자아내여 向人說話 紛紛하니 日日時時 아는 擧動 보고나니 可笑로다 여보시오 台乃 사람 一心精氣 天地造化 合德하면 萬化弓乙 알것이오.

萬化弓乙 알련마는 웃지고리 모르고서 自行自止 하여내여 自恃知法 行하다가 不知何境 되는구나 사람마다 다시 生覺 操心하와 誠敬二字 밝혀내소 이보시오 世上사람 마음心字 病을보소 血氣之勇 뒤를 따라 되는대로 亂動타가 度數를 失節하면 硬脈이 떠러진다 死生은 故舍하고 因因함을 웃지할고 一身重病 許多惡疾 모두다 고쳐지면 스승 敎訓 거울하여 一心二字 닦어보소 나쁜마음 차버리고 어진마음 求해내여 仙風道骨 求해보세

사람마다 이세上에 富貴功名 貧賤苦樂 大定之數 定하여서 四柱八字 그가운데 盛衰之運 定했으니 無可奈라 할길없네 盛衰理致 그러키로 君子時中 저 사람들은 禍福은 詳考찬고 修身修德 根本삼아 마음 心字 닦어내어 오는 富貴 自然맞아 遺臭萬年 無窮道德 無窮無窮 베푸러서 無窮無窮 가르치니 그런 功德 다시있나 繼徃聖開 來學을 이와 같이 하와나니 聖賢君子 이아니며 남의 스승 나니될까 萬世聖賢 다시없네 天地富貴 말할손가

이보시오 世上사람 이런 理致 모르고서 順隨天命 아니하고 怨한

다시 하는 말이 天地萬物 化生中에 台乃八字 奇險하여 웃지그리 因窮한고 生覺하니 그뿐일세 이런 故로 晝夜恨歎 하는말이 어떤사람 富貴하고 어떤사람 奇薄하와 이와 같이 奇險한고 ――恨歎 하다가서 넉넉잔은 그 所見에 아무쪼록 마음살펴 本心二字 지켰으면 때가 있어 오련만은 웃지그리 不及한고 猝富貴 不祥이라 萬古遺傳 아닐련가 이런 理致 모르고서 을적한맘 못이기여 웃지하면 富가되고 웃지하면 富可될까

虛荒浪浪 그 慾心을 자아내며 되는대로 뛰놀면서 攘臂大談 無數하며 順隨天理 아니하고 四柱八字 다버리고 마음心字 잃었으니 어느 富貴 돌아올까 無可奈라 할 길 없다 이러한 줄 모르고서 自行自止 하여내여 自恃知法 行하다가 不知何境 되오리다 天地盛衰 自然之理 四柱八字 運數 따라 마음心字 찾아 내여 誠之又誠 恭敬하와 順隨天理하여보소 때아닌 富貴貪慾 하면 바라든 富貴는 아니오고 三才八難 殃禍부터 돌아오네

이보시오 台乃사람 때아닌 富貴 바라지 마시고 修心正氣 하여내여 오는 富貴 받어보세 이보시오 台乃사람 恨歎마소 富貴貧賤 恨歎마소 是方時節 貧賤者가 오는 時節 富貴로세 富貴 貧賤 恨歎말고 正心修德 至極하면 天地正氣 感應하와 自然有助 될 것이니 부디부디 恨歎말고 安心安道 하여보세

天地人 三才之理 말할진대 天爲五行 之綱이요 地爲五行 之質이요 人爲五行 之氣라 明明이 傳한 敎訓 이제와 깨달아서 一身太極 들러보니 天地亦是 사람이요 사람 亦是天地로다 天地萬物 化生之本 五行之氣 아닐련가 사람 一身 議論하면 天圓地方 應하여서 弓乙體로 생겼으되 好生之心 어진마음 五行으로 벼리되고 六腑八骨 台乃肉身 五行으로 바탕되고 善惡間 마음 用事 千變萬化 萬物制斷 이 理

致를 알고보면 天地造化 無窮태도 胃腸弓乙 造化에서 더할손가 自古理致 이러키로 天生聖賢 하였으되 聖賢을 말하자면 上天之載라 萬古遺傳 아니런가 天地五行 그 가운데 化生出世 하였으되 그마음 生覺하면 廣闊하기 한량없네 이같이 無窮之心 河海같이 베푸러서 日月같이 밝혀내여 雨露같이 나리와서 萬物生活 하여보세

어리석은 저사람 天地五行 남과같이 타고나서 이런 理致 못깨닫고 不法行爲 무삼일고 自古由來 忖度하와 億兆蒼生 많은사람 同歸一體 되는 줄을 仔細이 알고보면 誠之又誠 절로나서 마음心字 찾어내여 修身修德 못닦을까 道德은 在吾하고 貴賤은 在天하고 能擇能修는 在吾하고 苦樂盛衰는 在天하나니 이런일을 본다해도 많고 많은 世上사람 各有其職 밝혀내여 失手없이 하와서라 貧寒苦樂 修身齊家 治産之法 起居動靜 그가운데 無非天道 거게있네 千變萬化 한다해도 마음 心字 主張일세 任意用之 하는 氣運 이는 亦是 五行에 精氣로다 이보시오 台乃사람 마음心字 닦아내여 父母恩德 갚아보세

御化世上 사람들아 天地之氣 運動하니 人心自然 運動하와 日日時時 하는말이 亂離난다 亂離난다 晝夜不忘 心足하여 亂離로 노래삼어 五臟經絡 亂動하니 本心二字 잃었느니 世上亂離 나기전에 一身亂離 웃지할고 그러그러 하나다가서 世上亂離 나게되면 웃지산다 말고 天地開闢 人心換覆 四海八方 뒤누면서 風雨大作 그가운데 霜雪이 내리면서 神兵이 發動하면 뉘라서 正氣本心 修鍊하와 이리저리 물리치고 億兆蒼生 求해내여 遺明萬世 하여볼까

여보시오 世上사람 이러한 줄 모르고서 妖惡한 그 마음으로 말끝마도 亂離로다 그말저말 하지 말고 修德修身 하여서라 正心正氣 못하고서 換心換腸 되게되면 一身安保 歎求로다 이러한 줄 모르고서

웃지그리 못깨달고 저와 같이 埋沒한고 제아무리 壯談해도 定치 못한 저 所見에 亂離가 나고보면 魂不附身 절로되어 父母妻子 다버리고 逃亡逃字 뿐이로다 寒心하다 世上사람 晝夜不徹 亂離난다 서로서로 말하드니 난리난들 어찌할고 허허世上 世上사람 可笑로다 이러한줄 모르고서 웃지그리 못깨달노 아서시라 一心修鍊 다시하와 父母妻子 安保하고 濟世人物 하여보세 不似한 저사람은 사람 行實 아니하고 헛 壯談만 主張일세

天地時運 盛衰之端 어진사람 가려내여 富貴兼全 傳하려고 一一이 가르치되 착한마음 못깨닷고 되는대로 뛰는사람 自暴自棄 되었으니 自作之孼 免할손가 免하지도 못할테니 不知何境 되오리다 血氣之勇 저사람들 壯하고도 壯하도다 남이뛰니 나도뛴다 疑心없이 되는대로 뛰노라서 魂不附身 되었으니 즉을死字 이아닌가 여보시오 台乃사람 精氣本心 차저내여 天下萬物 그가운데 人物待接 잘하시오 人物待接 잘못하면 禽獸만도 못할시라 天地廣大 一胞中에 사람은 一般일세 이보시오 저사람덜 修身修德 다시하와 六甲六庚 天干地支 合하여서 八八六十 四卦中에 盛運조차 失數없이 天理順隨 하여보세 天地開闢 此時時變 北方水가 漲溢하와 三十六宮 도라드니 그물 形勢 뉘라서 當할소냐 當할수 專혀없어

三八木 좋은 나무 疑心없이 비여내서 大同船을 모와내여 億兆蒼生 건져보세 그배를 모을 적에 三綱五倫 바탕삼고 仁義禮智 닻을삼아 四海八方 던저두고 孝悌忠信 求해내여 堯舜禹湯 文武周公 孔顔曾子 自古聖賢 다모시니 太古淳風 烏乙矢口 惟我同胞 應君子는 安心安道 하여서라 子方水 發動하여 四海八方 漲溢한데 어느 누가 水勢쫓아 濟世人物 하여낼고 어렵도다 어렵도다 만나기도 어렵도다 貴하도다 貴하도다 사람도 貴하도다 九年之水 그때라도 一天之下 많은 사람 어느 누가 濟世할 줄 알었던가 世上사람 몰랐으니 夏禹

氏 어진마음 참아볼수 없어서 三過其門 不入하소 開山斧 드러메고 龍門山을 뜨러내여 개천치기 일삼아서 濟世人物하였으되 때 前에야 게뉘라서 알았을까 七年大旱 가뭄때에 天地萬物 枯渴되어 死生不辨 거의로다 殷王成湯 어진마음 剪瓜斷髮 身嬰白芽 하여내여 禱于桑林 至極하와 大雨方 數千里를 暫時間에 빌려내여 天下萬物 濟世한들 때 前에야 世上사람 어느 누가 알아쓸까 世上일이 이렇기로 難之而有 易하고 易之而 難인줄 깨닫고 깨다를까 道覺先生 傳한말씀 運自何方 吾不知라 明明이 하신말씀 이말씀이 그말인가

天地陰陽 相迫되니 世上善惡 相衛되야 人心不同 그 가운데 亂離 二字 불었으니 亂離이자 깨달으면 死生根本 알리로다 이러한 줄 모르고서 畫出魍魎 저 人物이 그런 理致 모르고서 修心正氣 아니하고 남의허물 말을하니 불쌍고 愛따하다 남의 허를 말하거든 제허물을 고쳤으면 順隨天理 되련만은 남의 허를 말을 해도 제허물은 못고치니 불쌍고 愛따하다 修人事天 待命을 仔細이도 알지마는 웃지 그리 埋沒한고 自古聖賢 본다해도 修心修鍊 勤苦없이 成功하며 物慾除去 그 가운데 功德없이 되었든가

이런 理致 忖度하면 不勞自得 있단말가 紛紛한 이세상도 仁義禮智 三綱五倫 밝혀내여 人事道理 옳게 가면 生活之方 없을손가 台乃本心 至極하면 天地神靈 感應하와 어진사람 어진 사람 貪緣마져 朋友有信 定한후에 因人成事 되나니라 이러한 줄 모르고서 이 運數가 웃지할지 託名이나 하여보자 말로듯고 入叅해서 입으로 呪文읽어 나도 또한 敎員이라 籍勢하며 疑心만 傳해주고 敎訓施行 아니하고 마음만 放恣하니 世上 사람 可畏(가외)로다 사람사람 對하여서 一一이 마음心字 勸學키로 제맘닦어 저좋으라고 勸컨만은 그런 줄은 모르고서 넉넉자는 그 所見에 의심만 傳여두고 도로여 怨望하니 不詳코 愛따하다 여보시오 世上사람 精神차려 다시닦어 修身齊家 하

여보세

　修身修德 아니하고 利在弓弓 찾을손가 이보시오 台乃사람 仔細보고 安心하소 水火星이 서로나니 堯舜之風 돌아오나 吉凶이 相半일세 三災星이 發動하니 八陰星이 運動하여 三災八難 일어난다 三災八難 그 가운데 各自爲心 저사람덜 順隨天理 못하고서 慾心二字 發動일세 때 運數 이러하니 精神차려 收拾하소

　慾心二字 發動되면 敬畏之心 枯舍하고 亂法亂道 이 아닌가 때 運數 이러치로 一一이 操心하와 濁水中에 들지말고 龍潭水에 마음닦어 心和氣和 되게되면 無窮조화 無窮일세 龍潭水를 못 깨달고 濁水中에 수련타가 때 運數 모르고서 되는대로 뛰놀다가 濁水氣運 衰盡하면 그 身數 可憐하다 이런일을 본다해도 어리석은 저 사람들은 生活之策 아니하고 富貴功名 貪財虛心 웃지그리 자아내고 三災八難 此時時運 모르고서 敗物財字 慾心내여 저 죽은줄 모르고서 되는대로 發動하니 世上風俗 可畏로다 盛運衰運 말한데도 聖賢조차 衰運이며 時乎時乎 한다해도 惡人조차 時乎련가 여보시오

　斂君子는 一一이 生覺해서 聖賢敎訓 指揮대로 施行하소 坊坊曲曲 有德君子 스승 敎訓 쫓지 않고 自行自止 하다가서 好風好俗 돌아온들 刮目相對 못 하오면 누구보고 怨望할까 부디부디 自尊之心 다버리고 스승 敎訓 秋毫一味 잃지 말고 施行二字 잘하시오 自古及今 萬物중에 根本없이 成就할가 自古理致 이러므로 盛運盛德 저 사람은 敎訓대로 施行해서 一心으로 敬天하고 衰한 運數 저 사람은 自古聖訓 다 버리고 自行自止 날로하니 하는 道理 바이없네 이일저일 兩事中에 明明其德 살펴내여 後悔없게 하여볼까

8. 상작서(上作書)

　龍潭에 물이 있어 根源이 깊었으니 四海에 들렀도다. 劍嶽에 꽃을 심어 任者를 傳했으니 開花消食 分明하다 同同三月 이때로다 十五夜 밝은 달은 四海에 밝어 있고 李花桃花 滿發하여 萬化方暢 아닐련가 百花爭爭 그 가운데 庭前에 一枝梅는 表逸한 節槪로서 隱然이 빛을 감춰 貞節을 지켰도다. 可憐하다 可憐하다 花柳春風 好時節을 無言이 보냈으니 黃菊丹楓 아니련가.

　霜風에 大作하며 白雪이 날렸도다 碧空에 걸린 달은 春風에 精神모아 西山에 내려있고 萬化方暢 붉은꽃은 花落無聲 아니련가 可憐하다 可憐하다 寂寞한 空廳앞에 人跡이 없었으니 花開消息 누가아리 庭前에 심은 梅花 香風에 뜻을내여 枝枝發發 날로되야 白雪을 우섯으니 花開消息 분명하다 더디도다 더디도다 나귀등에 오는 손님 이런 消息 모르고서 遍踏江山 무삼일고 春夢을 不覺하고 精神收拾 못했도다. 世上風塵 苦海중에 武陵消息 웃지알고 武陵에 桃花水가 四海에 흐르거든 漁舟를 벗을 삼아 非有非時 그때로다 찾아오기 分明토다 可憐하다 可憐하다 寂寞한 空廳앞에 飄然이 홀로서서 貞節을 지켰으니 君子樂地 아니련가 그러그러 지내나니 流水같이 빠른 光陰 一瞬같이 지내가니

　西山에 雲捲되고 春風三月 또 있도다. 南山北山 그 가운데 東山西山 一體되어 一朝方暢 아니련가 나귀등에 오는 손(客)이 이제야 잠을 깨어서 꽃을 따라 찾아오니 바쁘도다 바쁘도다 나귀등에 얼른(어른)내려 空廳앞에 四拜하고 一枝梅 부여잡고 一場歎息 한창하고

萬端愁懷 한창할때 半空에 玉笛소리 忽然이 들어오며 五雲이 玲瓏하며 香臭가 震動하며 鶴의 소리 가깝더라.

　精神이 灑落하여 恭順이 合掌하고 動靜을 살폈더니 表逸한 鶴髮老人이 不問曲直하고 나려와서 鶴의등에 얼른나려 堂上에 坐定하여 一枝梅 어루만저 喜喜樂樂 아니련가 馬上에 내린 손(客)이 庭下에 四拜하니 黙黙不答 아니련가 이윽히 생각다가 囊中에 一片物을 宛然히 내여들고 馬上에 걸어주며 如此如此 分付하니 不過數語 그뿐이라 이윽고 天地震動하며 風雨大作 일어나서 江山을 뒤누면서 우레소리 귀가막혀 精神收拾 못할너라 이 왠일고 이 웬일고 昏濛天地 아니련가 連續不絶 震動하여

　一天之下 一般이니 天地開闢 이 아닌가 生活之計 누가아리 億兆蒼生 塗炭中에 이제 蒼生 웃지할고 萬端愁懷 한창할제 堂上에 鶴髮老人 微笑歎息 하는 말이 未練한 이것들아 一片物이 주는 것을 仔細보고 그대로만 하게되면 萬無一傷 그 가운데 이제 蒼生 못할소냐 仔細보고 施行하라 그제야 깨닫고서 一片物 주는것을 仔細히 살펴보니 非金非玉 그 가운데 마음 心字 뿐이로다

　精神이 灑落하여 一心精氣 다시 먹고 一動一靜 試驗하니 任意用之 하는 擧動 天地造化 分明하다 그제야 破惑하고 馬上客을 다시 불러 如此如此 指揮하고 遠處近處 어진 親舊 구름 본 듯 하였어라 그중에 賢人君子 義氣男子 몇몇인고 心志相通 그가운데 如此如此 指揮하니 無窮造化 그 理致가 任意用之 分明하다 不過數朔 못하여서 各自爲心 그 사람들이 同歸一體 되었어라 次次次次 試驗하니 一天之下 널은 天地 萬化歸一 아니련가 江山分別 次第道法 分明하다 矢口矢口 鳥乙矢口 泰平時節 鳥乙矢口 馬上客 그 손님은 一場指揮 들어다가 信之一字 아니일코 仁義禮智 分明하다 壯하도다 壯하도

다 威儀福樂 壯하도다 一枝梅 한가지가 遍踏江山 아니하고 一天之下 넓은 天地 花開消息 傳했으니 五萬年之 無窮이라 龍潭劍嶽 돌아드니 濟濟蒼生 많은 사람 賢人君子 分明하다 亭閣을 살펴보니 大書特筆 붙인懸板 五萬年之 無窮일세 懸板에 새긴 글은 높고 높아 記錄하기 어렵더라

賢淑한 諸君들은 일말저말 하지말고 修心正氣 살펴내여 誠之又誠 일치마오 家道和順 하는 法은 夫和婦順 으뜸이라 夫和婦順 되게 되면 天地合德 아니련가 自古聖人 하신말씀 各守職分 아니련가 그 職業을 일치 안으면 不失天心 아니련가 그 職業을 힘써하면 有依有食 아닐련가 有依有食 되게되면 物慾交蔽 일을손가 物慾交蔽 없게되면 修身齊家 못할소냐 誠之又誠 恭敬하니 仁義禮智 없을손가 修身齊家 分明하니 道德君子 아니련가

9. 몽중운동가(夢中運動歌)

忽然이 잠을깨여 時局形便 들러보니 風塵世界 거의로다 洋局에 자진안개 月峯으로 돌아드니 漁亭村 개짓도다 桃島에 우는 닭은 날 세기를 재촉하고 月下에 저 원승은 휘 바람을 자주 분다. 北嶽에 나린 黑虎 初夕에 나섰드면 舍哺鼓腹 하올 것을 積雪이 滿丈키로 寒風에 거슬러서 때가는 줄 잊었더니 飢渴에 못 이기어 새벽 날 다 밝은데 수플밖에 나섰으니 殺害之心 主張하나 쓸 곳이 바이없어 獵士의 밥이되네 山猪爭葛 그 時節에 山鼠가 入庫로다 牛性이 奔燕하니 楚虎가 臨吳로다 如此風波 紛擾中에 造化 많은 變化龍은 天一生水 자아다가

三八木에 물어주니 木德이 旺盛하여 靑林世界 自然일세 丹竈所作 金虎書는 靑林中에 隱居하여 수플짓고 일을삼고 仙壇畫出 火龍符는 濟世蒼生 날로한다 鹿失秦庭 어이할고 鳳鳴周室 어디메뇨. 龜尾龍潭 兩太極은 先後天이 分明하니 左旋右旋 아닐련가 逆數順數 數質하여 左旋右旋을 알았으니 弓乙其形 分明하다 弓弓乙乙 造化따라 時運時變 處下하면 智士男兒 樂樂時라 天地造化 품어두고 無窮造化 나타내여 須從白兎走靑林을 失數없이 하오리니 廣濟蒼生 念慮하며 輔國安民 근심할가 河圖洛書 알았으니 日月星辰 仔細살펴 二十四方 輪回中에 旺生따라 造化붓쳐 順隨天理 하여보세

이러하면 時中인가 敬天至德 自然일세 自古理致 그러하나 아는 君子 몇몇 인고 많기도 많지만 塵土中에 묻힌 玉石 世上사람 어이 알가 有目不見 되였으니 可笑可歎 이 아닌가. 耳聞不聽 하였으니 問東答西 제 알소냐. 深量없는 그 擧動은 畫出魍魎 거의로다 井底

蛙爾 그 所見에 바랄 것이 바이없어 하는 말이 爭論일세 自古由來 傳한 말에 不勞自得 없단 말은 仔細히도 들었으나 웃지그리 埋沒한고 十年을 工夫하여 道成立德 되게 되면 速成이라 일렀으니 仔細 듣고 生覺하소 古今事를 科度한들 聖帝明王 英雄烈士 心工없이 道成德立 하였던가 이런 일을 본다해도 聖運聖德 찾아드려 師弟之分 定한 後에 傳授心法 받아다가 學而時習 날로하야 心性煉究 굳게하여 가고오는 그 運數를 細細明察 하게되면 明哲保身 알것이요

明哲保身 알게되면 濟世蒼生 못할손가 그런이치 모르고서 어리석은 저 사람들 虛慾網에 潛心도야 貪하나니 物慾이요 바라나니 富貴로다 汚慾이 길을맊아 前程을 잊었으니 空中樓閣 的實하니 오는 惡疾 어이하리 一身保命 歎求로다 愛呾하사 저의 擧動 盛衰之運 不同故로 恨歎한들 어이하리 無可奈라 할길없다 各各明運 分明일세 그는 亦是 그러하나 有德君子 있거들랑 自古聖人 本을 받아 어진 스승 만나거든 師弟之宣 맺어두고 心性煉究 工夫하야 來頭之事 깨달아서 朋友有信 하여서라 先生님 하신 말씀 西邑主山 있었으니 鄒魯之風 없을소며 東邑三山 볼작시면 神仙없기 怪異하다 일렀으니 仔細보고 處下 西出東流 흐르는 물은 壬子水가 分明하니 三八木에 물이 올라 花開發發 날로하야 成實하기 쉬우리니 이도 亦是 弓乙일세 辰巳方에 虛火星은 艮寅方에 氣盡하고 虛丑方에 斗牛星은 戌亥方에 氣盡하고 一乾天 太極星은 正宮으로 運動하니 八坤地 織女星은 太極星을 應하여서 陰氣쫓아 本宮으로 侍入하고 四九金 太白星은 辰巳로 돌아드니 弱水를 免할소냐 南方丙丁 君火星은 震木花開 도와주니 福德星이 造化받어 木德以王 分明토다 巽木이 마주서니 그도 亦是 弓乙이니 無窮造化 없을손가 輪回같이 돌린運數 陰陽迭代한다 해도 虛虛實實 두 가지니 弓弓乙乙 無窮造化 失數없이 깨달아서 後悔없게 하여보세 辛酉方에 도든 달이 庚申木運 올랐으니 日出消息 반갑도다 李花落地 桃花開요 月上三更 日出動이라

10. 태전가사(太田歌辭)

御化世上 사람들아 많은 百姓 和해보소 弓乙弓乙 造化中에 너도 좋고 나도좋네 時境따라 노래 불러 矢口矢口 鳥乙矢口 綠水淸音 좋을시구 松松家家 지낸후에 利在田田 밭을 갈아 안太田을 많이 갈아 弓乙弓乙 때가 오니 어느 밭을 가잔말가 十勝之地 알았거든 오곡잡곡 많이 심어 쉬지 말고 勤農하소 동풍삼월 을유시에 청괴만정 오는 때가 백양무아 그 시로다 이때두고 이른 말이 춘풍삼월 돌아오니 녹수청림 좋을 적에 봄갈기를 재촉한다 景槪絶勝 좋을시구 千峯萬壑 저 두견은 춘일미곤 하지마는 어서어서 깨달아서 농사 때가 바쁘도다 곤한 잠 깊은 꿈을 쉬지 말고 근농하소 天下大本 농사오니 실지농사 하게 되면 자세보고 글통하소

다시할일 바이 없네 추무소업 없을 런가 얘야얘야 저 농부들 우성재야 알았거든 의심말고 쉬지 말고 천지 또한 때가 있어 평원광야 너른 들에 쉬지 말고 근농하면 雨露之澤 아닐런가 가산요부 풍등일세 해태한 저 농부들 근농않고 앉았으니 이런 농사 모르고서 때 가는 줄 모르고서 애달하기 다시 없다

세월이 如流하여 지은농사 없었으니 그 기한을 못 면함에 추수할 때 돌아온들 그 기한을 면할쏘냐 그 貧形 어이하리 이리 저리 깨달아서 쉬지 말고 근농하소 부지덕 없는 바니 자네 신세 생각커든 자고이치 살펴보면 근농않고 되올손가 농사 때를 잃지 말고 사월남풍 좋은 바람 자네 살 길 생각커든 부디부디 근농하소 만물화창 하지마는 大小麥 추수시라 큰 농사 바탕 때라 靑林시절 좋은 경에 대소

맥을 추구하면 얘야얘야 농부들아 梨花桃花 만발하여 완화하는 저 소년들 時運時境 들러보니 가지가지 단장이라 꽃을 따라 놀다가서 춘말하초 때 오거든 시유시유 月下三月 다시 開闢 정벽하니 목단화를 구경하세 太陽太陰 심도하여 만법귀일 다시 되어 時和時豊 돌아온다 근농하던 저 농부들 한포고복 즐겨하네 시구시구 좋을시구 격양가를 부르면서 태고순풍 좋을시구 아니 놀고 무엇하리 놀고놀고 그래보세

11. 경세가(警世歌)

　　三道合一 後天道라 苦心苦行 救道적에 三天湖에 釣竿놓고 十五星霜 釣魚하니 天地運數 입질하네 越尺大魚 낚였구나 어허등등 조을시구 道中道歌 지어보자 走太公아 肖太公아 무슨大魚 낚었을고 天地運氣 兩合中에 浮遊人生 何數濟를 四海大狂 鄭乞方이 歎息하며 노래할 때 天下第一 鄭道令은 時期適切 大魚로다 神仙道人 智慧보소 秘訣方法 이거라오 道令이라 命名하여 世上에다 秘傳하니

　　鬼神들도 몰랐거늘 人間이야 오죽하리 어허등등 조을시구 神仙한테 속앉구나 此時天下 蒼生님들 鄭道令을 曲解마오 애초當初 道人兩班 亂法亂道 憂慮해서 이것 같고 저것 같이 混同하게 秘傳하니 道令眞意 錯覺했네 虛想道令 어이할꼬 神仙道人 心術보소 錯覺하기 십상일세 人物같고 總角같은 수수께끼 내어놓고 一千太歲 長久歲月 知覺者를 기다리니 옛날道人 그智慧가 無窮無盡 無限일세

　　어허등등 조을시구 眞假道令 하여보세 無知蒙昧 有無間에 如此道令 警戒하오 耳目口鼻 分明하고 움직이면 警戒하오 自稱道令 云云하면 이도 또한 警戒하오 暖衣飽食 하는道令 이런 道令 警戒하고 毛髮있고 鬚髥나면 이런 道令 警戒하고 飮食하고 睡眠하면 그도 역시 아니리니 眞道令은 始終如一 不眠不食 하더이다 知識智慧 有無間에 이런 道令 警戒하오 短身體軀 하였거든 그 道令도 警戒하고 九尺長身 하였거든 그道令도 警戒하고 眞人이라 自處커든 이는 더욱 警戒하고 그림자가 있거들랑 이도 또한 虛像이니 眞道令은 本來부터 手足體軀 없소이다

어허등등 조을시구 假道令을 分別하고 眞道令은 어떠할고 細細面面 뜯어보세 百歲長壽 恰似하나 갓난아이 恰似하고 道令 이름 뭣이런고 十三字의 姓名이고 道令모습 어떻든고 無手無足 無首하고 道令나이 몇이던고 先四十에 後四十을 이땅와서 轉轉한들 어느누가 알았으리 億兆蒼生 어찌하리 假道令에 속는구나 不遠將來 萬出道令 眞道令이 아닐진대 道令이라 確信하고 抑止春香 固執하니 我執固執 其集으로 그대 신세 凄凉할세 道令내다 하는兩班 眞人내다 하는 先生 虛言장난 深思하고 惑世誣民 熟考하소 天下第一 재주꾼에 遁甲藏身 한다해도 風塵世上 平定時에 眞假黑白 안나리까 어허등등 조을시구 眞假分別 지어놓고 天地人前 淸水올려 別訓長님 訓示받고 五方之道 삿바잡고 한판씨름 겨뤄볼까 푸른蒼空 화폭삼고 海島그림 그려볼까

無窮造化 一長紙에 海印풀이 하여볼까 百頭大幹 베고누어 浮金從金 노래할까 이事저歌 뭐니해도 天殃歌가 急하구나 如此하면 큰일나네 億兆蒼生 들어보소 東西南北 人間세라 四方理治 노래하자 子午相沖 卯申이요 東西間에 불놀이라 애고답답 寒心지고 噫噫悲哉 슬프구나 어허등등 조을시구 亂法亂道 조심하오 惑世誣民 좋아마소 大罪大罪 그거라오 欺人欺天 道士되면 億兆蒼生 吸血하고 亂法亂道 能熟하면 後天眞人 詐稱하고 一止矢口 못깨치면 非道非行 許多하니 自省自覺 빨리하소

時놓치고 때놓치오 此時天下 蒼生님들 正心먹고 正行가소 天地父母 人天地를 뉘가 감히 흉내낼고 改過自身 마다하고 眞人詐稱 거듭하면 聖君子가 出現해서 條目條目 따질적에 逆天者는 大號令에 뼛마디가 절로 튀고 得罪者는 別號令에 三十六計 急急하고 어진蒼生 殺生者는 목숨保全 難保구나

時節되어 鄭道令이 大發大動 出世하면 保國安民 廣濟令엔 億萬諸神 如律令코 七誠君子 萬呼令엔 惡人惡鬼 大沒하오 어허등등 조을시구 知化者가 生乙矢口 天殃歌는 이러거늘 大道歌는 어떠할고 얼시구나 절시구나 武陵仙潭 大通運에 祥瑞로다 慶事로다

大韓國서 大道나고 아리아리 旌善에서 萬國先生 大出하고 어허등등 三天道서 聖君子가 萬出하네 世中師國 大韓에서 聖君子가 萬出하면 天子天孫 諸孫婦는 잔치준비 부산하고 萬國萬民 구경꾼이 앞다투어 몰려오네 眞道타령 正道타령 接客잔치 벌릴적에 明心으로 술을빚고 誠心으로 안주하고 三天米로 떡쌀하여 聖君者가

방아찧어 大道시루 떡쪄내서 萬聖德을 퍼돌리니 萬聖德이 웬떡인고 道通德이 이거로세 眞人찾는 世人이여 道令찾는 秘訣家여 이말저말 比喩해서 道令眞意 傳하오니 眞假分別 바로하고 事理밝게 處身하오 物質文明 好時節에 어영부영 설마하다 不改過에 得罪하면 聖君子가 꾸짖을때 餘罪追窮 不號令을 어이堪當 하오리까 어허등등 조을시구 鄭道令은 道乙矢口 어허등등 속을시구 假道令은 人乙矢口 어허등등 슬플시구 億兆蒼生 大沒矢口 어허등등 誤導시구 惑世諸人 寒心矢口

12. 궁을신화가(弓乙信和歌)

　　御化世上 사람들아 無事한 台乃 사람 노래한章 지었으니 仔細보고 살폈어라 其前世上 말한대도 其前世上 다를소며 오는 世上 말한대도 오는 世上 다를 손가 自古及今 世上事가 一般일세 理致理字 그러키로 賦也興也 比하여서 大綱記錄 傳하오니 웃지말고 比해보소 옛일은 본다해도 鹿失㤗庭 紛紛世界 武陵桃源 찾은 사람 熙晧世界 아닐련가 이런 일을 깨달아서 紛紛天下 此世上에 生活之方 求한 후에 明哲保身 法을 배워 熙皞世界 놀아보세

　　鹿失㤗庭(록실권정) 그 時節도 武陵桃源 있었기로 生活之方 말했거든 天地反覆 此世上에 武陵桃源 또 있나니 弓弓乙乙 길을잡아 元亨利貞 가게 되면 武陵桃源 自然일세 武陵桃源 찾아들어 熙皞世界 좋은 景槪 秋毫一味 어기지 않고 失數없이 깨달아서 仁義禮智 좋은 길로 차츰 차츰 들어가면 道下止가 게아닌가. 此時時運 그러하니 사람사람 깨달으소 東國識書 傳한 글에 松松家家 지났으되 그때 時運 어기잔고 맞혔으니 오는 運數 안 맞출가. 只今時節 오는 運數 利在田田 때가또한 돌아오니 道下止가 안 맞출가. 때 運數 道下止로 成功이니 어서 바삐 깨달아서 弓乙經에 뜻을 이뤄

　　弓弓理致 알게 되면 亞字길이 게아닌가 버금 亞字 들러보니 白十字가 分明하다 白十字를 比해보니 田田二字 방불하다 田田二字 알았으니 武陵桃源 찾아들어 道下止를 안찾을가 道源道和 좋은 景을 一一이 알고 보면 乃成君子 될 것이니 道成立德 못 할 손가. 道成德효 되오리니 道下止가 그 아닌가. 그런 사람 運數좋아 그러하나 弓

弓乙乙 길 못 찾고 彷徨躊躇 저 사람덜 道下止를 論斷하나 天弓地 乙 몰랐으니 어느 길을 찾아갈고 悯惚(망창)한 그 所見에 갈길이 茫 然하여 各言各知 論爭타가 一片修心 바이없어 弓弓村도 찾아가며 乙乙村도 차저가고 田田村도 찾아가니 그 아니 可憐한가 弓弓乙乙 田田利子 傳한글을 귀로 듣고 눈으로 보았으되 理致二字 몰랐으니 웃지 그리 愛呾한고

鏡對佳人 語不知 되었으니 弓乙 길을 찾을 소며 道和成實 제 알 소냐 元亨利貞 道德으로 仁義禮智 풀어내여 通運造化 벼리삼고 弓 弓乙乙 길을 닦어 桃園 勝地 들어가서 龍潭水 맑은 물로 花開成實 되게 되면 가지가지 茂盛일세 이와 같은 道下止를 웃지그리 못깨달 고 저와 같이 亂動하노 제아무리 亂動해도 道和聖門 차저들어 스승 敎訓 받어다가 修鍊誠心 하와어야 道下止를 아나니라. 많고 많은 許多한道 道마다 오는 運數 때를 맞춰 道下止가 다될손가 浩浩茫茫 널은 天地 道 아무리 많다 해도 때 運數 節侯맞춰 道和成實 하올 道 가 따로 있네. 太皇 伏羲 先天運數 지나가고 文王後天 그린 八卦 運 이 亦是 다 했던가.

도로 先天 回復되어 木德以王 하는 고로 東西南北 四色中에 木青 林이 으뜸이라 때 運數 그렇기로 靑林道士 出世하사 受命又天 다시 하야 先生敎訓 奉命하고 儒道佛道 거울하사 弓乙其理 살피시고 仙 道創建 하실 次로 하늘님前 盼咐받아 先天八卦 龍馬河圖 다시뫼시 어 사람사람 일깨우니 伏羲時節 다시온다. 天父之形 높은 形體 거 울같이 뫼셔내여 어진사람 傳해 주고 開闢時에 國初日을 萬支長書 베푸시며 弓弓乙乙 論斷하여 夢中같은 世上사람 一一이 일깨시니 아무리 생각해도 順至理字 하자하니 道下止가 거게로다 理致理字 그러하니 仔細보고 깨달으소 百家詩書 외아내여 無不通知 한다해 도 天道時中 들어오면 도로 夢中 그아닌가 自古理致 그렇지만 어리

석은 저 사람들 그런 이치 모르고서 스승없이 공부하야 自得道統하랴하니 愛띠하기 測量없다 古今事를 아무리 봐도 그런 理致 전혀없네 理致없는 그런 道理 崇尙타가 오는 運數 때모르고

道下止를 모르면 乃成君子 枯舍하고 一身難保 되오리니 그 아니 乃恨인가 一年農事 말한대도 春耕夏耘 秋收冬藏 四時節候 때를 따라 當當之事 時中커든 하믈며 天地反覆 此世上에 天地時運 때를 따라 堂堂正理 時中之道 아니날까 때 運數 그렇기로 六十甲子 맑은 氣運 正陰正陽 配合되야 天干地支 應하여서 震木星을 돕는 고로 天地時運 때를 따라 震方聖人 出世하사 天助時應 造化받아 時中之道 行하시니 天皇時節 이땔런가 仔細보고 깨달으소 先天後天 往來之數 一一이 베푸러서 禍福之理 說話하니 弓弓乙乙 그 아닌가

弓弓乙乙 造化中에 萬物和暢 自然일세 때 運數 그러하니 많고 많은 저 사람덜 前前事를 姑舍하고 再思心定 다시하와 弓弓乙乙 길을 찾아 師弟之誼 다시정코 修鍊誠心 工夫하야 오는 運數 깨닫거든 敬天順天 하여 내여 道下止를 찾아보세 世上理致 來頭之事 그렇지만 愚昧한 저 사람들 夢中같은 그 所見에 그런 理致 모르고서 스승 없이 저희 끼리 論爭하는 그 擧動을 보고나니 慨歎이요 듣고나니 愛 띠하다 一一時時 하는 말이 紛紛天下 此世上에 生活之計 한다하고 서로서로 하는 말이 己前일을 본다 해도 紛紛世界 當하오면 知識없는 그 사람들 避難地方 있었으니 우리도 이 世上에 己前 사람 本을 받아 避禍之方 안 찾을까

이와 같이 말을 하며 東國讖書 傳한글을 저희 끼리 추쳐들고 하는말이 己前壬辰 倭亂때에 利在松松 마쳐 있고 嘉山定州 西賊때는 利在家家 마쳤으니 오는 運數 안 맞을까. 至今時節 때 運數 利在田田 그때 오나 道下止가 안 맞을까 丁寧이 마질게니 道를해야 산다

하고 己前사람 말을 하며 生活之計 한다하고 悶悶 그 所見에 理致理字 모르고서 東西南北 四色道에 되는대로 뛰어들어 道가 都是 무엇인지 아무런줄 모르고서 私邪慾心 못 이기어 依勢버틈 主張하며 자랑하니 그런 道가 어디있나 너의사람 하는 擧動 愛咀하기 다시없다 남의 道에 스승 敎訓 받았거든 修心正氣 姑舍하고 亂法이나 안 했으면 自作之孼 없지만은 그런 줄은 모르고서 亂法亂道 힘을 써서 스승 道德 더럽히고 오는 運數 때를 몰라 제 修身 可憐하게 되련만은 그러는 줄 모르고서 壯談같이 하는 말이 때를 알고 道下止를 깨달아서 生活之計 하느라고 道를한다 말을 하니 그런 사람 運數 좋아 스승 없이 亂法亂道 行한대도 道下止가 되올런지 나는 都是 몰을너라.

四時長春 말을 해도 冬節에는 雪中梅요 春節에는 明沙十里 海棠花요 春末夏初 牧丹花요 蕭蕭秋風 颯颯한데 水中蓮花 봄이로다. 그런 일을 본다 해도 四時春도 次序있어 때를 따라 施行커든 하물며 天地反覆 此世上에 元亨利貞 그 가운데 道之次序 없을 손가.

仁義禮智 一般이나 堂堂正理 그러키로 次序之理 分明하야 儒道佛道 다 묶어서 오는 運數 때를 따라 木德以王 하는 고로 弓弓乙乙 造化로서 仙道創建 되오리니 道下止가 게아닌가 時中之道 그러하니 仔細보고 깨달으소.

九變九復 次天地에 時運時變 運數따라 修心修德 아닌 사람 제 어찌 살아날까 理致理字 그러하니 天道地理 仔細살펴 道之次序 깨달아서 가는 運數 던져두고 運數따라 오는 道를 昌해보세 오는 道를 昌하오면 天地回復 그 아닌가.

道下止가 的實하다 때를 따라 敬天順天 되는 고로 天地神靈 感應

하사 無邪照臨 干涉下에 無窮造化 받아 내여 任意用之 하오리니 布德天下 근심하며 渡濟衆生 謹審할까 道之大源 그러하니 極樂世界 그 아니며 樂樂堂堂 이 아닐손가. 樂樂堂堂 되오리니 五萬年之 無窮일세 理致理字 그러키로 어리석은 台乃사람 自古道理 玄玄妙妙 그 가운데 虛中有實 깨달아서 一一詳考 比해보니 嚴肅하기 그지없고 기쁜 마음 한량없네.

春夏秋冬 때가있어 春三月이 돌아온즉 木德以王 算候따라 天地弓活 맑은 氣運 人人之德 베푸러서 一天之下 많은 物件 衆生濟渡 일깨스되 節侯쫓아 秋毫一味 어기잔코 誠敬信 맑은 기운 宇宙乾坤 充滿하여 不息調養 날로 하고 夏三朔이 돌아온則 薰和之氣 들던 바람때 運數 氣運따라 陰陽造化 고루하야 많고 많은 許多物件 쉬지 않고 長養하되 仁厚大德 和한 氣運 天地廣闊 充滿하고 秋三朔 돌아온즉 때 運數 節侯따라 맑고 맑은 그 氣運이 萬物精神 다시 깨워 一一成實 하는 氣運 또한 亦是 天地之間 充滿일세 天下萬物 功力대로 失數없이 成實二字 定하노니 賞罰이 分明터라

秋三朔 지나가고 冬三朔이 돌아온즉 運數따라 行하올제 蕭蕭한 北녘바람 黑雲이 騰空하야 似軍伍之 嚴威定코 霜雪을 베푸라서 萬物罰死 나리올제 嚴冬雪寒 찬 氣運이 宇宙乾坤 가득차서 嚴肅하기 한량없네. 節侯대로 그러하나 四時長春 君子之節 靑松綠竹 맑은 道德 그 白雪을 웃었더라. 이런 일을 보더라도 春夏秋冬 四時迭代 玄玄妙妙 氣運따라 時中之道 못 行할까 그 理致를 미루워서 天地度數 깨달으니 天地度數 一般일세

또한 亦是 그러키로 天文을 살펴보니 方位따라 星辰定코 星辰따라 節侯定코 節侯따라 四時되야 往生休囚 失數않고 時中之道 施行하니 明明其德 그 아닌가. 天文이 如此키로 天文을 比하여서 地理

를 들러보니 天文地理 相應되야 理致理字 一般일세 그 理致를 미루 워서 世上理致 들러보니 世上理致 다를 손가. 天文地理 그 가운데 五行之氣 바탕되야 三才之德 化한 氣運 理致理字 다를손가 理致理 字 一般일세 理致理字 그러키로 天地之間 많은 物件 萬物主人 사 람이나 方位조처 道德定코 天地萬物 맡기시니 때 運數 氣運따라 聖 人道德 아니신가. 理致理字 그러키로 方位쫓아 聖人나고 聖人따라 節侯쫓아 道德나고 道德쫓아 君子나고 君子쫓아 布德되야 活活芚 芚 널은 天下 濟渡衆生 敎育해서 天地之道 昌하나니

　御化世上 사람들아 天地人 三才之德 昭昭明明 밝은 理致 이와 같 이 밝지만은 아는 君子 몇몇인고. 나도 또한 이 世上에 久沉苦海 모르고서 心多忘失 하여서루 夢中같이 지났더니 無往不復 그 運數 에 天地運數 때를 따라 道覺先生 다시나사 布德天下 하시려고 易卦 定數 밝히시고 三皇五帝 敬天法과 時運時變 오는 運數 時中之道 베 푸러서 사람사람 敎訓키로 나도 또한 스승 文에 受學하야 스승 敎 訓 어진말씀 作心으로 不變하고 一心으로 施行해서 敬天之禮 行하 드니 台乃집안 運數련가 이제 와서 깨달으니 지난일이 可笑로다 天 地人 三才之德 四時盛衰 氣運따라

　歷歷히 맑은 運數 이와 같이 되는 줄을 깨달지 못하고서 철가는 줄 몰랐으니 天地之道 旺生休囚 氣運알까 台乃마음 그러키로 꽃이 피면 春節이요 잎이 피면 夏節이요 丹楓들면 秋節이요 北風이 蕭蕭 치며 白雪이 휘날리면 冬節인가 하였으니 그 아니 夢中인가 台乃 마음 생각헌데 다른 사람 다를 손가 사람사람 많은 사람 스승 문에 受學없어 뵈지안은 그 사람 都是다 그럴게니 그 아니 夢中인가

　台乃 일을 생각하야 己前日을 譬喩해서 오는 일을 말한대도 스승 文을 찾아들어 工夫안한 그 사람 都是다 一般일세 理致理字 그러하

니 仔細보고 깨달으소 木德以王 우리스승 때 운수 氣運따라 天助時應 받았으니 天이스승 아니신가 天爲스승 삼어두고 一一敎育 하는 스승 그 스승의 敎訓받아 一一違其 하지 말고 시킨 대로 施行해서 誠敬信을 잊지 않고 하게 되면 乃成君子 다 될테니 많고 많은 世上 사람 어서 바삐 깨달아서 스승 문을 찾아들어 工夫工字 힘을써서 道成德立 하게하소.

天理따라 聖人나고 聖人따라 道德나고 道德따라 君子되되 스승 문을 찾아들어 工夫않고 되올소며 工夫한다 말한대도 스승 敎訓 施行않고 되올손가 堂堂正理 그러하니 스승 文을 못 찾아서 夢中같이 있는 사람 어서 바삐 깨달아서 道德門을 찾아들어 다시 受學 하여 다가 工夫工字 힘을 써서 오는 運數 다시 받아 道下止를 하게하고 天地夤綠 至重하야 스승 門을 먼저 찾자 己爲弟子 되온 後에 數十餘年 勸告하야 스승 敎訓 배운 사람 오는 運數 알았거든 스승 敎訓 拒逆마소 이때 와서 스승 敎訓 拒逆하면 功虧一簣 되오리니

깨달고 깨달아서 生覺고 生覺하소 그는 또한 그러하나 自古及今 道之大源 四時盛衰 往來之數 天干地支 應하여서 六十甲子 造化로서 天地八卦 應했나니 大定之數 그러키로 上中下元 磨鍊하고 上中下元 그 가운데 六十甲子 次序있어 第次之別 定한 運數 運이 亦是 다 하오면 天地亦是 反覆되고 六十甲子 變易일세

天地之理 그런고로 先天之數 龍馬河圖 八卦定數 그 가운데 順數따라 定한 甲子 壬子水로 爲始하여 木德以王 하든이만 循環之理 그 가운데 逆數之運 다시 와서 龜尾洛書 回復되니 六十甲子 變復되야 逆數따라 方位定코 時中따라 施行할제 甲戌乙亥 運數좃처 爲始해서 丙午丁未 氣運따라 火德으로 昌旺하니 先天八卦 運數따라 定한 甲子 壬子爲始 쓸데있나 壬子爲始 쓸데없고

木德以王 어진道德 逆數之運 그 가운데 運數따라 沈徵하고 그러
그러 지나드니 運自來而 復歟 水自知而 變歟 도로 先天 回復되야
龍馬河圖 다시나니 順數八卦 그 아닌가 順數八卦 다시나서 運數따
라 六十甲子 다시 定코 順數之理 理致따라 새로 壬子爲始하여 木德
以王 때가오니 仁義道德 時中時가 그 아닌가 先天後天 말한대도 自
然之理 運數따라 往來之數 그런고로 逆數八卦 定한 運數 六十甲子
還甲日에 새로 先天 回復되야 運數八卦 定하자니 六十甲子 새로나
서 理致따라 方位 定코 元亨利貞 밝혀내여 明明其德 하시랴고 壬子
水로 위시하여 木德以王 定해노니 時運時變 뉘어길까

大定之數 살펴내여 一一거을 밝혀보니 天地五行 바탕이나 逆數順
數 그 가운데 六十甲子 造化부쳐 相生相剋 理致따라 隨時變化 無窮
其理 怳惚難測 難言일세 御化世上 사람덜아 六十甲子 그 가운데 往
生休囚 氣運따라 上中下元 第次中에 聖人君子 따로 있고 小人凡夫
따로 있어 그런 사람 그러코 저런 사람 저러구나 理致理字 그러키
로 自朝廷公卿以下 하날님前 命을 받아 富하고 貴한사람 己前時節
貧賤이요 至今時節 貧하고 賤한 사람 오는 時節 富貴되니 그도 또
한 變復인가

六十甲子 變復되니 世上天下 어느 일을 變復되지 아닐손가 天下
萬事 輪回時運 運數따라 一一變復 다시되야 가는 運數 던져두고 오
는 運數 創建되니 送舊迎新 烏乙矢口 그는 또한 그러하나 宇宙乾坤
비겨서서 世上童謠 들어보니 怪異코 怪異터라 世上사람 童謠소리
웃지그리 怪異한고 서로서로 노래하되 떳다떳다 높이떳다 仁義道
德 時中時가 光華門이 높이떳다 光華門이 높이 떠서 일저리 날아들
어 一天之下 많은 사람 一一曉諭 지화하니 아모리 生覺해도 오는
運數 때를 따라 道德仁義 光華門이 열렀으니 光華之德 안 났을가
運數따라 光華之德 나쓸게니 찾아가세. 찾아가세 우리역시 이 世上

에 光華之德 퍼는 곳을 차자가서 어진스승 다시 定코 오는 運數 氣運받세 허허 理致 우습도다 사람사람 지화지화 말은화되 道德門을 찾아들어 지화할줄 몰랐으니 瞽瞍之行 彷彿하다 지난 運數 모르고서 꿈결같이 지났으니 꿈을다시 깨었으니 오는 運數 깨달아서 지화 聖門 찾아가세 어데밀고 어데밀고 지화 聖門 어데밀고 天地廣闊 너른 땅에 지화 聖門 찾아가서 또한 亦是 어렵구나

天文을 다시 살펴 十二分野 살폈으니 辰巳方 巽木星은 兌金丁巳 劫迫기로 眼損方이 되았으니 그 方位 들랑 犯치말고 내말대로 찾아가세 十二分野 列位星辰 春末夏初 運數따라 甲卯方에 震木星을 一一이 돕는고로 震木星에 맑은 氣運 날로 漸漸 숙숙하고 和暢하니 그곳으로 찾아가세 이와같이 노래하니 노랫소리 怪異하고 怪異터라 御化世上 저 사람들 그런 노래 童謠듣고 때 運數 仔細살펴 至和 二字 깨달아서 道和聖門 찾아들어 道下止를 하여볼까

理致理字 그러하니 全羅道 隱跡庵에 換歲次로 青鶴洞을 차저가세 그는 또한 그러하나 世上事를 들러보니 理致理字 怪異하다 一天之下 和한 物件 各有形 各有成이 分明하니 웃지하여 그러한고 一天之氣 雨露中에 다 같이 和해건만 어이하야 그러한가 大德純化 그 가운데 萬物具備 理致있어 그러한가 一門下之 道德으로 愛而教之 一般되어 同同學味 같건만 各各明運 分明하니 그도 또한 萬物具備 그 理致인가 理致理字 그러하니 日可日否 그 가운데 恨歎할거 없지만은 于先에 보는 道理 愛呾하기 測量없네 웃던사람 이러하고 웃던사람 저러하고 東南風에 和한 柯枝 震木星에 得意 하여

春末夏初 그때 되면 花開成實 하려이와 西北風에 和한 柯枝 辰巳 虛火 싸잡혀서 안 巽木이 되온 中에 兌金丁巳 劫迫하니 안 巽方이 的實하다 안 巽方을 찾아가서 巽木이 되었으니 己前 瞽瞍 다를손가

瞽瞍같이 어둔 마음 道德二字 제 알소며 오는 運數 알까보냐 愛띠하다 愛띠하다 瞽瞍之行 愛띠하다 다 各其 運數지만 舜壬君의 어진 道德 一天下가 和하여서 明明其德 하였기로 이제까지 스승되야 사람사람 일깨지만 瞽瞍 웃지 怪異하여 그런 道德 모르고서 嘗欲殺舜 날로 하여 그와 같이 怪惡던고 己前일을 하여 至今世上 들러보니 不似한 저 사람들 그일저일 모르고서 瞽瞍之行 本을 받아 어진사람 害치려고 日日時時 힘을 쓰니 너의 運數 可憐하다 天地日月 明明下에 너의 心事 글어쓰니 글은 心事 맛칠소냐

그런 理致 모르고서 類類相從 作黨하여 무리지행 꾸며내여 하는 말이 남의 弟子 되여나서 弟子 할 일 다했다고 이와같이 말을 하니 切痛코 愛띠하다 너의 한일 무엇이게 일다했다 말을하노 스승 敎訓 다 버리고 鹿失秦庭 뛰놀면서 그런 말을 어찌하노 너의 말을 들어보니 말조차 愛띠하다 天下萬事 恨이있어 되는 바라 그러기로 사람으로 말한대도 많고 많은 그사람덜 나이 또한 많게 되면 更少年이 못되고서 年光따라 늙는게요 다 살면은 죽는 게요 할 일 또한 다했으면 그 運數가 다 한게니 너의 말을 듣더라도 너의 運數알리로다 聖人出世 하기 전에 일다했다 말을 하니 다한 사람 쓸데있나 그런 사람 運數 또한 다 해쓰니 花開消息 어찌알고 花開消息 모르고서 너의 運數 氣運따라 風雨霜雪 그 가운데 갈 길이 바쁘도다.

멍청한 그 所見에 저의 運數 그럴 줄을 모르고서 師門에 없는 法을 어디가서 本을받아 스승 形體 그려내여 聖人出世 했다하고 저이끼리 자아내며 서로서로 논단하니 너의 사람 入道한 四五朔에 어찌 그리 速成인고 太陽之氣 높은 形體 日月같이 좋은 光彩 一天下之 많은 사람 사람마도 完然히 다 알텐데 埋沒한 너의 사람 어찌 그리 알았던고 修德修身 姑舍하고 亂法이나 말어서라

春末夏初 때가 와서 聖人出世 하는 날에 그런 사람 있게 되면 또

한 亦是 아리로다 台乃사람 닐은 말은 때 前에는 虛荒하나 時乎時乎 때가되면 너와 내가 다 아리라 愚昧한 너의 사람 스승 敎訓 배운다며 무얼보고 배웠는가 무병지란 三年後에 살아나는 人生들 하나님 前 福祿定코 壽命은 내게 빌마 일러있고 다시 만날 그 時節에 刮目相對 하게하라 명명이 일렀으니 應當이 아련만은 스승 敎訓 덮어두고 亂法亂道 무삼일고 그도 또한 너의 집안 運數련가 무병지란 三年運數 지나가도 아니해서 무리지행 行하면서 聖人出世 했다하며 할 일없다. 말을 하니 다 各各 運數로다 하는 道理 없지만은 若干或是 어진사람 있거들랑 仔細보고 깨달아서 改過遷善 하여서러 그는 또한 그러하나 時乎時乎 때가오니 儒道佛道 다 묶어서 仙道創建 때가온다.

仙道創建 하랴하고 하늘님前 造化받아 좋은 運數 때를 따라 自古聖賢 거을하여 明明其德 하였으니 天上仙官 아니신가 神仙일시 分明하다 우리스승 前한말씀 너도 또한 神仙이라 일음해도 이런 걱정 없다하고 ——걱정 하시드니 그 말씀이 그 말인가 古往 今來 回復되여 絶處逢生 다시되니 今不聞 고불문 아니신가 日月같이 두렷한 몸 道德光彩 燦爛하니 仙風道骨 鳥乙矢口 瓶中위 있는 仙酒 可活百萬人 하시랴고 不死藥을 兼備하야 품어두고 活人尺을 손에 쥐고 先聖禮節 좋은 衣冠 通天之傷 分明한데 五鶴을 잡아타고 十二仙官 擁衛하고 緩緩 나오시니 今不聞 古不聞 之事요 今不比 古不比 之法 也라 하시더니 그 말씀을 그때 가서 아리로다

御化世上 사람덜아 自古 이른 말에 天上仙官 있다하고 말로는 들었으나 어느누가 구경한가 구경은 못하고서 말로만 들었으니 이제와서 다시보니 天上仙官 的實하다 天上仙官 降臨하사 仙道創建 하시려고 神仙道德 베푸시니 道氣長在 鳥乙矢口 邪不入이 되오리니 無往不服 아닐련가 나도 또한 이 世上에 草野人民 자라나서 善心修

德 모르고서 그러그러 지내다가 스승 門에 受學하야 닦은 功德 없지만은 好作仙緣 貪緣맺어 神仙行道 延接하여 仙遊發達 노라보세 台乃사람 좋은 운수 다시 때가 돌아온다 鶴髮仙官 우리스승 至誠으로 뫼시고서 仙遊發達 한다해도 衣冠文物 좋은 예절 秋毫一味 다르고서 되올손가 理致理字 그러하니 무병지란 삼년운수 外各國이 모두모아 紛紛世界 擾亂테도 다른사람 어찌든지 우리아들 모든 군자 先聖禮節 조은 衣冠 弓乙通天 깨닫고서 一一이 孝則하소

바쁘도다 바쁘도다 오일저일 오는 運數 깨달으니 무병지란 삼년내에 先聖禮節 다시차려 施行凡節 바쁘도다 때 운수 오는 理致 弓弓乙乙 그 가운데 되는 理致 그런고로 스승 敎訓 다시 받아 이와 같이 傳해주니 사람사람 많은 사람 有德君子 되온 사람 好作仙緣 하라 거든 台乃敎訓 傳한말 스승 敎訓 맡은 바니 仔細보고 깨달아서 미리알고 施行해서 때 運數 氣運따라 後悔없게 하여서라 先生님 하신말씀 前萬古 後萬古를 歷歷히도 시아려도 글도 없고 말도 없다.

하신 말씀 때를 따라 아리로다 愚昧한 台乃사람 오는 運數 모르지만 스승 敎訓 받어 내여 一一說話 못다하고 大綱大綱 記錄하여 미리 通奇 하는 바니 많고 많은 諸君子들 나의 敎訓 前한말 못들었다 말을 말고 서로서로 相傳하여 스승 敎訓 生覺해서 잊지말고 施行할가

13. 안심치덕가(安心致德歌)

　　御化世上 저 사람들 無事한 台乃사람 無情한 이 歲月을 無言이 보내다가 自古比今 하여보고 時運時變 運數따라 노래 한 章 지었으니 其然不然 살펴내여 熟讀詳味 하여셔루 一一施行 하여서라 天地始判 磨鍊後로 自古聖人 태어나서 道也德也 말을 하여 사람사람 曉諭치만 修心修德 없는 사람 道之理致 제 알소냐 道之理致 무엇인고 明明天地 五行之氣 循環之理 그 아니며 一二之 造化로서 陰陽相助 氣運따라 萬物成形 그가운데 理作賦焉 아니신가 明明道德 그렇지만 많고 많은 그 사람이 사람마다 生而知之 다 할손가 生而知之 다 못하고 學而知之 많은 고로 天生萬民 道又生 하옵실제 作之師 作之弟라 天定之數 뉘 어길까

　　自古道理 그런바니 많고 많은 저 사람들 仔細生覺 깨달으소 元亨利貞 그런고로 天必命之 聖人내사 道之淵源 바탕삼고 天地度數 旺生之理 明明其德 되는 바를 一一먼저 傳하옵소서 사람사람 敎育하여 時中之道 行하시네 自古及今 道之理致 失數없이 그런고로 首出聖人 먼저내사 受命又天 받은 造化 不失時中 하옵시고 學而時習 날로 하소 天理節文 밝히시고 道와 德을 나타내여 사람사람 敎訓할제 元亨利貞 바탕삼고 仁義禮智 벼리삼아 三綱五倫 밝혀낼제 天時따라 節侯定코 말로하며 글로써서 敎而行之 傳했나니 仔細生覺 깨달으소 古今聖人 말한대도 聖人마다 그런바요 自古道理 말한대도 道도또한 그런바라 理致理字 그런고로 道之大源 出于天이라 自古及今 傳해있고 古今聖人 말한대도 修心修德 하여내여 順隨天理 하신 法 都是다 一般이라 서로서로 일렀나니 仔細보고 生覺하소

나도 亦是 이 世上에 受命又天 받은 造化 無窮其理 미뤄보니 其理其然 分明하다 台乃身命 그러키로 天地度數 수질하고 斯世之運 科度하니 先天後天 그 가운데 天地反覆 다시 되어 龍馬河圖 九宮八卦 六九之 造化로서 五行上生 相助되야 隨時成形 難言일세 이와같이 無窮其理 難言이라 말하지만 아는 사람 있게 되면 明明하게 다시없고 모르느니 말할진대 虛靈蒼蒼 그 理致를 받지 않고 어찌할까 世上理致 그렇기로 나도 生覺 科度다가 다시 生覺 깨닫고서 時運時變 運數불여 大綱皐白 說話하니 一一詳考 비해보소 天一生水 먼저 하나 坎水戊寅寅 辰午申戌子 節侯되어 第次찾어 時中하고 水生木運 理致있어 木德以王 此時로되 震木庚子 子寅辰午 申戌節侯되야 次次次次 第次 明明道德 創建되네 仔細보고 科度하여 順隨天理 修德하소 水以生木 理致따라 木德以王 한다하되 九十春光 그 가운데 先後春이 있는 故로 三春이라 이름하고 卦爻六神 節侯定코 節侯따라 成道되네 道之其源 그러키로 時運時變 수질하여 時中之德 살펴보니 春末夏初 거의 된가 天三生木 乘旺時인가 八卦正數 杳然之理

　長男得意 烏乙矢口 天地五行 精氣모아 三八木運 때가되니 三陽之德 光明之理 巽方에 밝어오니 二七火가 極順이라 天地時運 그렇기로 龍馬河圖 五十五數 밝혀내여 四正四維 定해노니 九宮八卦 그 아니며 六九之 造化로서 變化其德 살펴내니 六十四卦 바탕되고 三百八十 四爻生해 一萬八天 世應했네 推此其理 깨다르니 盛衰之理 말한대도 世上萬事 되는바가 都是다 이 理致로 되는 바니 웃지아니 두려우며 웃지 아니 삶힐손가 春夏秋冬 定해도고 四時往來하지만은 水火之氣 造化로서 盛衰之理 氣運따라 春秋迭代 있는 故로 寒暑 또한 理致있고 晝夜相反 그가운데 日月大明 되는 바를 사람마다 다 보건만 天地度數 無窮其理 아는 사람 몇몇 인고 아는 사람 있거들랑 모른 사람 깨쳐주소 그는 또한 그러하나 나도 또한 이 世上에 天地五行 精氣모아 三陽七德 좋은 運數 明明氣運 받은 몸이 時中따라

濟世次로 하늘님前 奉命하야 龍馬河圖 다시 받어 一一成出 그려내
니 天父之形 宛然하다 修心正氣 다시하와 明明其德 살펴보니 五行
之理 相生되어 三陽之德 造化로서 仁者無敵 主張되고 二七之德 順
和되니 君子之風 때가오네 河圖時中 이렇기로 사람사람 傳授하야
道之理致 깨달을까 晝夜不忘 바라지만 많고 많은 그 사람에 몇몇
사람 깨달을고 仔細아지 못거니와 誠之又誠 하는 사람 얼푸시 깨달
아서 世上사람 스승되네

 理致理字 그러하니 나의 敎訓 生覺하여 誠之又誠 恭敬하소 浩浩
茫茫 넓은 天地 亞務理 넓다 해도 八卦定數 應해있고 世上萬事 많
다 해도 卦爻理致 第次之理 氣運따라 旺하나니 그런고로 어진사람
먼져 나서 그 氣運을 말을 하여 道라하고 이름하여 사람사람 가르
쳐서 順隨天理 施行하네 부디 부디 生覺하소 天地度數 말한대도 九
宮八卦 造化로서 世上萬事 行하나니 疑訝之心 두지 말고 一一敎訓
믿어볼까 天三生木 運數따라 長男이 得意하여 萬物長養 때가오니
그 운수를 比하여서 濟渡衆生 時中次로 奇男子가 없을 손가. 內外
金剛 造化로서 奇男子가 출세하야 師門聖德 밝혀두고 人人之德 배
풀어서 衆生濟渡 할 것이니 疑心말고 修德하여 以待其時 기다려라
애달하다 애달하다 亂法亂道 하는사람 또한 亦是 애달하다 天地度
數 明明其理 이와 같이 가는 바를 丁寧이 모르면서 台乃敎訓 傳한
말을 虛心으로 傳여알고 各自爲心 무삼이고 各自爲心 하든사람 나
볼낯이 어디있나

 順隨天理 모르고서 스승 敎訓 어겼으니 不順道德 그 아니며 不順
天命 아니련가 不順天命 하든사람 不知何境 다 될테니 後悔莫及 어
이하리 臨事號天 하지말고 敎訓대로 施行해서 安心正氣 修身하소
安心正氣 修身하면 自然之理 天時따라 서로 相逢 할 것이니 疑訝
歎息하지말고 시킨대로 施行해서 次次次次 가자서라 淺見博識 台

乃사람 아는바 없지만은 하늘님전 命을 받아 循環之理 때를 알고
天干十數 造化中에 天數五 地數五 五十五數 龍馬河圖 八卦正理 밝
혀 내여 때를 따라 時中次로 仁義道德 베푸라서 修心正氣 安心하라
一一敎訓 하는바는 이도 亦是 天命이니 나의 敎訓 傳한말을 虛言으
로 알지말고 天命所施 깨달아서 順隨天命 하게하소 어느땐고 어느
땐고 이때가 어느땐고 安心歌를 時節인가 仔細보고 安心하소 春末
夏初 次次次次 가까이 오니 四時盛衰 그 가운데 陰陽分別 判斷時인
가 寒暑翻覆 更定해서 廣明之德 乘旺時 인가 많고 많은 世上사람
修身修德 그 가운데 有德無德 가려내여 善惡分別 判斷시인가 일어
난다 일어난다 때를따라 風雨霜雪 일어난다 이 왠일인고 이왠일인
고 風雨霜雪 이왠일인고 花發時에 多風雨를 自古由來 일컷더니 그
도 亦是 時運이라 無可奈라 할길없네 古今理致 그러하니 다시 生覺
安心하소 天地造化 계뉘알까 아느사람 있지만은 사람마다 다알손
가 다아지 못할테니 敎訓대로 施行해서 安心이나 하여주소

奇險하다 奇險하다 오는 運數 奇險하다 三災八難 劫灰中에 오는
運數 奇險하다 오는 運數 奇險하니 仔細生覺 安心하소 十二諸國 怪
疾運數 다시 開闢한다해도 나의 敎訓 傳한 말을 學而時習 하여내여
明明其德 깨달고서 開闢理致 뜻을 아소 修心正氣 깨달고서 開闢理
致 뜻을 알고 修心正氣 爲主하여 安心할자 몇몇이며 堯舜盛衰 다시
와서 國泰民安 한다하고 明明이 일은 말을 生覺고 깨달아서 敎訓施
行 失數않고 때를 따라 行할사람 몇몇인고 浩浩茫茫 넓은 天地 敎
訓대로 때를 따라 行할 사람 많기도 많지마는 安心안코 되올소며
修德않고 行할손가 十二諸國 怪疾運數 紛紛天下 亂時에 安心修德
못 하오면 怪疾運數 싸잡혀서 不知何境 다 될테니 그 아니 可憐한
가 때 運數 그러하니 많고 많은 저 사람들 敎訓살펴 安心하소 그러
그러 安心해서 順隨天理 가다가서 무병지란 지난 後에 다시 相逢
하게 되면 반갑기는 姑舍하고 즐겁기 그지 없네 나도成功 너도 得

의 萬世春이 自然되니 堯舜盛衰 烏乙矢口 御化世上 사람들아 이와 같이 되올 運數 一一違其 안 찾으면 師門聖德 밝혀내여 安心修德 第一이니 부디 生覺 깨달아서 나의 敎訓 傳한말을 안이 잊자 盟誓 해서 거울같이 직혀두고 天時따라 行해볼까 나도 또한 이 世上에 安心正氣 修身次로 自古聖神 效則하여 至誠感天 發願타가 하날님 前 命을받아 濟渡蒼生 하자하고 前後事蹟 없는글을 拙筆拙文 받어내야 이와같이 傳해주니 賢淑한 諸君子들 生覺고 生覺해서 아니잊고 施行할까

御化世上 사람들아 無事한 台乃사람 世念을 던져두고 天地旺生 休囚따라 時運時變 때를 알고 流水같은 光陰따라 노래한章 지어쓰니 꿈결같은 저 사람들 웃지말고 仔細보아 子乃 마음 깨달거든 나의 敎訓 違其말고 心性修鍊 工夫해서 仁者無敵 나타내여 三災八難 免해보소 奇險하다 奇險하다 天地反覆 此世上에 陰陽迭代 相迫되니 代明之理 있지만은 그 運數를 깨달고서 天理順隨 氣運따라 生門 찾아 가는사람 三災八難 怪疾惡疾 모르고서 地上神仙 되지만은 사람마다 다찾을까 찾는 사람 好作仙緣 되련이와 못찾는이 奇險하다 웃지그리 奇險한고 허허 世上 저 사람들 人皆爲之 안다하되 敬畏之心 없었으니 아는 것이 무엇인고 一片修心 바이없어 自古聖人 어진 敎訓 禮義廉恥 다 버리고 自行自止 너의 사람 五倫三綱 없었으니 仁義禮智 웃지알며 人性之剛 제알손가 元亨利貞 다버리고 되는대로 亂動하니 애달하사 너의 擧動 畵出魍魎 彷佛하다 오는 運數 때 모르고 橫說竪說 하는 말이 陰凶奸巧 그 所見에 無根說話 지어내여 어진사람 陰害하여 自古聖賢 더럽히니 그런 惡疾 또 있는가 제 마음으로 지은 惡疾 다른 사람 相關있나 天이憎之 하실테니 以理罰之 할것이요 人이憎之 하였으니 以形治之 없을소냐 御化世上 사람들아 仔細보고 깨달으소 大抵人間 百千萬事 行코나니 그뿐이요 겪고나니 苦生이나 福祿은 말한대도 마음으로 짓는바요 紛紛天下 擾亂

時에 避禍之方 말한대도 마음닦아 避禍하네

自古理致 그런바니 많고 많은 저 사람들 마음 닦어 避禍하소 그런 理致 모르고서 어리석은 저 사람들 마음 心字 아니 닦고 남을 怨望 嫌疑하니 애달하다 애달하다 그런 사람 애달하다 嫌疑로서 避禍하며 怨望으로 福이될까 怨望해도 쓸데없고 嫌疑해도 相關없네 浩浩茫茫 넓은 天地많고 많은 世上사람 다 各各 닦은 대로 天必命之 가려내여 善惡分別 判斷할제 積善者를 福을定코 積惡者를 殃禍定해 盛衰之理 밝혀내니 至公無私 아니신가 三才之德 그 가운데 元亨利貞 가는바가 예로조차 그런바니 남을 怨望 嫌疑해서 陰害之心 두지말고 安心正氣 修身하소 安心正氣 修身하면 輪回時運 때를 따라 道成德立 다 될테니 그런 榮光 또 있는가 다시 生覺 깨달아서 마음닦고 行實고쳐 어진일을 行코보면 怨望嫌疑 怪한맘과 奸巧陰害 不測之心 自然之理 善心따라 春雪같이 사라지고 仁義道德 어진마음 日月같이 소사나서 至於至聖 되는이라

自古聖人 말한대도 修身修德 그 가운데 心有定而 氣有正하여 어진일을 行하다가 聖人君子 되신바요 小人凡夫 말한대도 一片修心 바이없어 敬畏之心 없었으니 自行自止 아니할까 그런고로 一邊은 巧詐하고 一邊은 奸慝하여 어진마음 다버리고 私邪慾心 못이기어 글은일을 行하다가 素因凡夫 되였나니 애달하다 애달하다 四海八方 넓은땅에 많고 많은 世上사람 天地五行 一氣나눠 서로서로 造化받어 世上人間 하온몸이 웃든 사람 이러하고 웃던 사람 저러한고 盛衰之理 怪이하다 誰怨誰尤 할곳없네 天性之稟 다버리고 私邪慾心 못이기어 自行自止 하든사람 또한 亦是 衰運일세 어찌하여 그러한고 元亨利貞 밝은 道德 어기는 수 없는 바라 그런고로 積善者는 말할진데 自古聖人 어진 敎訓 스승스승 삼어두고 敬畏之心 굳게 지켜 好生之心 깨달으니 도로 天心 그 아닌가 도로 天心 回復하여 天

地神靈 生物之心 明明其德 氣運따라 一一施行 違其잔코 天無私覆 뜻을이어 地無私載 理致合해 日月照臨 無私近遠 明明道德 合한마음 順隨天理 行해가니 일마도 積善일세 일마도 積善되니 盛運盛德 피할손가 盛運盛德 피하는수 없는 바라 天助地應 造化로서 積善者의 어진마음 높은 道德 出世人間 나타내서 많고 많은 許多사람 사람사람 가르쳐서 서로서로 行케하니 天定之數 그 아닌가

天定之數 그러하니 天定之數 뉘 어길가 天定之數 運數따라 남의 스승 自然되니 盛運盛德 鳥乙矢口 不老不少 하단말가 永世無窮 鳥乙矢口 애달하다 애달하다 秦始皇 漢武帝가 무엇없어 죽었는고 애달하다 애달하다 先聖敎訓 힘써배워 元亨利貞 깨달고서 修心正氣 安心하여 人人之德 베푸러서 積善積德 하였으면 죽을 念慮 없지만은 헛된 慾心 못 이기어 제 마음대로 行하다가 남의웃음 못 免하고 歔歔歎息 되었구나 이일저일 보게되면 各各明運 分明하나 虛無하기 다시없다 다 같은 사람으로 天地造化 받은마음 五行精氣 一般인데 웃지그리 같지 않은고 마음지어 行한대로 秋毫一味 失數않고 저의 身數 맞추오니 웃지 그리 두려우며 웃지 아니 心學할까 心學하자 하게 되면 自古聖人 어진 敎訓 받지 않고 믿을소며 믿지 않고 行할소며 行치않고 心學될까 古今理致 그런바니 仔細보고 깨달으소 사람사람 많은 사람 自古聖門 受學하여 學而時習 한다하되 明明其德 마음지켜 行할사람 몇몇인고 師師相授 淵源밝혀 元亨利貞 뜻을 알고 敎訓대로 믿는사람 사람사람 行할거요 말로 듣고 入道해서 입으로 呪文읽어 修道한다 말을하되 淵源이 무엇인지 元亨利貞 뜻 모르고 心學이 무엇인지 師門敎法 다어기고 自行自止 하는 사람 明明聖德 마음지켜 못行하고 亂法亂道 하나니라 自古理致 이러므로 師門聖德 明明하여 거울같이 밝지마는 마음닦고 行實고쳐 仁善만이 成功일세 仁善않고 成功될까 道之其源 그러하니 나의 敎訓 生覺해서 淵源淵源 道通淵源 日日明察 밝혀내여 心修其德 行해볼까

14. 천지부부 도덕가(天地夫婦 道德歌)

御化世上 저 사람들 仔細듣고 斟酌하소 天地始判 磨鍊後에 自古 聖人 태어나서 道德이라 이름하고 많고 많은 世上사람 사람마다 敎育할제 不失時中 施行하되 敬天順天 하여내여 繼天入極 하라하고 ——曉諭 하옵시는 그 道德 다른 道德 그 아니고 하늘님의 道德일세 사람사람 仔細生覺 깨달으소 웃지하여 그러한고 ——詳考 하여 보면 어느 누가 모를소냐 허허 理致 즐겁도다 聖人道德 敎訓之道 말하자면

震長男 하늘님이 巽長女로 夫婦되야 夫和婦順 하자하고 夫婦간에 和合하여 自古人間 許多萬物 物件마다 ——制造 總察하사 四時循環 때 應하여 修身齊家 治山道理 하옵시는 그 道德을 說話하사 사람사람 敎育일세 理致理字 그러하니 聖人敎訓 傳한말씀 施行않고 拒逆하면 得罪於天 되는바니 부디 生覺 깨달아서 敎訓施行 잘해보세 敎訓施行 잘못하면 得罪父母 그 아닌가 得罪父母 되게 되면 容納할곳 바이없네 容納할곳 없거든 어느 곳에 依支할고 依支할곳 없을테니 다시 生覺 깨달으소

天地父母 造化로서 陰陽兩儀 氣運받아 好生之心 벼리되고 三才五行 고루 갖춰 四大五常 化한 몸이 長男長女 夫婦之道 治山道理 父母恩德 밝혀내여 子孫道理 하여보세 自古理致 그렇기로 聖人聖人 태어나사 그 뜻을 먼저알고 天地父母 修身齊家 治山之道 ——敎訓 받들어서 至誠地息 施行次로 사람사람 勸學일세 御化世上 사람들아 이런일을 깨달아서 天地父母 至恩至德 至誠地極 받들어서 違其

말고 施行하세 父母恩德 違其않고 施行次하면 晝夜長短 그 가운데 寒暑翻覆 理致알고 四時盛衰 그 가운데 循環之理 때를 알아 時中時中 받들어서 天理順隨 施行하면 그 아니 道德인가

天地父母 道德으로 생긴몸이 天地父母 道德밝혀 天地父母 뜻을 이어 子孫道理 하여보세 通古今 너른 天地 人事道理 子孫職分 그러건만 아는 사람 몇몇이며 行할사람 몇몇인고 아는 사람 알았거든 모른 사람 曉諭하고 行할사람 行하거든 아지못해 못 行하는 그런 사람 제제이 가라치소 사람사람 서로서로 和하여서 사람마도 다알고 다행하면 道德君子 그 아닌가 지극한 하날님 前 孝子孝婦 自然되야 大知達孝 行해가면 堯舜世界 이를테니 堯舜之民 그 아닌가

堯舜之民 저 사람들 不識不知요 順帝之則이라 서로서로 말을 하며 受命于天 먼저하사 明明道德 더 밝히며 敎而行道 하옵시는 聖人敎訓 一一 違其 아니하고 至誠效則 施行하니 堯之日月 舜之乾坤 太古淳風 鳥乙矢口 自古道理 그런고로 사람마도 道를배워 德行하라 至誠無息 曉諭건만 웃지고리 못깨닫고 저와 같이 잘못찾아 辛苦하노 애달하다 세상사람 可憐하다 世上사람 너의 사람 分數없어 가는 運數되야 오는 運數 때를 몰라 그러하나 나는 都是 모를너라

사람사람 많은 사람 제 一身 化生之本 明明하신 하늘님이 生而育之 敎而養之 行하는法 陰陽兩儀 造化로서 하는 바를 丁寧이다 다알며는 사람마다 그런 理致 生覺하여 하늘 父母 齊家之道 治山之理 뜻을 이어 至誠至孝 行하련만 어찌 그리 못깨닷노 어서어서 깨달아서 失數없이 行해보세 御化世上 많은 사람 仔細듣고 科度하소 開闢後 屢千字에 先天後天 運이 亦是 다 했던가 도로先天 回復되야 交易變易 興旺時에 盛衰之運 不同故로 各自爲心 저 사람들 各言各知 論爭中에 天下紛紛 擾亂(요란)하나 天地父母 無窮造化 때어기곤 안

될테니 다시 生覺 깨달아서 九變九復 此天地에 다시 時中 밝혀내여 四海八方 널은땅에 富貴貧賤 嫌疑없이 사람사람 가르쳐서 順隨天理 濟世하세

濟世之運 그러하니 天地造化 생긴몸이 天地造化 어기고는 每事不成 될 것이니 子乃造化 믿지 말고 子乃知識 좋다마소 子乃사람 知識造化 좋다한들 하늘 知識 당할소며 하늘 造化 당 하겠나 부질없이 그런 生覺 두지 말고 敬天順天 道를닦아 聖人敎訓 施行해서 繼天入極 體天하세 그리알고 施行하면 天助之應 造化받어 自然之理 聖運盛德 昌할테니 子乃사람 뜻있거든 아니잊고 施行할까 그는 또한 그러하나 時運時景 들러보니 때 運數 鳥乙矢口 黃河一淸 때가온가 乾坤定位 德合되야 正陰正陽 配合되니 相生之理 無窮造化 無窮일세

靑天에 나는 靑鶴 生子長養 몇일련고 飛去飛來 자로하니 靑林世界 이를땐가 그도 또한 疑心이요 天上靈臺 저 鳳鳥는 五音聲을 고루내여 時乎時乎 때를 불러 人間鳳鳥 일깨우니 춘말하초 때가와서 枚枚惟鷄聲 이를나나 그도 또한 疑心이요 龍潭水 잠긴 龍이 修德修身 몇핼는고 昇天할 때 도왔든기 五色彩雲 玲瓏한데 雲行雨時 하랴하니 그도 또한 疑心이요 猛虎出林 때가온가 風導林虎 故從風 일워내니 그도 또한 疑心이요

西北風 찬바람에 萬里白雪 紛紛한데 東南風에 和한바람 柔能制剛 하여내어 그 風塵을 掃除次로 天地盛運 聖時따라 날로 漸漸和暢하니 그고또한 疑心이요 洛書之運 四九金運 다 盡하고 龍馬河圖 壬子爲始 子丑運이 거의간가 冬至寒食 百五中에 小男運數 氣運받어 떠온日光 西山에 넘어가고 春末夏初 때 應하여 震爲天根 長男運數 氣運받아 떠온 日光 中天에 밝아오니 그도 또한 時景이요 一乾天 太

極星이 南方離虛 돌아드니 南辰圓滿 그 아니며 八坤地 織女星이 六坎水 돌아서니 北河回頭 的實하다 乾坤正位 如此하니 是化是豊 좋은때라 아니놀고 무엇하리 하늘님이 주신 品性 好生之心 찾어 내여 父母섬겨 孝行하고 兄弟섬겨 友愛하며 놀고놀고 놀아보세

　이와같은 熙皥世界 拘儉鼠竊 너의 運數 運이 亦是 다했으니 너의 어찌 하자하고 石火 같이 쓸어저서 痕迹없이 될 것이니 誰怨誰咎 할곳없다 너의 運數 그뿐이니 無可奈라 할길 없다 너 運數 盛運 衰運 그가운데 盛衰之運 不同故로 盛한 運數 興旺하나 衰한 運數 그러하니 사람사람 많은 사람 盛衰之運 仔細살펴 쇠한 運數 던져두고 聖運盛德 運數따라 ――習道 하게 되면 사람마다 좋으려니와 그리 施行 아니하고 나의 敎訓 어기오면 不知何境 다될테니 부디 生覺 깨달아서 失數말고 施行해서 子乃사람 오는 運數 子乃사람 살펴내여 失數없이 昌해보소

15. 해동가(海東歌)

　　御化世上 사람들아 海東歌를 웃지말고 들어보소 海東에 봄이되니 春消息이 이아니냐 허허世上 사람들아 돌아왔네 돌아왔네 春消息이 돌아오니 靑林世界 가깝도다 靑林世界 가까이오니 萬物이 運動일세 萬物 運動 이 時節에 仔細히 살펴보니 靑林世界 그아닌가 靑林世界 自然되어 花開消息 가깝도다 花開消息 가까이오니 萬花方暢 아니련가 萬花方暢 되게되면 成實主가 靑林일세 靑林根本 뉘 실련고 靑林根本 말할진대 天地父母 造化로서 運數따라 되지만은 그 運數 氣運받아 靑林先生 다시나서 스승敎訓 거울하고 大定之數 아신後에 天地時運 道德밝혀 布德天下 날로하니 靑林道德 아니신가 靑林道覺 우리스승 道德二字 풀어낼제 天地父母 恩德으로 雨露같이 풀어내여 靑林世界 이뤄놓고 億兆蒼生 濟渡할제 任意用之 하는 擧動 天地造化 아니신가 靑林根本 오는世界 그런게니 많고 많은 世上사람 깨닫고 깨달아서 靑林道覺 하여보소 靑林道覺 하게 되면 南風之薰 아느니라

　　南風之薰 알게 되면 堯舜때가 그 아닌가 靑傀滿庭 말은 하되 春末夏初 알았던가 春末夏初 안다해도 靑林世界 되는 理致 子乃 사람 알았던가 이일저일 깨달아서 理致二字 알고보면 道下止가 거기오니 道成德立 못하오며 濟渡蒼生 하여내서 輔國安民 못 할 손가 이와 같이 좋은 때를 失數말고 施行해서 天地道德 베플어서 廣濟蒼生 하게 되면 敬天順天 되었으니 父母妻子 安保하고 어진 道德 나타내서 至於至善 하게 되면 自然昌德 아는 이라

自然昌德 알게 되면 廣濟之理 모를 손가 昌德廣濟 알고 보면 通運造化 無窮其理 任意用之 하는 뜻을 丁寧이 알고 보면 濟世主를 아는 이라 濟世主를 알게 되면 大濟重華 다알며는 五行에 기등되야 三道合德 그 가운데 濟世蒼生 되는 理致 거울같이 알 것이니 거울같이 알고 보면 오는 運數 때를 따라 道德君子 되었으니 第次之別 모를손가 第次之別 알고 보니 天地定位 磨鍊하사 師門禮法 明明하다 明明하신 師門禮法 一一違棄 마자하고 一心으로 施行해서 次次次次 가게되면 道德君子 되련이와 嚴肅하기 한량없네 師門禮法 어기오면 逆天亂道 하는바니 어느 곳에 依支하야 살아볼고 살곳이 없지만은 많고 많은 世上사람 웃지그리 못깨닫고 世上理致 그러한줄 모르고서 이리忖度 저리忖度 무삼일고 허허世上 우습도다 屢年風波 그 時節을 次次次次 지낸사람 지낸 年運 깨달으니 歲月이 如流하야 五十土가 거의로다 五十土 깨달으니 地載萬物 바탕되야 하늘님前 造化받아 萬物長養 바탕일세 그 理致를 깨달으니 때運數 氣運따라 聖人消息 모를손가 聖人消息 아련만은 웃지그리 못 깨닫노

　運數있는 그 사람은 敎訓따라 施行치만 亂法亂道 하는 道儒 仔細듣고 깨달으소 蕩敗産業 하올적에 무슨 뜻을 품어두고 웃지웃지 하였으며 父母妻子 거느리고 沈沈漆夜 저문밤의 이리저리 行할적에 무슨 뜻을 품어두고 疊疊이 險한길을 疑心없이 지났으니 웃지웃지 지났으며 劍山易水 지나올제 仰天歎息 몇 번이며 金石같이 먹은 마음 다시앉아 端束하고 이제까지 지나오되 웃지웃지 生覺하며 胷海예 품은 懷抱 變치않자 盟誓하고 晝宵間 誠心二字 短束하여 至誠感天 비는 뜻은 무슨 뜻을 품었길래 스승敎訓 때모르고 施行할줄 전혀잊고 이제까지 오다가서 理致二字 못 깨닫고 中路에서 生覺하다 禁치못할 萬端疑訝 徘徊路上 生覺하니

　길은 漸漸 멀어지고 執은종종 生覺나서 丁寧이 알작시면 이 걸음

을 가지마는 웃들는고 웃들는고 한창疑訝 들지음에 蛟將軍이 통지하니 저 사람 擧動보소 靈驗되고 좋은 말은 귀밖으로 다버리고 不美之事 달게 듣고 蛟將軍에 同類되니 그 아니 可憐한가 世上사가 이러하니 그 사람 運數련만 우선에 보는 道理 금차하니 難堪이요 보자하니 愛떨해서 海東歌를 傳해주니 많고 많은 저 道儒들 서로서로 깨달아서 海東歌를 웃지말고 欽哉訓辭 하였어라 그는 또한 그러하나 많고 많은 世上사람 이때가 어느 땐고 下元甲이 다지나고 上元甲이 가까오니 南來玄鳥 두루날아 知主歸를 일삼으니 玄玄妙妙 그 理致를 깨닫고 깨닫거든 疑心말고 修道하여 시킨대로 施行하소 이와같이 되는運數 道人이야 모를손가 아는 사람 많지 많은 過不及이 念慮로다 御化世上 사람들아 世上事가 虛妄커든 天文을 살펴보고 天文理致 怪異하다

　三八木 昌運星과 南方離虛 老人星과 天地定位 君火星이 三道合德 相照되야 三道星의 빛난光彩 날로 漸漸 속속하니 天文을 仔細보아 그 理致를 通達하면 오는運數 알것이요 오는運數 알게되면 無極大道 理致아리 大先生主 敎訓대로 一一施行 할것이요 모른사람 어렬시라 過不及 없을손가 그도 또한 그러하나 午丁方에 明運星을 應하여서 明運도사 날꺼시요 震木星에 通運造化 昌運星을 應하여서 昌運道士 낳을 것이니 그 아니 鳥乙손가 三道星 和暢之運 日月精氣 모두 받아 中天에 빛난光彩 無私照臨 明明道德 四海洽足 南運道德 萬物長生 할 것이니 布德天下 되리로다

　天地開闢 다시되야 木德以王 此世上에 天地靈氣 맑은氣運 循環之理 運數따라 天文理致 如此하니 我東方 名勝地로 聖賢君子 아니날까 이와같은 熙皞世界 다시보기 어려올 테니 坊坊曲曲 有德君子 時代를 失數말고 一心으로 修道하와 道成德立 하여볼까 그도 또한 그러하나 많고 많은 諸君子는 次序없는 台乃노래 또한 曲調 들어 보소 可憐하다 世上사람 小貪小失 저 웬일고 그런理致 怪異하고 怪異

하다 남의 허믈 지어내여 헌담으로 일을 삼고 저 사람들 어찌 그리 愛띠한고 저의허믈 고치지 않고 남의 헌담 무삼일고 그도 또한 怪異하다 남을 陰害 하는 사람 그도 또한 어찌하야 그러한고 허허世上 우습도다 남을 陰害 하자하면 젠들 殃禍 없을손가 저도 또한 殃禍있어 自然死地 들어가니 愛띠하사 너희로다 人心風俗 怪異하야 서로서로 陰害하니 人物傷害 可畏로다

御化世上 사람들아 人心風俗 이러하니 사람마도 깨달아서 남을怨望 하지말고 내 맘부터 닦았어라 내 맘부터 닦지 않고 長久이 怨望타가 未來에 私邪한맘 헛된 慾心 못 이기어 根本없는 嫌疑之心 無短이 솟아나서 남을 陰害 하려하니 그런 天理 어디 있나 天理理致 모르고서 改過遷善 못하오면 그 殃禍가 제 몸으로 돌아와서 陷地死地 되나니라 解夢못한 이것들아 남과嫌疑 짓지말고 陷地死地 求를 마라 너의 身數 生覺커든 나의 敎訓 傳한말을 부디부디 깨달아서 一心으로 事天하고 至誠으로 修道하되 스승敎訓 거울하고 弓乙其理 깨닫거든 西海廣德 靑龍寺를 차저가서 月鏡大師 만나거든 月鏡大師 指揮따라 誠心대로 天宮施主 많이 하면 所願成就 할테오니 많고 많은 저 사람들 부디부디 찾아보소 찾기만 찾을진데 그 사람의 運數로세 父子兄弟 一身이나 이運數야 같을손가
많고 많은 有德君子 이말저말 崩騰해도 내말 暫間 들어볼까 虹橋白雲 너른 길은 道德君子 길이오니 부디부디 疑心말고 次次次次 따라가세 次次次次 따라가면 龜尾龍潭 日亭閣을 어느 누가 모를손가 龜尾는 西山이오 金鰲는 南山인줄 이제丁寧 아리로다 龜尾龍潭 돌아드니 鳥鵲은 날아들어 嘲弄을 하는 듯고 松柏은 欝欝(울울)하여 貞節을 지켜낸다 하신말씀 이제와도 모를손가 이와같이 傳한 文端 지난일로 알았으니 도로 夢中 그 아닌가 아셔라 두어셔라 그말저말 다하자면 글도 亦是 無窮하고 말도 亦是 無窮하다 若干若干 記錄하니 如此如此 又如此라

16. 명운가(明運歌)

　　御化世上 사람들아 愚昧한 台乃사람 淺見博識 없지만은 若干웃지 아는걸로 明運歌를 지었으니 明運歌를 들어보소 馬上에 내린 客이 遍踏江山 하다가서 綠水靑林 깊은 곳에 潛心하야 노닐다가 忽然이 잠이들어 世上事를 잊었더니 枕上一夢 怪異하다 淸寢(청침)한 鶴髮仙官 五雲中에 鶴을타고 空中으로 내려와서 堂上에 坐定後의 馬上客을 부여잡고 曉諭하와 하는 말씀 아이야 잠을 깨라 무삼잠을 그리자노 困이든잠 어서깨여 내말 暫間 들었어라 金鷄가 때를알고 時乎時乎 자고나니 矢口矢口하였어라

　　天回時運 다시되야 머지않은 그 時節의 東南에 뜨는 해가 靑天에 솟아올라 四海乾坤 널다해도 明明其德 좋은 光彩 날로 漸漸 밝어오니 文彩좋은 鳳凰鳥 壁上梧桐 깃들었다 周室에 우지지니 무삼 念慮 있을 소냐 解夢못한 이것들아 어서바삐 꿈을 깨서 仙遊發達 하게하라 金鷄聲이 자고나니 自然開東 될 것이요

　　自然開東 되게 되면 浩浩茫茫 너른 天下 坊坊曲曲 묻인 英雄 開東消息 알게 되면 風雨같이 모여들어 너의 所願 布德天下 晝夜間 비는 뜻을 하날님이 感動하사 次次次次 밝은 運數 靈天靈氣 氣運따라 無爲而化 될 것이니 너의 所願 그 아닌가 天地神靈 照臨하사 너의 所願 하는 바를 疑心없이 이룰 것이니 어서바삐 잠을깨서 많고 많은 世上사람들 塗炭中에 들었으니 어서어서 濟渡後에 輔國安民 하여서라 震木星 의 和한 運數 때를 따라 밝아오니 부디부디 失數 말고 任意用之 處下하라 너도 또한 사람이라 하날님이 定한 運數

넨들어찌 알가보냐 너도 또한 사람이라 모르기로 이와같이 曉諭하니 疑心말고 가자서라 辭讓할 것 바이없다 나도 또한 神仙이나 하날님前 命을 받아 너를 위해 曉諭해서 오는 運數 일께 주니 辭讓之心 두지 말고 人心風俗 恨歎마라 恨歎할 것이 없나니라

너의 歎息하는 理致 世上사람 웃지알고 世上사람 모른데도 내야 웃지 모를 소냐 부디 歎息하지 말고 震方에 昌運星은 너를 위해 밝아오니 台乃 말을 仔細듣고 三台星의 맑은 기운 一心으로 살펴보고 그대로만 하게 되면 廣濟蒼生 할 터이니 부디부디 깨달아서 오는 運數 失數마라 君火星의 和暢運을 이제와도 모를소냐

이와 같이 通知함은 億兆蒼生 塗炭中에 通運廣濟 昌運時를 네가 웃지 모를 소냐 나도 또한 神仙이나 昌運廣濟 되게 되면 다시 또한 올 것이니 그때 되면 다시볼까 堂堂正理 그러하니 부디부디 깨달아서 通運廣濟 昌運時에 天下萬物 應從일세 이와 같이 되는 運數 世上사람 웃지알고 一一曉諭 할지음에 金鷄星이 잠을 깨니 鶴髮仙官 간데없고 一場春夢 아닐련가 御化世上 사람들아 春夢이 如此키로 春夢을 通卦하니 二八卦가 나는지라 卦爻理致 怪異하다 二八卦를 通卦하니 十六世가 아니련가

十六世를 通卦하니 弓乙體格 分明하다 卦爻理致 怪異하야 또다시 通卦하니 先天이 回復일세 回復之運 怪異하야 또 다시 卦를 푸니 大明乾坤 德合되고 靑龍福德 持世하야 開東卦가 나는지라 허허세上 우습도다 開東卦가 나셨으니 世上開東 될 때로다 때 運數 그러하니 많고 많은 많고 많은 世上사람 開東世界 되거들랑 仁義禮智 바탕삼고 元亨利貞 발달하야 天下萬國 同胞兄弟 서로서로 曉諭해서 사람사람 君子되야 道成德立 하여보세 一天下之 많은 사람 사람마도 君子되면 堯舜世界 다를손가 矢口矢口 鳥乙矢口 이와 같은 熙

皡世界 德化萬邦 하여볼까 御化世上 사람들아 北方水氣 昏濛之運
禽獸之行 그만하고 順隨天理 알았거든

木德以王 氣運따라 元亨利貞 지켜두고 仁義禮智 發達하소 鷄鳴聲
이 자로(자고)나서 日月消息 次次오니 沈沈漆夜 어둔 밤이 開東때
가 되었구나 때 運數 그러키로 어린아애 낮잠들고 큰 總角일어나서
主人公事 施行次로 農器연장 收拾한다 寅卯方에 뜨는 해가 次次次
次 光彩나서 春末夏初 때가오니 草野人民 農夫들아 失時말고 勤農
하소

北方水氣 남은 氣運 다시 開闢한다 해도 天助時應 造化따라 木德
以王 돕는 運數 南運朝鮮 웃떠할까 南運朝鮮 光明되야 天下衆生 많
은사람 道德으로 廣濟하세 이보시오 저 사람들 仔細보고 깨달아서
虛送歲月 浪遊말고 仁義禮智 다시 배워 五輪三綱 밝혀두고 元亨利
貞 풀어내여 나는 後生 가라치면 繼天入極 그 아닌가 스승 師字 높
앉으니 聖賢道德 分明일세

이와 같이 勸告하여 工夫工字 힘을 써서 나의 敎訓 施行하면 사
람마도 君子되어 有名萬世 이름 傳하고 不老不死 하련만은 어리석
은 世上사람 웃지그리 못깨닷노 仔細보고 깨달으소 開東때가 되었
으니 昏濛世界 노는 마음 私邪慾心 못 이기어 夢境같이 지났으니
그런 마음 다버리고 다시앉아 正心하야 以復其初 生覺커든 赤子之
心 修鍊하여 仁義禮智 開明하소 開東때가 되었으니 開東理致 깨달
을까

밝아오는 이 運數에 오는 運數 모르고서 어둔 마음 못 깨쳐서 仁
者無敵 좋은 運數 仁義禮智 更定되야 다시 開明 못 하오면 不知何
境 될 것이니 自作之蘖 어이할꼬 開東때를 모르고서 오는 天時 어

졌으니 無可奈라 할길없다 지은 罪를 웃지할꼬. 自古由來 時中之運 그러키로 時中하기 어련바라 理致二字 그런고로 己前사람 이른 말에 時者는 難得而易失이라 萬古遺傳 아니련가 自古理致 그런게니 나의 教訓 生覺커든 仔細보고 깨달으소 御化世上 사람들아 開門納客 모르거든

須從白兎 此世上에 走青林을 하여보소 三災八難 이 運數에 走青林을 아니하고 亞字길을 찾을손가 亞字길을 찾게 되면 弓弓乙乙 아는자라 弓弓理致 알고 보면 廣濟蒼生 自然되야 輔國安民 하는 이라 많고 많은 世上사람 生活之方 찾지 말고 廣濟蒼生 하여보소 때를 따라 廣濟하면 順隨天理 그 아닌가 廣濟蒼生 다버리고 十勝之地 찾는 사람 도로 逆天 그 아닌가 많고 많은 世上사람 깨닫고 깨달아서 順天逆天 分間하와 輔國安民 하여보소

奇險하다 奇險하다 我國運數 奇險하다 奇險한 이 運數를 道德으로 풀어내야 四海風塵 掃除하고 塗炭中에 지친 蒼生 道德으로 건져보세 御化世上 사람들아 童謠같이 傳하노니 賦也 興也 比해보면 이도 亦是 生活이니 웃지말고 生覺해서 熟讀詳味 하여보소

나의 教訓 傳한말은 信聽者는 生活이요 不聽者는 웃떠할지 나도 또한 모를시라 아서라 두어서라 두말저말 다하지니 말도 많고 글도 많아 或是若干 記錄하셔 明運歌를 傳해주니 웃지말고 生覺하와 同歸一體 하여볼까

17. 금강산 운수동 궁을선사 몽중사답칠두가
(金剛山 雲水洞 弓乙仙師 夢中寺畓七斗歌)

御化世上 사람들아 東國識書 추켜들고 寺畓七斗 말은 하나 理致 理字 알았던가 이 理致를 알았거든 내말 暫間 들어보소 寺畓七斗 알작시면 坎中連을 모를손가 坎中連을 알고보면 十方世界 모를손가 十方世界 알고보면 利在田田 모를손가 利在田田 알고보면 亞字길을 모를손가 亞字길을 알고보면 白十字를 모를손가 白十字를 알고보면 天一生水 모를손가

天一生水 알고보면 天下萬物 되는理致 물로 되는 그 理致를 어느 누가 모를손가 이 理致를 알고 보면 북두 성 모를손가 북두 성 알고 보면 천지조화 모를손가 天地造化 알게되면 때 運數 모를손가 때 運數알게되면 生活之計 알리로다 그理致를 알게 되면 利在石井 모를손가 利在石井 알게 되면 龍潭水를 안 찾을가 北斗樞星 모를손가 北斗樞星 天地造化 모를손가 天地造化 알게 되면 때 運數 모를손가 때 運數 알게 되면 生活之計 알리로다 그 理致 알게 되면 利在石井 모를손가 利在石井 알게 되면 龍潭水를 안 찾을가.

용담수를 찾아가면 飛龍上天 아니볼까 飛龍上天 보게되면 그 아니 大夢인가 大夢을 깨고 보면 生時에도 맞을테니 그 아니 榮貴한가 그도 또한 그러하나 龜尾龍潭 말한대도 龍潭도 세 가지네 福德龍 잠진 龍潭 찾아가면 飛龍上天 보련이와 萬一 龜尾龍潭 말만 듣고 찾아가다 잘못 찾아가게 되면 福德龍은 거기없고 이무기가 잠겼나니 이무기를 몰라보고 龍인줄만 알다가는 自身滅亡 할 것이니 그 아니 可憐한가 許多山水 흐르는 물 四海에 들렀으되 福德龍 잠긴

龍潭 따로있고 春三月 好時節에 나무나무 꽃이 피어 열매를 맺는다 일렀으되 헛꽃인들 없을손가 理致理字 그러하니 仔細살펴 찾아서라 金玉이 좋다하되 塵土中에 섞여있고

　三神山 不死藥 저들實物 없건만은 萬花方暢 茂盛할제 雜풀속에 섞였으니 知識없는 眼目으로 精誠없이 차질손가 精誠대로 찾아서라 精誠없는 그 사람은 不死藥을 찾을손가 生而持死 뿐이로다 精誠있어 찾는대도 萬一잘못 찾다가서 이무기를 만나오면 그아니 危殆한가 그놈 行實 보게 되면 어느 누가 모를 손가 다시앉아 生覺해서 福德龍潭 찾져셔라 福德龍 어진마음 廣濟蒼生 하시랴고 仁厚大德 베푸시되 無聲無臭 그 가운데 和流四海 造化로다 至誠地極 찾져셔라 그도 또한 그러하나 龍못된 저 이무기 하는 行實 구경하소 저가 가장 龍인 듯이 때 前에 먼져나서 造化도 말을하며 昇天할 때 있는 듯이 變化도 말을 하니 그놈마음 兇暴하다 제아무리 그러하나 닦은 功德 없었으니 제 웃지 昇天할까 어리석은 許多고기 이무기인줄 모르고서 龍인줄만 專여알고 疑心없이 넘놀다가 末杪에 害가 미쳐 不知何境 될 것이니 그도 또한 可憐하다 그놈 心事 볼작시면 龍의 道德 모르고서 닦은 功德 없었으니 時運時變 제 알소냐 時運時變 몰랐으니 日日時時 하는 일이 일마다 逆天일세 제 웃지 逆天하고 長久할까

　未來에 할길 없어 그놈 心事 優亂하다 仁善之心 바이없어 저 權利만 자랑하고 造化존데 하다가서 어리석게 노는 고기 乾川으로 몰아너니 沒死之運 아닐련가 그 고기 沒死하니 저 身數들 말할손가 저도 또한 닦은 功力 없는 고로 때 運數 모르고서 逆天逆道 하다가서 罪惡이 至重하여 自信滅亡 되는구나 御化世上 사람들아 이일저일 살펴내여 精誠대로 龍潭水를 찾는데도 이理致를 仔細알고 차져서라 잘 찾으면 生活이요 잘못 찾고 보게 되면 沒死地니 부디부디 깨달아서 失數없게 찾져셔라 너는 또한 左施 나는 右施 弓乙體로 놀아보자

18. 산수완경가(山水玩景歌)

山高水長 좋은 景에 奇巖怪石 依支하야 高都江山 구경타가 無情한 이 歲月을 無言이 보내도다 胥藏弓乙 台乃사람 活活弓弓 너른 天地 山水之樂 興을 이뤄 青藜를 부여잡고 宇宙에 비겨서서 山水風景 閱歷하니 山水景致 鳥乙時라 崑崙山 나린 主脈 白頭山 되아있고 白頭山 나린 主脈 金剛山 되야서루 一萬二千 奇한 峯은 中華로 버렸는데 我東方龜 龜尾山은 東都之 主山이요 맑고맑은 龍潭水는 四海에 根源일세 이야이야 저사람들 이런 山水 구경하소 天下勝地 아닌가

龍潭에 물이흘러 四海에 根源되니 龜嶽에 봄이 와서 枯木生花 날로 되네 萬年枝上 花千朶는 일로두고 일음이라 枯木生花 되았으니 어느 나무 꽃 안 필가 柯枝柯枝 피는 꽃이 香氣香臭 자랑할 때 多風雨가 또 있으니 그도 또한 念慮로다 이 運數 그런고로 百花爭爭 그 가운데 表逸한 一枝梅는 隱然이 빛을 감춰 貞節을 지켜내여 白雪을 우셨도다 허허 世上 저 사람들 이런 山水 오는 風景 모르고서 나올코 너그르지 一一是非 하는 擧動 各自爲心 아니런가 山水뜻을 몰랐으니 제아무리 爭論한들 春末夏初 어이아리 스승 敎訓 다어기고 足上加點 말을 하여 定할 定字 爭論하니 虛無之說 아니런가 不勞自得 없다하고 明明이 傳했건만 웃지그리 埋沒한고

自古事蹟 본다해도 多聞博識 아니하고 아는사람 專여없고 스승 敎訓 다버리고 배운 사람 없건만은 웃지 못 깨닫고 敎訓施行 아니하고 左而持死 기다려서 堂堂正理 모르고서 元亨利貞 다 버리고 되

는대로 亂動하니 아마도 너의 運數 切痛코 愛呾다 各各命運 分明하니 하는 道理 없다 만은 于先에 보는 道理 鬱鬱(울울)한 台乃道德 두자하니 難堪故로 大綱皁白 記錄하여 이와 같이 曉諭하니 仔細보고 透得하소 나를 믿고 그러하나 나는 都是 믿지말고 하늘님만 專혀믿고 敎訓施行 하여서라 나의 敎訓 傳한말에 雲捲西山 그 가운데 善不處下 하게 되면 名不秀라 일러있고 너의라 무슨 八字 不勞自得 되단말가 이와같이 일렀으니 應當이 알 것이지만 웃지그리 沒沒한고 元亨利貞 깨달아서 四時迭代 알게 되면 오는 運數 때를 따라 堂堂正理 밝혀내면 足上加點 되련 만은 그런 理致 모르고서 愚痴한 그 所見에 虛妄之設 꾸며내여 自行自止 하는 말이 꼼짝말고 앉았으면 定할定字 될 것이니 定할 定字 되게 되면

先生出世 하는 날에 이런 弟子 아니찾고 어느 누구 찾을 손가 이와같이 말한다니 그런 사람 道統法 虛荒孟浪 아니련가 스승 敎訓 다 어기고 그와 같이 알았으니 子莫執中 아니련가 사람마도 그와 같이 行하오면 蒼生濟渡 어이할꼬 埋沒한 너의 사람 時運時變 모르고서 自信其知 하다가는 一身安保 어려리라 그러한 줄 모르고서 憫惘한 그 所見에 浩浩茫茫 넓은 天地 世上萬事 모를 것이 없는 듯이 做言浮言 하거니와 無聲無臭 玄妙之氣 저 알손가 너의 擧動 可觀일세 頭緖없는 그 古集을 다 안듯이 믿었으니 井底蛙이 네 아니며 道不通이 네 아니냐

그 사람은 또한 亦是 그러하나 그일 저일 모르고서 分數없이 넘놀면서 되는대로 뛰는 사람 원숭이는 姑舍하고 狂狗之形 彷佛하니 허허世上 可畏로다 亂動하는 저 人物들 무슨 뜻을 굳게 가져 죽기로서 亂動하노 天地輪回 時運따라 修心正氣 아니하고 저 맘대로 亂動한들 亂動理致 제 알손가 허허 世上 可笑로다 山高水長 넓은 天地 窮僻한대 찾아가서 物外閒情 安心하다 말을 하며 幽僻한곳 찾

아가서 가만히 앉았으니 앉았다고 사람마도 安心하며 두루 博覽한다 한들 사람마도 博識할까

　이일저일 본다 해도 過不及이 네 아니냐 理致二字 그러하니 사람사람 生覺하와 先王古禮 잃지마소 先王古禮 잃게 되면 先聖敎訓 어기오니 도로 犯法 그 아니며 學而時習 어이할꼬 先王古禮 다 버리고 學而時習 없게 되면 禽獸에 가직하니 後生儆戒 웃지할꼬 사람 行實 말한대도 古往今來 一般일세

　天地日月 같았으니 元亨利貞 다를손가 元亨利貞 같았으니 先王古禮 어길손가 三皇五帝 높은 道德 敬天順天 하였으니 仔細보고 깨달아서 나의 敎訓 잊지말고 시킨대로 施行해서 誠之又誠 恭敬하소

19. 관시가(觀時歌)

　　御化世上 사람들아 台乃노래 들어 보소 清明時節 紛紛雨에 路上行人 傷心處요 杜鵑花笑 杜鵑帝 他鄉客 傷心處요 馬上寒食 非故地는 古聖賢을 效則이라 雲自何方 吾不知는 玄機不露 그 아닌가. 그는 또한 그러하나 時局形便 살펴보니 許多萬物 數數中에 各有其成 하거니와 怪異하고 怪異하다 저 까마귀 怪異하다 떼 많은 까마귀라 떼 많은 그 까마귀 갈 까마귀 아니련가 아무리 살핀대도 갈 까마귀 的實하다 服色조차 怪異하니 웃지아니 슬플 손가. 검은 거는 까마귀요 흰거는 白鷺련만 저 까마귀 怪異하다 웃지하면 검어지고 웃지하면 희어지나 웃지하여 그러한고 검기도 잘 검고 희기도 잘 희어지니 凶惡하다 凶惡하다 갈 까마귀 凶惡하다 服色조차 奸邪하니 마음인들 다를 손가 그놈마음 그러키로 反哺 할 뜻 專여없고 박쥐같은 그 所見에 事有本末 몰랐으니 元亨利貞 제 알소냐 元亨利貞 모르고서 飽食颺去 되었으니 蚊將軍이 네 아니냐.

　　이러므로 田子方殷 又木이 亂法亂道 한다 해도 譬喩하여 일렀나니 살피고 살펴서라 그놈行實 말하자면 難化之物 아닐련가 凶惡하기 짝이 없네. 아무리 凶惡한들 天理야 當할손가 聖運聖德 때가 와서 大道如天 되게 되면 春雪같이 쓰러져서 痕迹없이 되련이와 아직 때가 未及하여 때前에야 살필게라 運數도 좋거니와 堪當인들 없을손가 紛紛한 이 世上에 人心風俗 그러하니 많고 많은 저 사람들 부디부디 살피고 살펴서루

　　須從白兎走青林을 疑心없이 품어두고 百花爭爭 그 가운데 隱然히

빛을 감춰 暫時暫間 지내다가 貞節을 나타내어 靑林世界 이뤄보세 이때로다. 이때로다 白兎時節 이때로다 東西兩白 그 가운데 內有神靈 단속하고 外有氣和 하여내여 與世同歸 失數없이 깨달아서 가는 運數 던져두고 오는運數 때를 따라 處下하세 修道修身 바이없어 盛衰之運 모르오면 來頭之事 어리하리 사람사람 많은 사람 오는運數 살피지 않고 修心正氣 못 하오면 제運數 제가 막네. 後悔莫及 不如 思라 깨달고 깨달으소. 그는 또한 그러하나 烏子反哺 깃드리고. 玄鳥知主 날아드니 春風三月 알 것이오 風彩좋은 저 老鶴은 生子長養 날로 하여 飛去飛來 자로 하니 성인消息 알 것이오 文彩좋은 저 鳳鳥는 鹿失紊庭 던져두고 周室에 隱居하여 자로자로 우지지니 世上是非 알리로다 鳥乙矢口 鳥乙矢口 五行水氣 저 鳳鳥는 飛飛上天 날아드니 君子時節 이젤련가 鬱鬱靑林 깊은 곳에 勇猛좋은 저 猛虎는 때를 따라 出林하니 故從風이 그 아니며

龍潭水 맑은 물에 運數좋은 福德龍은 昇天할 때 어느 때인고 受命又天 하여서루 雲行雨施 때를 따라 廣濟衆生 하오리니 鳥乙矢口 鳥乙矢口 夏禹氏 어진마음 九年洪水 그 時節에 개천치기 힘을 써서 億兆蒼生 건졌으되 이우에서 더 좋으며 殷王成養 어진마음 夏桀의 淫惡으로 七年大旱 만났셔루 禱于桑林 비를 빌어 大雨方 數千里에 蒼生濟渡 하였으되 이우에서 더 좋을까 鳥乙矢口 鳥乙矢口 無窮無窮 鳥乙矢口 南辰圓滿 北河回는 이때 두고 일음이오 風雲大手 隨其器局 第次차려 이름지니 가지各色 많은 사람 萬法歸一 아닐련가. 허허 世上 諸君子들 生覺고 生覺하와 서로서로 曉諭해서 安心安道 하여 주소 이같이 아니하면 來頭之事 웃지하라 人修道德 좋은 職業 自古聖賢 일렀으니 秋毫一味 變치말고 非然其然 깨달아서 虛荒하다 말을 하며 지질하다 疑心마소 次次次次 시킨대로 施行하면 君子時中 되오리니 一心으로 믿었어라

20. 신심시경가(信心時景歌)

御化世上 사람들아 台乃노래 들어 보소 山中에 無曆日하야 西北風 찬바람에 白雲이 紛紛키로 때가는 줄 몰랐더니 東南에 부는 바람 품안으로 돌아드니 아마도 살피건대 이아니 春節인가 때 運數 이렇기로 瀛洲蓬萊 좋은 景에 世念을 던져두고 流水같은 光陰따라 無事閑情 노니다가 偶然히 잠을깨여 오는 運數 數質하고 宇宙에 비겨서서 두루두루 살펴보니 때 運數 可觀일세 正二月 解凍時가 天一生水 흐르는 물은 東南으로 흘러가고 碧溪에 푸른 버들 暫時 春을 자랑하니 그도 또한 可觀이라 四野를 굽어보니 때 많은 갈 까마귀 數많은 依勢하고 저희끼리 作黨하여 이리 놀고 저리 뛰고 저리 놀고 저리 뛰니며 頭緖없이 뛰놀더니 그 運數가 變했던가 새 運數가 돌너떤가 春風三月 돌아온가 三月三日 이맬련가 瀟湘江(소상강)때 기러기 南天에 노닐다가 西北으로 돌아드니 天地弓活 좋은 땐가 그도 또한 可觀이요

또 한곳 바라보니 江南의 저 玄鳥는 天地玄黃 雨露中에 主人恩功 갚으려고 玄黃帝 奉命하고 主人집을 찾아갈 때 卦書를 입에 물고 虛空에 훌쩍 날아 白雲을 박차고 黑雲을 무릅쓰고 中天에 훨훨 날아 主人집을 찾아들어 故情을 說話하고 卦書를 傳해주니 그 主人 擧動보소 반가운中 즐거워서 그 卦書를 떼여보니 그 글에 하였으되 天地定命 하였으니 能成大業 하라하고 明明히 傳했으니 興夫의 어진마음 樂中又樂 아닐련가 그일 저일 보자 하니 그도 또한 可觀이요 日出滄溟 그 땔련가 萬疊山中 깊은 곳에 孝行있는 저 까마귀 父母恩功 갚으려고 反哺 뜻을 머금고서 훨훨 날아 도라느니 때 많은

갈 까마귀 봄눈같이 사라져서 痕迹없이 되는구나 楊柳春이 다했던가 春風三月 好時節에 이리저리 落花되어 해지나니 楊柳絮요 깨지나니 돌중이라 그 運數는 그러하나 春末夏初 돌아온가 聖運聖德 그 가운데 運數運字 때를 따라 成實者가 靑林일세 두루두루 살피나니 四時盛衰 그 가운데 迭代之數 새롭도다

綠水靑林 좋은 景에 隱居했던 저 선비들 十年燈下 勸讀하여 百家詩書 외웠느니 無不通知 아니련가. 이와 같이 어진선비 先王古禮 잃지 않고 三綱五倫 밝혀 내여 仁義禮智 베푸라서 義氣二字 發하오니 忠君孝父 그 아니며 明明其德 아닐련가. 그도 또한 그러하나 天上五雲 저 老鶴은 生子長養 몇 이련고 飛去飛來 그딸련가 鶴의소리 자로나니 神仙봄날 가까온가 그도 또한 疑心이요 壁上梧桐 깊은 柯枝 文彩 좋은 저 鳳鳥는 五色彩衣 떨쳐입고 五音聲을 고루 내여 時節歌를 베푸라서 자로자로 우지지니 太公先生 뵈련이와 周文王이 가까온가 그도 또한 疑心이요

萬疊山中 靑林處에 智慧좋은 저 猛虎 때를 따라 出林하니 故從風이 그 아니며 天使猛將 오실 땐가 그도 또한 疑心이요 四海雲中 깊은곳에 福德龍이 구름일어 五色丹靑 들러놓고 黃河水를 자아올려 雲行雨時 하려하니 濟世蒼生 때가 온가 그도 또한 疑心일세 御化世上 사람들아 無聲無臭 玄妙之氣 虛中有實 이러하니 疑心말고 깨달아서 不願天命 부디말고 順隨天理 하여내야 가는 運數 던져두고 오는運數 맞춰보세 童子불러 잔일해서 새봄消息 맡겨두면 三十六宮 그 가운데 柯枝柯枝 꽃송일세 때 運數 그러하니 疑心말고 破惑해서 시킨대로 施行하소 台乃敎訓 안 듣고서 虛荒之心 못 이기어 疑心疑字 主張타가 未來之事 갖지 않으면 誰怨誰咎 뉘 恨하며 後悔莫及 어찌할고 많고 많은 저 사람들 닦은 대로 다 될테니 疑心말고 가자서라

나도 또한 이 世上에 兩儀四象 稟氣해서 身體髮膚 받은 몸이 自古聖賢 本을받아 傳修心法 밝혀내여 修鍊成道 하다가서 天圓地方 깨달고서 四時盛衰 알았거든 오는運數 모를손가 오는運數 알았기로 이와같이 傳해 주니 부디부디 잊지말고 台乃敎訓 生覺하소 愚者千慮 그 가운데 必有一得 되게 되면 그 아니 기쁠손가 世上일이 이러므로 難之而 有易하고 易之而 難인줄을 깨닫고 깨달으소 無聲無臭 玄妙之氣 사람마도 다알소냐 아는 사람 많지만은 지이불행 또 있으니 行할사람 몇몇인고 自古理致 그러하니 이일저일 科度하와 부디부디 잊지말고 疑惑之心 다 버리고 믿을信字 主張하소 理致理字 이러므로 自古聖賢 어진마음 明明其德 하올적에 三綱五倫 그 가운데 朋友有信 磨鍊하여 仁義禮智 나타날 때 믿을 信字 主張일세 理致理字 그러키로 大丈夫 智慧凡節 廉恥中에 있었으니 禮없으면 어디나며 大丈夫 義氣凡節 信없으면 어디날까 이와같이 傳했으니 믿을信字 主張일세 作心으로 不變하고 一心으로 믿게 되면 乃成君子 아니련가

　부디부디 잊지말고 믿을信字 主張하소 御化世上 사람들아 台乃敎訓 일치말고 믿을信字 主張삼아 오는 運數 比해보소 春風三月 好時節에 萬物和暢 한다 해도 닐에東風 蕭蕭치면 석자세치 땅이라네 많고 많은 그 나무 柯枝柯枝 꽃이 피고 잎이 핀다 일흠하되 冬三朔에 病이들어 陰氣에 삭은 柯枝 꽃이 피며 잎이 날까 無可奈라 할말없네 狂風에 누운 나무 봄비와도 썩는이라 봄 消息은 같건 만은 어떤 나무 和暢하되 어떤 나무 저러하며 한나무 柯枝련만 어떤 柯枝茂盛하고 어떤 柯枝 삭었는가 믿을信字 主張하고 仔細仔細 살펴서라 때 運數 좋거니와 닦어야 道德이라 一先生 한弟子 同同學味 같건이와 不信之意 專여두고 敎訓施行 아니하다 自作之孼 모르고서 날노보고 怨望할까

그도 또한 念慮되나 誰怨誰咎 할 곳 없다 自古理致 一般이니 너의 心量 다시하여 虛中有實 깨달고서 堂堂正理 살핀 後에 믿을信字 主張하면 萬惑罷去 될 것이니 萬或罷去 되게 되면 敎訓施行 못할손가 一心으로 믿었어라 敎訓施行 잘 하오면 밝어오는 이 運數에 어느 누가 안 밝을까 이런理致 모르고서 敎訓施行 아니하고 自行自止 하다가는 不知何境 될 것이니 깨달고 깨달아서 믿을 信字 지켜내여 後悔없게 하였서라 나도 또한 이 世上에 淺見博識 없으나마 台乃좁은 所見으로 運數관계 하는 法을 前後事蹟 없는 고로 拙筆拙文 지어내여 이와같이 傳해주니 萬端狐疑 두지 말고 熟讀詳味 하여 내야 敎訓施行 잘 하시오

이글저글 살펴보면 글도 亦是 無窮이요 말도 亦是 無窮이니 無窮한 그 理致를 一一이 알고 보면 疑心疑字 있을손가 疑心疑字 없게 되면 믿을信字 그 아닌가 믿기만 믿을진대 그 아니 運數일런가 自古聖賢 말한대도 信之二字 主張일세 믿을信字 이와같이 所重키로 朋友有信 하자하고 一一曉諭 하거니와 아는 사람 믿을게요 모른 사람 모를게니 그도 또한 運數로다 많고 많은 그 사람덜 明明氣運 各各明을 한 할 것이 없거니와 天地定位 更明之運 受命于天 먼저 하여 元亨利貞 안 然後에 時運時變 밝혀내여 이와같이 傳해줌은 敬天順天 그 가운데 先覺者의 行實이라 사람行實 그러키로 天地神靈 어진 마음 好生之德 奉命하와 廣濟蒼生 하자하고 故聖賢의 本을받아 朋友有信 맺여주고 盡善盡美 曉諭하여 一一勸學 하거니와 浩浩茫茫 너른天地 많고 많은 그 사람덜 盛衰之運 뉘 알손가

盛運盛德 그 가운데 運數있는 그 사람은 運數따라 믿을게요 盛한 運數 다 盡하고 衰한運數 오는 사람 믿으라니 믿을손가 이일저일 보게되면 慨歎할 것 없다만은 우선에 보는 道理 愛띠하기 測量없네 나를 믿고 그러한가 나는 도시 믿지말고 하늘님만 믿었어라 네몸의

모신마음 惟一執中 못하고서 믿을信字 다버리고 敎訓施行 어기오니 그런 道理 어디있나 옛일을 본다해도 堯之一言 舜이 執中 하여 있고 舜之三言 禹가 執中 하였으되 믿을信字 主張일세 믿지 않고 執中할가 理致理字 이러므로 自古以來 人道中에 믿을信字 主張일세 이러한줄 모르고서 웃지그리 못깨닫노

生而知之 孔夫子도 憲章文武 하셨다고 明明이 傳한 말씀 그도 또한 믿을信字 아니런가 그 말씀이 至今까지 傳했으니 文字施行 아니할까 文字施行 믿지 않고 안 行하면 上律天時 웃지하여 下襲水土 웃지할고 君義臣忠 한다해도 믿을信字 主張이요 師弟之誼 말한대도 믿을信字 主張일세 많고많은 世上사람 天下萬事 行한대도 믿지 않고 行할손가 믿을땅에 안믿으면 殃及其身 하나니라 이 理致를 仔細알고 믿을 땅은 믿어서라 스승敎訓 傳한말을 眞心으로 믿게 되면 盛運盛德 그 아닌가 그는 또한 그러하나 믿을信字 말한대도 믿을信字 여럿일세 眞心으로 아니믿고 元亨利貞 모르고서 物慾의 交蔽되면 이는 亦是 鄙陋者 헛말로 믿는다 일홈하고 어진 親舊 誘引하면 이는惑世者요 안으로 不良하고 겉으로 믿는다고 꾸며내는 그 사람은 欺天者가 그 아닌가 師長못한 弟子道法 저혼자 알았으니 믿을곳이 어디있나 이 世上 風俗됨이 各自爲心 아닐련가 저와같이 아는 사람 나를 볼낯이 어디있나

愛呌하기 다시없다 이일저일 깨달아서 不信之意 다버리고 믿을信字 맺었어라 同胞天地 많은사람 各守其職 잃지 말고 次序分別 第次차려 敎訓文字 믿었어라 스승 敎訓 안 믿으면 自行自止 되었으니 師弟之分 있을손가 師弟之分 없었으니 五輪三綱 직힐손가 三綱五倫 못지키니 仁義禮智 좋은법이 信인줄을 어찌그리 모르고서 스승 敎訓 다 어기고 믿을 信字 무엇인고 저와 같이 믿었으니 오는運數 제 알손가 너의 所見 그러키로 父母의 가르침은 아니 듣고 浪遊하

면 禽獸에 가직하고 自行自止 되나니라 明明이 傳했건만 웃지그리 못 깨닫고 저와같이 愛呵하고 歎息하기 괴롭도다 台乃敎訓 거을하여 朋友有信 이렀으니 信之二字 지켰어라 運數야 좋건만 웃지그리 埋沒한고 故聖人이 하신말씀 有罪無罪 惟我在는 信不信을 일음이니 仔細보고 믿었어라 山河大運 盡歸此道 한다해도 其源이 極深하고 其理甚遠 이라 일렀으되 在德이요 不在於인이요 在信이요 不在於工이요 在誠이요 不在於求라 不然而其然이오

似遠而 非遠이라 傳한 말이 都是다 믿을信字 그 아닌가 風雲大手 隨其器局 한다해도 功成他日에 好作仙緣 뜻알아야 神仙보기 쉬우리라 믿지 않고 뜻 모르면 好作仙緣 될까보냐 華山道士 어진敎訓 後人警誡 아닐려가 自古聖人 할한대도 修鍊誠道 工夫할제 스승 敎訓 傳한 文端 믿지 않고 배웠으며 뵈지 않고 알았던가 이런 일로 본다해도 예로부터 工夫않고 成功한이 없느니라 夏禹氏의 惜寸陰과 孔夫子의 韋編三絶 이제까지 傳했으니 惟一執中 그 가운데 믿을信字 뿐이로다 古今理致 一般이니 有德君子 있게 되면 웃지아니 살필손가 사람사람 生覺해서 後悔없게 살폈어라 때運數 좋다하되 믿지 않고 施行없이 不老自得 될까보냐 많고 많은 世上사람 제 運數 제 알손가 제 運數 모르거든 스승 敎訓 믿었어라

내 運數 내가 몰라 作心으로 不變하고 一心으로 믿다가서 台乃運數 이를진대 그 아니 盛德인가 天地日月 雨露中에 明明其德 한다해도 믿을信字 烏乙時라 때 運數 들러보니 盛衰之運 不動故로 盛運盛德 저 사람은 믿을 信字 믿었으니 朋友有信 하와서루 同歸一體 하련이와 不信之意 專여두고 文字施行 아니하고 亂法亂道 하는 사람 運數운자 말한대도 나는 都是 모를 터라 저의스승 따로 있어 제 마음대로 行했으니 나보고 怨望할까 그런 念慮 없거니와 一一曉諭 하는 뜻은 此時時運 後天運數 다盡하고 도로 先天回復 되야

天皇氏 木德以王 밝은運數 我東方에 먼져밝아 堯舜之治 自然되어
太古淳風 되련이와 三皇五帝 聖賢들도 敬天順天 하였으니 우리 亦
是 이 世上에 先聖敎訓 거을하여 敬天順天 하온 後에 三綱五倫 밝
혀두고 仁義禮智 나타나면 布德天下 될 것이니 我國運數 烏乙矢口
나도 또한 이 世上에 不遇之時 하여셔루 虛送歲月 하다가서 輪回時
運 回復인가 先聖敎訓 밝히다가 河淸千年 그 運數를 하늘님前 奉命
하니 그도 또한 나의 집안 運數런가 많고 많은 그 사람중에 사람 없
어 그러할까 台乃마음 즐거워서 하늘님前 어진敎訓 日日時時 받어
내여 거울같이 밝혀두고 시킨대로 施行하니 盛運盛德 分明터라 敎
訓대로 施行해서 때를 따라 行하오면 浩浩茫茫 널은天地 많고 많은
世上사람 無往不復 될 것이니 기쁘기도 限量없네 그는 또한 그러하
나 己前壬辰 倭亂때도 吾誠漢蔭 그때 나서 하늘님前 命을받아 忠君
之心 나타내서 輔國安民 했다더니

나도 또한 이 世上에 木德以王 먼져 받아 忠義之心 나타내서 廣
濟昌盛 하여놓고 輔國安民 하라하고 하늘님前 奉命했네 運數運字
이렇기로 世上사람 勸學하되 天地神靈 父母님前 至誠으로 孝를하
고 日月星辰 照臨中에 風雲造化 나타내여 雨露之澤 베푸러서 濟世
蒼生 發達次로 一一勸學 하거니와 台乃敎訓 받아다가 修鍊成道 하
라하고 屢年勸告 하온弟子 오는運數 이러한줄 아는弟子 몇몇인고
많기도 많지만 가르치기 爲主하니 어진사람 만나거든 一一曉諭 하
여서루 오는運數 깨쳐주고 朋友有信 밝혀내여 믿을信字 傳해주소
그러그러 하다가서 天運이 循環하사 좋은 時節 돌아와서 大道脫劫
되거들랑 서로 만나 놀아보세 御化世上 저 사람들 台乃노래 仔細보
고 믿을 信字 主張하여 오는運數 깨달으소 사람사람 서로서로 하는
말이 天地開闢 말을 하되 開闢理致 알았는가 仔細듣고 比해보소 太
暭伏羲 先天數와 文王八卦 後天數가 運이 亦是 다 했던가

도로 先天 回復되여 天地定位 更定時에 東西南北 變復되고 二十四方 運動되야 陰陽조차 마주서니 그 아니 開闢인가 天地時運 그렇기로 世上事도 天地時運 氣運따라 되는 고로 天下各國 搖動일세 天地人 三才之德 一般이라 이런고로 四海八方 널다해도 二十四方 應해있고 사람사람 많다 해도 六十甲子 化해났네 理致二字 그러키로 天地定位 時運따라 世上風俗 搖動일세 오는運數 이러키로 世上天下 많은 사람 富貴貧賤 更定일세 이런 일을 보게 되면

天地開闢 氣運따라 世上事도 開闢일네 그런理致 알고 보면 敬天順天 하여내야 順隨天理 못할손가 順隨天理 하게 되면 君子時中 되었으니 萬世榮華 富貴로다 그도 또한 그러하나 天地氣運 말한대도 四時盛衰 있는 고로 迭代之數 磨鍊하여 不遷不易 無窮造化 天地變化 아니신가 五行理致 一般이나 天地亦是 分別있고 東西南北 次序있고 六十甲子 第次있네 이理致를 미루어서 人間五福 磨鍊할제 男女分別 內外定해 夫和婦順 磨鍊하고 父子子孝 人倫定해 孝敬二字 磨鍊하고 君臣佑使 尊卑定해 忠義二字 磨鍊하고 兄弟親衛 次序定해 友愛二字 磨鍊하고 老少冠童 分間하야 敬長之禮 磨鍊하고 富貴貧賤 各修其職 닦은대로 磨鍊해서 사람사람 가르치니 智慧智字 있는 故로 五行秀氣 타는사람

하늘님前 命을 받아 이理致를 먼저 알고 時運時變 때를 따라 世上 사람 曉諭키로 스승 弟子 磨鍊하고 後學者가 있는 故로 師弟之誼 磨鍊할 때 朋友有信 定했으니 믿을信字 主張일세 이런理致 모르고서 自行自止 하게 되면 逆天者가 되었으니 어찌殃禍 없을손가 깨닫고 깨달아서 不願天命 부디말고 나의敎訓 잊지마소 나의敎訓 잊게되면 朋友有信 어디있나 朋友有信 없어지니 師弟之誼 말할소며 師弟之誼 없게 되면 相逢하기 쉬을손가 南辰圓滿 北河回 하고 大道如天 하여 脫劫回泰 때가 와서 만고 없는

無極大道 이 世上의 創建되야 一樹花發 萬世春에 柯枝柯枝 꽃송이라 都是春이 되련이와 芳草芳草 萬花芳草 좋다해도 善不善이 없을소며 有信無信 兩事中에 有情無情 가려내여 春秋筆法 없을손가 己前時節 神農氏도 百草를 맛을 보아 物性味도 그려내여 이제까지 傳하여서 사람사람 曉諭커든 하물며 이 世上의 天地日月 造化받어 三綱五倫 밝혀두고 仁義禮智 나타내여 天下萬民 敎育해서 濟渡蒼生 하올적에 많고 많은 그 사람 信不信 總察하여 用心處事 性情二字 善不善을 그려 내여 厚生까지 못傳할가 古今事理 一般일세 春秋筆法 없게되면 後生사람 懲戒할 것 없었으니 그 무엇으로 效則할가

　　이러므로 春秋筆法 그려낼제 無私近遠 사랑하나 사람사람 닦은대로 至公無私 그려내여 後生까지 傳할테니 誰怨誰咎 뉘 한할까 來頭之事 그러하니 깨달고 깨달으소 남의弟子 되어 敎訓施行 아니하고 不信之意 두다가서 사람의 아래되고 道德에 못미치면 自作之孼 되었으니 그 아니 乃恨인가 누구보고 怨望할까 怨望도 쓸데없고 恨歎해도 할길 없네 닦은功德 그 뿐이니 後悔莫及 子乃사람 自身之責 할뿐일세 이러한 줄 모르고서 師門聖德 말을하되 不信之意 專여두고 敎訓施行 안한사람 나는 都是 모를너라 自古由來 受學者들 스승 敎訓 밝혀내야 學而時習 날로하되 道德닦아 남 주던가 남을 주던 못하나니 남을 준다 일은대도 도로道德 거게있네 이런 故로 一先生 한 弟子로 同文受學 한다해도 信心있어 道德二字 닦은사람 道德君子 이름 傳코 信心없어 道德二字 닦지못한 그 사람은 道德二字 말도없고 姓名까지 쓰러지네

　　이런 일을 보더라도 春秋筆法 私情없네 古今事가 다를손가 善惡分別 一般이니 來頭事를 말한대도 秋毫一味 變할손가 同歸一理 될 것이니 疑心말고 修德하소 台乃一心 닦은修德 남이奪取 할 수 없네 이런理致 깨달고서 나의敎訓 傳한말을 거울같이 밝혀내여 一一違

棄 부디말고 시킨대로 施行하소 扶桑의 높이 뜬달 三更에 올랐으니 日出消息 물어셔라 나도 또한 이 世上에 世上是非 모르기로 鬱鬱한 맘 못 이기어 雲山은 疊疊하고 近山은 重重한대 水邊長居 數千里를 近遠따라 가다가서 한곳을 다다르니 五雲이 玲瓏한대 一位仙官 鶴을타고 나리거늘 恭順이 拜禮하고 世上是非 물자오니 묻는 말은 聽耳不聞 하옵시되 笑而不答 뜻이있데 웃지하여 그러한고 自古事를 본다 해도 事未成而 先發은 不詳之兆 아니련가 이러므로 玄機不露 傳해있고 臭散하며 未赤薄이 되는 故로 守口如甁 일렀나니 일노조차 나도 또한 이 世上에 오는運數 깨달았네 鶴髮仙官 笑而不答 하신대도 如此如此 指揮하니 輪回時運 아니련가 矢口矢口 鳥乙矢口 盛運盛德 닦어내여 明明其德 하게 되면 無往不復 할 것이니 天佑神助 아니련가

鳥乙矢口 鳥乙矢口 永世無窮 鳥乙矢口 長生不死 또 있으니 丈夫時乎 이때로다 御化世上 사람들아 이런 일을 본다해도 오는 일을 못 깨칠까 三更明月 밝은 氣運 거울같이 두루비쳐 四海八方 應하나니 때 運數 그러키로 運數좋은 그 사람은 明月下에 놀거니와 日出消息 消息 물거들랑 笑而不答 할 것이니 笑而不答 疑心말고 一心修鍊 工夫하여 두루두루 살피다가 오는 運數 깨치오면 日出消息 아리로다 日出消息 알고보면 事天하기 늦어가고 處下하기 바쁘도다 御化世上 사람들아 時乎時乎 온다해도 修德않고 웃지하여 處下없이 되올손가 仔細듣고 깨달으소 世上萬事 行한대도

尊卑貴賤 그 가운데 職分따라 行하나니 職分따라 行한대도 處下않고 行할손가 이러므로 飄然騎鶴 向仙臺는 神仙行次 아니신가 時乎時乎 그때와서 神仙행차 行한대도 處下없이 어이하리 理致理字 그러하니 鏡投萬里 牟先覺과 月上三更 意忽開를 疑心말고 깨달아서 시킨대로 施行하소 我國運數 말한대도 自下達上 되는理致 貧賤

者가 盛運이오 處下二字 말한대도 믿을信字 가려내여 誠心으로 處下일세 御化世上 사람들아 仔細듣고 處下하소 處下없이 앉아있다가 未來之事 갖지 않으면 後悔莫及 어이하리 다음날 歎息말고 月上三更 알았거든 日出消息 살피어라

　나도 또한 이 世上의 無事閑情 온다해도 때가있어 오게되면 다시 相逢 할것이니 疑心말고 기다려라 信心있는 그 사람은 刮目相對 될것이니 時乎時乎 그 아닌가 時乎時乎 말하대도 信心자의 시호로다 信心있는 그 사람은 時乎時乎 되련이와 信心없는 그 사람은 時乎時乎 못 될 것이니 많고 많은 저 사람들 아무쪼록 깨달아서 疑心疑字 다 버리고 信心二字 지켜내여 敎訓施行 잘해셔라

21. 지본수련가(知本修鍊歌)

御化世上 사람들아 仔細보고 比해보소 天地始判 磨鍊後에 河圖龍馬 다시나서 九宮八卦 그린 太極 易卦定數 들너보니 先天之數 相生之理 靑龍福德 主人이요 龜尾洛書 나시나서 逆數八卦 그린 太極 易卦定數 들러보니 先天之數 相剋之理 朱雀持世 아니신가 陰陽之理 造化따라 先天後天 兩太極을 一一詳考 比해보니 天地度數 分明하다 五行精氣 相生之德 플어낼제 水火金木 四時定코 五十土로 바탕삼아 四季節을 應해두고 相生相剋 플어내여 不息循環 行해갈제 陰陽反覆 晝夜之理 明明其德 理致따라 乾道成男 日光되야 靑龍福德 持世로서

木德以王 主人되고 乾道成女 月光되야 南方朱雀 持世로세 火德以王 主人되야 無窮無窮 行해갈제 一寒一暑 乾坤之道 春秋迭代 分明하다. 四時盛衰 飜覆之數 이와 같이 行커니와 開闢後 五萬年에 太昊伏羲 先天八卦 四時循環 마친 後에 文王後天 그린 八卦 一一施行 베플더니 다시 反覆 先天되야 天一生水 먼저하야 壬子爲始 行하더니 明明하신 하날님이 二十一年 甲申春에 主星回頭 太陽되야 다시 聖人 또 내시니 水雲先生 아니신가 鳥乙矢口 鳥乙矢口 다시 天道回復되야 木德以王 하시랴고 東斗七星 應하여서 井中水에 聖人내사 水生木運 理致따라 木德以王 다시되네 鳥乙矢口 鳥乙矢口 天道聖運 鳥乙矢口 東斗七星 井中水는 河水根源 的實하니 龍潭水가 그 아닌가 鳥乙矢口 鳥乙矢口

龍潭水 흐른 물이 四海에 두루 흘러 宇宙乾坤 主人되여 乾道成男

이를 테니 無窮無窮 鳥乙矢口 天皇時節 다시 왔네. 天皇時節 다시 오니 다시 開闢 살펴서라 乾坤正位 다시 定코 四正四維 磨鍊하니 天皇地皇 人皇時節 다시 開闢 分明하다 鳥乙矢口 鳥乙矢口 다시 開闢 理致미뤄 十二月將 다시버려 角亢氏房 들너 놓고 二十四節 節侯 불여 相生之理 버려노니 鳥乙矢口 鳥乙矢口 乾道成男 鳥乙矢口 乾道成男 뉘 실련고 震長男이 아니시며 鳥乙矢口 鳥乙矢口 坤道成女 鳥乙矢口 坤道成女 뉘 실련고 巽長女가 아니신가

鳥乙矢口 鳥乙矢口 重乾天 四月卦는 震長男이 得意하여 乾道成男 施行하고 重坤地 十月卦는 巽長女가 得意하여 坤道成女 行하나니 鳥乙矢口 鳥乙矢口 男女夫婦 乾坤之道 正陰正陽 相助되여 無窮無窮 行해가니 鳥乙矢口 鳥乙矢口 때 運數 鳥乙矢口 天皇氏 어진마음 正陰正陽 밝혀내여 木德以王 하시려고 八卦 定數 다시 定코 六十甲子 그 가운데 甲申乙酉 井中水는 다시맑혀 水雲先生 먼저 내고 水生木運 理致따라 陰陽平均 石榴木을 다시가려 木德以王 主人삼고 靑林先生 또 내시니 鳥乙矢口 鳥乙矢口 天道聖運 鳥乙矢口 水雲先生 代를 받아 靑林先生 또 나시니 奇男者가 아니신가. 靈天靈氣 造化로서 日月精氣 모두모아 陰陽平均 和한몸이 四時春을 兼했으니 太平春이 그 아닌가 鳥乙矢口 鳥乙矢口

靑林先生 좋은 運數 無窮無窮 鳥乙矢口 春末夏初 때가되면 어진 配匹 巽長女로 夫婦되여 治山道理 極盡하되 先王古禮 밝혀내여 至誠敬天 孝行하고 德義之勇 풀어내여 世間 萬物 長養하니 萬物父母 아니신가 鳥乙矢口 鳥乙矢口 震男巽女 어진 父母 乾坤父母 鳥乙矢口 乾坤父母 恩德으로 서로서로 和해나서 父母恩德 못갚으면 近於禽獸 不遠하니 사람마다 이를 쫓아 生覺해서 父母恩德 갚아보세 父母恩德 갚은사람 自然忠孝 다되나니 御化世上 사람들아 다시 生覺 깨달아서 乾坤父母 至恩至德 一一生覺 잊지마소

世間萬物 되는바가 乾坤父母 造化로서 되는바니 父母恩德 잊을손
가 父母恩德 잊지말고 敬天順天 하여내여 繼天入極 하여보세 時維
六月 次次오니 序屬三夏 아지만은 아는 사람 몇몇이며 不意四月 가
까오니 庚申四月 알지만은 아는사람 몇몇인고 一一心學 힘써하며
順隨天理 敬天하소 敬天하기 힘을 써서 마음 心字 닦어내면 水雲先
生 어진 敎訓 明明其德 傳한 말을 一一다시 깨닫나니 一一다시 깨
달으면 다시 만날 그 時節에 刮目相對 鳥乙矢口 理致理字 그러하니
乾坤父母 생각하여 스승스승 恭敬하세 스승스승 말할진데 乾坤父
母 代表되여 많고 많은 世上사람 다시 生覺 일깨워서 孝敬二字 알
게하니 鳥乙矢口 鳥乙矢口 天地之間 萬物中에 孝敬二字 鳥乙矢口
孝敬二字 그 가운데 五倫三綱 仁義禮智 法度具備 다있으니 人事所
爲 못 行할까

天尊地卑 理致미뤄 父慈子孝 行해가고 日月相助 理致미뤄 夫和婦
順 行해가고 同氣連枝 理致미뤄 兄友弟恭 行해가고 四時循環 第次
미뤄 長幼有序 行해가고 少男少女 長男長女 中男中女 配合之理 理
致미뤄 男女有別 禮義廉恥 一一詳考 行해가니 乾坤父母 安樂하사
禮而敎之 하옵시고 無窮無窮 도와주니 父母恩德 至重하고 子孫道
理 떳떳하니 人事道理 分明하다 人事道理 分明함은 스승 敎訓 恩德
이라 스승 敎訓 안배우면 사람마다 이와같이 못할테니 至重하다 至
重하다 스승 敎訓 至重하다 恩大德中 泰山일세 御化世上 사람들아
自古理致 그러하니 再思心定 다시하여 스승 敎訓 배워보세 스승 敎
訓 힘써 배워

天性之稟 乾坤定位 德合되여 三才九復 알것이니 三才九復 알게
되면 家嚴丈席 알것이요 家嚴丈席 알게되면 惟我故鄕 또 아느니 惟
我故鄕 알게 되면 天地反覆 時中따라 孝敬二字 못 行할까 孝敬二字
行차하고 敬天順天 힘을쓰며 物吾同胞 깨달고서 好生之心 벼리삼

고 無窮道德 無窮無窮 行해가면 天地血氣 나눈몸이 도로 體天 그 아닌가 도로 體天 되게되면 與天地 合其德 與日月 與其明 與四時 合其序 與鬼神 合其吉凶 失數없이 行할테니 繼天入極 그 아니며 도로 聖人 아니신가

聖人門에 受學하여 修鍊其德 하다가서 도로 聖人 되게되면 스승 敎訓 傳한말씀 朋友有信 하자하고 明明히 이른 敎訓 一一거울 施行해서 朋友有信 되는바니 스승스승 즐겨하네 스승스승 즐겨하니 弟子道理 떳떳하다 御化世上 사람들아 道之理致 그러하니 사람사람 많은사람 스승스승 어진 敎訓 一一다시 生覺해서 至誠無識 닦어내여 後悔없이 行해볼가

22. 몽각명심가(夢覺明心歌)

御化世上 사람들아 自古事蹟 없는 노래 童謠같이 지어내어 賦也 興也 比했으니 仔細보고 웃지마소 어리석은 台乃사람 때 運數 未及 其로 世念을 던져두고 瀛洲蓬萊 좋은 景에 鶴髮仙官 夤緣맺아 七絃琴 줄을골라 五音聲 고루 내여 送舊迎新 하자하고 換歲次로 曲調 曲調 和해내니 白鶴은 우지지고 靑鶴은 춤추는데 文彩좋은 저 鳳鳥는 時乎時乎 때 부른다. 이야이야 저 사람들 庚申찾아 자세듣소 庚申없이 듣다가는 사람마도 夢中되네 夢中되고 꿈 깰손가. 꿈을 다시 못 꾸게 될 진데 새는 날이 어디 있나. 이를 쫓아 생각하니 꿈못깨는 그런사람 또한 亦是 可憐하다. 理致理字 그러하니 많고 많은 世上사람 다시 生覺 깨달아서 庚申찾아 꿈을깨소 庚申찾아 꿈을깨면 스승 敎訓 傳한말씀 七八朔 지내나니 四月이라 初五日에 萬古없는 無極大道 如夢如覺 한단말씀 子乃 또한 알 것이오. 三角山 漢陽道業 四百年 지난 後에 男女間 자식없어 두 늙은이 마주앉아 山祭 佛供 하다가서 金剛山 찾아들어 龍勢坐向 가려내여 構木爲巢 한단 말씀 그도또한 알것이요 潤身胞胎 自然되야 十朔이 임의되니 內金剛 外金剛 두 세번 震動할 때 아들아기 誕生하니 奇男者 아니련가 얼굴은 冠玉이요 風釆는 杜牧之라 하신말씀 그도 또한 알 것이오. 그럭저럭 五六歲 되었더라. 八歲에 入學해서 허다한 萬卷詩書 無不通知 하여내니 生而知之 아니련가 하신 말씀 또한 알것이요 十歲에 妻子産業 다버리고 八道江山 求景타가 人心風俗 恨歎하고 故鄕이나 돌아가서 百家詩書 외어보세 하신말씀 그도 또한 알 것이요 허위 허위 오다가서 金剛山 上上峰에 暫間앉아 졸다가 羽衣翩躚 一道士가 曉諭하여 이른말씀 修身齊家 아니하고 遍踏江山 무삼이며

可憐한 世上사람 利在弓弓 찾는 말을 웃을 것이 무엇인고 天意人心 네가 알까 歎息말고 돌아가서 輪回時運 求景하라 天運이 들렀으니 너는 또한 年淺하여 太平曲 擊壤歌를 不久에 보리라 하신말씀 그도 또한 알 것이요 네나이 十四歲라 前程이 萬里로다 하신말씀 그도 또한 알 것이니 河淸千年 모를손가 河淸千年 알게 되면 天地反覆 다시되여 木德以王 좋은 運數 震長男이 得意하여 乾道成男 이룰줄을 子乃亦是 모를손가 理致理字 그러하니 사람사람 많은 사람어서 庚申 찾아 어둔 꿈을 밝게 깨소 어둔 꿈을 밝게 깨면 스승스승 傳한 敎訓 明明其德 되는바를 大綱大綱 아느니라 大綱二字 알고보면 風塵世上 간곳 없고 十二諸國 怪疾之數 다시 開闢 相關없네 鳥乙矢口 鳥乙矢口 庚申찾아 꿈깬사람 大綱二字 알았으니 無窮無窮 鳥乙矢口 天上樂에 뜻을이루어 玉京仙臺 좋은 景에 安期生 赤松子로 벗을 삼아 歸去來辭 글을 지며 覺非是之 읊어내니 紫芝曲이 그 아니며 兩儀四象 八卦定數 相生之理 氣運따라 人間萬事 되는바를 一掌中에 버려두고 玉洞簫 맑은 曲調 碧空에 어리여서

天上五雲 깊은 곳에 鶴의소리 鳳凰聲은 和答하니 神仙일시 分明하다 鳥乙矢口 鳥乙矢口 風塵世上 擾亂한데 이런 仙境 다시 있나 矢口矢口 鳥乙矢口 自古由來 이른 말에 瀛洲蓬萊 좋은 景에 神仙있다 일렀으니 이때와서 이를 두고 일음인가 矢口矢口 鳥乙矢口 三神山 不死藥을 日日時時 지워내니 怪疾惡疾 紛紛世에 濟渡羣生 하라는가 矢口矢口 鳥乙矢口 大綱二字 아는 사람 無窮無窮 鳥乙矢口 理致理字 그러하니 子乃사람 뜻있거든 仔細生覺 비해보소 台乃말 헛말인가 通古今 넓은 天地 億兆蒼生 많은 사람 사람마도 乾坤父母 血氣나눠 造化中에 다같이 날건만은 어떤 이는 君子되야 萬世無疆 傳해있고 어떤이는 凡夫되야 出世痕迹 바이없노 이를 쫓아 古今事를 生覺하면 一喜一悲 아닐련가 可憐하다 世上 사람 다시 生覺 깨다르소 네로쫓아 많고 많은 사람 중에 天性之稟 아니잃고 聖門受學

힘써하면 庚申찾아 行한사람 사람마도 道成德立 君子되여 萬世無疆 傳해있고 庚申찾아 못 行한이 道成德立 姑舍하고 사람마도 凡夫되여 出世 바이없네 이를쫓아 生覺해서 己前일을 미뤄보면 오는 일을 모를소며 제맘 修身 못 깨칠까 제 맘 修身 못 깨칠진데 庚申辛酉 石榴木 乾坤父母 으뜸인줄 丁寧이 깨달고서 塵世他鄉 다 버리고 東都新府 惟我故鄉 다시 찾아 行한사람 이 世上에 몇몇인고 다시 生覺 故鄉찾아 行한사람 있기만 있을진데 根本알고 孝敬之心 있을게요 義理알고 忠誠之心 있을게니 天朝丈席 떠날손가 天朝丈席 안 떠나고 一一奉命 効則해서 三十三天 玉京臺에 天上樂을 이루련만 그런 運數 모르고서 庚申잃고 가는 사람 來頭之事 어이하리 不詳코 可憐하다 오는 運數 말할진데 先天後天 그 가운데 도로 先天 回復되야 木德以王 次世上에 庚申辛酉 石榴木

長男長女 主人일세 鳥乙矢口 鳥乙矢口 明天이 循環하사 長男長女 主張세니 陰陽平均 石榴木이 庚申잃고 살아나며 庚申잃고 道成德立 바랄손가 仔細듣고 斟度하소 사람마도 陰陽平均 和한마음 天性之稟 아니련가 天性之稟 分明컨만 어리석은 世上사람 天性을 專혀 잃고 곳뚤없는 소와같이 方向없이 뛰는 擧動 可笑切愴 아니련가 네 아무리 그리 뛰나 不知何境 다 될테니 道成德立 姑舍하고 一身難保네 아니냐 愛呾하다 愛呾하다 世上 사람 愛呾하다 이런 運數 깨달아서 마음고쳐 團束하라 天根月窟 平均木에 아니밀고 되는대로 行해가니 어찌아니 愛呾한가 너의 사람 하는 擧動 每每事事 順天않고 日日時時 逆天하니 웃지웃지 한잔말가 日月 運行 그 가운데 一寒一暑 때가 있어 乾道成男 하시려고 明明하신 하날님이 掃除毒氣 하여내여 人間世上 맑힐 次로 弓弓乙乙 造化로서 東邑三山 좋은 景에 三十三天 回復시켜 天道生門 열어놓고 水星火星 運動시켜 十二諸國 이 世上에 各自爲心 저 사람들 不孝不悌 힘쓰다가 바람위에 티끌같이 되는구나 御化世上 사람들아 理致理字 그러하니 이일저일 살펴내여 台乃노래 生覺커든 아니잇고 施行할까.

23. 시절가(時節歌)

御化世上 저 사람들 紛紛天下 次世上에 天地時運 모르고서 若干 或是 아는 걸로 各言各知 하덜말고 愚昧한 台乃사람 淺見博識 없으나마 時節歌를 지었으니 웃지말고 仔細보아 其然非然 살피셔라 天開地闢 始判後에 四正四維 磨鍊하여 東西南北 定해노니 春夏秋冬 四時되고 角亢氐房 들너노니 二十四方 方位되야 二十四節 定한 後에 四時盛衰 節侯따라 相生相剋 運數分別 秋收冬藏 自然되야 太極體로 되는 運數 無窮無窮 難言이나 天一生水 먼져되야 北方水氣 먼져되니 義氣勇猛 자랑하와 禽獸之運 먼져 되고 木德以王 節次되네 東方甲乙 青龍木은 仁善之心 主張키로 天下萬物 仁善之心 第次되야 天理循環 돌아가네

順數따라 가는 運數 살피자니 바쁘도다 御化世上 저 사람들 太古 天皇 그 時節에 不着衣服 저 사람들 깃들 곳이 定處 없어 禽獸같이 지나드니 有巢氏 어진마음 構木爲巢 하여 내여 以敎後人 늦어간다. 食木實 저 사람들 되는대로 充量트니 燧人氏 어진마음 참아볼 수 없어서 始生於火 하여내여 以火熟食 磨鍊해서 以法敎人 늦어간다. 神農氏 어진마음 百草 맛을 보아 醫藥制度 磨鍊하여 博施濟衆 늦어간다 軒轅 바삐하여 어진마음 蚩尤之亂 당했으니 干戈收拾 바삐하여 抑强扶弱 하여내서 以濟蒼生 늦어간다. 克明峻德 唐堯聖君 天地日月 廣明之心 薰和之氣 풀어내여 萬物長生 늦어간다

歷山에 밭을 갈고 廣野에 독을굽든 舜임금 어진마음 堯임금 찾아가서 惟一執中 받아내여 安民安道 늦어간다 夏禹氏 어진마음 九年

洪水 그 時節에 開山斧 들러메고 龍門山을 들어낼때 三過其門 不入하소 개천치기 늦어간다.

殷王成湯 어진 마음 七年大旱 그 時節에 祈雨乘林 비를 빌어 以濟蒼生 늦어간다 周文王의 어진마음 商紂時節 當했으니 바쁜 걸음 太公찾기 늦어간다. 泗上에 亭長으로 阿房宮 役卒되야 驛山에 役事 가든 저 劉郞 西蜀道 險한길에 故道出이 늦어간다 鷄鳴山 秋夜月에 張子房 玉洞簫 슬픈 曲調 西楚覇王 八千弟子 횃쫓기 늦어간다.

大明天子 朱元璋 四海에 두루걸어 乞人모기 늦어간다. 飢不啄粟 鳳凰새는 壁上梧桐 깊은곳에 깃드기를 늦어간다 行不踏草 麒麟 집 승 仁善之心 나타내여 萬物曉則 늦어간다. 五色彩雲 깊은 곳에 老鶴生子 布天下 飛去飛來 늦어간다 山水淨潔 靑林處에 道士찾기 늦어간다 御化世上 저 사람들 台乃先生 모셔내여 布德하기 늦어간다 萬里海雲 遙遙處에 消息往來 늦어간다. 綠水淸江 깊은 물에 흔적(痕迹)없이 잠긴 龍은 雲行雨時 바삐하야 萬物長養 늦어간다 空山夜月 저 杜鵑은 不如歸가 늦어간다. 知時布穀 저 짐승은 春耕하기 늦어간다.

三月三日 저 鷰子는 主人찾기 늦어간다 春風三月 楊柳中에 黃金 같은 꾀꼬리는 楊柳까기 늦어간다 九十春光 好時節에 萬花方暢 피는 꽃 열매 맺기 늦어간다 萬物草木 저 가지 春氣타서 맺은 열매 風雨大作 또 있으니 完實者가 몇몇 인고 꼭지 또한 完實하면 別로 失數 없지만은 그는 亦是 그러하나 三八木 좋은 나무 天地雨露 造化中에 根底 또한 確實하여 가지가지 茂盛하나 茂盛치 않은 저 柯枝는 또한 亦是 衰運이니 成實하기 難關이로다 御化世上 저 사람들 修心正氣 다시 하여 天地盛衰 안 然後에 心和氣和 나타 내여 時運따라 살피다가 秋月春風 葉落時에 黃菊丹楓 돌아오거든 成實二字

이뤄보세 이는 亦是 오는 運數 그러하니 오는 대로 하련이와 此時時變 들러보니 바쁘도다 바쁘도다 目前之事 바쁘도다 天地太極 造化따라 時運時變 時中次니 弓乙工夫 바쁘도다 元亨利貞 道德으로 仁義禮智 배를모아 大同船을 높이 띄워 四海에 닻을 주고 그물벼리 들러잡아 허다 많은 저 고기 건져내기 바쁘도다.

御化世上 사람들아 빌어보세 빌어보세 하날님前 빌어보세 늙은 사람 죽지 않고 젊은 사람 늙지 않게 하늘님前 빌어보세 하늘님前 東南風을 빌어나가 宇宙의 싸인 狂風 許多塵矣 一時에 掃除하고 日月光明 빌어보세 이보시오 世上사람 이 노래를 자로 살펴 仁善之心 알았거든 時代를 놓지 말고 時節따라 잘 살피어 後悔없게 하여보세

24. 심성화류가(心性和流歌)

御化世上 사람들아 台乃노래 들어보소 天地陰陽 始判後에 百千萬物 化해나니 三才之德 合하여서 金木水火土 五行精氣 相生相剋 하여 내여 일렀으니 웃지하여 至愚者며 웃지하여 最靈者인고 그 理致를 말하자면 浩浩難測 難言일세 禽獸라 하는 것은 웃지하여 禽獸라고 일렀는고.

御化世上 저 사람들 台乃좁은 所見으로 仔細알지 못하나마 不然其然 그려 내여 大綱皂白 傳해주니 이 글 보고 웃지말고 其然非然 살피셔라 禽獸라 하는 것은 天地陰陽 그 가운데 造化中에 생겼으되 아는 것이 다른 것은 바이없고 아는바 陰陽交接 相生之理 食色外에 다시없네. 그러기로 禽獸라 하는 것은 用心處事 行實없어 上下分別 尊卑없고 老少分間 次序없고 陰陽分別 廉恥없고 저의 父母 血肉타서 出世한 後 기도날도 못 할때는

天地日月 雨露中에 저의 父母恩德입어 次次次次 자라나서 날기도 날만하고 기기도 길만하면 제 맘대로 行해가네 天地陰陽 그 가운데 父母恩德 至中컨만 恩德은 姑舍하고 父母子孫 分別없고 兄弟親戚 磨鍊없어 서로서로 自主權利 제 심대로 主張하여 제 一身만 전여알고 利慾二字 못 이기어 貪心에 貪心나서 서로서로 陰害之心 主張하니 相求之道 있을 손가 禽獸之行 其然故로 自古以來 이르기를 至愚者 禽獸라 일렀으니 그는 또한 그러하나 最靈者 사람이라 일렀으니 最靈之人 마음 살펴 用心處事 行實보소 天地神靈 生物之心 하날님 前 받는 마음 잃지 않고 굳게 지켜 根本쫓아 施行할제 太古天地 始

判以後 四時盛衰 不遷不易 그 理致와 春秋迭代 造化之理 日月精氣 光明之德 世世明察 하여내서 不失時中 施行하여 億千萬物 이러하되 生物之心 지켜두고 好生之心 나타 내여 濟濟蒼生 하여가니 大德敦化 그 가운데 物之主人 사람일세.

이러므로 예로 쫓아 萬物主人 사람 되야 最靈者라 이름하고 서로서로 曉諭하니 나는 後生 本을 받아 次次次次 遺傳하여 次次次次 나토드니 五帝以後 글이 나서 日月星辰 그 理致와 天地度數 無窮之德 細細成出 文券하사 以敎後人 傳했으니 明明하기 거울같이 古今之理 一般일세 그런고로 最靈者는 사람이라 自古由來 傳했나니 御化世上 사람들아 最靈한 사람으로 어찌해야 最靈之本 깨달아서 사람 行實 행해볼고 仔細생각 비해보소

最靈二字 밝혀내여 사람 行實 行次하니 山上流水 그 理致로 自古聖神 좋은 禮法 거울같이 마음 비워 四時盛衰 때를 알고 日月精氣 造化따라 一一施行 違棄 말며 天地人 三才 미뤄 三綱을 밝혀두고 金木水火土 相生之理 理致따라 五倫之禮 次序알고 東西南北 理致 미뤄 春夏秋冬 四時알아 仁義禮智 나타나서 禮義廉恥 지어두고

天尊地卑 그 理致를 男女夫婦 定한 後에 夫和婦順 法을 알고 生而育之 父子之恩 父慈子孝 밝혀두고 同氣連枝 兄弟之恩 一身같이 行해가되 長幼有序 次序알고 敬長之道 실수 없이 施行하며 男女有別 極盡하여 禮義廉恥 그 가운데 元亨利貞 理致따라 義理二字 안 잃고서 仁義道德 닦어 내여 日日時時 施行하면 最靈한 者 그 아닌가.

古今理致 그렇건만 至今世上 살펴보니 또한 亦是 可觀일세 어찌하여 그러한고 天有盛衰 理致있고 地有厚薄 때가있어 循環之理 그 가운데 人有善惡 自然之理 運數따라 되는 고로 그러한가.

天地反覆 다시 되여 北方玄武 亂動하니 血氣之勇 氣勢따라 世上 사람 하는 擧動 近於禽獸 거의로다 그도 亦是 時運이나 이運數가 每樣일까 水生木運 理致있어 木德以王 次次되니 다시 生覺 깨달아서 마음 心字 修鍊하여 人倫之道 行해보세 人倫之道 明明其德 失數 않고 行하오면 어진 사람 分明하니 最靈之人 그 아닌가.

나도 또한 이 세상에 그런 理致 모르고서 世上사람 한데 섞여 最靈者 무엇인지 理致分別 바이없어 꿈결같이 지냈더니 萬古없는 無極大道 이 世上에 創建次로 天地五行 精氣모아 聖人부터 내옴실제 無往不復 그 運數를 우리 先生 受命又天 먼저하사 敎法敎道 하는 故로 어리석은 台乃사람 좋은 運數 回復맨가 聖運聖德 다시 온가. 스승 門을 찾아들어 傳授心法 받아 내여

心性修鍊 工夫하다가 이제와서 깨달으니 最靈二字 至重하다 天地度數 盈虛之理 明明其德 거을 하여 胃海에 품어두고 仁義道德 나타내여 於千萬物 어거하되 隨時明察 施行차니 또한 亦是 바쁘도다 天地人 三才中에 사람 根本 미뤄보니 無窮할사 사람일세 어찌하여 그러한고.

五行秀氣 사람 낼 때 無極中에 氣運모아 天地太極 應해여서 陰陽兩儀 和合하니 四象理致 벼리되야 八八六十 四卦中에 三百八十 四爻불여 一萬八千歲 應하여서 父母血肉 받아 내여 弓乙太極 전체되니 九宮八卦 宛然하다 一身具備 自然되야 出世人間 하온 몸이 五行精氣 五腸되야 君臣佐使 버려놓고 六腑八骨 第次차려 方位쫓아 세워두고 用心處事 行하는法 五性平均 和해내서 仁善之心 主人일세 主人公을 깨달으니 千變萬化 弓乙造化 萬法歸一 鳥乙矢口 이일 저일 거을 하여 化生之本 깨달으니 사람 行實 바쁘도다.

사람 行實 하자하니 不忘之恩 天地恩德 父母같이 生覺나고 生而育之 父母恩德 日月같이 生覺나고 相求之道 兄弟之恩 河海같이 生覺나고 愛而敎之 스승 恩德 衣食같이 生覺나고 以法敎人 君王之恩 泰山같이 生覺나고 朋友責善 勸告之恩 流水같이 生覺하여 敬畏之心 지켜두고 仁善之心 主張하여 이일저일 둘러보니 長幼有序 第次中에 男女有別 廉恥있어 夫和婦順 또 있구나.

天尊地卑 理致따라 夫和婦順 하려니와 台乃一身 둘러보니 明明하기 다시없다 五行精氣 心性되야 日日時時 行하는 줄 이제 와서 丁寧이 깨닫고서 世上事를 둘러보니 世上事도 自古乃今 一般일세 古今之人 出生之本 사람마도 다 같으니 世上事들 다를 손가 古今理致 그런고로 自古聖人 이어나사 天地五行 君臣佐使 理致알고 仁善之心 主張하여 사람사람 가르쳐서 萬物判斷 하옵 실제. 師弟之分 禮節정코 五倫三綱 法을 定해 第次之別 定해노니 上下其職 尊卑있고 貴賤之殊 次等있고 老少冠童 次序있고 男女有別 廉恥있어 愛親敬長 좋은 禮法 宛然하게 밝혀두고 明明其德 行해가니 天理節文 分明하다 天理節文 分明하나 많고 많은 世上사람 사람마도 보지 않고 施行할까 이러므로 自古聖人 이어나서 스승 스승 이름하고 天理節文 效則하여 禮儀五倫 定해두고 글을 지며 말을 하여 心學法을 밝혀두고 사람사람 曉諭해서 順隨天理 하게하니 師門聖德 그 아닌가.
師門成德 그렇기로 스승 敎訓 밝혀 내여 至誠心學 하는 사람 사람마도 君子되어 道成立德 다되느니 理致理字 이러므로 師門成德 좋다하고 自古由來 世上사람 서로서로 勸告하며 學而時習 날로 하야 明明道德 行하나니 明明道德 行한사람 天地人倫 禮法알고 不失時中 順天하니 도로 聖人 아니신가.
도로 聖人 되었으니 남의 스승 되었구나. 남의스승 되온 後에 一一窮究 깨달아서 그 根本을 生覺하니 明明한 台乃運數 由於聖德 分明하다 古今亦是 一般理致 사람 行實 그런 게니 仔細生覺 깨달아서 스승 敎訓 違棄 말고 道之根本 밝혀 내여 사람 行實 行해보세 그는 또한 그러하나 萬物之中 最靈한者 사람이라 예로 쫓아 傳했는데 사람이라 이름하고 外乳亦如 耳目口鼻 다 같으나 內有神靈 五行精氣 마음 心字 修鍊없어 師門盛德 무엇인지 天理節文 모르고서 禮義 廉恥 다 버리고 自行自止 하는 사람 亂法亂道 그 아닌가.

亂法亂道 하는 사람 形體 비록 사람이나 사람 行實 못 行하고 저와 같이 不似하니 도리어 禽獸만도 못 할시라. 理致理字 그러하니 有德한 諸君子는 아무쪼록 生覺하여 이일저일 깨닫고서 스승 敎訓 잊지 말고 五行精氣 마음 비워 自古聖人 明明道德 거울같이 밝혀 내여 사람 行實 行해보세 사람 行實 堂堂正理 그러하니 많고 많은 저 사람들 스승 門을 찾아들어 마음비고 行實고쳐 仁者無敵 좋은 道德 失數없이 행해볼까 아무리 이 世上도 天地反覆 다시 되여 北方水氣 그 가운데 禽獸之運 있다하되

水生木運 理致있어 木德以王 하시랴고 明天이 感應하사 弓乙其理 造化로서 首出聖人 하였으니 聖人敎訓 다시 배워 賢人君子 되어보세 때 運數 그렇건만 그런 運數 모르고서 어리석은 저 사람들 仁義道德 다 버리고 心修氣和 없었으니 順隨天理 어찌 알고 順隨天理 못 하오면 不願天命 그 아닌가.
不願天命 저 사람들 十二諸國 怪疾運數 다시 開闢 돌아오니 웃지하여 免해볼꼬 愛띠하다 愛띠하다 너의 사람 愛띠하다 꿈결같이 가다가서 石火같이 쓰러지니 그 아니 愛띠한가 時運世變 때를 따라 修心正氣 못한 사람 오는 劫運 그러하니 若干웃지 아는 걸로 各言各知 하들 말고 나의 敎訓 施行해서 安心正氣 修身하여 오는 惡疾 다 免하려고 어진 君子 되어보세 나도 또한 이 世上에 오는 運數 때를 알고 前後事蹟 없는 말을 其然不然 그려 내여 이와 같이 傳해주니 仔細보고 마음 비워 잊지 않고 施行할까

25. 건도문(健道文)

　御化世上 사람들아 健道文을 仔細듣고 깨달아서 再思心定 하여내여 修心修道하여보소 健道文을 仔細보면 開心覺定 할 것이니 精神차려 살피시오 陰陽理氣 相均하사 百千萬物 化生中에 最靈한者 사람일세. 御化世上 사람들아 사람이 되었으니 사람 根本 찾아보세 根本二字 무엇인고. 사람 一身 말하자면 天地五行 分明하다 天地五行 理致따라 身體髮膚 形體되고 五行精氣 마음 되어 順隨天理 行道故로 自古聖人 傳한말에 小天이라 일렀나니 웃지하여 小天인고 仔細 살펴 比해보소

　天圓地方 應하여서 太極體로 되었으니 日月精氣 눈이 되고 聰明之氣 귀가되고 呼吸之氣 코가 되고 造化之氣 입이 되여 七星精氣 應해있고 左臂右臂 春夏秋冬 東西南北 應해있고 左手右手와 左足右足 陽旋陰旋은 二十四方을 應해있고 五臟六腑 맑은 氣運은 中央 精氣를 擁衛하여 말하고 웃는 것과 一動一靜 隨時行道 하는 바니 都是天地 渾元하신 氣運 五腸이 모신 바로 太陰太陽 盛衰呼吸 動靜之數를 따라 行하는 바라 이런 故로 天地氣運이 사람에게 먼저 應하여 때를 쫓아 行道를 하는 바로되 氣運이 主張인고로

　天地 맑은 氣運은 곧 사람의 마음 心字라 이런고로 사람 一身이 都是 마음 心字를 依支하였으되 마음 心字는 肉身을 부리는바 되나니라. 그런고로 사람의 一身은 마음을 依支하고 마음은 一身을 依支하여 서로 暫時도 떠나지 못 하는 바라. 이런 故로 天地氣運이 사람을 應하여서 暫時떠나지 아니하고 사람은 天地氣運을 따라 暫時

도 옮기지 아니함은 天地自然之理也라. 이러함으로 天地神靈之氣 三綱五倫 禮義廉恥 盛衰之理를 하날님이 사람을 부려 행하는 바어 널 斯世之人分여 胡無知 胡無知리오 然이나 大人은 與天地로 合其德하야 時中二字 맑혀내고 小人은 中無所主하야 不習時中이니라 然이나 其意를 論之컨대 天은 水也오 地는 器也오 人은 魚也라 故로 水無하면 器燥하고 器燥하면 魚無하는 바는 다 아는 바라 故로 고기는 물밖에 나가면 살지 못하고 사람은 三綱五倫과 禮義廉恥에 벗어나면 容納지 못하는 바를 自古以來로 거울같이 傳하는바라 御化世上 사람들아 前萬古 後萬古 듣도 보도 못하던 弓乙道라 이름하고 이 世上에 創建되니 그 道 理致 알았는가.

그 道 理致 알고 보니 그 道 理致 奇壯하나 天地氣運 運數따라 心性修鍊 하여 내여 時中二字 밝혀내니 奇壯할사 弓乙道로세 御化世上 僉員님네 弓乙道를 하자하면 一身化生 根本이뤄 理致理字 알고 보면 天德恩思 잊을 손가. 사람 行實 그러하니 運數따라 弓乙道를 배우거든 正心正氣 하여 내여 不義之事 行를 말고 一心으로 닦아보소 弓乙道를 닦아 내여 時中二字 하자하면 禁斷하는 條目을 大綱大綱 說話하니 大綱二字 살펴보세

일은 先生敎訓 秋毫一味 일를 말고 일은 忠君孝父 일를 말고 일은 夫和婦順 일를 말고 일은 兄友第恭 일를 말고 일은 朋友責善 일를 말고 일은 老少冠童 次序分別 일를 말고 일은 男女 分別 廉恥之心 일를 말고 勿論 아모사람 일넌지 學以勸之 하다가서 敎訓施行 아니 커든 敬而遠之 하옵시고 부디 操心 하와서루 남의 말을 秋毫라도 하지 말고 陰害할맘 두지 말고 物慾之心 두지 말고 말을 다 恭順하게 하와 아무 쪼록 다른 사람을 다 和하게 하고 惡한 말은 입에 언찌도 말고 順한 氣運으로 一心을 修鍊하옵소서

26. 시운가(時運歌)

御化世上 사람들아 台乃노래 들어보소 天地反覆 時運따라 陰陽相迫 돌아오니 不時風雨 大作한데 霜雪風이 更添하와 萬里白雪 紛紛한데 千山歸鳥 飛飛絶을 이때 두고 일음이니 修心正氣 모아내여 時運時變 살필 때라 이보시오 諸君子는 山外에 更見山과 水外에 又逢水를 失數없이 살펴내소

風雨霜雪 그 가운데 東西南北 更定해서 角亢氏房 指揮하고 二十四方 造化부쳐 太極道로 들러노니 變化難測 그가운데 天地萬物 脫劫되야 開明世界 此世上에 堯舜之風 更定하와 泰平世界 되려니와 奇險하다 奇險하다 怪疾運數 奇險하다 怪異하다 怪異하다 山水不利 怪異하다 이일저일 살펴내여 人心風俗 들러보니 方病大腫 저 사람은 어찌그리 不似한고 一身重病 안고치고 千萬年 살가해서 富貴虛慾 物慾交蔽 妖惡雜類 各色病이 一身骨肉 漲溢하되 고칠 마음 專혀없고 五腸經絡 相衛되야 腹中亂雜 일어나서 霜雪風雨 大作하니 怪疾病이 솟아난다

御化世上 사람들아 때 運數 깨달아서 어진 醫員 求하여서 一身重病 다고치고 天下重病 고쳐보세 그러나 많고 많은 世上사람 이 理致를 깨달아서 사람마다 正心하면

十二諸國 怪疾運數 다시 開闢 말할손가 우리 스승 어진 敎訓 山河大運 盡歸此道 한다하고 明明히 하신말씀 ——이 生覺하면 無窮無窮 此時時變 아는 君子 몇몇인고. 明明其運 各各明을 仔細히 알

게되면 同同學味 念念同을 失數없이 깨달아서 물어 同胞 알게 되면 君子樂地 아니련가 聖賢敎訓 修鍊하와 改過遷善 되게되면 山水不利 모를손가 山水不利 杳然之氣 알기만 알게 되면 天地造化 無窮이요 萬化道通 自然일세

　風雨霜雪 苦海中에 造化없이 어찌하며 勇猛없이 變化할가 馬上寒食 非故地는 이때 두고 일음이라 欲歸吾家 게뉘알고 아는 사람 있지마는 塵土中에 묻혔으니 어느 누가 알아볼까 自然때가 되게 되면 天下萬國 다알시라 靑林道士 動出시는 暮春三月 花開時라

27. 청운거사문 동요시호가(靑雲居士聞 童謠時乎歌)

御化世上 저 사람들 無事한 台乃사람 많고 많은 사람 중에 樵童牧竪 時乎時乎 童謠 불러 노래함을 仔細 듣고 數語노래 時乎하니 웃지 말고 비해보소 어리석은 台乃사람 受命于天 받은 마음 天命만 기다리고 때 가는 줄 모르고서 天師聖訓 修鍊하더니 時乎時乎 때가 오니 數多牧童 童謠불러 노래 할 때 時乎時乎 불러내어 서로서로 唱和하되 歲月이 如流하여 돌아 간봄 또 돌아왔네.

이와 같이 時乎하여 四野에 낭자하니 亞磨道 生覺헌데 明明하신 하늘님이 世上사람 때 運數 일깨려고 童謠傳해 時乎時乎 일깨는가. 御化世上 사람들아 이런 童謠 들더라도 때 運數 모르겠나. 봄이 다시 또 왔으면 木德以王 그 아닌가.

木德 旺運 또 왔으니 矢口矢口 烏乙矢口 天皇氏가 降臨한가 伏羲氏가 새로 났나. 하날님이 待臨한가 童謠소리 더우 좋다. 明明하신 하날님이 時乎時乎 傳하신가 許多牧童 또다시 童謠불러 時乎하되 三角山 第一峰에 鳳鶴이 앉아 춤을 추고 漢江水 깊은 물에 河圖龍馬 또 났다고 서로서로 童謠 불러 唱和하니 生覺하고 生覺한데 노래 소리 말한대도 人力으로 지어내서 못 부르고 明明하신 하날님이 運數대로 때를 따라 時乎時乎 傳해주면 世上사람 時乎時乎 하는 바라

御化世上 사람들아 童謠소리 자주 듣고 生覺하고 깨달아서 順隨天理 時中하세 河圖龍馬 또 났다하니 五行相生 理致 따라 聖人君子

時節인가 三皇五帝 또 낳으려고 矢口矢口 鳥乙矢口 때도 좋고 道도 좋네 조은시절 當했으니 敬天順天 工夫하여 繼天入極 體天하세 이 와 같이 하자하면 배우지 않고 工夫 없이 되올 손가. 工夫해서 배우자 한들 무엇을 배워 工夫할고. 仔細生覺 깨달으소. 河圖龍馬 난다 하니 河圖龍馬 찾아가세 天理馬 온져 그림 天父之形 分明하니 分明한 天父之形 찾아가세

父母의 높은 形體 높은 뜻을 힘써 배워 하날 父母 好生之心 人間 萬物 制造하사 長養成實 하시는 뜻 一一違其 하지 말고 四時循環 때를 따라 至誠地極 받들어서 失數없이 施行하면 하늘 父母 마음 편코 子孫道理 分明하니 사람사람 그리 알고 어서어서 天理馬 져온 그림 父母形體 河圖보고 父母뜻을 工夫하세 하늘 父母 뜻을 나눠 이 世上에 나온 몸이 父母 뜻을 받아 내여 一一施行 아니하면 子孫 道理 될 수 있나.

理致理字 그러하니 浩浩茫茫 넓은 天地 많고 많은 世上사람 사람 마다 다 각각 저의 父母 하늘님을 生覺하고 다 各各 저의 身勢 生覺 커든 부질없이 空老歲月 하지 말고 童謠소리 들었거든 두루두루 살펴보소.

九馬當路 時節인가 河圖龍馬 새로 나서 四海八方 넓은 天地 두루두루 往來하며 時乎時乎 일깨우네. 때 運數 그러해도 時運時變 모르겠나? 사람마다 時運時變 알았거든 하늘이 주신 性品 好生之心 至誠無息 修鍊하여 河圖理致 父母 뜻을 一一違其 하지 말고 不失時中 施行하세 사람사람 이와 같이 違其 않고 施行하면 賢人君子 다 될 테니 그리 알고 台乃敎訓 다시 生覺 깨달아서 世上童謠 자주 듣고 때를 따라 天理로서 工夫해서 道成德立 하여보세.

三角山 第一峰에 鳳鶴이 앉아 춤을 춘다하니 노래듣고 理致理字 알았는가? 三角山 말하자면 天地人 三才之德 誠敬信이 그 아니며 鳳鶴이 춤을 춘다하니 賢人君子 興旺時인가 鳳이 날면 君子 되고 鶴이 날면 聖人나서 道와 德을 나타 내여 布德天下 한다고 自古由來 傳했는데 鳳과 鶴이 같이 나서 춤을 춘다하니 時乎時乎 때 아닌가?

　　時乎時乎 때 왔으니 때를 따라 工夫해서 順隨天理 時中하세 그런 理致 모르고서 金龜洛書 五行相剋 逆數之理 行하던 맘 안 버리고 行하다가는 거의 거의 不知何境 다 될 터이니 子乃 사람 生覺커든 어서어서 때를 따라 어서어서 改過遷善 어서하소.

　　台乃 말 헛말인가 自古聖人 傳한 말씀 順天者는 興旺하고 逆天者는 亡한다고 一一曉諭 傳했으니 聖人敎訓 傳한바, 부디부디 違其 말고 至誠地極 받들어서 失數 않고 施行해보세 이와 같이 失數 않고 行하자면 河圖龍馬 다시 모셔 사람사람 曉諭하는 師門受學 아니하고 안 될 테니 사람마다 어서 生覺 깨달아서 河圖理致 말씀하고 河圖모셔 傳해주는 師門受學 어서하야 쉬지 말고 工夫해서 繼天入極 體天하여 限量없는 無窮道德 無窮無窮 傳하여서 泰平萬世 하여 보세

28. 신실시행가(信實施行歌)

　　御化世上 저 사람들 受命于天 台乃사람 師門受學 工夫타가 天師聖訓 받아 내여 不然其然 그 가운데 賦也興也 比하여서 數語노래 傳해주니 泛然看過 하지 말고 仔細보고 科度해서 失數말고 施行하소 自古及今 넓은 天地 많고 많은 世上사람 서로서로 일컬어서 말을 하지만은 가을이 當해오면 좋다하여 기다리고 바라오되 명명하신 하늘님이 傳해주는 節侯理致 때를 따라 春節이고 夏節이고 秋毫一釐 失時않고 寒暑風雨 相關없이 勸告其力 生覺지 않고 順隨天理 하와서루 折草糞土 많이 해서 深耕易耨 하온 農夫만 가을이 좋을게지 그리 施行 않은 農夫 가을이 온다한들 좋을 것이 무엇이며 堯舜之世 좋다하고 至今까지 傳해오되 堯舜敎訓 極히배워 堯舜之心 爲心해서 民皆爲 堯舜된이 樂當當을 일렀으니 그런 사람 堯舜之世 좋을 게지 그리 施行 아니하고 제 맘대로 行한사람 좋을 것이 무엇이며 自古及今 넓은 天下 많고 많은 저 學士들 日日時時 먹는 마음 勸告其力 힘쓰기는 天上龍門 뛰어올라 立身揚名 할 마음으로 서로서로 뜻을 두고 萬科日을 기다리고 바라오되 많고 많은 그 선비가 선비마다 參榜되야 樂當當이 다 될 손가

　　허다한 사람 中에 修道修身 極히하여 積善積功 많은 선비 自然之理 天數로서 參榜되야 長樂院 大풍류로 學而時習 勸告其德 있었으니 樂當當을 이룰 것이지 修德修身 없는 선비 學而時習 바이없고 勸告其德 없었으니 萬科日이 돌아온들 좋을 것이 무엇이며 至今世上 사람들도 聖人敎訓 힘써 배워 聖人君子 되올 마음 사람마다 다 있지만 어느 누가 聖人되고 어느 누가 君子 되며 어느 누가 凡夫될

고 修德대로 되는 바니 誰怨誰咎 限을 말고 誠之又誠 恭敬하와 聖人스승 敎訓대로 一一施行 하여보세 違其 않고 施行하면 施行대로 德이되어 樂當當이 다 될 터이니 時乎時乎 그 아니며 大道脫劫 이 아닌가. 理致理字 그러하니 賢淑한 諸君子들 그리 알고 施行하소 그는 또한 그러하나 夢中같은 저 사람들 제 所謂 推理라고 東國讖書 추켜들고

横說竪說 하는 말에 己前壬辰 倭亂 때는 利在松松 하여있고 嘉山 定州 西賊때는 利在家家 하여있고 至今時節 때 運數 利在弓弓 乙乙 之間 말을 하며 寅卯에 事可知니 辰巳에 聖人出이니 午未에 樂當當 이니 重言復言 말을 하나 工夫없는 너의 사람 聖門受學 바이없어 이일저일 많다하되 한 가지도 모르면서 天藏地秘 하온 글 뜻 그 理致를 웃지 알꼬. 愛매하다 愛매하다 世上사람 愛매하다 그런 글 뜻 말한대도 아는 사람 알 것이오. 行한 사람 行할께지 사람마다 다 알고 다 行할까.

天地造化 時運時變 理致부처 支分節解 하온 말을 너의 사람 工夫 없이 웃찌 그리 알기쉴까? 그런 理致 알려말고 어서어서 生覺해서 어둔 꿈을 밝게 깨워 師門受學 힘써 해서 敎訓대로 施行하면 敬天順天 自然되야 樂當當이 다 되련만 어리석은 저 사람들 웃지웃지 하올 련지 仔細알지 못하거니와 다시 生覺 깨달아서 一一詳考 비해보소 사람사람 弓弓乙乙 論斷하나 그 理致를 알았는가? 아지 못한 노래나마 大綱大綱 들어보소. 先天之數 日精之道 行하는바 弓弓이오. 先天之數 月精之數 行하는바 乙乙 이니 二氣미뤄 合而論之 말 하자면 天地日月 造化之氣 明明其德 陰陽進退 四時循環 次序之別 時中時中 行하는바 거의거의 깨달아서 失數 않고 行해가야 利在弓弓 만날테니 子乃사람 높은 工夫 그와 같이 達理했나 나도 또한 仔細알지 못하여서 子乃 사람 疑心일세

弓弓乙乙 無窮造化 千變萬化 하는 理致 俗言浩而 難言이니 그 理致를 그만 說話 덮어두고 寅卯에 事可知를 말한대도 寅卯는 東方木이 그 아닌가. 도로 先天 回復되야 木德旺運 行하는바 이를 옳게 다 알아야 寅卯事 可知는 뜻 아는 게니 웃지하야 子乃사람 事可知 알겠는가? 사람사람 事可知 말하자면 다른 道理 바이없네 人間萬事 되는바가 天理로서 되는 바니 天地度數 盈虛之理 一一詳考 比하여서 三才五行 고루 갖춰 四大五常 풀어내여 敬天順天 하자하고 一一 敎育 하옵시는 聖人敎訓 施行하여 사람마도 事可知를 이를 것이니 다른 道理 없는 바요

辰巳聖人 出한다고 世上사람 서로서로 崩騰하게 말을 하나 天皇時節 다시 와서 靑龍福德 持世되야 木德旺運 施行次로 聖人出世 하시지만 웃지하야 사람마다 좋겠는가? 좋을 바를 사람사람 失時않고 施行하면 聖人敎訓 極히배워 一一違其 아니하고 盼咐대로 施行해서 道德君子 되온 사람 聖人出世 하는 날에 좋은 게지 聖人門에 敎訓배운다 말은 하되 敎訓施行 아니하고 勸苦其德 없는 사람 좋을 것이 무엇이며 午未에 樂當當이 온다한들 뜻 모르고 施行없이 가만히 앉아있어도 사람사람 樂當當이 다 될 손가. 나는 都是 모르겠네. 自古聖人 이른 말씀 不勞自得 없다하고 明明이 일렀건만 愛呾하다 저 사람들 聖人이 傳한말씀 秋毫도 생각 않고 亞務所業 바이없어 때 모르고 앉았으니 辰巳午未 때 오기만 기다리고 바란다 말을 하니 虛築防胡 네 아니냐. 넉넉지 않은 그런 생각 두지 말고 다시 生覺 들어보소.

寅卯 辰巳午未로서 樂當當이 된다 해도 震爲天根 回復되어 長男得意 좋은 運數 時乎時乎 베푸려고 天必命之 내신 聖人 하늘님前 받은 敎訓 筆之於書 經傳되어 사람사람 가르쳐서 好生之心 回復시켜 敬天順天 行하도록 敎育하는 그 經傳을 나도 배워 敬天하고 남

도 勸해 敬天시켜 天下布德 널리 해서 四海之內 皆爲兄弟 友愛之心 서로미뤄 誠之又誠 勸善해서 聖人敎訓 極히배워 聖人之心 爲心되면 사람마다 聖人되어 堯舜之世 이룰테니 樂當當이 그 아니며 太古淳風이 아닌가.

　이런 運數 모르고서 寅卯辰巳 午未뜻을 말한다니 工夫아직 未及하면 웃지웃지 다 알겠나 그런 生覺 두지 말고 聖經賢傳 많이 읽어 敎訓대로 施行하면 修心正氣 自然되어 敬天順天 되는 바니 至誠地極 生覺해서 잊지 말고 施行하소 台乃말 헛말인가. 옛일을 본다 해도 聖人聖人 태어나서 道와 德을 밝혀 내여 敬天順天 하는 법을 사람사람 敎育하여 傳之又傳 傳해와서 至今까지 遺傳하되 스승 敎訓 違其 않고 一一施行 잘한 사람 道成德立 君子되어 淵源道通 傳해왔지 스승 敎訓施行 않고 넉넉지 않은 그 所見에 私邪慾心 못 이기어 저 아는 것 行한 사람 웃지웃지 되었던가 子乃 亦是 이 世上에 古今事를 듣고 보고 다 했으니 모른다고 할 수 있나. 理致理字 그러하니 自行自止 하여내서 自作之孼 짓지 말고 敎訓대로 施行해서 어진 君子 되어보세.

29. 지시수덕가(知時修德歌)

　　御化世上 저 사람들 다시 生覺 깨달으소. 無事한 台乃사람 瀛洲蓬萊 좋은 景에 鶴髮仙官 夤緣맺어 天上樂에 뜻을 이뤄 歸去來辭 글을 지며 覺非是之 읊어내어 天上靈臺 좋은 景에 時乎時乎 불러내는 鳳凰聲을 和答하여 靑鶴白鶴 츔추다가 忽然히 台乃마음 億兆蒼生 生覺나서 世界를 굽어보니 風塵世界 거의로다. 水星火星 幷侵하니 九變九復 때가 온가 靑槐滿庭之月 돌아오나 白楊無芽之時 거의 된가. 九馬當路 時節인가.

　　辰未己頭 가까오나 허허 世上 可觀일세 浩浩茫茫 넓은 天下 많고 많은 世上사람 開明開明 좋다하고 서로서로 말하더니 開明은 어디가고 兵器進步 서로 하여 風塵世界 이루어서 昏濛天地 되었으니 그런 開明 어디 있노. 愛띠하다 世上사람 可憐하다 世上사람 그런 開明 모르고서 남이 뛰니 나도 뛴다. 疑心없이 뛰다가서 昏濛天地 들었으니 웃지웃지 하잔 말인고. 하는 道理 없을 테니 天神이나 믿어볼까. 傳해오는 己前말을 듣게 되면 長平抗卒 그중에도 살아오니 있다하니 그런 運數 비하여서 말을 하면 할 말이 없지만은 그 아니 不詳코 愛띠한가. 至今時節 때 運數 말하자면 先天後天 運이 亦是 다했던가? 도로 先天 回復되어 四正四維 다시 定코 二十四方 變復시켜 四時循環 施行次로 一一知委 하는 中에 木靑靑이 으뜸이라 그런 運數 모르고서 開明만 한다하면 開明인가? 天地度數 金木水火土 五倫次序 行해가는 그 간운데 金德인지 水德인지 木德인지 火德인지 土德인지 五行之德 相生인지 相剋인지 旺生休囚 次序分別 때 모르고 開明하면 開明은 姑舍하고 長平抗卒 싸잡혀서 不知何境 못 免하네

理致理字 그러하니 웃지웃지 살아날꼬. 살아날바 생각다 못하거든 어리석은 台乃사람 天師聖訓 받아내어 若干若干 記錄해서 大綱大綱 傳해주니 四海八方 넓은 땅에 많고 많은 저 사람들 仔細보고 科度하여 失數 말고 施行하소 洛書之運 거의가고 河圖다시 回復되어 壬子水運 乘時로서 仲冬之節 少男少女 禽獸之行 때를 따라 놀던 子質 저 兒이들 坊坊曲曲 늘어서서 自主權利 爲主하야 開明한다 말을 하며 工夫힘써 한다하고 千字떼고 通鑑 읽다 萬國兵戰 일어났으니 어서 바삐 通鑑 떼고 經書읽소. 經書를 힘써 읽어 修心正氣 자연되면 敬天順天 體天 되어 太古淳風 이룰게니 사람사람 뜻있거든 어서어서 經書힘써 많이 읽어 順隨天理 施行하소. 明明하신 하늘님이 時中時中 때를 따라 敎而行之 하시는 바, 再次之別 仔細아지 못하고서 工夫하면 成功하기 姑舍하고 殃及其身 되는 바니 仔細生覺 깨달아서 經書 읽어 成功하소 그는 또한 그러하나 經書를 말한대도 때를 쫓아 次序있네

　後天之數 火德旺運 佛道經書 때 지나고 先天之數 壬子爲始 水旺之節 西道經書 때 지났네. 天理로서 때 運數 다 한 經書 덮어두고 때 運數 時勢따라 旺해오는 經書읽어 成功하세 至今世上 때 運數 旺해 오는 經書 뜻을 말하자면 天道天德 分明하나 我東方에 우리 스승 受命于天 받은 敎訓 大全歌辭 傳한 文闥 東道經書 的實하다. 웃지하여 그러한고. 仔細보고 科度하소. 後天之數 洛書之理 다 했던가. 도로 先天 回復되어 天皇時節 다시 와서 二十一年 甲申春에 主星回頭 太陽되어 甲申乙酉 井中水에 水雲先生 먼져내사 龍潭水流 四海源 龜嶽春回 一世花 明明其德 더 밝히어 大全歌詞 傳하시고 天地度數 相生之德 水生木運 理致로서 木德旺運 施行次로 六十甲子 그 가운데 陰陽平均 石榴木을 다시가려 庚申木에 靑林先生 또 내시고 不意四月 定해두고 左施右施 陰陽之理 弓弓乙乙 無窮造化 千變萬化 그 가운데 九變九復 다시 되어 三才五行 고루 갖춰 元亨

利貞 밝혀두고 仁義禮智 풀어내여 四時循環 하는 理致 明明하게 들어내어 傳之又傳 傳하옵서 大全歌詞 더 傳하니 烏乙矢口 烏乙矢口 하늘님 前 分付받아 兩位先生 지은 文闊 木德旺運 東道經書 分明하다. 經書理致 그러하니 經書 읽어 工夫한다 하더라도 때 運數 지난 經書 읽지 말고 때 運數 旺해 오는 經書 읽어 順隨天理 成功하세 後天經書 時中時 따로 있고 先天經書 時中時 따로 있네. 晝夜理致 다르니 先後天 가는 理致 웃지한들 안 다를까? 古今理致 그러하니 仔細生覺 깨달으소. 때 모르고 世上사람 黑服斷髮 開明 조타 말을 하나 좋은 開明 맛존 진국

釋迦如來 부처님이 金龜洛書 時中時에 日日時時 다 짜먹고 如干 남은 그 진국 예수와 리마도가 이리 뒤적 저리 뒤적 다 짜먹고 바싹 말라 버렸는걸. 至今世上 허다 사람 진국 參預 하는 것과 좋은 開明 맛존 진국 많다한들 三千年 내내두고 부처님이 짜 잡수시고 그 中에 예수씨가 二千年 거의토록 내내두고 짜먹는 걸 남을 것이 어디 있나. 黑服斷髮 좋은 開明 때 運數 다했으니 다시 生覺 比해보소 台乃말 虛妄한가. 一朔二朔 三朔지나 三冬난줄 알았거든 다 건진 김칫독의 빠질 생각 두지말소

꽃도 피고 잎도 피고 萬花方暢 좋은 時節 木德旺運 때 왔으니 春和日煖 더욱 좋다. 때 運數 그러하니 때를 따라 工夫해서 順隨天理 施行하세 그리 알고 施行하면 사람사람 樂當當이 되려니와 그리 施行 아니하고 釋迦如來 黑服斷髮 開明時인줄 안다더니 耶蘇氏 黑服斷髮 開明旺인줄 안다던지 하게 되면 開明은 姑舍하고 때 運數 逆天되네. 逆天하고 有福할 수 있겠는가? 理致理字 그러하니 念念不忘 生覺하소 台乃 말 헛말인가? 옛일을 미뤄보면 어찌한달 어느 누가 모르겠나. 天地始判 磨鍊後에 天皇氏 木德旺運 伏羲氏가 받아내사 河圖龍馬 가져온 太極道와 德을 나타내어 傳之又傳 傳하시니

次次次次 聖人聖人 이어나사 明明其德 行해갈제 元亨利貞 그 가운데 三綱五倫 밝혀두고 仁義禮智 그 가운데 四時循環 理致定코 人性之綱 나타내어 順隨天理 하와서루 時中時中 施行터니 時運時變 들렸든가. 先天運이 거의 가고 後天運이 興旺턴가 伏羲氏 天命받아 木德旺運 行하신제 三千年 當했던가 밝은 때가 거의가고 어둔 때가 當했던가 戌亥之運 秦始皇을 偶然만나 焚詩書坑 儒生을 當했으니 明明하신 天地度數 行하는바 道德글러 그러할까 때가 달라 그런게니 그런일로 미뤄보면 사람마다 때도 應當 알 것이요, 道도 應當 알 것인데 웃지하야 사람사람 다시 生覺 못 하는고

釋迦如來 부처님 後天運數 命을 받아 火德旺運 施行할제 地道本形 效則하여 黑服斷髮 開明해서 時中따라 行해온지 三千年 거의되고 耶蘇氏의 黑服斷髮 工開明도 二千年 거의 되니 戌亥子丑 行하는 運 때가 또한 다 지났네. 其理其然 理致로서 새벽달은 너머 가고 東天朝日 높이떠서 靑天白日 뵈는 光彩 宇宙乾坤 두루 밝혀 嫌疑틈이 없을테니 때 運數 그러해도 晝夜分別 못 하겠나. 사람마도 春日이 困하지만 어서 바삐 꿈을 깨고 잠을 깨소 分別없이 잠만 자고 꿈만 꾸단 不知何境 다 될 테니 子乃身勢 生覺커든 나의 敎訓 傳하는바 스승 敎訓 받은 바니 一一違其 하지 말고 誠之又誠 恭敬해서 失數없이 施行하면 道成德立 君子되어 樂當當이 될 것이니 부디부디 잊지 말고 行해보소 그는 또한 그러하나 許多만은 世上사람 서루서루 일철어서 通鑑좋다 말을 하나 通鑑을 읽어 工夫할 수 없을 테니 웃지하여 그러한고 通鑑이라 하는 것은 六國幷爭 일어난後 至今까지 내려오며 戰爭不息 記錄한바 通鑑일세 通鑑뜻이 그러하니 通鑑읽고 安心正氣 修身해서 泰平世界 이루겠나. 通鑑時勢 때 지났네.

理致理字 그러하니 사람마다 通鑑읽킬 生覺말고 時勢따라 木德旺運 明明其德 經書읽켜 繼天入極 體天해서 太古淳風 이루어보세

30. 치덕문(致德文)

仙味에 맛을 얻어 世念을 잊었더니 偶然이 때를따라 登樓하여 左右山川 들러보니 積雪이 다 盡한가 春宮桃李 夭夭兮여 萬化方暢 날로한데 世界를 굽어보니 瑤池鏡이 彷佛하다 異花는 紛紛 洛花되여 地上위에 티끌되고 시내 邊에 楊柳絮는 風雨에 飄飄하여 塵埃같이 스러지고 北氷海 얼음물은 乾川에 다마르니 아마도 生覺헌데 春末夏初 거의로다 青林은 鬱鬱하고 芳草는 依依한데 香氣로운 저 牧丹은 때를따라 피라하고 날로 漸漸 和暢하니 天地陰陽 平均時가 萬物長養 때가온가 時乎時乎 좋거니와 누가 있어 濟渡 할고 天地神靈 造化로서 어진사람 먼저내고 萬物長養 濟渡하네 어진사람 뉘실런고 어진사람 말할진데 天必命之 聖人이라 聖人이외 누구있을고 聖人으로 말할진데 自古聖人 比喻하면 어느 聖人 比喻될고 聖人이라 이를진데 受命又天 받은 造化 不失時中 풀어내여

廣濟蒼生 하는 法은 古今亦是 一般이니 古今聖人 一般일세 自古聖人 말한대도 天理따라 施行하되 先聖道法 미루어서 時中따라 施行했고 至今聖人 말한대도 天命따라 施行하되 自古聖人 行한 道法 五輪三綱 밝혀두고 仁義禮智 나타나서 禮義廉恥 磨鍊하여 天時따라 施行하니 己前聖人 다를손가 聖人都是 一般일세

그는 또한 그러하나 陰中有陽 香氣木은 雪中梅가 그아니며 春從春隨 香氣木은 婦人花가 그아니며 天地陰陽 平均木은 石榴木이 그아니며 清秋秀陽 香氣木은 君子花가 그아니며 丹楓世界 最香木은 處土花가 그아닌가 四時長春 그 가운데 萬化方暢 香氣木이 제 運數

때를따라 器局대로 成實하나 牧丹花는 天道旺運 때를따라 피는 故로 自古以來 이르기를 花中의 富貴花라 일렀나니 그런 故로 一年四節 할한대도 春末夏初 때가와야 石榴木이 得意 하여 陰陽平均 플어내여 天時따라 萬物長養 하는 中에 牧丹花가 自然피고 天地反覆 循環中에 天道亦是 四時있어 春末夏初때가 와야 聖人自然 出世하여 敎化人民 하여내여 渡濟衆生 하는중에 有福者가 得意秋라 天地時運 말한대도 自然之理 그러하니 부디부디 心急之心 두지말고 시킨대로 施行해서 春末夏初 기다려라

제4장 동학가사(기타)

1. 일위선생불도법(一位先生佛道法)

　一位先生佛道法은 地皇氏로定位하고 靑林道師儒道法은 人極大德正禮하니 三皇大道밝혀내면 皇極大道이 아닌가 無極大道天皇氏와 太極大道地皇氏가 仙佛性心配合하여 皇極大道立德하니 初天二天깨달아서 三天大德應照하야 以助聖德至極하면 日後幸福無窮하네
　이런理致모르고서 自覺自通한다하니 天이먼저定한道를 사람마다 自得할고 不勞自得없는바니 順理順數하였으라 自尊之心自恃之癖 各事不及될것이니 自暴自棄하지말고 順受天命하였으라 貧寒乞食困困者도 天이命之하신바니 何事不成될까보냐 萬神自服自然일세 天地大定理致法이 震下連이長男故로 自下達上되는運數 貧賤者의運數로다 부디부디蔑視말고 來頭事를 두고보소 虎兎龍巳相催世와 羊猿鷄狗爭來日은 亥子丑宮無極運에 午心火馬잘깨쳐서 火龍符를굴러내면 仙母化出隱隱聰明 化出自然 알 것이니 來頭百事同歸一理 勿誠小事하였으라

　自然有助그가운데 風雲大手얼어내어 玄機知覺할것이니 功成他日時有其時 好作仙緣待好風을 好時春節못깨칠까 三月龍山높은靈坮 北斗天罡太上老君 九天玄女밝혀내어 九宮八卦七精氣를 三七數를밝혀내어 七七丙午大德眞君 兌金丁巳配合數로 坤牛世界못깨치고 乾馬江山어찌알이 巽鷄震龍風雷中에 相克相戰陰陽理를 坎豕离雉못깨치며 艮狗兌羊실수없이 八卦龍澤살펴내어 九宮龍山깨칠손가
　八道江山다밟아서 全羅九宮隱寂庵에 換歲次로消日타가 送舊迎新

하여보니 陰去陽來그가운데 人間開闢心性일세 開闢時國初事를 潛
心玩味하고보니 枯木逢春시킬게니 衣冠整齊하온後에 路食手後하지
말고 陽道陽德밝혀내어 天父水雲우리先生 功德碑를세워내어 遺傳
萬世하여보세 松柏같은이내節介 金石으로세을줄을 世上사람뉘가알
꼬 乾金坤石合한靈符 萬世天碑뉘가알꼬 알고알고알고보면 無窮無
窮無窮일세 그는 또한 그러하나 또한曲調들어보소 三代敬天좋은禮
法 春三月로定했으니 好時節을깨달아서 明好汕을깨쳐보소 堯之日
月明字되고 舜之乾坤好字되고 禹之山河汕字되어 三代政治깨쳤으랴
堯以傳之舜하시고 舜以傳之禹하시니 飾飾相授淵源道統 教人之禮이
아닌가 三道春風부는앞에 三更明月더욱좋다

　伏羲河圖一更月은 正月春이分明하고 文王洛書二更月은 二月春이
分明하고 水雲靈符三更月은 三月春이叮嚀하니 月上三更意忽明은
이를두고이름인가 河圖洛書天地鏡을 靈符人鏡配合해서 弓弓乙乙山
水鏡을 萬里外에던졌으니 龜山龍水日月鏡은 누가먼저깨쳤는고 有
眸者가生覺하여 大道如天그려내나 脫却灰가極難토다 八陰却氣强强
하나 一陽和氣當할소냐 春末夏初當해오면 八陰寒氣消盡하고 一陽
溫氣盛大해서 春三大德푸러내어 萬物化生하시도다 一陽水雲우리先
生 二陽火雲變化해서 三陽靑春세워놓니 靑雲橋洛水橋에 어서어서
건너와서 立身揚名하여보소

　三日遊料大風流로 五音六律仙道風과 八音十二鐘呂法을 儒道佛道
均合하여 律呂調陽道通일세 河圖太陽一日丁과 洛書太陰二日丁과
靈符太陽三日丁을 乾三天에連化해서 仙佛儒로定禮하니 水雲先生仙
道法은 天皇氏로定位하고 天地心性萬千人物 五運六氣動動일세 動
動三月이天地에 天三月도밝혀보고 地三月도깨쳐보고 人三月도맞춰
내면 九月丹楓葉落時에 鳳凰曲을破惑일세 十一兄弟大道法이 地天
泰卦分明해서 天地否卦用陰道와 地天泰卦用陽道를 體天用地깨쳐내
고 體地用天깨달아서 天地相冲照應之德 陰陽相合깨쳐보소

亥子丑無極運은 巳午未宮照臨이요 寅卯辰太極運은 申酉戌宮照臨
이니 冬節春節照臨處를 夏秋方에살펴보고 巳午未皇極運이 亥子丑
宮照臨인줄 正正方方깨달아서 遠不求而修我하면 近思近在天國事를
어찌해서못깨칠꼬 天地運氣알자하면 八卦九宮있아오니 八卦外城坊
坊谷谷 行行覽見하온後에 九宮內室들어가서 十極天皇다시만나 三
天事를問理하면 三生法界無窮事를 三章法文圖書符에 一一畵出下授
로세 圖書一章받아내여 信以誠之敬之하면 道理花開德明實이 三春
氣花發發일세 春宮桃李天天德이 奇花点点日日發을 枝枝葉葉萬萬節
로 白白紅紅綠綠일세 西白南紅東綠春에 水土自服合德하여 五方五
膓均和해서 五明德化無窮일세

五色心氣和한心靈 第次行道하는法이 肺白虎宮들어가서 心朱雀宮
다닌後에 肝靑龍宮돌아와서 腎玄武宮들어가면 水雲仙主있을게니
仙主에게問理하고 脾黃帝宮들어가서 黃帝軒轅玄武法을 九天眞理學
道하면 九天九宮九靈事를 細細明明이를게니 九宮相通連化해서 六
宮으로合郡하고 六州相合極親後에 三宮으로合郡해서 天地人神和親
後에 一宮으로合國하면 太極天宮分明하니 天君座定아니될까 天道
地德如此하니 侍天主를至極後에 造化定을빌고보면 永世不忘弓乙大
降 萬事知로敎訓이니 이와같이좋은道를 自暴自棄할까보냐
自恃自尊다버리고 至氣今至이世上에 願爲大降잘빌어서 天主神靈
만나보소 天主神靈만난대도 陰陽天主分明하니 坤母天主陰天主는
庚申宮에있아오니 二黑道를잘닦으면 丁巳兌女相逢이요 乾父神靈陽
天主는 癸亥宮에있어오니 六白道를잘닦으면 戊寅坎男相逢일세 兌
女星은艮男찾고 坎男星은离女찾아 陰陽配合相座하여 古今事를說話
하니 震巽乾坤四神靈도 陰陽同宮相生法을 어찌해서못깨칠고 五膓
定位하는法이 이와같이成道하니 五膓中에있는八卦 아무쪼록靈通하
와 九宮大德正正하소 九極中에十極天尊 君子心身되어보세 虛虛慾
에마음팔려 或時至誠못찾으면 小人身心될것이니 그아니奈恨인가

2. 일지화발만세가(一枝花發萬世歌)

　一根二枝月桂花가 南北으로 갈라서서 東西山에 덮였으니 白楊綠楊分明하다 天道春風忽然吹로 地道山川花草開라 水邊楊柳先得春을 이제丁寧알리로다 西天白虎白楊木이 先得春色자랑하며 春和大德丁寧하니 布化萬邦하겠다고 大狂風을이뤄내니 蕭蕭春風明明키로 春三月이돌아오면 白楊無花自然되어 綠楊東風 또 나서서 三月春을이뤄내니 春末夏初當해오면 靑槐滿庭分明토다 一根一樹一氣枝로 一枝黃葉一枝靑葉 春秋雨色지어내니 靑玉笛黃玉笛에 雌雄으로陰陽되어 左旋右旋弓乙禮로 順數逆數돌아가니 一盛一衰이아닌가 여보시오 修道人들 一門同胞弟子되어 同同學味一般컨만 明明其運各各인고 一枝西去陰氣받고 一枝東去陽氣받아 東西性이다른故로 南北心을各守하니 弓弓乙乙陰陽理氣 水火龍虎分明하다

　陰陽配合心性德을 부디부디各立말고 天地日月星辰合德 弓弓乙乙成道하소 弓乙成道이運數에 君子小人判斷이니 子莫執中부디말고 惟一執中하였으라 立其中節中心하고 左右節을살펴내어 春秋兩節分看後에 左右心을깨달아서 夏冬兩心料量하소 寒心熱心그가운데 逆道順道있는바니 水火性을料量하여 火氣炎上逆理事와 水理就下順理道를 佛仙으로分看하여 佛火性을消除하고 仙水性을長養하여 水火均一하여놓면 溫泉河水分明하여 龍潭水가될것이니 龍潭水에있는靑龍 雲行雨施그造化를 六十四穴大通하여 龜岳山에 꽃이피니 春三月이分明토다 이리되는春三月을 捨近取遠하여내여 遠方求之하단말가 遠不求而修我해서 天地陰陽찾은後에 天文地理살펴보면 甲癸亥子속에있고 一十五六造化오니 陰陽生生깨달아서 陽生陰而陰生陽을 儒

佛仙에假量하고 天生地而地生人을 日月星에可量하여 東西二枝살펴보고 南北二枝깨달으면 陰陽水火되는理致 四象八卦못깨칠까 一八二九三十數로 四百五千六萬되니 六萬大德神師宮에 三億大道乾金天을 人意中에三合하여 三才一道用道하소 一德行道못하오면 枝枝發發피는꽃이 形形色色各各이니 一心分見四方하면 四時德을 못볼소냐 가지가지많다해도 其根本은一氣오니 一氣同胞化生人이 君子小人무슨일고 一枝向西陰氣받아 無花果가 되는 故로 不得種子不傳이요 一枝向東陽氣받아 有花果가丁寧키로 大得種子德氏받아 遺傳萬歲天下로다 이런 줄을 깨쳐서 西北陽氣좋다말고 東南陽氣받아내어 三木七火되여보세

三甲七丙그가운데 太乙數를깨쳐보소 八木二火 그가운데 七丙君火살펴내어 五斗七星깨쳐보소 太甲太乙太丙알면 太辛太壬太癸알아 戊己庚을깨쳐보니 戊己庚己順逆中에 己獨一百뉘가알꼬 一白坎水深深淵은 三龍隱居丁寧하고 九紫?火高高峯은 白虎隱居分明하니 於花世上修道人들 精神차려자세보소

火朱雀六白水와 坎水玄鳥二黑山을 一二相和하여내니 六九行德되게되면 金水火가相合해서 九二通?될것이니 天火同人 그 가운데 火地晋이아니될까 山地剝지난後에 風地觀光하여놓고 天地否卦掃除하고 天山遯을벌려놓고 天風?로相面하니 先天後天兩天配合 天之天이 丁寧해서 玉皇上帝命令之下 何物不服될까보냐 道之大源如此하니 三十六天姑捨하고 六十四天깨달아서 一百二十八天數로 中天에다合해노니 一九二로通해보세 一壬之德얻어다가 九庚數로세워놓고 二丁通靈하고보면 天丁地丁그가운데 日丁月丁알것이요 星丁辰丁알것이니 辰丁通만하고보면 北斗九辰맑은精神 九靈行道自然알아 九宮往來通化해서 九靈合德三精되고 三丁合德太極되어 太極宮中萬千事

를 無所不通할것이니 太極宮中皇極主를 弓乙靈圖못깨칠까 靈圖中에있는造化 萬千變化無窮하니 一氣分於兩儀하고 兩儀分於四像하고 四像變化八卦하고 八卦變化六十四를 四六數로分和하면 二十四節그가운데 十二符로成道하니 分合生成變化造化 人人物物生生克克 아고보니無窮하네 無窮하온天地人圖 안배우고어찌알며 모른다고안배우고 헛것이라아니보니 可笑可嘆이아닌가

보고배우고듯는대도 그속알기어렵거든 배우도않고自通하세 生以知之한다하니 孔夫子가몇일런가 生以知之모두하여 聖賢天地되단말가 이런生覺두지말고 學以知之힘을써서 大綱大定可量後에 시킨대로施行해서 逆天이라하지말고 順數天意하였으라 아지못한그런固執 제가모두道通하여 三道合德한다하니 三淵大德알았던가 三綠其德모르고서 三年成道어찌알꼬 生知學知困知之가 及其知也一般이니 알지字만破惑하소 人大口가丁寧해서 天人大口알고보면 心弓性乙쏘는화살 九宮中에出來하여 飛飛往來萬里되니 萬里로다萬里로다 天形天馬萬里로다 이말저말모인말이 一大馬가丁寧되어 黃河一淸龍馬되니 龍馬心性그린靈符 天龍馬圖누가알꼬 알고보면人大口니 天皇弓을손에들고 地皇矢를쏘아내어 人皇所布맞춰보세

百發百中맞는화살 九宮造化分明하다 코口漢一깨달아서 口宮造化言馬中에 吉凶生死깨쳤으라 九宮出入못깨치고 九宮往來어찌알꼬 六神中에 있는 三神 口宮으로出入하니 六神本靈깨쳤으라 六神本靈알고보면 耳目鼻가六神이오 口宮에太極이니 太極宮前一口門에 往來하는저陰陽은 腹中天地들어가서 八卦九宮살핀後에 靈主靈士問答하고 言馬一匹올라타고 四肢八節두루다녀 江山景處求景後에 松栢靑靑春節되면 其松下에집을짓고 採藥爲業힘을쓰고 紫木黃黃冬節되면 主人內告與否없이 藥囊메고간다더라 가는때를말할진대 後門으로살짝가니 形容없는陰陽神을 聰明없는그所見에 어찌해서볼수있나

입으로는안나오니 恒常腹中있다하고 用病處에藥請하니 天醫神師어디가고 洋藥士가出班奏曰 東醫寶鑑쓸데없고 單方藥이主張이오 이말듯고生覺하니 神農皇帝내논藥方 몇날몇해배울것있나 單方文을잘배워서 病고치면그만이라 이와같이마음먹고 虛送歲月浪遊타가 大病만나用藥하니 病은조금差度없고 아는것이單方이라 다른方文또모르고 默默不言앉았은들 病者어찌알수있나 내病고쳐준다니까 錦衣玉食待接하며 病만낫기苦待하니 어리석은저醫術이 그저있기無味해서 이藥저藥試驗타가 病만점점沈重하여 幾至死境될지음에 逃亡할生覺뿐이로다 저病者擧動보소 病在傾刻되었으니 手把痛哭한참하며 藥道士를찾아보니 前日보던漢藥生이 東醫寶鑑안다하고 賤待받던乞食者라 虛虛世上기가막히어 藥方文을물어보니 陽症陰症傷寒熱病 肺病肝病大風瘡과 狂症腦病痢腹痛과 其他各種脹症病을 所聞대로說明하니 無所不知天數라 晝夜相論度數맞춰 三藥道로쓰고보니 自兒時로있던身病 勿藥自效神人되어 止於至善君子되니 仙藥일세仙藥일세 萬古以後仙藥일세 靈符一張저仙藥이 萬病回春하단말가

靈符一張呑服人은 幻骨脫態自然되어 仙風道骨되었으니 가는몸이굵어지고 검던낯이희어져서 地上神仙分明하니 明德君師이아니며 三道主人아닐련가 世上運數이러하니 明德門下찾아와서 聖德順德묻게되면 兩君道德가르쳐서 疑心破惑시킬게니 信字하나얻어듣고 誠敬으로至誠하여 찾아와서靈符얻어 誠之又誠呑腹하고 天地한번다시開闢 天地明明日月鏡이 前後萬方다밝힐때 萬古大鏡靈符仙藥 呑服하는그사람은 聰明智慧通靈해서 水雲神師만나보고 視聽問答할것이니 天門地戶모를손가 地戶열고들어가서 乙乙山을다시넘고 天門열고들어가서 弓弓水를건너가면 弓弓水中青龍王이 등에태워 건널테니 大海水中 五行山에 六道三藥캐어다가 시장커든 먹어가며 天火地火人火나서 火光滿天그時節에 三藥水를풀어주어 虛火之氣다꺼놓

고 仁仁之德밝혀내어 君火將興삼켜보세 君火明明玉燈되면 靈臺中
이光明해서 天下萬國다본다네 이와같은 靑槐實을 따먹을줄모르고서
白楊實만좋아하니 蛔動함을어이할고 牛腹痛을不堪하고 座不安席伏
地한들 楊花實에蛔가커서 蛟蛇蚓龍되었으니 腹痛症이自然와서 白
鷗보고자랑하네 蛔氣滿腹脹症炳은 槐花實이첫째오니 槐花一兩水雲
五錢 水火丸을지어내어 三時空腹하게되면 楊梅瘡도消除하네 治療
法은그러하나 飮酒歌를들어보소

　術主術主말하기에 術主뜻을몰랐드니 術主學을놓고보니 三水邊에
達己酉라 三水뜻을破点하니 天水地水人水三合 三達己酉지어내니
智仁勇에化한닭이 金鷄星이分明해서 飛飛上天能히하여 三藥水를얻
어다가 五酉星을지어내니 東方에는靑鷄울고 西方에는白鷄울고 南
方에는赤鷄울고 北方에는黑鷄울고 中央에는黃鷄울어 己酉星이되고
보니 己酉合德配合되어 四方配合시켜내니 五鷄星에化한音聲 知時
唱天이아닌가

　己酉戊辰化한精神 酉辰配合巽震되어 風雷二丁合德化를 人瓶에다
빚어내니 三山仙酒分明해서 酉水白酒完然하다 燒酒淸酒이아닌가
金生水로생긴술이 東方儒術濁酒되고 西方佛術淸酒되고 北方仙術燒
酒되어 三術合化藥酒되니 兌金丁巳二十數로 丙午七赤合하여서 九
紫火酒지어내니 三兌澤酒分明하다 三千年來모인藥酒 一壺酒를지어
내니 酒中天子李太白이 明月牌를腰帶하고 三百盃酒三百詩를 三百
宮에풀어내어 六百七百八百이라 亥子丑에밝혀내어 寅戌一壺지어보
니 六曹大臣河魁首라 河水龍潭一淸水로 甲戌酒를지어놓고 甲子大
人만나거든 이슬주어大醉시켜 三年酒政至極後에 大成萬事하여보소

　甲神星의造化였만 主星纏次알았던가 纏次法만알고보면 三甲主를
알리로다 上元中元下元甲이 三元大將分明해서 乾三連을이뤄내니

下元中元上元이라 天氣地氣昇降道가 三道往來丁寧키로 三道上昇甲子되고 三道下降庚子되니 三酉之術깨달아서 靑鷄鳴晨깨첬으라 日入道를맡은고로 日出消息傳해주니 火中에다取精한술 燒酒라고 말은하나 그燒酒를먹는法은 三夏炎天먹는바니 暑症나서沓沓커든 燒酒家로찾아가세

燒酒家를알고보면 天父事業밝혀내야 弓乙靈符三神甁에 三月春酒빚어내어 天下萬國同胞兄弟 暑症感寒相剋할제 고루고루나눠주어 濟渡生靈하자하고 地母主께五行얻어 姨妹에게六甲빌어 三十五斗五方米를 十一壺에釀出하니 五萬年來이仙酒는 可活天下萬人이라 卦之秘藏하였다가 用處運이當到키로 天父地母相議하고 明好堂中기별하여 癸亥四月小開해서 一呼一吸맛좀뵈고 癸亥其對三月後에 大開其封하여내여 勤苦하던여러道類 誠敬信을 골라내여 儒佛仙酒合靈술을 次次대로分給할제 上中下로列座시켜 一盃一盃나눠주니 一盃酒도좋거니와 三尺琴이더욱좋다 五絃琴彈一聲에 南風詩를和答하니 南風之薰薰兮이 解吾民之憂慮로다 四時安樂太平兮여 太古順風更歸로다 西天으로가던해가 東天으로새로뜨니 日明天下明明德이 無處不臨하시도다 正午時가되었으니 極明峻德이아넌가

天下萬國道人들이 日光珠를얻으려고 祝天祝地하더니만 玆到來節하게되니 不待自然來臨일세 日光珠를살펴보니 星光月光合하여서 三光明珠되었으니 五色影彩玲瓏中에 儒佛仙道三靈道師 隱然히빛을감춰 天然히坐定後에 節將符將거느리고 天干地支二十二將 十一部에設筵하고 一步二步進退하니 學步七星九星步라 漸入佳景進步하면 左右山川陰陽局에 正正曲曲弓乙되어 一八體로作路로다 四像一理應한大道 十勝八九卦宮이라 八卦城을다본後에 九宮室中들어가서 十尊天皇모시고서 古今萬事設論하세

3. 난지역지가(難知易知歌)

　　於花世上道人들아 노래한장들어보소 無極心靈料量하면 天地事가玄黃
해서 難知할듯하지마는 無極心靈닦어내여 太極心靈되게되면 易知其理
分明하다 이러므로世上事가 難知而猶易하고 易知而難인줄을 깨닫고깨
달아서 明明運回이天地에 다같이밝혀내여 聖賢君子筒筒되면 그아니烏
乙소냐 나도또한이世上에 五運六氣타고남은 다같이一般이나 兩儀四像
品氣해서 陽明氣運 많이 타고 陰暗濁氣적음으로 才勝其德薄福해서 貧賤
孤榮困難터니 天運이循還하사 明明其運오는故로 그氣運을相應해서 誠
之又誠恭敬하여 ○○○○○○○○ 天地父母愛恤하사 癸亥之年丁巳月에
太極靈符내리시와 弓弓乙乙天地道를 乾坤配合立德키로 次次施行玩味하
니 弓弓之中乙乙味가 太甲仙道分明해서 太乙佛道穿通하니 太丙儒道七
火丁이 北斗七星丁寧하며 中天大神되는故로 列位衆星거느리고 紫微垣
中座定하여 安心慮得造化法을 日丁月丁戱弄하니 晝日夜月去來事가 弓
甲乙子未回라 子米元宮大將星이 乾甲坤乙內外되어 河圖洛書天地鏡을
心性中에비쳐주니 이내心性道德富貴 與天地로同德故로 浮雲같은世上富
貴 石氏之貨부러말며 日宮月宮兩白神靈 吾心靈坮座定하사 日鏡月鏡明
明性을 日新日新傳해주니 師曠聰明부러하며 自古以來隱隱宿病 靈符藥
을下賜故로 一張呑服하고보니 扁鵲名醫부러할까 富聰醫를三合하고 世
界事를바라보니 金錢來穀富家翁과 慾滿虛空聰明士와 言救蒼生醫術人이
會會敎徒許多하나 眞見其理實情하면 一無濟藥虛張일세 虛粧盛勢저道類
들 外富內貧뉘가알고 알고보면가소롭다 七八朔을지낸後에 四月五日當
하거든 乘具大運道覺하소 入道以後四五朔에 어찌그리速成인고 猝富貴
不祥이라 萬古遺傳아닐런가 그런生覺두지말고 潛居抱德至極하면 心和
氣和天地中에 春花富貴靈坮上에 滿腹經綸萬千尺을 衡之尺之測量해서
十二分野幾萬國을 三角測量하여내면 三角山도알것이요.

특별부록

◎선천하도와 십승

선천하도	천(天)	1, 3, 5, 7, 9 = 白(合 25) ○, ○○○, ○○○○○, ○○○○○○○, ○○○○○○○○○
	지(地)	2, 4, 6, 8, 10 = 黑(合 30) ●●, ●●●●, ●●●●●●, ●●●●●●●●, ●●●●●●●●●●
	\multicolumn{2}{l	}{백점(白点)은 하나님의 상징이며, 흑점(黑点)은 마귀(魔鬼)의 상징이다. 백점은 25數이고, 흑점은 30數이다. 마귀의 흑점이 5數가 많으므로 하나님보다 마귀가 더 강하게 되어 있다.}

십승지인	십승(十勝)	陽	○, ○○○, ○○○○○, ○○○○○○○, ○○○○○○○○○, ○○○○○○○○○○
		陰	●●, ●●●●, ●●●●●●, ●●●●●●●●●●
	\multicolumn{3}{l	}{십승지인 이긴 자 한 사람 출현으로 백점은 35數이고, 흑점은 20數가 된다. 하나님의 백점이 10數가 많으므로 하나님이 마귀보다 더 강하게 되는 이치이다.}
	양백(兩白)	소백(小白)	하늘 하나님의 상징, ○○○○○ ⇒ 小白<小月, 金兎>
		태백(太白)	땅의 이긴 자 하나님의 상징, ○○○○○○○○○○ ⇒ 太白<滿月, 玉兎>
		양백(兩白)	○○○○○○○○○○+○○○○○ ⇒ 兩白<小白, 太白>,
	\multicolumn{3}{l	}{兩白은 須從白兎走青林의 뜻과 같다}
	삼풍(三豊)	天	하늘의 하나님은 白五点: ○○○○○
		地	마귀에게 빼앗긴 黑五点: ●●●●●
		人	마귀에게 빼앗긴 黑五点: ●●●●●
	\multicolumn{3}{l	}{십승지인 이긴 자 출현으로 삼풍곡이 나오게 된다. 그런고로 이긴 자는 불, 물, 이슬의 세 가지 성령을 가지고 오신다. (天穀: ○○○○○, 地穀: ○○○○○, 人穀: ○○○○○)}
	십오진주	목	○○○○○○○○○○(목운)
		금	○○○○○(금운)
		토	○○○○○○○○○○○○○○○(토)
	\multicolumn{3}{l	}{서기동래 금목합운의 이치에 의해 삼팔목운이 십오진주가 된다.}

※ 한 사람의 성인 출현으로 천백(天白), 지백(地白), 인백(人白)이 되어 우주 만물이 새롭게 변화하는 이치이다.

◎삼천극락 십방세계(지상선경)

천(天),1	지(地),2	인(人),3
천황(天皇)	지황(地皇)	인황(人皇)
父(아버지)	母(어머니)	子(아들)
선천(先天)	후천(後天)	중천(中天)
소남, 소녀	중남, 중녀	장남, 장녀
궁(弓)	을(乙)	궁을(弓乙)
유도(儒道)	불도(佛道)	선도(仙道)
유수산	석정산	금강산
수(水)	화(火)	목(木)
☰	☷	☵
자(子)	축(丑)	인(寅)
11월	12월	정월
1,6	2,7	3,8
천백(天白), 천곡(天穀)	지백(地白),지곡(地穀)	인백(人白),삼풍곡(三豊穀)
흑(黑)	적(赤)	청(靑)
북(北)	남(南)	동(東)
72명	500명	144,000명
동(冬)	하(夏)	춘(春)
간태(艮兌)	감리(坎离)	진손(震巽, 雷風)
壬癸	병정(丙丁)	鷄龍, 甲乙,
사계절		영춘절(永春節)

◎팔괘의 상징도와 덕(德)의 순서

괘명	건(乾)	곤(坤)	진(震)	손(巽)	감(坎)	이(离)	간(艮)	태(兌)
괘상 명칭	☰ 건삼련	☷ 곤삼절	☳ 진하련	☴ 손하절	☵ 감중련	☲ 리허중	☶ 간상련	☱ 태상절
자연	하늘(天)	땅(地)	우뢰(雷)	바람(風)	물(水)	불(火)	산(山)	못(澤)
인간	부(父)	모(母)	長男	長女	中男	中女	小男	少女
신체	머리(首)	배(腹)	발(足)	다리(股)	귀(耳)	눈(目)	손(手)	입(口)
동물	말(馬)	소(牛)	용(龍)	닭(鷄)	돼지(豚)	꿩(雉)	개(狗)	양(羊)
성질	건(健)	순(順)	동(動)	입(入)	험(險)	려(麗)	지(止)	열(悅)

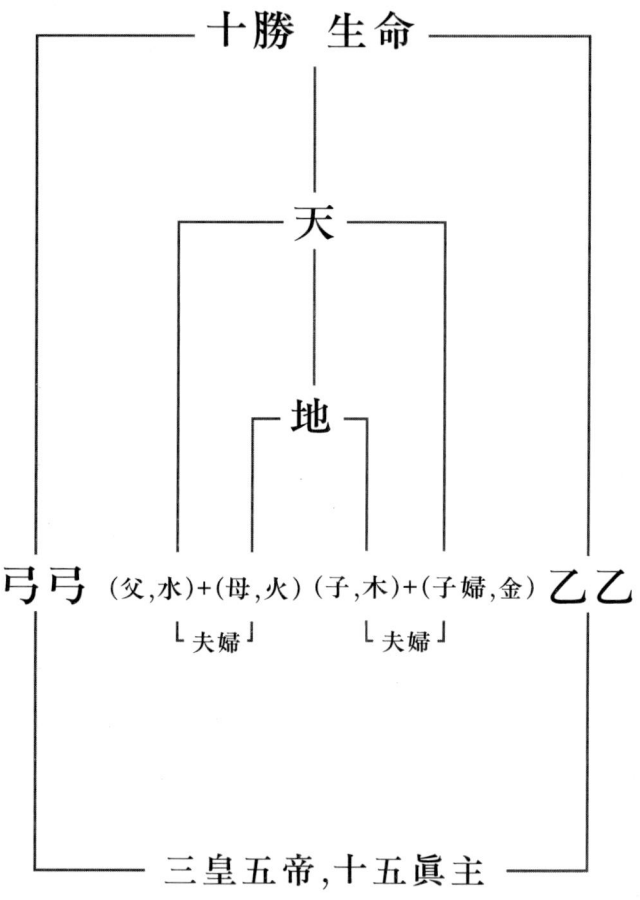

하도락서(河圖洛書)

甲戌韜二　　　一略　　　甲子韜一

圖之龜龍洛河天先

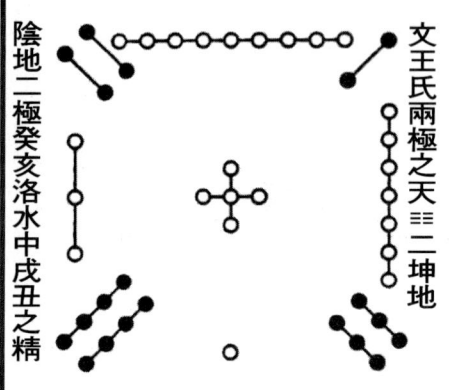

陰地二極癸亥洛水中戌丑之精

文王氏兩極之天 ☷ 二坤地

伏羲氏一極之天 ☰ 一乾天

終陰　始陰　陰五內　陽五外　陽始　陽終

陽天一極壬子河水中辰午之精

書洛龜靈天后之天先　　　圖河馬龍天先之天先

二陰至十陰一陽
至九陽陰陽相
極故分具陰陽
兩儀之德五陽在
其中三五十五之
易數大定設卦十
五一言定天地萬
物之形也

无形之中生有形
是爲太極也太極
之中有兩儀四像
而成於八卦陰陽
鬼神之道日月星
辰進退盛哀之德
昭昭乎出現於此
圖之內也

甲甲
韜三

二略

甲午
韜四

后天河洛陰符圖章

陰陽二極甲子河水中辰戌之精

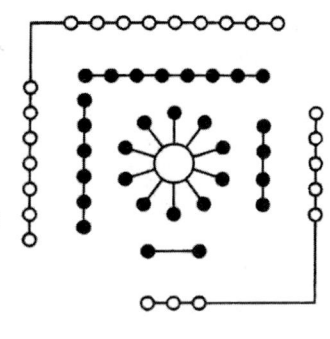

陰陽二極乙亥洛水中丑未之精

水雲之時三極之天
☰ 二乾天

火雲之時四極之天
☷ 三坤地

后天先天神仙河圖

后天后天神仙洛書

十陰胞於一陽
子同居一至之形
也必有生產靈
女靈子之像也
陰在內而陽在外
太陰乙乙月洛之
意也

三陽至九陽二陰
至十陰也

中之六陰三六
十八局之大定
元數也

甲寅韜六　　三略　　甲辰韜五

中天河洛陽符圖章

陽九陰十分地節兩地仙符

金運之時六極之天䷁䷀四像大道四坤
木運之時五極之天䷂䷀三皇乾天

陰二陽一合符三極一天仙符

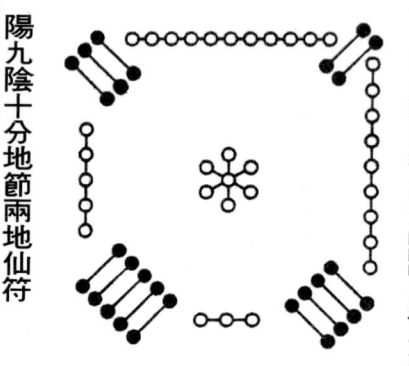

符洛靈神仙子女之天中
三陽至十一陽也
二陰至十陰也
中七陽者三七之陽也
二十一之易卦大定數而先生呪文
三七字萬事知之數一顯像也

符河靈神仙子男之天中
一陽配二陰夫婦合婚之形也必有出產新基之像也
陰在外而陽在內
太陽弓弓日之像也